新・テキストブック
日本国憲法

下條芳明
東　　裕
　　編著

樋口雄人
渡邊　亙
林　紀行
団上智也
　　著

嵯峨野書院

は し が き

　本書は，主として4年制大学の学生を対象にして，憲法（日本国憲法）の講義で使用するために企画しました。教科書として必要な内容を盛り込むため，日本国憲法に関する基本知識，主要学説および重要判例は漏れなく取り上げ，初学者にも分かるように平易な説明に努めました。類書の中では少々厚い本になっているのは，そのためです。「日本国憲法」の構成に従い20講から成りますが，いっそうの知識の習得・確認のため，各講には冒頭に「（学習の）ポイント」，おわりに「確認問題」を掲げ，随所に「重要判例」欄を設けて重要判例の事案と要旨を分かりやすくまとめました。Topic欄では，各講の内容に関連した時事問題，判例，各国憲法（史）などを扱い，読者を日本国憲法の条文解釈だけにとどまらない憲法学の世界へと誘い，知的関心を喚起しようと試みました。

　本書の6名の執筆者は，世代の違いはあるものの，いずれも早稲田大学大学院政治学研究科において，小林昭三先生（早稲田大学名誉教授・博士（政治学））の御指導を受けた者ばかりです。先生の憲法学の接近法である「憲法政治学」とは，一言でいえば，「憲法」をその内側からだけ見るのではなく，「憲法」の成り立ちや効果を政治的・歴史的・文化的な背景を視野に入れながら総合的に考察しようとするものです。各講を読み比べてもらえば分かるように，執筆者間には若干のスタンスの違いはありますが，いずれも「憲法政治学」の視点を持つ点では共通しているはずです。

　本書の執筆に際し，巻末に参考文献として挙げたもののほか，現在御活躍中の諸先生方や今日の憲法学の基礎を築いた諸先輩の著書・論文を多数参照させていただきました。本来，そのすべてを参考あるいは引用文献として明示すべきですが，教科書としての性格上，多くは省略せざるを得ませんでした。御寛恕をお願いする次第です。また，共編者である東裕氏（日本大学法学部教授）には，多くの時間を割き，内容・構成上の編集のために多大なる御尽力をいた

i

だきました。

　最後になりましたが，嵯峨野書院相談役・中村忠義氏には，本書刊行の趣旨を良くご理解いただき，２年以上にも及ぶ大幅な執筆の遅れにもかかわらず，格別なるお力添えをいただきました。同社編集長・平山妙子氏による労を惜しまぬ御助力がありました。この場を借りて，心から御礼申し上げます。

　平成27年10月

執筆者を代表して

下　條　芳　明

目　　次

はしがき ——————————————————————— i

略　語　表 ——————————————————————— ix

執筆者一覧 ——————————————————————— x

第1講　憲法とはどのような法か ————————— 1

1　憲法の概念 ————————————————— 1

2　憲法の分類 ————————————————— 5

3　憲法の特質 ————————————————— 8

4　近代憲法の基本原理 ————————————— 10

5　現代憲法の展開 ——————————————— 14

第2講　日本国憲法の成立と基本原理 ———————— 17

1　日本国憲法成立の経過 ———————————— 17

2　日本国憲法の基本原理 ———————————— 25

3　国民主権の原理 ——————————————— 28

第3講　天　　　皇 ————————————————— 33

1　国民主権に基づく天皇制 ——————————— 33

2　天皇の地位 ————————————————— 34

3　天皇の権能と行為 —————————————— 41

4　皇室の経済および財政 ———————————— 44

第4講　戦争の放棄 ————————————————— 47

1　日本国憲法の平和主義——9条解釈の視点 ———— 47

iii

2 「戦争放棄」の意味——政府および裁判所の 9 条解釈 ——— 52

3 学説による 9 条解釈 ——— 58

4 冷戦後の国際社会と安全保障 ——— 64

第 **5** 講　基本的人権の歴史と意義 ——— 73

1 近代憲法の成立と基本的人権の保障 ——— 73

2 英・米・仏の人権保障の歴史 ——— 75

3 現代の人権保障 ——— 85

第 **6** 講　個人の尊重と幸福追求権 ——— 90

1 個人の尊重の原理 ——— 90

2 幸福追求権の意義と範囲 ——— 97

3 幸福追求権から導き出される人権 ——— 99

第 **7** 講　平　等　原　則 ——— 105

1 平等観念の展開 ——— 105

2 日本国憲法における平等原則 ——— 106

3 選挙権の平等 ——— 114

4 家族生活および職場における男女平等 ——— 119

第 **8** 講　精神的自由権 ——— 122

1 精神的自由権の意義 ——— 122

2 思想・良心の自由 ——— 122

3 信　教　の　自　由 ——— 124

4 表　現　の　自　由 ——— 132

5 集　会　の　自　由 ——— 137

6 結　社　の　自　由 ——— 140

目　次

7 学問の自由 ──────────────── 141

8 婚姻の自由 ──────────────── 142

第**9**講　経済的自由権 ──────────── 144

1 経済的自由権の意義 ──────────── 144

2 居住・移転の自由 ──────────── 144

3 外国移住の自由・国籍離脱の自由 ────── 145

4 職業選択の自由 ──────────── 148

5 財産権の保障 ──────────── 154

第**10**講　人身の自由 ──────────── 159

1 人身の自由の意義 ──────────── 159

2 奴隷的拘束および苦役からの自由 ────── 160

3 適正手続の保障 ──────────── 161

4 被疑者の権利と被告人の権利 ──────── 166

第**11**講　参　政　権 ──────────── 180

1 参政権の意義 ──────────── 180

2 選挙権の法的性質 ──────────── 181

3 選挙の基本原則 ──────────── 184

4 選挙の方法と選挙運動の規制 ──────── 187

5 直接民主制方式としての参政権 ─────── 192

第**12**講　国務請求権 ──────────── 196

1 国務請求権の意義 ──────────── 196

2 請　願　権 ──────────── 197

3 裁判を受ける権利 ──────────── 201

v

4 国家賠償請求権 —————————— 205

5 刑事補償請求権 —————————— 207

第13講 社 会 権 —————————— 211

1 社会権の歴史的背景 ———————— 211

2 生 存 権 ———————————— 213

3 教育を受ける権利 ————————— 220

4 勤 労 権 ———————————— 223

5 労 働 基 本 権 ————————— 225

第14講 国 民 の 義 務 —————————— 234

1 国民の義務の意義 ————————— 234

2 教 育 の 義 務 ————————— 235

3 勤 労 の 義 務 ————————— 236

4 納 税 の 義 務 ————————— 237

5 憲法尊重擁護の義務 ———————— 237

第15講 国 会 —————————— 241

1 国会の地位と性格 ————————— 241

2 国 会 の 構 成 ————————— 244

3 国 会 の 権 能 ————————— 248

4 国会議員の地位と特権 ——————— 255

5 日本国憲法における政党 —————— 257

第16講 内 閣 —————————— 261

1 内 閣 の 地 位 ————————— 261

2 議 院 内 閣 制 ————————— 264

|3| 内閣の組織と権能 ———————————— 267

|4| 内閣総理大臣と国務大臣 ——————————— 271

第17講 裁 判 所 ———————————————— 275

|1| 司法権の意味 —————————————————— 275

|2| 司法権の独立 —————————————————— 278

|3| 裁判所の組織 —————————————————— 281

|4| 最高裁判所の権能 ———————————————— 285

|5| 違 憲 審 査 制 —————————————————— 286

第18講 財 政 ———————————————————— 303

|1| 財政の基本原則 ————————————————— 303

|2| 予 算 と 決 算 —————————————————— 306

|3| 公金支出制限 —————————————————— 311

第19講 地 方 自 治 ————————————————— 316

|1| 地方自治の概念 ————————————————— 316

|2| 地方自治の本旨と自治権 ————————————— 319

|3| 地方公共団体の組織と権限 ———————————— 320

|4| 条例制定権の範囲 ———————————————— 323

|5| 住民投票・直接請求 ——————————————— 329

第20講 憲法保障と憲法改正 ————————————— 333

|1| 最高法規性の意味 ———————————————— 333

|2| 日本国憲法における憲法保障 ——————————— 335

|3| 憲 法 改 正 ———————————————————— 339

|4| 憲法改正の限界 ————————————————— 343

主要参考文献	348
確認問題解答	350
日本国憲法	351
大日本帝国憲法（明治憲法）	359
ポツダム宣言	364
判例索引	366
事項索引	370

略　語　表

会検	会計検査院法	生活保護	生活保護法
河川	河川法	請願	請願法
学教	学校教育法	世界人権	世界人権宣言
関税	関税法	団体規制	無差別大量殺人行為を行った団体の
議院証言	議院における証人の宣誓及び証言等		規制に関する法律
	に関する法律	地公	地方公務員法
旧定率	旧関税定率法	地自	地方自治法
教基	教育基本法	道交	道路交通法
行訴	行政事件訴訟法	道路	道路法
刑	刑法	土地収用	土地収用法
刑訴	刑事訴訟法	内閣	内閣法
刑補	刑事補償法	入管	出入国管理及び難民認定法
憲	日本国憲法	破産	破産法
憲改	日本国憲法の改正手続に関する法律	破防	破壊活動防止法
皇経	皇室経済法	文化財保護	文化財保護法
公選	公職選挙法	ポツダム	ポツダム宣言
皇典	皇室典範	民	民法
国事代行	国事行為の臨時代行に関する法律	民訴	民事訴訟法
国籍	国籍法	明憲	大日本帝国憲法
国賠	国家賠償法	労基	労働基準法
国民審査	最高裁判所裁判官国民審査法	労組	労働組合法
国民年金	国民年金法		
国有財産	国有財産法	最大判（決）	最高裁判所大法廷判決（決定）
国会	国会法	最一判（決）	最高裁判所第一小法廷判決（決定）
国公	国家公務員法	最二判（決）	最高裁判所第二小法廷判決（決定）
裁	裁判所法	最三判（決）	最高裁判所第三小法廷判決（決定）
財	財政法	高判（決）	高等裁判所判決（決定）
最高裁事務処理規則	最高裁判所裁判事務処理規則	地判（決）	地方裁判所（決定）
		簡判	簡易裁判所判決
裁判員	裁判員の参加する刑事裁判に関する法律	民集	最高裁判所民事判例集
		刑集	最高裁判所刑事判例集
裁弾	裁判官弾劾法	集民	最高裁判所裁判集民事
裁分限	裁判官分限法	集刑	最高裁判所裁判集刑事
参規	参議院規則	高民集	高等裁判所民事判例集
自衛隊	自衛隊法	高刑集	高等裁判所刑事判例集
衆規	衆議院規則	下民集	下級裁判所民事裁判例集
宗法	宗教法人法	下刑集	下級裁判所刑事裁判例集
消防	消防法	行集	行政事件裁判例集
女子差別撤廃条約	女子に対するあらゆる形態の差別の撤廃に関する条約	訟月	訟務月報
水防	水防法	判時	判例時報

ix

執筆者一覧　　　　　　　（＊印編者，順不同）

＊下條芳明［しもじょう　よしあき］　　第1講・第2講・第3講・第16講
　　昭和28（1953）年生まれ。早稲田大学政経学部卒。早稲田大学大学院政治学研究科
　　（憲法専修）博士後期課程単位取得満期退学。
　　現　在　朝日大学法学部・大学院法学研究科教授
　　主　著
　　・『象徴君主制憲法の20世紀的展開――日本とスウェーデンとの比較研究』（東信堂，
　　　平成17年）
　　・「象徴天皇制の制度と理論――代表制論，君主論および元首論の現代的脈絡におい
　　　て」『憲法における普遍性と固有性［憲法学会五十周年記念論文集］』（憲法学会編，
　　　成文堂，平成22年）
　　・「タイ王国憲法における反汚職リーガリズムの挑戦――「良い統治（グッド・ガバナ
　　　ンス）」論からの問い掛け」『朝日大学法学部開設三〇周年記念論文集』（成文堂，平
　　　成30年）

＊東　　裕［ひがし　ゆたか］　　第4講・第5講・第7講・第20講
　　昭和29（1954）年生まれ。早稲田大学政経学部卒。早稲田大学大学院政治学研究科
　　（憲法専修）博士後期課程単位取得満期退学。博士（国際学）
　　現　在　日本大学法学部教授
　　主　著
　　・『太平洋島嶼諸国の憲法と政治文化』（成文堂，平成22年）（第27回大平正芳賞受賞）
　　・「緊急権制度――各種改憲草案を素材として」『憲法研究』第47号（憲法学会編，平
　　　成27年）
　　・『比較憲法』（共編著）（弘文堂，平成31年）

樋口雄人［ひぐち　たけと］　　第6講・第8講・第9講
　　昭和43（1968）年生まれ。早稲田大学政経学部卒。早稲田大学大学院政治学研究科
　　（憲法専修）博士後期課程単位取得満期退学。
　　現　在　都留文科大学教養学部教授
　　主　著
　　・『日本国憲法講義――憲法政治学からの接近』（共著）（成文堂，平成21年）
　　・『日本国憲法入門』（共著）（玉川大学出版部，平成25年）
　　・「政治倫理条例に関する一考察」『憲法研究』第49号（憲法学会編，平成29年）

執筆者一覧

渡邊　亙［わたなべ　わたる］　第17講・第18講・第19講

昭和43（1968）年生まれ。早稲田大学法学部卒。早稲田大学大学院政治学研究科（憲法専修）修士課程修了。ボン大学（ドイツ）比較法学修士課程修了。ボン大学法学博士（Dr. jur.）

現　在　名城大学法学部教授

主　著

・「行政活動の適法性の憲法的条件」『名城法学』第64巻1・2号（平成26年）
・「いわゆる「部分社会の法理」の再構成」『法政治研究』創刊号（関西法政治研究会編，平成27年）
・『法律の留保に関する比較研究』（成文堂，平成31年）

林　紀行［はやし　のりゆき］　第11講・第12講・第15講

昭和49（1974）年生まれ。早稲田大学政経学部卒。早稲田大学大学院政治学研究科（憲法専修）博士後期課程単位取得退学。

現　在　環太平洋大学経営学部准教授

主　著

・「地方自治体における代表制論：地方議会選挙の理論と現実」『憲法論叢』第19巻（関西憲法研究会編，平成24年）
・「国家主権と「地域主権」」『憲法研究』第45号（憲法学会編，平成25年）
・『日本国憲法入門』（共著）（玉川大学出版部，平成25年）

団上智也［だんがみ　ともや］　第10講・第13講・第14講

昭和49（1974）年生まれ。早稲田大学政経学部卒。早稲田大学大学院政治学研究科（憲法専修）博士後期課程単位取得満期退学。

現　在　日本文化大学法学部准教授

主　著

・「アメリカ合衆国憲法修正9条を巡る議論状況──原意主義的解釈の多様性」『憲法論叢』第17号（関西憲法研究会編，平成22年）
・「原意主義における憲法解釈と憲法構築の区別の意義」『憲法論叢』第19号（関西憲法研究会編，平成24年）
・齋藤康輝＝高畑英一郎編『憲法』（共著）（弘文堂，平成25年）

xi

第1講 憲法とはどのような法か

ポイント
① 憲法とはなにか。「近代的（立憲的）意味の憲法」の内容はどのようなものか。
② 近代憲法はどのように分類されるか。
③ 近代憲法の特質とはどのようなものか。
④ 近代憲法との比較において，現代憲法にはどのような特色があるか。

1 憲法の概念

Ⅰ 憲法という言葉

「憲法」という言葉は，中国や日本に古くからあったもので，わが国では推古天皇の時代に聖徳太子によって制定されたといわれる「十七条憲法」が有名である。江戸時代には「憲法部類」「憲法類集」，明治初期には「憲法類編」「憲法志料」といった法令集が編纂されている。しかし，ここでの「憲法」の語はきわめて広い意味で使われており，社会生活における「おきて」「のり」「きまり」といったすべての法規範を含んでいた。

一方，現代の憲法学や法学で用いられる「憲法」は広く国家の基本法を意味し，語源的には，英語・フランス語の constitution，ドイツ語の Verfassung に由来する。もともと constitution はラテン語の constitutio に由来し，ローマ法では皇帝の制定法，中世ヨーロッパでは教会の規則のことであったが，17世紀以降，国家の構造，構成，組織に関する法規範を意味するようになった。

わが国では，幕末から明治初年にかけて，国家の基本法を意味する欧米語 constitution, Verfassung が摂取されたが，これに対応する日本語を何にするのかが問題となった。「律例」，「国憲」，「政規」，「国制」，「政体」などさまざ

まな訳語が案出されたが，明治9年9月7日の元老院への勅語に「朕爰に我建国の體に基き，広く海外各国の成法を斟酌し，以て国憲を定めんとす」とあるように，当初とくに優勢だったのは「国憲」という語であった。一方，その頃まで法一般を指した「憲法」の語を最初に国家の基本法の意味で用いたのは，明治6年の箕作麟祥の訳書『フランス六法』であったといわれる。この「憲法」という訳語はなかなか普及しなかったが，明治15年3月，憲法調査のため伊藤博文をヨーロッパに派遣する際，それを命ずる勅語のなかで「欧州各立憲君治国の憲法に就き……利害得失の在る所を研究すべき事」と記されていたことが契機となり，この頃から「憲法」が公定用語として定着するようになる。明治22年に「大日本帝国憲法」が公布されるに及んで，constitution に相当するものとして「憲法」の用法が決定的となった。

⟨ Topic 1-1 ⟩

聖徳太子の十七条憲法

　推古天皇の治世である西暦604（推古12）年，聖徳太子が制定した十七条憲法は日本最初の成文法である。その趣旨は，冒頭の「和を以て貴し」（1条）で知られるように，「和」の精神に基づく天皇中心の律令国家を建設するため，貴族や役人に対して職務上の倫理規範を示したものであった。十七条憲法は聖徳太子の独創だといわれるが，仏教を基本にして，儒教，道教，法家など東洋思想の粋を総合し，国家生活の根本規範とした点に文明史的な意義がある。たとえば，仏教思想は，「篤く三宝（仏，法，僧）を敬いなさい」（2条），「人は皆凡夫（普通の人間）にすぎない」（10条）に表われているし，「役人は常に礼を根本としなさい」（4条），「役人に信頼がなければ，万事失敗に帰するであろう」（9条）として，「礼」や「信」を説く部分には儒教思想が示されている。さらに，不争の徳（1条・10条）を奨励する部分には老荘の教えがうかがえるし，「民の訴えは公正に裁きなさい」（5条），「賞罰は必ず正当なものにしなさい」（11条）には法家の思想が認められる。

　とくに注目したいのは，1条で「人と争わずに和を大切にしなさい。……上司と下司が相互に和をもって接して事をなそうとすれば，自然に道理にかなう結論が得られるはずだ」とし，最後の17条では「重要な問題は間違いがあるといけないので，一人で判断しないで，必ず皆で話し合って決めよう。皆で話し合えば，説明の言葉がそのまま道理となるだろう」として，「和」の雰囲気のなかでの衆議こそ合理的な結論を得る唯一の方法であり，物事が成就する前提であると説く点だ。かつて哲学者の

和辻哲郎は，これを評して，「(日本の) 神話の物語っている古い政治のやり方は，主宰神あるいは君主の独裁ではなくして，河原の会議である。衆論を重んじないところに会議などの行なわれるわけはない」（『日本倫理思想史（上）』昭和27年初版）と述べたが，聖徳太子が提示した合議制は，『古事記』の時代以来の伝統的な衆議の在り方を継承し，さらに発展させたものだといえるだろう。

II　国家と憲法

　国家とは，一定の限定された地域（領土）を基礎として，その地域に定住する人間（国民）が，強制力をもつ統治権のもとで法的に組織される社会のことである。すなわち，領土，国民，統治権（主権）の3つが国家の不可欠な構成要素とされる。こうした国家という統治団体を基礎づける基本法が，憲法とよばれる法規範である。

　(1)　領土　国家は一定の領域を基礎とするが，領陸（狭義の領土），領海，領空からなる空間的範囲が領土である。日本国憲法は領土に関する条項をまったく欠くが，日本の領土の範囲については，ポツダム宣言およびサンフランシスコ平和条約（昭和26年9月8日調印）に定める。

　(2)　国民　国家に所属する構成員の全体が国民である。国民の要件に関しては，国籍法が詳しく定める（憲10条）。

　(3)　統治権　統治権とは，国家が国民および領土を支配する権利を意味し，主権あるいは国権とよばれることもある。具体的には，国家は領土内のすべての人および物を支配する権利（領土権）をもち，領土内外に居住するすべての国民を支配する権利（対人権）などを有する。

III　憲法の意味

　国の基本法として憲法の概念は多義的である。次のように，これを，「実質的意味の憲法」，「形式的意味の憲法」，「近代的（立憲的）意味の憲法」という3概念により説明することが多い。

1　実質的意味の憲法

　憲法の実質に注目して，国家の組織や作用に関する基本的な規範を憲法と定義する場合，これを「実質的意味の憲法」とよぶ。この場合，当該法規範が「憲法」とか「基本法」とかという名称を保持するか否か，成文の法典か不文の慣習かといった存在形式は問題とされない。国会法，内閣法，公職選挙法の一部の規定は，この憲法概念に含まれることになる。法諺に「国家あるところ必ず憲法あり」とあるように，この意味の憲法は，時代と場所とにかかわらず，すべての国家に当然に存在する国家の基本法のことを指すので，「固有の意味の憲法」と称することもある。

2　形式的意味の憲法

　憲法の形式に注目して，成文の法典，つまり憲法典という法形式をとって存在している憲法を「形式的意味の憲法」という。たとえば，「日本国憲法」，「アメリカ合衆国憲法」，「ドイツ連邦共和国基本法」の名称を付された憲法典がそれにあたる。

　歴史的には，「形式的意味の憲法」の概念が登場するのは，「実質的意味の憲法」が憲法典化されるようになった近代以降のことであるが，この2つの憲法概念はつねに一致するとは限らない。たとえば，イギリスでは，統一的な憲法典は存在しないので「形式的意味の憲法」は存在しないが，マグナ・カルタ（1215年），人身保護法（1679年），権利章典（1689年），王位継承法（1701年）のほか，国会法など国会制定法，憲法習律（Convention of the Constitution）といった形式で「実質的意味の憲法」は存在している。また逆に，「形式的意味の憲法」が構成されていても，そこには実質的意味の憲法に相当しないような規定が含まれることがある。1874年の旧スイス連邦憲法が「出血前に麻酔をなさず動物を屠殺することは，一切の屠殺の方法および一切の種類の家畜についてこれを禁止する」（25条の2）と規定したのは，その代表例であるといわれる（同規定は，1973年の改正により削除）。

3　近代的（立憲的）意味の憲法

　「実質的意味の憲法」のうち，近代自由主義に基づき個人の人権を保障し，

国家権力の制限を内容とする国家の基本法を「近代的意味の憲法」あるいは「立憲的意味の憲法」とよぶ。この意味の憲法は，イギリスの名誉革命（1688年），アメリカの独立革命（1776年），フランス革命（1789年）など近代市民革命の所産であり，市民層を主体として，絶対君主の専制的な権力を制限し，個人の人権の確保を目的とする。

とくに1789年のフランス人権宣言は「権利の保障が確保されず，権力分立が定められていないすべての社会は憲法をもつものではない」（16条）として，この意味の憲法における不可欠な要素が人権保障と権力分立制にあることを明記する。1788年に成立したアメリカ合衆国憲法は当初，三権分立制に基づく統治機構のみを定め，人権を保障する「権利章典」を欠いていたが，1791年に修正10ヵ条の人権規定が追加されて近代的憲法としての体裁を整えた。一方，イギリスは成文の憲法典を制定することはなかったが，すでに17世紀には絶対王政を打倒して立憲主義的な国家構造を確立していた。「イギリスは，憲法の母国である」とか，「18世紀に憲法をもっていたのは，イギリスのみである」とかいわれるのは，「立憲的意味の憲法」のことを指している。

2 憲法の分類

I 近代憲法の分類

1 存在形式に基づく分類

この分類によれば，憲法典の形式で存在する成文憲法（成典憲法）と，憲法典以外の慣習法や判例法の形式で存在する不文憲法（不成典憲法）とに区別される。近代初期におけるほとんどの近代憲法は，憲法典という特別な形式を与えられた成文憲法として制定された。北アメリカのバージニア憲法（1776年），アメリカ合衆国憲法（1788年），フランス革命期の1791年憲法および1793年憲法などは，すべてその例である。その趣旨は，旧体制を否定し，新しい体制の確立を明確にするだけではなく，絶対君主の専制的支配を排除し，国家権力を確かな根拠に基づき制約しようとする近代市民社会の要請に応えようとしたも

のであった。

　成文憲法は，通例，統一的な１つの法典をなしているが，フランス第３共和制憲法（1875年）やスウェーデン憲法（1974年）のように複数の憲法典として存在する場合もある。なお，イギリスは，前述のように成文の統一的な憲法典をもたない点では不文憲法国であるが，実質的意味の憲法が慣習法や判例法として存在しているだけでなく，多くの議会制定法として成文化されている点で，広い意味での成文憲法国といえる。

2　制定主体に基づく分類

　君主主義の思想に基づき，君主が独自に制定した憲法を欽定憲法という。フランスの1814年憲法（シャルト（憲章）），1850年のプロイセン憲法，わが国の明治憲法などがその代表例である。一方，国民主権に基づき，国民が直接または特別の憲法制定会議などを通じて間接に制定する憲法を民定憲法とよぶ。アメリカ諸州の憲法（1776年〜），ドイツのワイマール憲法（1919年），フランスの第５共和制憲法（1958年）など，いわゆる共和制憲法がこれに属する。しかし，現代の君主制憲法にあっては，ベルギー憲法（1831年），スウェーデン憲法（1974年），スペイン憲法（1978年）などの例に見られるように，国民主権の原理に立って国民が制定したという建前をとりながら，伝統的な君主の存在を認めている。

　この２つの類型のほか，欽定憲法と民定憲法の妥協形態として，君主と国民の代表者との合意により制定される協約憲法がある。７月革命後に成立した1830年のフランス憲法（シャルト（憲章））がその典型である。また，複数の国家の合意により制定される憲法を国約（条約）憲法とよぶ。これは多数の国家が新しく結合して連邦国家を樹立する場合に見られるもので，アメリカ合衆国憲法（1788年），ドイツ帝国憲法（1871年）がその代表例である。

3　改正手続に基づく分類

　近代の成文憲法は，その改正に際して通常の立法手続より厳重な手続を必要とするのが通例であるが，これを硬性憲法（rigid constitution）とよぶ。硬性とする主な理由は，憲法の形式的な最高法規性を確保し，人権保障など憲法制

定権者（主権者）の選択した基本的価値を安易な改正から保護することにある。各国憲法における改正手続の硬性度はさまざまであるが，次のように類型化できる。①通常の立法機関（国会）で特別に加重された定足数や多数決によって決定する方式（明治憲法，ワイマール憲法などドイツ憲法の例），②総選挙をはさんだ2度の国会の議決で決定する方式（ベルギー，スウェーデン，デンマーク憲法の例），③特別の憲法会議の招集を必要とする方式（アメリカ合衆国憲法の例），④国民投票により国民の同意を必要とする方式（スイス憲法，日本国憲法の例）。また，これら複数の方式が併用されている。

これに対して，通常の立法手続と同じ要件で改正できる憲法は軟性憲法（flexible constitution）といわれる。軟性憲法には社会変化に柔軟に対応できるという長所があるが，その例は少なく，1848年のイタリア憲法，1946年のニュージーランド憲法があげられる。

なお，硬性憲法か，軟性憲法かの分類は，形式的な改正手続の難易の問題であって，必ずしも現実の憲法改正の実態を反映しているわけではない。同じ硬性憲法であっても，明治憲法や日本国憲法は50年以上にわたり改正されることはなかったが，アメリカ合衆国憲法やドイツ連邦共和国基本法はこれまで何度も憲法改正が実施されてきた。

Ⅱ　レーベンシュタインによる存在論的分類

先に見たように，近代憲法は本来，国家権力を制限し，国民の人権保障を確保するために制定された。ところが，第二次世界大戦後になると，世界に普及した近代憲法は本来の意味を失い，実際は独裁政治をカムフラージュするために利用されることが多くなった。この問題関心に基づき，比較憲法学者のレーベンシュタイン（Karl Loewenstein, 1891-1973）は，現実の政治過程が憲法規範と一致しているかどうかを基準として，規範的（normative）憲法，名目的（nominal）憲法，意味論的（semantic）憲法という三分類法を提唱した。

レーベンシュタインによれば，成文憲法が「生ける憲法（living constitution）」となるためには，それに適した社会的・経済的・風土的諸条件が必要

である。規範的憲法の場合には「自らの実現に好適な国家的風土」が存在しているので，現実の政治過程が憲法の諸規範に適応・服従し，成文憲法が現実に有効に機能している。それは洋服にたとえるなら，身体にぴったりと合うし，実際にも着用されているオーダーメイドのスーツである。ヨーロッパおよび北米地域などの憲法が，これに該当する。

　これに対して，名目的憲法とは，憲法は法的効力をもつにもかかわらず，政治的な教育や訓練，経済的に独立した中産階級といった諸条件が欠如しているため，現実の政治過程のなかでは「生ける憲法」となっていない場合である。それは着用されるのを待ちつつ，当分タンスのなかに納められている洋服のようなものである。ラテンアメリカ諸国，アジア・アフリカの途上国の憲法が，これに相当する。

　一方，意味論的憲法とは，憲法は完全に適用されていても，実際は現実の権力保持者の支配を安定・永続させるための便宜的な道具と化している場合をいう。それは本当の衣装ではなく，たんなる仮装でしかない。独裁政治が支配的なイスラム諸国や社会主義諸国の憲法が，これにあたる。

　レーベンシュタインによる憲法分類法は「存在論的（ontological）分類」ともいわれる。この分類法は現実の国家生活のなかで憲法がどのように機能し，妥当しているのかを分析するうえで有効な方法であるといえるだろう。

3 憲法の特質

I　基本的価値秩序としての憲法

　憲法という法規範は，価値中立的に統治（政府）の機構を定めるものではない。そこには，統治により実現されるべき基本的価値が内包されている。前述のように，近代的意味の憲法の場合，その基本的価値とは「人間の尊厳」に由来する個人の人権にあり，統治機構は人権を十分に保障しうる構造に組織されている。つまり，憲法の目的とは，個人の人権保障にあり，統治機構はそれを実現するための手段なのである。

8

II　授権規範と制限規範

　憲法は，通例，授権規範と制限規範という2つの性格をもつ。授権規範とは，国法秩序のなかで一定の国家機関に対して権限を授ける最終的な規範を指すのに対して，制限規範とは，国家行為の内容を制限する規範を意味する。たとえば，憲法41条および59条とそれに基づく法律，あるいは，憲法73条6号とそれに基づく政令との間には，憲法を授権規範とする授権関係が成立する。他方，憲法44条で「両議院の議員及びその選挙人の資格は，法律でこれを定める」とし，「但し，人種，信条，性別，社会的身分，門地，教育，財産又は収入によつて差別してならない」と定めるのは，制限規範である憲法によって，国会法や選挙法の内容が限定されることを意味する。

　近代的意味の憲法では，人権保障という目的のため，国家権力の行使を制限し，人権侵害に歯止めをかけることに主眼があった。国家の組織や作用の基本を定める憲法は国法上のすべての機関に授権を行うことができるが，その際にも，人権保障の趣旨に照らして一定の制限が必要となる。ところが，後に見るように，「権力からの自由」が基本である近代憲法から，「権力による自由」の実現をも課題とする現代憲法への展開に伴い，制限規範よりも授権規範としての側面が重視されるようになる。このため，現代憲法では，制限規範と授権規範との調和をどのように図るべきかという新たな問題に直面している。

III　最高法規性

　憲法は，国の最高法規であり，国法秩序の中で最も強い形式的効力をもつ法規範である。この点，日本国憲法98条1項は，「この憲法は，国の最高法規であつて，その条規に反する法律，命令，詔勅及び国務に関するその他の行為の全部又は一部は，その効力を有しない」として，憲法を形式的効力の点で最高法規として位置づける（形式的最高法規性）。重要なのは，こうした形式的最高法規性を支える実質的根拠（実質的最高法規性）であるが，それは，「最高法規」の章の冒頭にある憲法97条で，「侵すことのできない永久の権利」として

基本的人権の固有性・不可侵性・永久性を確認している点に求められる。つまり，憲法は，基本的人権をあらゆる国家権力の侵害から保護するという理念に基づき制定された「自由の基礎法」といえる（最高法規性については，第20講参照）。

4　近代憲法の基本原理

近代憲法の基本原理を何に求めるかについて，学説は必ずしも一致しないが，一般に，基本的人権の保障，権力分立制，法の支配，国民主権があげられる。

I　基本的人権の保障

「個人の尊厳」を基本とする近代立憲主義では，基本的人権の保障はその不可欠な要素である。基本的人権（あるいは，人権）とは，人間が人間たることにのみ基づき当然に享有すべき権利を意味する。この点，日本国憲法は，11条と97条で，「基本的人権」は「侵すことのできない永久の権利」として，憲法が国民に保障する基本的人権は，すべての人間に当然に備わるものである以上，国家や憲法に論理的に先立ち，永久に奪われることがない権利であることを明らかにする。

市民革命期に成立した北米やフランスの憲法では，J.ロックやルソーの自然権思想を根拠にして，信教の自由，思想・良心の自由，言論・出版の自由，身体の自由，財産権の保障，法の下の平等原則といった自由権・平等権が人権保障の中心であった（最狭義の「基本的人権」）。また，これらの自由・平等を実質的なものにするために参政権も基本的人権とされた（狭義の「基本的人権」）。さらに，第一次世界大戦以降，福祉国家（社会国家）の登場に伴い，生存権，労働基本権などの社会権が加えられた（広義の「基本的人権」）。

近年の学説によれば，基本的人権とは，法律上の権利というよりも，「人間の尊厳」，「人間の幸福追求」，「人間に値する生存」といった，人間が人間として存在するために必要な基本的条件を意味する点で，道徳的権利（moral rights）として意味づけられる。この見方によれば，自然権説を根拠にして，

基本的人権は自由権に限定されるというような問題は生じず，日本国憲法が「国民に保障する自由及び権利」は，すべて個人の尊重や自立性に必要な基本的人権として想定されることになる（最広義の「基本的人権」）。

Ⅱ　権力分立制

　権力分立制は，本来，単一の国家機関に権力が集中すると権力濫用により国民の権利・自由が侵害されるおそれがあるので，国家権力をその性質に応じて立法・行政・司法というように区分し，それぞれ独立した機関に担当させ，相互の抑制と均衡（check and balance）により権力濫用を防止して，国民の権利・自由を保護することを目的とする。先にあげたフランス人権宣言16条は，権力分立制と人権の保障は近代的意味の憲法の二大指標である旨を定めるが，そこでは，権力分立制は人権保障の実現のために必要な制度として位置づけられている。

　権力分立の理論は，古代ギリシアにおけるアリストテレスなどの混合政体論を歴史的背景とするが，近代憲法原理に重要な影響を与えた思想家としては，J.ロックとモンテスキューがあげられる。ロック（J. Locke, 1632-1704年）は，『市民政府論（統治二論）』（1690年）のなかで，社会契約説に立ちながら，国家権力を制限するものとして立法権と執行権を分化し，それぞれを議会と国王に帰属させた。一方，モンテスキュー（Montesquieu, 1689-1755年）は，『法の精神』（1748年）の第11編第6章「イギリスの国制について」において，18世紀前半のイギリス立憲君主制をモデルとして，絶対王政下で政治的自由を確保するために，国家権力を立法権，執行権（「万民法に関する事項の執行権」），裁判権（「市民法に関する事項の執行権」）の三権に分けて，立法権を国王と議会に，執行権を国王に，裁判権を裁判所に帰属させるという三権分立制を展開した。この理論では，国王に立法拒否権を認めることにより，立法権は国王と議会との共同行使として，異なる国家作用をそれぞれ独立した機関に分配するだけでなく，同一の国家作用を複数の機関に関与させた点に特徴がある。

　19世紀以降の自由民主主義憲法は，今日まで形態の変化はあるが，いずれも

権力分立制を採用してきた。代表的な統治形態としては，①立法権と行政権の調和・均衡を重視するイギリス型議院内閣制，②三権を厳格に分立するアメリカ型大統領制，③公選大統領と国民議会から選出される内閣の分立・協働によるフランス型半大統領制などがあげられる。

Ⅲ 法 の 支 配

「法の支配」は，「人の支配」に対立する概念で，統治者による恣意的な支配を排除して，あらかじめ定められた法に基づく支配により，個人の権利・自由の確保を要求する原理である。今日，「法の支配」の重要な要素としては，①憲法の最高法規性の観念，②個人の人権の不可侵，③法の内容・手続の公正を要求する適正手続（due process of law），④権力の恣意的行使を抑制する裁判所の役割に対する尊重，などが考えられる。

「法の支配」は，中世ゲルマン法における「法の優位」の思想に由来し，イギリス憲政史の過程で独自に形成され発展した。とくに17世紀における国王と議会との抗争過程で，コーク（Edward Coke, 1552-1634年）が中世の法律家ブラクトン（Henry de Bracton, ?-1268年）の「国王といえども神と法の下にあるべきである」という法諺を引用して，王権神授説を信奉するジェームス1世に対してコモン・ロー（common law）（イングランドで中世以来，国王の裁判所が慣習や先例に基づき発展させてきた法理のこと）の支配を主張したことは有名である。その後，名誉革命（1688年）の結果，議会主権が確立され，コモン・ローの優位は修正されるが，万能である議会も，コモン・ローの伝統にある権利・自由を侵害する法律を制定できず，また，裁判所は解釈適用のなかで，その保護に最大限の配慮を払わなければならなかった。

イギリスの「法の支配」の観念は，アメリカ合衆国に継受されて，違憲審査制の成立に多大な影響を与えた。1803年のマーベリー対マディソン事件の判決では，連邦最高裁判所長官マーシャル（John Marshall, 1755-1835年）は，裁判所は憲法に反する法律の適用を排除する権限を保持すると宣言し，それ以降の判例を通じて裁判所の違憲審査権が定着する。

一方，19世紀後半のドイツでは，「法の支配」の要請は「法治主義」，とくに「法律による行政の原理」によって達成される。これは，国民を代表する議会が制定する法律を重視し，司法は裁判所による法律の適用により，また行政は法律に基づき行われることをいう。その基本は「法律の支配」であり，法律の目的や内容の正当性はすべて立法部の判断に委ねられているために，議会自体が専制的勢力に支配されたときは，立憲主義は空洞化する危険性がある（いわゆる「形式的法治国家」論）。

第二次世界大戦後のドイツ連邦共和国基本法（1949年）は，ワイマール憲法下の「形式的法治国家」論がナチズムの出現を阻止できなかったという経験に基づき，「立法は憲法的秩序に，執行権および裁判は法律および法（Gesetz und Recht）に拘束される」（20条3項）と定め，国会は「人間の尊厳」を基本とする憲法秩序に則った立法を要請され，また法の執行や適用に当たる執行機関や裁判所は議会の制定する法律だけでなく，「法」つまり自然法的な正義にも従わなければならないとする「実質的法治国家」への転換を遂げた。また，司法裁判所とは別に憲法裁判所を設けて，憲法の基本原則に反する法律は排除されるとする違憲審査制を採用している。

Topic 1-2

ダイシーによるイギリスの「法の支配」

イギリスの憲法学者ダイシー（Albert Venn Dicey, 1835-1922年）は，代表的著作『憲法序説』（1885年初版）のなかで，議会主権，法の支配，憲法習律をイギリス憲法の主要原則としてあげ，このうち「法の支配」の特徴について，次の3点に要約している。①国民は通常裁判所が通常の手続で確定する「正規の法（regular law）」のみに拘束され，政府による恣意的な権力行使は否定されること。②すべての人，つまり官吏を含むあらゆる階層の国民は等しく「正規の法」と通常裁判所の判決に服し，行政裁判所をはじめとする特別裁判所は禁止されること。③憲法の一般原理（とくに国民の権利・自由の保護）は，国会制定法と具体的事件に関する通常裁判所の判例により構成されていること。これに対して，こうしたダイシーの定式化は19世紀の自由主義的理論の下で形成されたもので，福祉国家化，行政国家化が進行した現代の憲法体制を特徴づけるには，不適切だとする批判がある。

Ⅳ 国 民 主 権

国民主権の原理も近代憲法の重要な要素である。詳しくは，第2講 3 を参照。

5 現代憲法の展開

Ⅰ 「社会国家」への転換と社会権の登場

18～19世紀の近代憲法は，人権保障の面では，思想・信条の自由，表現の自由，人身の自由，財産権の保障など，国家権力からの自由を意味する自由権が主体であった。この背景には，国家の任務は，国内治安の維持，国防・外交，国民の自由・財産の保護に限定されるべきだとする「夜警国家（自由国家）」の国家観と，国家は国民の経済活動や生活の領域に干渉すべきでないという自由放任主義（レッセフェール）の考え方があった。

しかし，19世紀中盤以降になると，近代憲法の基礎であった自由主義経済自体に構造上の変化が現れた。確かに自由主義経済は大きな繁栄をもたらしたが，その反面，資本家と労働者間に著しい貧富の差が生じ，労働者の貧困・失業，苛烈な労使紛争など社会問題が頻発した。このような深刻な事態を前にして，近代の「夜警国家」は国家が国民福祉の増進のために積極的な役割を果たす「社会国家（福祉国家）」へと移行する。

「社会国家」の理念をいち早く実定化した1919年のワイマール憲法は，「すべての人に人間たるに値する生活を保障することを目的とする正義の原則」が経済生活の秩序の基本原則である（151条1項）とし，婚姻・家族・母性の保護，勤労の権利，労働者の団結権，経営参加権，包括的な保険制度の設立など多くの社会権を保障した。第二次世界大戦後，「社会国家」の原則はさらに普及し，たとえば，フランス第4共和制憲法（1946年）は「フランスは，……民主的かつ社会的共和国である」（1条）とし，また，イタリア憲法（1947年）は「イタリアは，労働に基礎を置く民主的共和国である」（1条1項）として，とくに労

働者の権利，家族の保護を明記する。日本国憲法でも，「社会国家（福祉国家）」の理念に立脚して，25条以下に，生存権，教育を受ける権利，勤労の権利，労働基本権といった一連の社会権を保障している。

II　権力分立制の現代的変容

19世紀の自由主義国家では，国政上の重要課題は，何であれ，議会が法律の制定により解決するという考え方が強かった。法治主義の原則に基づき，行政府は議会が制定した法律を忠実に執行し，また裁判所はこれを忠実に適用した。このように近代の自由主義国家は，立法権の優位を当然の前提としていたので「立法国家」とよばれた。

しかし，20世紀に入り，第一次世界大戦後になると，「社会国家（福祉国家）」の登場にともない，国家の任務は国民福祉の増進，経済政策の運営など社会・経済政策上の領域に拡大せざるをえなくなった。こうした国家の積極的機能を効果的に達成しうるのは議会ではなく行政府（政府）にほかならないので，行政権優位の構造が確立され，議会政治の面でも，委任立法や内閣提出法案の増大など，いわゆる「行政国家」の現象が進行する。

しかし，「行政国家」の下で権力分立制が行政権中心になると，これに対して，「立法国家」および「司法国家」という2つの観点から行政権を統制する必要が指摘されるようになる。前者は，「熟議民主主義」など議会主義の復権により，議会は直接国民を代表し，国民は議会を通じてその主権を実現するという民主制の原理を根拠にして，議会による行政権の統制を強調する立場である。後者は，「法の支配」あるいは「良い統治」の観点から裁判所による違憲審査制の活性化を図り，行政権の濫用に歯止めをかけるだけでなく，憲法秩序全体にわたり裁判所による統制を強化しようとする立場である。第二次世界大戦後，ドイツの憲法裁判所の成功に見られるように，「違憲審査革命」といわれるほど「司法国家」化の傾向が顕著となり，とくに「ベルリンの壁」の崩壊（1989年）後，この潮流はかつての社会主義諸国のみならず，韓国，台湾，タイ，インドネシアなどアジア諸国にも普及している。

確認問題 ・・

(1) 憲法の意味・特質について，次の説明のうち誤っているものを1つ選びなさい。

① 法形式にかかわらず国家の組織や作用に関する基本的な規範を「実質的意味の憲法」とよぶが，国会法や公職選挙法の一部の規定は，この憲法概念に含まれる。

② フランス人権宣言の「権利の保障が確保されず，権力分立が定められていないすべての社会は憲法をもつものではない」（16条）という規定は，「近代的（立憲的）意味の憲法」の趣旨を示したものである。

③ 憲法は，一定の国家機関に対して権限を授ける授権規範と，他の国家行為の内容を制限する根拠となる制限規範という2つの性格をもつ。

④ 日本国憲法は，憲法の形式的最高法規性の実質的根拠として，「最高法規」の章の99条に公務員の憲法尊重擁護義務を定めている。

(2) 憲法の分類について，次の説明のうち誤っているものを1つ選びなさい。

① イギリス憲法は成文の憲法典をもたない点では不文憲法国であるが，議会制定法を内容としている点では，広い意味での成文憲法国といえる。

② 1791年のフランス憲法や1831年のベルギー憲法は立憲君主制を定めているが，国民主権を基本原則とする民定憲法である。

③ アメリカ合衆国憲法は，これまで頻繁に憲法改正が実施されているので軟性憲法である。

④ 硬性憲法とは，通常の法律の改正手続よりも困難な手続を必要とする憲法をいう。

(3) 現代憲法の特徴について，次の説明のうち誤っているものを1つ選びなさい。

① 現代憲法では，自由権や参政権に加えて，社会権が保障されるようになった。

② 日本国憲法は「社会国家」の理念に立脚して，25条以下に生存権，教育を受ける権利，勤労の権利，労働基本権など一連の社会権を保障している。

③ 現代憲法では，行政権優位の構造が確立され，委任立法や議員立法の増大など，いわゆる「行政国家」の現象が顕著になっている。

④ 現代憲法では，とくに20世紀の後半には，「行政国家」の現象に対応して，違憲審査制の採用など「司法国家」化が進行している。

第2講　日本国憲法の成立と基本原理

ポイント

① 日本国憲法はどのような経過を経て成立したのか。

② 日本国憲法の前文における憲法の基本原則とはなにか。

③ 日本国憲法における国民主権の原理とはなにか。

1　日本国憲法成立の経過

I　ポツダム宣言の受諾と日本占領の開始

昭和20 (1945) 年 8 月14日，日本はポツダム宣言を最終的に受諾して，第二次世界大戦は終結する。ポツダム宣言とは，同年 7 月26日，ベルリン郊外のポツダムにおいて，アメリカ，イギリス，中華民国の連合国代表が，日本に対し「戦争を終結する機会を与える」ための降伏条件を共同宣言として発表したものである。ソ連は 8 月 8 日の対日参戦後に，これに加入する。

ポツダム宣言は全部で13項からなるが，具体的な降伏条件は 6 項以下に提示されていた。すなわち，軍国主義の永久除去（6 項），戦争能力の破壊と日本占領（7 項），日本の主権が及ぶ範囲の限定（8 項），軍隊の武装解除と平和復帰（9 項），戦争犯罪人の処罰，民主主義の復活・強化および基本的人権の尊重の確立（10項），軍事産業の禁止（11項）といった項目があげられ，日本国民の自由意思により，平和的で責任ある政府が樹立されたときには，占領が終結するものとされていた（12項）。

日本政府は当初，ポツダム宣言を「黙殺」したが，広島，長崎への原爆投下とソ連の対日参戦という事態を受け，8 月 9 日深夜の御前会議の決定に基づき，翌10日，同宣言は「天皇の国家統治の大権を変更するの要求を包含し居らざる

ことの了解」の下に，これを受諾する旨を連合国側に申し入れた。つまり，日本政府は，宣言受諾の唯一の条件として「国体の護持」の保証を取り付けようとしたのである。しかし，8月11日の連合国側の回答（いわゆる『バーンズ回答』）は，①降伏の時より，天皇と日本政府の国家統治の権限は連合国最高司令官の制限の下（subject to）に置かれること，②日本の最終的な政治形態は，ポツダム宣言に従い日本国民の自由に表明する意思により決定されるべきこと，という内容で，「国体の護持」に関して直接的な言及を避けていた。

このため8月14日午前に再度開催された御前会議での議論は紛糾したが，結局，「国体の護持」の条件は受け容れられたと解釈する天皇の「聖断」により，ポツダム宣言の受諾が決定された。宣言受諾の旨は，同日夜，連合国側に伝えられ，翌15日正午，「終戦の詔勅」として，初の玉音放送により国民に周知された。ついで9月2日，アメリカ戦艦ミズーリ号の艦上で，日本と連合国との間に降伏文書が調印された。すでに8月30日に厚木飛行場に到着していた連合国軍最高司令官ダグラス・マッカーサーは，9月17日に東京に入り，皇居前のお濠端の第一生命ビルに設置した総司令部を拠点として日本統治を開始する。

Ⅱ　憲法問題調査委員会の活動

こうして日本占領が開始されるが，日本政府は当初「国体の護持」を統治の根本方針とし，ポツダム宣言が要求する「日本の民主化」を達成するためには，明治憲法を変更する必要はなく，大正デモクラシー期の立憲君主制に立ち戻れば十分対応できるという判断であった。たとえば，この頃，東京帝国大学の宮澤俊義教授は，明治憲法の立憲主義は自由主義，民主主義を基本要素として，その条文は簡潔かつ弾力的であるから，憲法改正を実施しなくともポツダム宣言の履行は可能であると主張しているが（昭和20年10月19日付『毎日新聞』），これは当時の日本政府の大方の見解を代弁したものでもあった。

ところが，総司令部の側は，明治憲法の改正こそが日本の民主化改革のための最重要課題であると考え，これを強く促した。昭和20（1945）年10月11日，マッカーサーは，新首相に就任した幣原喜重郎に向かって，後に「自由のため

の五大改革」とよばれる改革事項（婦人参政権による女性解放，労働組合の結成奨励，学校教育の自由主義化，秘密審問の禁止と司法制度の改革，経済機構の民主主義化）とならんで，「憲法の自由主義化」という表現により憲法改正の必要を示唆する。これを受けて，幣原内閣では，10月13日の閣議了承に従い，松本烝治国務大臣を委員長とする憲法問題調査委員会（通称，松本委員会）を設置する。同委員会には，顧問として清水 澄，美濃部達吉，野村淳治，委員として河村又介，宮澤俊義，清宮四郎といった当代一流の憲法学者が集められた。

　憲法問題調査委員会は本来，憲法改正の要否を調査研究することを目的に設置されたが，やがて作業の力点は憲法改正案の作成に移り，12月8日，「松本四原則」ともよばれる，憲法改正のための基本方針が発表される。それは，①天皇は統治権の総攬者とする明治憲法の統治原則は変更しない，②議会の権限を拡大する一方，天皇の大権事項を制限する，③国務大臣の責任は国務全般に及び，同時に国務大臣は議会に対して責任を負う，④「臣民」の権利・自由の保護を強化し，その侵害に対する法的救済を完全なものとする，という内容である。同委員会では，この四原則に従い明治憲法の改正点が逐条的に検討され，昭和21（1946）年1月末，その改正原案は甲案（『憲法改正要綱』），乙案の2案にまとめられ，閣議の了承を得た後，2月8日，甲案の方が総司令部に提出された。

Ⅲ　総司令部の憲法起草作業

　総司令部は当初，日本政府の憲法改正作業を静観していたが，日本占領政策に関して決定権をもつ極東委員会が同年2月26日に発足するという状勢もあり，憲法問題を早期に決着させる必要に迫られていた。こうした時期，2月1日付の毎日新聞に「憲法改正調査会の試案」なるものが掲載された。これにより日本政府が作成する憲法改正案は総司令部の意向とは程遠い内容だと知ったマッカーサーは，総司令部内で独自の憲法草案を作成することを決意し，2月3日，ホイットニー准将を局長とする総司令部民政局に憲法草案の作成を命じた。

　このときマッカーサーは，後に「マッカーサー・ノート」と称される，次の

ような日本の新憲法作成のための三原則を提示した。①天皇は国の首長の地位（at the Head of the State）にあり，皇位継承は世襲とする。天皇の職務および権能は憲法に基づき行使され，憲法に表明された国民の基本的意思に対し責任を負う。②国家の主権的権利としての戦争を放棄する。日本は紛争解決のための手段だけでなく，自己の安全を保持するための手段としての戦争をも放棄する。③日本の封建制度は廃止する。華族の権利は，皇族を除き，現在生存する者一代以上に及ばない。予算制度はイギリス型にならう。

　これを受けて，民政局は２月４日から極秘裡に憲法草案作成作業を実施し，ほぼ９日間で完成したのが「総司令部案（マッカーサー草案）」である。同草案は，早くも２月13日，ホイットニー民政局長から松本国務大臣と吉田茂外相に手交される。先に総司令部に提出した『憲法改正要綱』に関する回答を期待していた日本側にとって，総司令部が秘密裏に作成した草案をいきなり提示され，しかも，同草案には象徴天皇制と戦争の放棄を二大原則にして，国民主権の原理，社会権など人権保障，一院制の導入，土地・天然資源の国有化などいくつかの革新的事項が含まれていたことは，まさに青天の霹靂であった。

　こうした日本側の反応をよそに，このときの総司令部側の姿勢はきわめて強硬なものであった。当時連合国のなかには，同年５月に開廷される極東国際軍事裁判（東京裁判）を控えて天皇の戦争責任を追及する声は強かったし，また，日本占領政策に関して連合国側の最高決定機関である極東委員会では，ソ連，オーストラリアを中心に天皇制廃止論が優勢になりつつあった。総司令部は，こうした厳しい国際状況から見て，日本政府が総司令部案を受け入れない場合，天皇制の維持あるいは天皇一身の保障はきわめて困難となる旨を通告し，少なくとも総司令部案と「基本原則および根本形態」を同じくする日本政府案の作成を強く要求した。その後，幣原首相は松本委員会案の再考を強く求めたが，マッカーサーに拒絶され，結局，２月22日の閣議でやむなく総司令部案の受け入れを決定する。

20

Ⅳ　帝国議会の審議と日本国憲法の成立

　その後の草案作成過程では，総司令部との折衝を通じて日本側の意向が反映された部分（二院制の復活，土地・天然資源の国有化の削除，家族条項の削除など）もあるが，象徴天皇制と戦争の放棄を二大原則とする総司令部案の大枠は修正されることはなかった。日本政府は総司令部案にある「国民（の）主権」の語を回避しようと努めたが，帝国議会審議過程での総司令部の反対が決め手となり，結局，憲法前文と1条に国民が主権者である旨が明示された。

　日本政府は，3月6日，天皇の勅語を付して，総司令部案を原型とする「憲法改正草案要綱」を国民に発表し，次いで4月17日，これに語句・条文の修正を加えた「憲法改正草案」（4月17日案）を発表する。同案は，明治憲法56条に従い枢密院での諮詢《しじゅん》を経た後，「帝国憲法改正草案」として，6月20日に開会された第90回帝国議会において，明治憲法73条の改正手続に従い審議された。衆議院はちょうど二ヵ月間の審議の結果，8月24日，これを修正可決し，10月6日，貴族院も修正可決して，翌7日，衆議院は貴族院からの回付案を再可決し，帝国議会での手続は完了した。帝国議会で修正を受けた憲法改正案は，再び枢密院での諮詢を経て，さらに天皇の裁可を得て，11月3日，「日本国憲法」として公布され，翌年（昭和22年）5月3日に施行された。

Ⅴ　「新日本建設の詔書（天皇の人間宣言）」の意義

　ただし，ここで注意したいのは，日本国憲法の成立に関しては，占領軍の「押しつけ」とか，「強制」とかいうだけでは説明できない歴史的事実があったということである。この点，吉田茂は，後年，昭和21（1946）年3月初めの「憲法改正草案要綱」作成当時を振り返り，「この間，閣議で一番問題になったのは，天皇の地位を表現する象徴という字句であった。これをめぐって，閣僚間に議論百出の有様であったが，幣原総理が陛下に拝謁して，憲法改正に関する総司令部との折衝顛末を委曲奏上し，陛下の御意向を伺ったところ，陛下親ら『象徴でいいではないか』と仰せられたということで，この報に勇気づけら

れ，閣僚一同この象徴という字句を諒承することになった。故に，これは全く聖断によって，決ったといってもよいことである」と述べている（吉田茂『回想十年 [第二巻]』新潮社，昭和32年）。また別の資料によれば，このとき天皇はマッカーサーの意向を伝える幣原首相の上奏に答えて，「先方がそういうならば認めてもよいではないか。第一条はイギリスのように“象徴”と変えてよいではないか。民の心をもって心とする。それが祖宗の精神であった。……ゆえにイギリス式に“国家の象徴”となり，政治を民に委ねてもよいと思う」と助言したという（松村謙三『三代回顧録』東洋経済新報社，昭和39年）。このように昭和天皇みずからが，新憲法の天皇の地位を「象徴」として認め，しかも，立憲君主として，総司令部案を了解する方向で当時の幣原内閣を指導していたのである。

こうした昭和天皇の「第二の聖断」に先立ち，昭和21（1946）年1月1日，年頭詔書として「新日本建設に関する詔書」（いわゆる「人間宣言」）が発表された。冒頭には，天皇自身の提案に従い，「広く会議を興し万機公論に決すべし」に始まる「五箇条の御誓文」の全条文が列記され，「朕は茲に誓を新にして国運を開かんと欲す。須らく此の御趣旨に則り，旧来の陋習を去り，民意を暢達し，官民挙げて平和主義に徹し，教養豊かに文化を築き，以て民生の向上を図り，新日本を建設すべし」として，民主主義，平和主義，文化主義を，新日本建設の基本理念として唱道していた。

同詔書は，文中に「天皇を以て現御神とし，且日本国民を以て他の民族に優越せる民族にして，延て世界を支配すべき運命を有すとの架空なる観念に基くものに非ず」として，天皇の神格性を否定する表現があったため，一般に「天皇の人間宣言」の別称でよばれている。しかし，昭和天皇自身が後年語ったところによると，同詔書の主要な目的は「五箇条の御誓文」の意義を再確認することにあり，神格否定の問題は二の次のことであった。終戦直後のわが国ではアメリカをはじめとする外国勢力が強く，日本国民がこれに圧倒される心配があったので，「民主主義を採用したのは，明治大帝の思召しである。しかも神に誓われた。そうして『五箇条御誓文』を発して，それがもととなって明治憲法ができたんで，民主主義というものは決して輸入のものではないという

ことを示す必要が大いにあった」というのである（昭和52年那須御用邸での会見）。

「人間宣言」では，「朕は 爾 等国民と共に在り，常に利害を同じうし 休 戚
（一喜びと悲しみ）を分たんと欲す」とし，「終始相互の信頼と敬愛とに依りて
結ばれ」ている旨を表明し，「国民」と苦楽を共にする姿勢を示した昭和天皇
であったが，この言葉を実践するかのごとく，終戦直後の全国巡幸が開始され
る。昭和21（1946）年2月19日の神奈川県下視察を皮切りに，昭和29（1954）
年まで沖縄を除く全国各県を訪問し，戦後の混乱と失意と困窮に苦しむ国民を
激励したのであった。このように「人間宣言」を転機として，従来の「神勅」
に拠る統治権の総攬者としての立憲君主から，「国民と共にある」民主主義下
の象徴天皇への脱皮は始まっていたのである。

Topic 2-1

宮澤俊義の「8月革命説」

　本文でも触れたように，ポツダム宣言受諾の際，日本政府は「国体の護持」の条件
は認められたと考えていたが，総司令部の下で戦後の民主化改革が始まり，憲法草案
の作成が実施されるようになると，このような楽観的な見通しは動揺せざるを得なく
なった。とくに昭和21年3月6日に，総司令部案を骨子とする日本政府案である
「憲法改正草案要綱」が発表されると，同案は基本的に国民主権の枠内で天皇制を位
置づけていたため社会的影響は大きく，学界や論壇では活発な「国体論争」が展開さ
れることになる。東京大学の宮澤俊義（1899-1976年）は，同案が発表された直後，
「8月革命の憲法史的意味」と題する論文のなかで「8月革命説」を提唱し，同説は
今日にまで学界の根強い支持を集めてきた。

　「8月革命説」によれば，ポツダム宣言，とくに8月11日の「バーンズ回答」が，
日本の最終的な政治形態は，日本国民の自由に表明する意思により決定されるべきと
するのは，国民主権を要求するものであり，その受諾によって日本は国民主権の国家
となったとする。つまり，ポツダム宣言受諾の段階で，法的意味では天皇主権から国
民主権への移行という一種の「革命」があったと解釈して，日本国憲法を「8月革命」
によって主権者となった国民が制定した民定憲法として，その正当性を意義づける。

　しかし，「8月革命説」に対しては，次の問題点が指摘されている。①ポツダム宣
言自体が，国民主権を要求していたのかは疑問である。②ポツダム宣言が国民主権の
要求を含むとしても，宣言受諾は国際法上の義務を負うにとどまり，国内法上の根本
的変革が生じたとみることには無理がある。③占領下の国内政治が明治憲法に従い行

われたという歴史的事実について説明することが困難である。④明治憲法73条の手続が用いられたことの根拠が薄弱である。⑤国家主権を欠くところで，はたして国民主権が成立するのかには疑問がある，などである。

～ *Topic 2－2* ～

尾高朝雄の「ノモスの主権論」

「８月革命説」では，国民主権にいう主権とは「国家の政治のあり方を最終的に決める力」のことであり，主権の所在により，天皇主権か，国民主権かが二者択一的に決定されなければならない。これに対して，国民主権と天皇制とを積極的に調和させることこそが憲法理論上の最大の課題であると考えて，「ノモスの主権論」を唱えたのが，法哲学者の尾高朝雄（1899-1956年）である（尾高朝雄『国民主権と天皇制』国立書院，昭和22年）。

「ノモスの主権論」によれば，明治憲法下の天皇統治の原理を天皇主権と見て，天皇が政治を最終的に決定する「力」を保持していたと解することには疑問があるし，また，日本国憲法が国民主権を採用するからといって，主権者となった国民は何事も自由になしうる万能の「力」を獲得したと考えることは正しい見方ではない。「力こそ法なり」という見解は，いまや克服されなければならない。なぜなら，政治にはそれに従って行われるべき「矩（のり）」があり，「力」には「矩」に従う場合のみ，その「力」を正当な権力として意味づけうる根本の筋道があるからである。それこそが「法の理念」であり，「ノモス」である。それゆえ，国家の最高権威を主権と呼ぶならば，「主権はノモスにある」といわなければならない。

歴史的には，国民はかつて天皇統治のなかに「ノモス」の実現を待望してきたし，国民主権の原理も，国民の意思による国民のための政治こそ正しい政治を実現する唯一の方式であるという信念に立脚している。してみると，明治憲法の天皇統治から日本国憲法の国民主権への移行は，「ノモス」に従う政治の建設を国民みずからが担うという覚悟を表明した点で確かに重要な変化であるが，国民精神の歴史的継続性を断絶せしめるような画期的な改革が実施されたということはできない。

尾高はこのように論じて，日本国憲法が国民主権を採用したことによって「国体」変更が生じたとする「８月革命説」を批判した。しかし，「ノモスの主権論」では，正しき理念であるべき「ノモス」の主体とはいったい誰であり，また，「ノモス」はいかなる手続により実現されるのかという法思想上の基本問題が看過されていた。この点を鋭く衝いた宮沢は，最高権力としての主権の所在を問われて，「ノモスにある」という曖昧な答えはできないはずであり，「ノモス」の内容をいったい誰が最終的に決定するのかが問題であるはずだ，と反批判している。

2 日本国憲法の基本原理

I　前文の意義と法的性質

一般に，憲法の前文では，その成立事情に応じて内容や長短はさまざまであるが，憲法制定の趣旨・目的あるいは憲法の基本原則や理念を明記する。日本国憲法の前文は，憲法成立当時の国際状況を前提にして，国民主権，代表民主主義，平和主義，国際協調主義，基本的人権の尊重といった，憲法の基本原則や理念を掲げている。

日本国憲法の前文は，憲法典の主要な構成部分であり，本文と同じような法的性質をもつとされる。したがって，前文を改正するためには，憲法96条の改正手続を経なければならないし，また，憲法の基本原則を定める前文は，それに反する「一切の憲法，法令及び詔勅を排除する」ので，憲法改正権を拘束する規範であると解される。

このような前文の法的性質は広く認められてきたが，前文が裁判規範としての性質をもつかどうかをめぐり，学説は肯定説と否定説とに分かれる。ここにいう裁判規範とは，広義には，裁判所が判決の際に判断基準として適用できる法規範を意味するが，狭義には，当該規定を直接根拠として，裁判所に救済を求めることができる法規範，つまり裁判所の判決によって執行できる法規範を意味する。通説である否定説によれば，前文は憲法の基本原則を抽象的に宣言したにとどまるので，本文各条項の解釈基準になりえても，狭い意味での裁判規範性はもたないとする。

ところが，後に触れるように，前文が「平和的生存権」を定めることと関連して，前文の裁判規範性を肯定する説が主張されてきた。この見解は，前文の「平和的生存権」を「新しい人権」の1つとして位置づけ，本文と同じ具体的な裁判規範性を有すると解する。これに対して，「平和的生存権」は主体・内容・性質の点でなお不明確であり，裁判で争うことができる具体的な法的権利性は認められない，とする説も存在する。

「平和的生存権」に関する判例としては，航空自衛隊のナイキ基地建設のため農林大臣が国有林の指定を解除したことに対して，地域住民が処分取消を求めた「長沼訴訟」がある。第1審判決は，「平和的生存権」を「訴えの利益」の根拠として認めたものの（札幌地判昭48・9・7判時712・24），控訴審判決では，「前文中に定める『平和のうちに生存する権利』」は「裁判規範として，なんら現実的，個別的内容をもつものとして具体化されているものではない」として，具体的な裁判規範性を否定した（札幌高判昭51・8・5行集27・8・1175）。

II 前文における基本原理

1 国民主権と民主主義

　前文の1段では，「日本国民は，……ここに主権が国民に存することを宣言し，この憲法を確定する」として，日本国憲法が国民主権に基づく民定憲法であることを明らかにする。さらに，「そもそも国政は，国民の厳粛な信託によるものであつて，その権威は国民に由来し，その権力は国民の代表者がこれを行使し，その福利は国民がこれを享受する」と述べ，「人類普遍の原理」としての民主主義をその基本原理とすることを宣言する。

　この文言は，1863年11月19日，第16代アメリカ大統領リンカーン（Abraham Lincoln，在位1861-1865年）が，南北戦争の激戦地ゲティスバーグで戦没者追悼のために行った演説の結びの名文句，「国民の，国民による，国民のための政治（Government of the people, by the people, for the people）」に基づくものである。この有名な言葉は，政治権力の源泉は国民に由来すること，政治権力は国民またはその代表者によって行使されること，国政は国民全体の利益の実現を目的とすること，という三要件を示して，民主主義の普遍的性格を明らかにした。日本国憲法には「民主主義」あるいは「民主政治」の語は見受けられないが，リンカーン演説に象徴される民主主義の原則は，この憲法全体を貫く重要な統治原則である。もっとも，民主主義といっても，前文冒頭で「日本国民は，正当に選挙された国会における代表者を通じて行動（する）」旨を定めるように，国民が代表者を通じて国政に参加する代表民主制を基本としている点

は注意を要する。

2　平和主義と国際協調主義

前文の1段によれば，日本国民は，「諸国民との協和による成果……を確保し，政府の行為によつて再び戦争の惨禍が起ることのないやうにすることを決意し，ここに主権が国民に存することを宣言し，この憲法を確定する」として，「戦争の惨禍」からの脱却（つまり，平和主義）こそが憲法制定の目的であることを表明する。また，先の大戦の惨禍が「政府の行為」によってもたらされたという認識に基づき，「主権が国民に存すること」を宣言し，憲法の平和主義は国民主権と不可分の関係にあることを示している。

前文の2段は，「日本国民は，恒久の平和を念願」するとし，「平和を愛する諸国民の公正と信義に信頼して，われらの安全と生存を保持しようと決意した。われらは，平和を維持し，専制と隷従，圧迫と偏狭を地上から永遠に除去しようと努めてゐる国際社会において，名誉ある地位を占めたいと思ふ」と述べ，恒久平和への願望と「平和国家」としての国際的な立場を強調する。平和主義と人権との関連では，「われらは，全世界の国民が，ひとしく恐怖と欠乏から免かれ，平和のうちに生存する権利を有することを確認する」として，「平和を享受する権利」である「平和的生存権」を定める。さらに，3段は，「いづれの国家も，自国のことのみに専念して他国を無視してはなら」ず，普遍的な「政治道徳の法則」に従うことは「自国の主権を維持し，他国と対等関係に立たうとする各国の責務である」として，偏狭な国家主義を退けて，国際協調主義への支持を表明している。

3　基本的人権の尊重

日本国憲法は，近代立憲主義の系譜の下，社会における政治的価値の根元が個人にあるとして，個人を尊重する原理である「個人主義」あるいは「個人の尊厳」を基本とする。ここから憲法の基本原則として，個々の個人を人間として尊重する基本的人権の尊重の理念が導き出される。この原則に基づき，憲法本文は，11条および97条で基本的人権を「侵すことのできない永久の権利」とし，13条では「すべて国民は，個人として尊重される」などと定める。また，

前文が，1段で「わが国全土にわたつて自由のもたらす恵沢を確保」すること
を憲法の目的とする点や，2段で憲法が前提とする国際状況を「平和を維持し，
専制と隷従，圧迫と偏狭を地上から永遠に除去しようと努めてゐる国際社会」
と捉える点は，基本的人権の尊重を表明するものである。

3　国民主権の原理

Ⅰ　近代立憲主義と国民主権の原理

　国民主権の原理は，基本的人権の保障，権力分立制，法の支配とともに，近
代立憲主義の基本要素である。現行の各国憲法の事例では，ドイツ連邦共和国
基本法（20条2項），フランス第5共和制憲法（3条1項），イタリア共和国憲法
（1条2項）など共和制憲法に限らず，ベルギー憲法（33条1項），タイ憲法（3
条），スウェーデン憲法（1条1項），スペイン憲法（1条2項）など，多くの君主
制憲法が国民主権を原則とする。日本国憲法は，前文では「日本国民は，……
ここに主権が国民に存することを宣言（する）」とし，1条では，「天皇は，日
本国の象徴であり日本国民統合の象徴であつて，この地位は，主権の存する日
本国民の総意に基く」として，国民主権に基づく象徴天皇制を定める。

Ⅱ　主 権 の 意 味

　「主権」の概念について，わが国の憲法学では，通例，次の3つの意味で用
いられている。

　第1の用法は，国家権力あるいは国家の統治権そのものを意味する。ポツダ
ム宣言が「日本国ノ主権ハ本州，北海道，九州及四国並ニ吾等ノ決定スル諸小
島ニ局限セラルヘシ」（8項）とし，また，憲法9条1項および41条が「国権」
という場合が，これに当たる。

　第2の用法は，国家権力が国内的に最高であり，対外的に他の権力に従属し
ていない独立性を保持するという，国家権力の最高独立性を意味する。前文の
3段で「自国の主権を維持し」とあるのはその例で，とくに対外的な独立性に

重点を置いている。

　第3の用法は，国家における主権，すなわち国の政治の在り方を最終的に決定する権力を意味する。日本国憲法が宣言する国民主権，つまり，前文で「ここに主権が国民に存する」とし，1条で「主権の存する日本国民の総意に基く」と定めるのは，この用法に従っている。

Ⅲ　主権概念の起源

　先に見た3つの主権の概念は，フランスで最初に主権概念が登場したときには，絶対君主の権力の下で同一概念として理解されていた。主権概念を初めて体系的に論じたことで知られるのが，フランスの政治思想家ジャン・ボダン（Jean Bodin, 1530-1596年）である。彼の主著『国家論六編』（1576年）によれば，主権とは「国家の絶対的かつ永久的な権力」，すなわち「最高・唯一・不可分の権力」のことであり，主権の存在こそが国家存立のための絶対的基準である。具体的には，立法権，宣戦講和権，官吏任命権，最高裁判権，国民に対する忠誠服従請求権，恩赦権，貨幣鋳造権，課税権といった権限を内容とする。

　ボダンは，国家の存立・存亡は主権を保持する統治者，つまり主権者のいかんにかかっているとして，ブルボン王朝の君主による強力な主権の行使により中世的な多元的秩序を克服して，フランスの国家的統一を実現しようと考えた。ルイ14世の「朕（ちん）は国家なり」という言葉どおり，近世の絶対主義では君主の主権は国家権力とまさに一体化していた。もっとも，ボダンは王権神授説の信奉者であり，君主権力の正当性の根拠は神にあり，君主の主権は決して無制約ではなく，「神の法と自然の法」には服さなければならないとした。

Ⅳ　「国民」の意味

　日本国憲法では，いくつかの箇所で「国民」あるいは「日本国民」という言葉を用いているが，それらは必ずしも同じ意味で用いられているわけではない。たとえば，10条では「日本国民たる要件は，法律でこれを定める」とするが，そこでの「日本国民」とは国家構成員としての国民，すなわち国籍法による国

籍保有者を意味する。一方，15条1項に「公務員を選定し，及びこれを罷免することは，国民固有の権利である」という場合には，「国民」とは憲法上の機関としての国民，直接には有権者を指すことになる。ところが，前文および1条が「主権が国民に存する」という場合の「国民」の意味については，必ずしも共通の理解はなく，学説は次の2つに大別できる。

　第1は，国民を国家構成員全体からなる統一体と捉える全国民主体説である。この学説は，さらに，国民を老若男女の区別や選挙権の有無を問わず現在生存している日本人の全体，すなわち日本国籍保有者の総体と見る国籍保有者説と，過去，現在，未来にわたり存続する国民共同体を想定し，そのすべての構成員の総体とみなす国民共同体説とに分かれる。

　第2は，国民を国家構成員のうち特定の個人の集団と捉える有権者主体説である。同説も，さらに根拠を異にする次のような立場に分かれる。①19世紀ドイツの国家法人説を根拠にして，最高意思決定機関としての国民である有権者に主権の主体性を認める立場（狭義の有権者主体説），②主権を憲法制定権力と同一視し，その憲法制定権力に基づく憲法上の権限を一定の資格を有する国民である有権者に認める立場（憲法制定権力同視説），③フランス主権論の発展史を根拠にして，主権の主体は観念的な国民全体ではなく，政治的意思決定能力を有する市民の総体としての「人民」にあるとする立場（人民（プープル）主権説）などである。

V　正当性の契機と権力性の契機

　「国民」の範囲をめぐる諸説を整理してきたが，これらの学説に対してはそれぞれ理論的な問題点が指摘されている。まず全国民主体説に対しては，国民主権規定をあまりに内容的に空疎なものにしてしまうとする批判がある。全国民主体説によれば，国籍保有者説では，「国民」とは幼児や意思無能力者をも含む全国民の統一体であり，また，国民共同体説では，死んだ人や将来生まれる人も主権者を構成するので，主権者である国民は，実際に自分の意思を表明できる具体的な個人とはみなされないことになる。このため，結局，国民とは

抽象的，観念的な存在にとどまらざるをえず，国家権力の正当性を基礎づける根拠になりえても，現実に政治の在り方を決定することはできないというのだ。

　一方，国家構成員のうち特定の個人の集団を主体とする有権者主体説では，どの論拠によるにせよ，国民は権力の実体として投票などによって国政の在り方を最終的に決定できる。しかし，同説に対しては，全国家構成員のなかに主権者と主権者でない者とが混在するのは不合理であり，また，有権者の資格を国会が法律で定めるというのは，国会が主権者の範囲を決定することになり，国民主権の趣旨に反するとの批判が提起されてきた。

　こうした問題点を解決するために主張されたのが，いわゆる総合説の立場である。総合説によれば，憲法前文および1条の国民主権の規定は，2つの規範的意味を含んでいる。第1は，「一体的国民（全国民）が国家権力の源泉であり，国家権力を基礎づけ正当化する根拠であるという意味」と，第2は，「国民（実際には，これと同一視される積極的国民＝有権者）が国家権力の究極の行使者だという意味」である。前者は「国民主権の正当性の契機」，後者は「国民主権の権力性の契機」とよばれる。

　国民主権における主体を「全国民」と「有権者」とに一応区別し，さらに両者を調和させようとする試みは諸外国の憲法に広く見受けられる。たとえば，ドイツ連邦共和国基本法は，「全ての国家権力は，国民に由来する」（20条2項）と定めるが，ここにいう「国民」は国家構成員の全体，すなわち「全国民」のことである。一方，同条がさらに続けて，「国家権力は，国民が選挙および投票において，また，立法，執行権および裁判の個別機関を通じて行使される」とする場合，「国民」とは国家機関としての国民，すなわち有権者の総体（選挙人団）と解することができる。

確　認　問　題・・・

(1)　日本国憲法の成立について，次の説明のうち誤っているものを1つ選びなさい。

　　①　ポツダム宣言では，降伏の条件として，民主主義の復活・強化，基本的人権の尊重の確立のほか，国民主権の採用を明確に要求していた。

② 日本国憲法は，明治憲法73条の改正手続に従い，第90回の帝国議会で審議，議決され，昭和21（1946）年11月3日に公布された。

③ 「8月革命説」では，ポツダム宣言の受諾により法的意味での「革命」があったとして，日本国憲法は「8月革命」により主権者となった国民が制定した正当な憲法だと解する。

④ 「ノモスの主権論」では，明治憲法の天皇統治であれ，日本国憲法の国民主権であれ，主権が「ノモス」に存する点では重要な変化はないと解する。

(2) 日本国憲法の前文について，次の説明のうち正しいものを1つ選びなさい。

① 日本国憲法の前文は，上諭と同様に公布文であるにすぎず，憲法典の構成部分をなすものではない。

② 日本国憲法の前文は，「人類普遍の原理」として民主主義を謳うが，これはリンカーンのゲティスバーグ演説における「国民の，国民による，国民のための政治」に由来する。

③ 日本国憲法の前文は，本文と同じような法的性質をもつものではないので，前文を改正するためには，憲法96条の改正手続を経る必要はない。

④ 「長沼事件」の控訴審判決は，前文の「平和的生存権」は憲法の基本原則であるから，本文と同じく具体的な裁判規範としての性質をもつと判示した。

(3) 国民主権および主権について，次の説明のうち誤っているものを1つ選びなさい。

① 日本国憲法の前文および1条に定める国民主権における主権とは，国家における主権，つまり国の政治の在り方を最終的に決定する権力を意味する。

② 日本国憲法前文には「自国の主権を維持し」とあるが，ここにいう「主権」とは，国家権力あるいは国家の統治権そのものを意味する。

③ 日本国憲法では代表民主制を基本としており，直接民主制は憲法改正の際の国民投票制，地方自治特別法の制定の際の住民投票制など限定的に認めているにすぎない。

④ 日本国憲法の前文および1条にいう国民主権の「国民」の意味をめぐり，国家構成員全体の統一体と捉える全国民主体説と，国家構成員のうち特定の個人の集団と捉える有権者主体説とが対立している。

第3講 天　　皇

ポイント

① 象徴および象徴天皇の意味とはなにか。

② 天皇は，憲法上どのような地位にあり，また，どのような行為が認められているのか。

③ 皇室経済の原則とはなにか。

1 国民主権に基づく天皇制

Ⅰ 天皇制をめぐる統治構造の変革

日本国憲法の天皇制は，占領下における連合国軍総司令部（GHQ）と日本政府との政治的な妥協の所産として成立した（第2講1参照）。このため，明治憲法から日本国憲法への移行にともない，天皇制の正当性原理は根本的に転換を遂げることになる。

明治憲法は，「大日本帝国ハ万世一系ノ天皇之ヲ統治ス」（明憲1条）とし，また「天皇ハ国ノ元首ニシテ統治権ヲ総攬シ此ノ憲法ノ条規ニ依リ之ヲ行フ」（明憲4条）と定める。すなわち，万世一系の元首である天皇が，統治権の総攬者として，立法，行政，司法といった国家作用のすべてを統括する権限を保持していた。

これに対して，日本国憲法は，前文で「主権が国民に存する」とうたい，天皇の地位について「天皇は，日本国の象徴であり日本国民統合の象徴であつて，この地位は，主権の存する日本国民の総意に基く」（憲1条）として，国民主権に基づく象徴天皇制を定める。統治構造上，立法権は国会に（憲41条），行政権は内閣に（憲65条），司法権は裁判所に（憲76条1項），それぞれ帰属させる。天

皇が行使できるのは，形式的，儀礼的な「国事に関する行為」に限定され，「国政に関する権能を有しない」として，政治的権能の保持は名実ともに認められないことになった（憲4条1項）。

II　国民主権と共存する天皇制

　日本国憲法は，明治憲法と同じく第1章を「天皇」として，また同じ1条で天皇の地位を定めるとともに，国民主権にも言及するという，いわば折衷的な構成をとっている。このため，これに対しては，天皇制は国民主権とは相容れないという理論的な前提のもとで，国民主権の解釈に不徹底あるいは希薄化を招くという学説上の批判がある。しかし，日本国憲法はその成立経過から明らかなように，本来，天皇制の排除を意図したものではない。

　近代以降の憲法史を顧みれば，1791年のフランス憲法，1831年のベルギー憲法，1919年のルクセンブルグ憲法，1932年のタイ憲法，1974年のスウェーデン憲法，1978年のスペイン憲法など，数多くの憲法が国民主権に基づく君主制を採用してきた。W. バジョット（Walter Bagehot, 1826-1877年）は，19世紀後半のイギリス国家体制を，国王が君臨する「尊厳的部分」と内閣が首位に立つ「実践的部分」との混合体制であると分析した。日本国憲法の国民主権に基づく象徴天皇制は，イギリスとは憲法構造を異にするが，象徴天皇の"権威"と国民主権の"権力"とを一応厳格に区分しながら，最終的には，両者の共存と調和を予定したものである。

2　天皇の地位

I　象徴の意義

　一般に，「象徴」とは，抽象的な存在を連想させる具体的な事柄あるいは作用をいう。憲法が，天皇を日本国あるいは日本国民統合の象徴と定めるのは，国民の多くが天皇を見たり，考えたりすることによって，日本国あるいは日本国民としての統一性を想起あるいは感得し，日本国民であることを確認すると

いう，社会心理上の効果を期待したものである。

それでは，日本国憲法の場合，象徴としての天皇による国家および国民の統合作用にはどのような特徴があるのだろうか。この問題に関して，象徴である天皇は，国家および国民統合の事実をありのままに映し出す「鏡」にたとえられることがある（消極的象徴説）。この場合，注意すべきことは，天皇が映し出す国民統合としての事実とは，決して無色透明なものではなく，日本国憲法の基本理念を主な内容とすることである。つまり，天皇を「象徴」と定める憲法の規定は，民主主義，平和主義，国際協調主義，基本的人権の尊重，福祉など国民の憲法意識の一般的部分（それは，「国民の総意」といってよいか）に働きかけることを想定した，政治的意図の宣言である。

このため，国旗，国歌，国章などの「物的象徴」とは違い，「人格的象徴」である天皇には，当然，日本国憲法の象徴としてふさわしい態度や行動が要請される。たとえば，天皇が，政府や特定の政党を支持あるいは批判したり，選挙の際に立候補したりする行為は，象徴としての政治的中立性を損なうことになるために認められない。また，公私の場を問わず，天皇が軍服を着用するような行為は憲法の平和主義の理念に反するおそれがあろう。

これとは別に，象徴としてふさわしい処遇として，天皇には特別な法的扱いがなされることがある。天皇の地位は世襲であること（憲2条），天皇の成人年齢は18歳とすること（皇典22条），陛下という敬称が認められること（皇典23条1項），天皇の誕生日は国民の祝日とすること（国民の祝日に関する法律2条）などが，これに当たる。

諸外国の事例では，国旗，国歌など国の象徴について，特別の法的保護を与えて刑罰をもって臨むことがある。日本の刑法でも，外国に対して侮辱を加える目的で，その国旗・国章を損壊，除去または汚損した者を処罰する旨を定める（刑92条）。明治憲法下には天皇に対する不敬罪規定（刑73条‐76条）があったが，日本国憲法の成立にともない，昭和22年11月の法改正により削除された。

重要判例 3-1

不敬罪事件 （最大判昭23・5・26刑集2・6・529）

事実の概要

　昭和21年5月19日，被告人は，飯米獲得人民大会（「食糧メーデー」）に参加し，「ヒロヒト詔書曰く　国体はゴジされたぞ　朕はタラフク食ってるぞ　ナンジ人民　飢えて死ね　ギョメイギョジ」と書いたプラカードを掲げて行進したため，旧刑法74条の不敬罪で起訴された。

判旨

　第1審判決は，ポツダム宣言受諾の調印により，「従来保持し来たった天皇の特殊的地位は完全に変革」したが，「国民統合の象徴にして且国家の象徴たる天皇の名誉の特に尊重せらるべきは敢えて多言を要しない」として，名誉棄損罪（刑230条1項）を適用して，被告人を懲役8ヵ月に処した（東京地判昭21・11・2刑集2・6・603）。ところが，この判決の翌日に日本国憲法が公布され，大赦令によって不敬罪を犯した者は赦免される。第2審判決は，「天皇個人に対する誹毀誹謗の所為は依然として日本国ならびに日本国民統合の象徴にひびを入らせる結果となるもので，従ってこの種の行為にたいして刑法不敬罪の規定が所謂名誉棄損の特別罪としてなお存続しているものと解するを相当とする」として，被告人の行為は不敬罪に該当するとしたうえで，大赦令を理由に免訴とした（東京高判昭22・6・28刑集2・6・607）。被告人は無罪を主張して上告したが，最高裁は大赦令により公訴権は消滅しており，不敬罪の実体審理はなしえないとして免訴の判決を下した。

　天皇の刑事責任について，天皇は象徴の地位にあり，また，皇室典範が摂政はその在任中に訴追されない旨の規定を置き（皇典21条），国事行為の臨時代行に関する法律が「委任を受けた皇族」につき不逮捕特権を定めていること（国事代行6条）から類推して，天皇に対する刑事訴追は認められないと解される。

　一方，民事責任が天皇に及ぶか否かという問題については，学説上の意見は分かれる。最高裁判所は，昭和天皇の代替わりの際に争われた「記帳所事件」において，天皇は日本国および日本国民統合の象徴の地位にあるので，天皇には民事裁判権が及ばないものと判示している（[重要判例3-2]「記帳所事件」最二判平元・11・20民集43・10・1160参照）。

第3講　天　　皇

重要判例 3-2

記帳所事件（最二判平元・11・20民集43・10・1160）

事実の概要

　昭和63年9月，昭和天皇が重体に陥った際に，千葉県は天皇の病気快癒を願う「県民記帳所」を公費で設置した。千葉県のある住民がこの公費支出は違法だとして，地方自治法の旧242条の2第1項4号に基づき，県に代わって昭和天皇の相続人である明仁天皇（現上皇）を相手どり，不当利得を県に返還することを求める住民訴訟を提起した。

判旨

　第1審，第2審とも，天皇が「象徴」という特殊な地位にあることを根拠に，天皇には民事裁判権は及ばないと判断した。最高裁も，「天皇は日本国の象徴であり日本国民統合の象徴であることにかんがみ，天皇には民事裁判権が及ばないものと解するのが相当である」として，この住民の上告を棄却した。

Topic 3-1

「象徴」の由来

　第2講で見たように，日本国憲法の原案は占領軍総司令部内で作成されたものであった。それでは，憲法1条の「象徴」なる語はいったいどこからきたのだろうか。総司令部で起草委員として「象徴」規定を発案したジョージ・A・ネルソンの証言では，W.バジョットの古典的著作『イギリス憲政論』（1867年初版）の一節が念頭にあったという。同書は，19世紀後半のイギリス国王に関して次のように述べている。①国王は尊厳的地位にあり，その効力は計り知れないものがあり，もし国王が存在しなければ，政府は瓦解するだろう。②国民は諸政党に分かれ争っているが，国王はそれを超越し，実際の政争から距離を保っているので，敵意や汚辱にまみれることはない。③このため国王は相争う政党を融合させることができ，また，教養が不足している国民にとっては「目に見える統合の象徴（visible symbol of unity）」となることができる。また同じく「天皇」の章を担当したリチャード・A・プールによれば，1931年のウェストミンスター憲章の「王位は，イギリス連邦構成国の自由な連合の象徴（the symbol）であり，構成国はクラウンへの共通な忠誠によって結合されている」という例を参考にしたという。こうして見ると，総司令部の起草委員たちは「象徴」規定の作成に際して，イギリス君主制をモデルとしていたことがうかがえる。

　こうした一方，戦前の日本でも，とくに大正デモクラシー期以降，天皇や皇室を「国民統合の象徴」と捉える天皇観，皇室観が主張されていたことを忘れてはならない。たとえば，新渡戸稲造は，明治32（1899）年にアメリカで出版された『武士道』のなかで，「イギリスの王室について『それは権威の像（イメージ）たるのみでなく，

37

国民的統一の創造者であり象徴（シンボル）である』と言いしことが真であるとすれば……，この事は日本の皇室について二倍にも三倍にも強調せらるべき事柄である」と述べ，さらに，昭和6（1931）年の著作「日本——その問題と発展の諸局面」（原著英文）では，「天皇は，国民の代表であり，国民統合の象徴である」としている。また，歴史学の泰斗・津田左右吉は，大正5（1916）年から刊行された『文学に現はれたるわが国民思想の研究』のなかで，「皇室は政治に関与せられなかったから，時勢によって変遷する政治形態や社会組織の如何にかかわらず，よくそれに順応し，またそれを容認して，いつも変わらずに国家の象徴，国民精神の生ける象徴，としてのはたらきをしてゐられた」と記述している。

　総司令部のなかで，こうした新渡戸や津田の天皇観を共有していたのが，映画『終戦のエンペラー』（平成25年日本公開）の主人公でもあったボナー・フェラーズ准将であろう。フェラーズは，いわゆる「バターン・ボーイズ」の一人として，マッカーサーの最も信頼する側近であり，戦前の日本に5度来日し，小泉八雲（ラフカディオ・ハーン）の研究を通じて日本文化への造詣が深かった。昭和20（1945）年10月2日，彼がマッカーサーに提出した覚書では，「天皇は，祖先の美徳を伝える民族の生ける象徴（the living symbol of the race）である」，また，「日本国民はみずから政府を選択する……機会を与えられるとすれば，象徴的元首（the symbolic head of the state）として天皇を選ぶであろう」と報告している。この文書の影響が大きかったことは，マッカーサーによる翌年1月25日付の米参謀総長アイゼンハワー宛の機密電報に，「天皇は，日本国民統合の象徴であり，天皇を排除するならば，日本は瓦解するであろう。実際問題として，すべての日本国民は天皇を国家の社会的首長として崇敬して……いる」とあることに示されている。同年2月3日の「マッカーサー・ノート」が提示される10日程前の時点で，すでにマッカーサーは天皇を「日本国民統合の象徴」あるいは「国家の社会的首長」として位置づけていたのである。

Ⅱ　君主，元首をめぐる議論

　日本国憲法の天皇が象徴の地位にあることを考えた場合，天皇ははたして君主あるいは元首にあたるのかが問題となる。かつては19世紀のドイツ国法学の影響の下，君主制の要件とは，世襲かつ独任制の君主が統治権を総攬するか，少なくとも行政権の行使者である点にあった。ところが，20世紀の憲法政治の展開のなかで君主制の民主化が進行し，君主の権限は大きく縮減され名目化されたため，今日では19世紀的な基準をそのまま適用して，君主制を共和制から区別する意義はほとんど失われている。

これに代わり，20世紀の君主制では，君主制の固有の価値観，つまり君主の伝統性・栄誉性・世襲性から派生する"権威"の意義が見直されている。現代君主の役割は，民主政治の発展に歩調を合わせて，国民的・文化的・慈善的行事の挙行や外国交際に重点が移行している。このような現代君主制の尊厳的役割を考慮するなら，日本国憲法の象徴天皇はまさに現代君主の典型ということができる。

　元首の問題に関して見ると，明治憲法では「天皇ハ国ノ元首」（明憲4条）と規定していたので，天皇の元首的性格には疑問の余地はなかった。しかし，「元首」という語自体，純粋な法的用語ではなく，国家有機体説に由来する1つの比喩であるため，明治憲法下でも，元首の意味をめぐり学説上の見解はいくつかに分かれていた。日本国憲法下では，学説はさらに多義化・多様化する。とくに元首の所在については，主な傾向としては，内閣元首説と天皇元首説とが対立するが，このほかにも，天皇準元首説，総理大臣元首説，国会議長元首説，二重（複数）元首説，元首不在説，元首不要説などが主張されてきた。

　このような元首をめぐる議論の現状を前にして，重要な示唆を与えてくれるのが，1970年に，ドイツの憲法学者 W・カルテフライテルが提唱した象徴元首論の見解である。それによると，現代民主制国家一般の元首の基本的要件とは，政治的には中立的地位に立ち，国家および国民統合の象徴機能の担い手であることである。すなわち，「対外的には国家の統一を擬人化し，対内的には国民的統合の事実を体現する」という内外2つの機能が，これにあたる（小林昭三『日本国憲法の条件』成文堂，昭和61年）。

　この基準によれば，日本国憲法では，1条および4条1項により天皇が元首となる。同じく議院内閣制を採用しているドイツでは，元首である連邦大統領は，象徴性発揮の前提として，連邦の官吏および裁判官の任免権，条約締結権など限定的ながら政治的権限を保持している。これに対して，日本国憲法の天皇は，1条の象徴の地位の明示がきっかけとなり，憲法が定める国事行為あるいは憲法慣行として行われている「公的行為」などを通じて，国内的には国家および国民の統合作用にかかわるとともに，対外的には国家を代表するのである。

Ⅲ　皇位継承の原則と順位

　憲法2条は，「皇位は，世襲のものであつて，国会の議決した皇室典範の定めるところにより，これを継承する」として，皇位（天皇の地位）の継承について世襲制を定める。これを受けて，皇室典範は皇位継承の資格と順序を定める。明治憲法体制では，皇室典範は憲法とならぶ最高法規の地位にあったが，日本国憲法下では，皇室典範の性格は国会が議決した法律であり，その改正は通常の法律の手続と異なるところはない。

　皇室典範によれば，皇位継承の資格を有する者は，「皇統（天皇家の血統）に属する男系の男子」（皇典1条）であり，かつ，「皇族」（皇典2条1項）である者に限定される。皇位継承の順序の決定は，男系男子主義とならび，直系主義，長系主義および長子主義を基本原則とする。具体的には，①皇長子，②皇長孫，③その他の皇長子の子孫，④皇次子およびその子孫，⑤その他の皇子孫，⑥皇兄弟およびその子孫，⑦皇伯叔父およびその子孫，という順位である（皇典2条1項）。なお，皇嗣（皇位継承権の第一順位者）に精神もしくは身体の不治の重患または重大な事故があるときは，皇室会議の議により，皇位継承の順序を変更して，次の順位の者を皇嗣とすることができる（皇典3条）。

　皇室会議は，皇位継承の順序変更のほか，皇室に関する重要事項を審議・決定する。その構成は，皇族2名，衆参両院の議長および副議長，内閣総理大臣，宮内庁長官，最高裁判所長官およびその他の裁判官1名の計10名である（皇典28条1‐2項）。

　現行の皇室典範によれば，皇位継承の原因は，天皇の崩御の場合に限られており（皇典4条），天皇が崩じたときは皇嗣が直ちに即位すると定める（皇典5条）。しかし，平成29（2017）年6月9日，明仁天皇の生前退位を認めた「天皇の退位等に関する皇室典範特例法」の成立によって，江戸時代の光格天皇以来，202年ぶりの退位（譲位）が行われ，令和元年（2019）年5月1日に現天皇（徳仁天皇）が即位した。

第3講　天　　皇

~ Topic 3-2 ~

女性天皇問題

　現行の皇室典範は男系男子主義を採用するため，天皇の娘（男系の女子）や天皇の娘の子供（女系の男女）には皇位継承権がない。ちなみに，平成から令和への代替わりの結果，現在の皇位継承権者は，現天皇（徳仁天皇）の弟の秋篠宮文仁殿下，秋篠宮長男悠仁殿下，上皇の弟である常陸宮正仁殿下の順に３人の皇族のみである。

　このため，現行憲法下で女性天皇（女帝）が認められるかが議論されてきたが，学説は次の２つに分かれる。法律事項説（多数説）は，日本国憲法の下では皇位継承資格を男系男子に限定するのは法律上の要件であるので，皇室典範を改正して女系主義を採用すれば女性天皇は法的には可能だとする。一方，憲法事項説では，憲法にいう世襲要件のなかには古来の伝統である「皇統に属する男系」による世襲が含まれるので，女性天皇制の実現のためには憲法改正が必要である。いずれにせよ，女性天皇を認めることは，天皇・皇族の女系の子孫による皇位継承（つまり，女系天皇）の是非の問題にいきつく。これまで126代の天皇のうち，女性天皇は８人10代を数えるが，いずれも幼少の皇子の成長を待つために未亡人となった皇后が一時的に皇位に就くなど臨時的な措置にすぎず，女性天皇が皇室外から配偶者を迎え，その子が皇位を継承して女系天皇が出現した事例は存在しない。

　平成17（2005）年11月，小泉首相の諮問機関である「皇室典範に関する有識者会議」は，皇位継承資格を女性天皇および女系天皇にまで拡充する皇室典範の改正を答申した。これに対して政界や論壇からの批判など活発な議論が見られたが，平成18（2006）年９月６日，秋篠宮家に皇室にとって41年ぶりの男子である悠仁殿下が誕生し，この問題は一応収束したかに見えた。ところが，その後，平成28年８月８日，明仁天皇の退位のお気持ちを示された「ビデオ・メッセージ」が契機となって，女性天皇の導入，女性宮家の創設など，皇位継承にかかわる問題が改めて論じられている。

③　天皇の権能と行為

Ⅰ　国事行為の種類と性質

　憲法４条１項によれば，天皇は憲法の定める「国事に関する行為（国事行為）」のみを行い，「国政に関する権能」を有しない。象徴天皇制の趣旨に照らせば，天皇に認められていない「国政に関する権能」とは，国の政治を決定したり，政治に影響を及ぼしたりする権能と考えられる。これに対して，天皇が

行い得る国事行為とは，政治に関与しない形式的・儀礼的行為をいい，実質的な政治決定権は含まない。

　憲法が認める国事行為は，6条，7条および4条2項に列挙された13の行為に限定される。具体的には，①内閣総理大臣の任命（憲6条1項），②最高裁判所長官の任命（憲6条2項），③憲法改正，法律，政令および条約の公布（憲7条1号），④国会の召集（同2号），⑤衆議院の解散（同3号），⑥国会議員の選挙施行の公示（同4号），⑦国務大臣および法律の定める官吏の任免ならびに全権委任状および大使あるいは公使の信任状の認証（同5号），⑧大赦・特赦・減刑など恩赦の認証（同6号），⑨栄典の授与（同7号），⑩批准書およびその他の外交文書の認証（同8号），⑪外国の大使および公使の接受（同9号），⑫儀式の挙行（同10号），⑬国事行為の委任（憲4条2項）である。

　国事行為のなかには，「認証」や「儀式」のように，もともと純然たる形式的・儀礼的行為であるものが含まれているが，一方，行為の内容自体は政治的性格をもつが，実質的決定権の所在が天皇以外の機関にあるので，形式的・儀礼的行為になるものがある。後者に関しては，たとえば，内閣総理大臣の任命は国会の指名（憲6条1項，憲67条1項），最高裁判所長官の任命は内閣の指名（憲6条2項），憲法改正は国会の議決と国民投票の承認（憲96条1項），法律は両議院の可決（憲59条1項），国会（臨時会）の召集は内閣（憲53条），外交関係の処理，官吏の任免，政令の制定および恩赦の決定は内閣（憲73条2号・4号・6号・7号），条約は内閣の締結と国会の承認（憲73条3号），国務大臣の任免は内閣総理大臣（憲68条）によって，それぞれ実質的に決定される。衆議院の解散については，憲法には解散権の所在を明確に規定していないため，かつて論争が生じたことがあったが，天皇にその実質的決定権がない点ではとくに問題はない。

Ⅱ　内閣の助言と承認

　憲法3条によれば，天皇は国事行為を行う際，単独で行動することはできず，すべての国事行為には内閣の助言と承認という手続を必要とする（憲3条前段）。前述のように，天皇は「国政に関する権能」を保持せず，国事行為の実質的決

定はすべて天皇以外の機関によりなされるので，天皇の国事行為は，それらの決定をまって内閣の助言と承認に従って行われる。

内閣の助言と承認は，内容上，閣議において決定される。これに対して，天皇は国事行為を行うことをみずから発意したり，あるいは拒否・停止したりすることは認められない。国事行為の結果は，助言と承認を行った内閣がみずから国会に対して責任を負い（憲3条後段），政治的権能を有しない天皇は，本来，政治的に無答責とされる。

言語上では，「助言」とは事前かつ能動的に意見を申し出ることをいい，「承認」とは事後かつ受動的に同意することを意味する。そこで，助言と承認の両者が必要であるか否かをめぐり学説上の対立がある。天皇の国事行為の前後にそれぞれ助言と承認を行うことが必要だとする説もあるが，通説によれば，「助言と承認」という1つの行為と見て，それぞれ別個に閣議を開く必要はなく，天皇の国事行為の際に1回行われればよいと解している（第16講［重要判例16-1］「苫米地事件」最大判昭35・6・8民集14・7・1206参照）。

Ⅲ　天皇の「公的行為（象徴行為）」

天皇は，憲法が定める国事行為以外に，国会開会式への出席と「おことば」の朗読，国内巡幸，全国植樹祭・国民体育大会・戦没者追悼式など各種式典への出席，外国親善訪問，国賓および公賓の接遇，外国元首との慶弔の親電の交換，新年と天皇誕生日の一般参賀，歌会始および講書始の儀などを行っている。これらの行為は，憲法に定める国事行為ではないが，そうかといって，内廷での起居・散歩，スポーツ観戦，学問研究，福祉施設および企業訪問といった純然たる私的行為とはいえない公的な性格をもっている。

通説および実務では，これらの行為を憲法1条による象徴の地位に基づく「公的行為（象徴行為）」として認めて，国事行為に準じて内閣の補佐と責任の下に置くとする。ただし，「公的行為」は国事行為とは異なるので，内閣の助言と承認は必要としない。実際には，天皇自身の意向を尊重しつつ，宮内庁の補佐により，内閣の責任の下で執り行われている。

Ⅳ　国事行為の委任と摂政の設置

　天皇が国事行為を行うことができない場合，憲法は，それを代行するために国事行為の委任（臨時代行）と摂政という2つの制度を設ける。

　天皇は，国事行為の1つとして，その国事行為を委任できる（憲4条2項）。「国事行為の臨時代行に関する法律」（昭和39年制定）によれば，天皇は，精神もしくは身体の疾患または事故（たとえば，天皇の海外旅行）があるときは，摂政を置く場合を除き，内閣の助言と承認により，摂政となる順位にある皇族（皇典17条）に国事行為を委任して，臨時に代行させることができる（国事代行2条1項）。

　摂政について，憲法は，「皇室典範の定めるところにより摂政を置くときは，摂政は，天皇の名でその国事に関する行為を行ふ」（憲5条）とする。皇室典範によれば，天皇が成年（満18歳）に達しないとき，または天皇が精神もしくは身体の重患または重大な事故のために国事行為をみずからなすことができないときは，皇室会議の議により摂政を置く（皇典16条）。摂政が天皇に代わり「天皇の名で」行う国事行為は，天皇が行うのと同じ効果をもつとみなされ，その代行の範囲は天皇の国事行為の全部に及ぶ。ただし，象徴の属性は天皇の一身に存するので，摂政には国の象徴としての機能は認められないと考えられる。

4　皇室の経済および財政

Ⅰ　皇室財産の国有化と皇室財政民主主義

　明治憲法下では，天皇および皇族は莫大な財産を保有し，皇室自律主義に基づき，皇室財政に政府や議会が関与することは許されなかった。日本国憲法では，「すべて皇室財産は，国に属する」（憲88条前段）として，純然たる私産（三種の神器，宮中三殿など）を除き，皇室の財産は国有財産に編入されることになった。皇室が公の立場で用いる財産（皇居，京都御所，那須・葉山・須崎など御用邸，陵墓など）は「皇室用財産」（国有財産3条2項3号）と称されるが，こ

第3講　天　　皇

れも宮内庁によって管理され，原則として国会の議決を経なければ，その譲り
渡し，譲り受けもしくは賜与することはできない（国有財産13条2項）。

　憲法では，皇室財政民主主義に基づき，「すべて皇室の費用は，予算に計上
して国会の議決を経なければならない」（憲88条後段）として，天皇および皇族
が公的あるいは私的生活を営むための費用は，国会の議決を経ることによって
国会の統制を受ける。「皇室の費用」は，内廷費，宮廷費，皇族費の3種に区
分されて，予算に計上される（皇経3条）。

　⑴　内廷費　　天皇，皇后その他内廷にある皇族の日常の費用，その他内廷
諸費に充てるもので，御手元金として使用が認められ，宮内庁の経理に属する
公金としない。皇室経済法施行法で毎年の定額が決められ，国費より支出され
る（皇経4条）。

　⑵　宮廷費　　内廷費以外の宮廷の諸経費で，行幸啓費，儀式・祭典費，宮
殿管理費など宮廷の公務に充てられるもので，公金として，宮内庁の経理に属
する（皇経5条）。

　⑶　皇族費　　内廷費を受けない皇族宮家（秋篠宮家，常陸宮家，三笠宮家，
高円宮家）に支給されるものであり，次の3種類がある。①皇族がその品位保
持のために年額により毎年支出するもの。②皇族が初めて独立の生計を営む際
に一時金により支出するもの。③皇族がその身分を離れるときに，品位保持の
資に充てるために一時金により支出するもの。いずれも内廷費と同じく，御手
元金として使用することが認められている（皇経6条）。

Ⅱ　皇室の財産授受の制限

　憲法88条は「すべて皇室財産は，国に属する」として，皇室財産の国有化を
定めるが，これは皇室による私有財産の保有自体を禁止したわけではない。こ
の点，憲法8条は，「皇室に財産を譲り渡し，又は皇室が，財産を譲り受け，
若しくは賜与することは，国会の議決に基かなければならない」として，皇室
の財産授受を国会の監視下に置き，皇室が巨額の財産を保有したり，特定の者
と経済関係をもつことがないように配慮している。ただし，あらゆる場合に国

45

会の議決を行うことは煩雑なので，相当な対価による売買，外国交際のための儀礼上の贈答，公共のための遺贈または遺産の賜与，一定価額以下の財産の賜与または譲受の場合は，その度ごとの国会の議決は不要とされる（皇経2条）。

確 認 問 題 ···

(1) 天皇の地位について，次の説明のうち誤っているものを1つ選びなさい。
　① 現代君主制の尊厳的役割に注目すれば，日本国憲法の天皇は君主として理解できる。
　② 現行の皇室典範は男系男子主義を定めており，女性天皇や女系天皇は認めていない。
　③ 天皇の刑事責任については，天皇は象徴の地位にあることや，摂政が在任中には訴追されないとする皇室典範の規定から類推して，刑事訴追はできないと解される。
　④ 天皇は，精神もしくは身体の疾患または事故があるときは，国事行為を委任することができるが，その場合には，摂政が天皇の名で国事行為を行う。

(2) 天皇の権能について，次の説明のうち正しいものを1つ選びなさい。
　① 憲法は，天皇の国事行為として「衆議院を解散すること」（7条3号）と定めるので，解散権は天皇の権能である。
　② 内閣の助言と承認に関しては，「助言」と「承認」がそれぞれ別に必要であると実務や判例では理解されている。
　③ 天皇の国会開会式への参列と「おことば」の朗読を「公的行為」として捉えると，これは憲法上の国事行為ではないので内閣の助言と承認は必要としない。
　④ 天皇が，外国を親善訪問すること，全国植樹祭に出席すること，学問研究の成果を発表することは，いずれも「公的行為」として行われている。

(3) 皇室経済について，次の説明のうち正しいものを1つ選びなさい。
　① 内廷費を受けない皇族宮家には御手元金として，皇族費が支給される。
　② 皇居，京都御所，那須・葉山・須崎など御用邸は，皇室の私有財産である。
　③ 内廷費は，天皇，皇后，内廷にある皇族の日常の費用に充てるものであるが，すべて宮内庁で経理される。
　④ 皇室の財産授受は，あらゆる場合に国会の議決を必要とする。

第4講　戦 争 の 放 棄

ポイント

① 日本国憲法の平和主義の誕生にはどのような時代背景があったか。

② 憲法成立当初，政府は憲法9条をどのように解釈していたか。また，その解釈はその後の国際情勢の変容とともにどのように変化したか。

③ 最高裁判所は，憲法9条をどのように解釈しているか。

④ 憲法9条について，学説にはどのような解釈があるか。

⑤ 個別的自衛権と集団的自衛権はどう違うか。また，政府は集団的自衛権についてどのような見解を示しているか。

1 日本国憲法の平和主義──9条解釈の視点

　日本国憲法の平和主義は，憲法成立に至る歴史および国際関係と不可分の関係にある。ポツダム宣言の受諾，太平洋戦争（当時の名称は「大東亜戦争」）の敗戦，アメリカを中心とする連合国軍による占領，それが憲法前文と9条に規定された平和主義のかたちを決めた。そして憲法成立後の国際情勢の変化の中で，現実に対応する必要が9条解釈の変化をもたらし，日本国憲法の定める平和主義が大きく変容し今日に至っている。

　そのため，まず9条解釈にあたって，忘れてはならない視点がある。それは敗戦とその後の連合国軍による占領下という，わが国の主権が失われた中で日本国憲法がつくられたという事実であり，憲法9条の条文もこのような状況を前提につくられたものであるという事実を踏まえる視点である。法の解釈は，時代の移り変わりの中で変化するものであり，憲法の解釈もその例外ではない。そうであっても，その条文がつくられた前提にあった事実や制定者の意思も斟

酌されるべきであろう。

　一方，時代の変化を無視して制定時の趣旨に固執し，条文制定時の文理解釈を墨守するなら，規範と現実の乖離が進行し，人々はその法に従わず，法のもつ権威を貶めることにもなろう。また，時代の要請の名の下に，条文を変更せずに政府や裁判所が解釈の変更を積み重ね，あるいは学者が高度な解釈論を展開するなら，平均的な国語力をもつ一般国民にはおよそ理解しがたいような解釈がまかり通る事態に至る。そのときにもまた，法のもつ権威を損ね，国民の遵法精神を傷つけることにもなろう。このような問題が，とくに憲法9条に強く現れているのである。

I　敗戦と占領下の憲法改正

1　敗戦とポツダム宣言の受諾

　昭和20（1945）年8月15日，わが国は建国以来初めて敗戦という現実を迎えた。昭和16（1941）年12月8日の開戦以来，挙国一致で戦った総力戦であった。人的・物的両面で多大の犠牲を払いつつ，国家存亡の淵に追いやられながら迎えた敗北であった。わが国に終戦の決断を迫ったポツダム宣言には次のような文言があった。

　「右ノ如キ新秩序ガ建設セラレ且日本国ノ戦争遂行能力ガ破砕セラレタルコトノ確証アルニ至ルマデハ聯合国ノ指定スベキ日本国領域内ノ諸地点ハ吾等ノ茲ニ指示スル基本的目的ノ達成ヲ確保スル為占領セラルベシ」（ポツダム7項）

　これは，ポツダム宣言が日本国政府に要求した条件の1つである。ここには日本国の戦争遂行能力が完全に破壊されたことが確認されるまで占領が継続することが述べられている。この条項を含め，6項から13項にかけて軍国主義勢力の除去（同6項），日本国軍隊の完全な武装解除（同9項），全日本国軍隊の無条件降伏（同13項）などの要求が掲げられ，これらの要求を受け入れない場合は，「迅速且完全ナル壊滅アルノミトス」（同13項）という言葉で結ばれていた。

　このような条件を含むポツダム宣言を受諾し終戦の決断に至り，まもなくマッカーサーを最高司令官とする進駐軍による占領下に置かれ，連合国軍総司令

部（GHQ）による占領統治，すなわちわが国の間接統治が始まり，さまざまな戦後改革が実施されることになったのである。このような事実を前提に憲法9条の規定を見れば，その成立時の意味は，まさしくその文言どおりの意味であったことが自ずと明らかになろう。

　そして，当時の日本国民にとって9条は，もう戦争のない平和な世の中が訪れたのだという安堵と希望の象徴でもあった。

Topic 4-1

ポツダム宣言のもう1つの側面

　ポツダム宣言は，わが国に無条件降伏を要求したものではない。同宣言は5項で「吾等の条件は，左の如し。吾等は，右の条件より離脱することなかるべし。右に代わる条件存在せず。吾等は，遅延を認むるを得ず」として，強い調子で諸条件の受諾を迫り，6項から12項にその条件を掲げた（第2講①Ⅰ参照）。その条件自体，それほど理不尽なものではなく，日本の民主化を要求するものであったとして教科書などで紹介されるところである。しかし，一方で次のような側面があったことは知っておいていい。

　「現在日本国に対し集結しつつある力は，抵抗するナチスに対し適用せられたる場合において全ドイツ国人民の土地，産業及生活様式を必然的に荒廃に帰せしめたる力に比し測り知れざる程度に強大なるものなり。吾等の決意に支持せらるる吾等の軍事力の最高度の使用は，日本国軍隊の不可避且完全なる壊滅を意味すべく，又同様必然的に日本国全土の完全なる壊滅を意味すべし」（3項）。そして，最後は「吾等は，日本国政府が直ちに全日本軍隊の無条件降伏を宣言し，且右行動に於ける同政府の誠意に付適当且充分なる保障を提供せんことを同政府に対し要求す。右以外の日本国の選択は，迅速且完全なる壊滅あるのみとす」（13項）と結ばれている。

　昭和20（1945）年7月26日にこの宣言が発表される以前，すでに東京をはじめ多くの都市が無差別空襲を受け，焼夷弾によって多数の一般国民が犠牲者となり，あるいは住居を失った。そして，この宣言を実行するかのように8月6日広島，9日には長崎と，米軍により原子爆弾が投下され，およそ30万人が犠牲になった。

2　新憲法の宣伝——『あたらしい憲法のはなし』

　終戦から2年，文部省は新制中学1年用の社会科教科書として『あたらしい憲法のはなし』（昭和22年8月）を発行した。戦争の惨禍を訴えた「戦争の放

棄」の項目は，戦争で身内を失い，家を焼かれ，途方に暮れ，食うために懸命に一日一日を送っていた多くの国民の共感を呼んだであろうことは想像に難くない。そこでは，憲法9条について次のように説かれた。

　「こんどの憲法では，日本の國が，けっして二度と戦争をしないように，二つのことをきめました。その一つは，兵隊も軍艦も飛行機も，およそ戦争をするためのものは，いっさいもたないということです。これからさき日本には，陸軍も海軍も空軍もないのです。これを戦力の放棄といいます。…（中略）…もう一つは，よその國と争いごとがおこったとき，けっして戦争によって，相手をまかして，じぶんのいいぶんをとおそうとしないということをきめたのです。おだやかにそうだんをして，きまりをつけようというのです。なぜならば，いくさをしかけることは，けっきょく，じぶんの國をほろぼすようなはめになるからです。また，戦争とまでゆかずとも，國の力で，相手をおどすようなことは，いっさいしないことにきめたのです。これを戦争の放棄というのです。」

　こうして，9条の趣旨が，平易な言葉で国民に説かれた。では，この9条はどのような状況の中で，どのようにしてつくられたのであろうか。「占領下」とは，日本国が主権を失った状態にあったことを意味する。その占領は，未曾有の人的物的被害を出したおよそ3年8ヵ月にわたる総力戦の敗北の結果であった。そこに憲法が，9条が成立した。そのことが当時の9条解釈に反映されないはずはなかった。

II　占領下の国際社会

1　前文の国際社会像

　「戦争の放棄」（憲9条）は，憲法前文に示された国際社会を前提に構想されたものであり，この前提が確保されて初めて論理的に成立する。その国際社会とは，「平和を維持し，専制と隷従，圧迫と偏狭を地上から永遠に除去しようと努めてゐる国際社会」である。このような国際社会にあって，「日本国民は，恒久の平和を念願し，人間相互の関係を支配する崇高な理想を深く自覚するのであつて，平和を愛する諸国民の公正と信義に信頼して，われらの安全と生存

第4講　戦争の放棄

を保持しようと決意した」と宣言する。

　この前提があって，前文と9条が現実的な有効性をもちうる。この前提となる国際社会とは，日本（枢軸国）を除く第二次世界大戦中の連合国で構成される国際社会を意味していた。「日本国民は，……国際社会において，名誉ある地位を占めたいと思ふ」（前文）との意思表明は，国際社会の秩序を乱したあげく敗戦国となったとされる日本が「前非」を悔い，今後は旧連合国のつくる国際社会の一員としての地位を認められること，すなわち「名誉ある地位」を得るよう努力すると約束したものだった。

　このように，9条は「虚構」の上に成り立っていた。

Topic 4-2

占領と独立

　昭和20（1945）年9月2日，日本国政府と連合国代表が降伏文書に調印し，日本は主権独立国家でなくなった。占領下で連合国軍総司令部（GHQ）による間接統治が開始された。日本国の統治機構は存置され機能していたが，その上にGHQがありマッカーサー元帥が「君臨」し，占領政策が実行された。財閥解体，農地改革，労働関係の民主化等の戦後改革の中で，最大の改革はなんといっても日本国憲法の「制定」であった。憲法の基本原則はマッカーサーノートで示され，GHQで10日ほどで作成された草案が日本語に翻訳されて第90帝国議会の審議に付された。翌昭和21（1946）年11月3日には日本国憲法として公布された。その間の経緯は憲法の中に次のように記された。「朕は，日本国民の総意に基いて，新日本建設の礎が，定まるに至つたことを，深くよろこび，枢密顧問の諮詢及び帝国憲法第73条による帝国議会の議決を経た帝国憲法の改正を裁可し，ここにこれを公布せしめる」（上諭）。日本国は帝国憲法の「改正」手続を経て成立したことが明記された。日本国の主権が失われた占領下の憲法「制定」であった。昭和22（1947）年5月3日に施行された後も占領が続いた。我が国が主権を回復し独立国となるのはその5年後，平和条約が発効した昭和27（1952）年4月28日のことだった。ここで日本国憲法が名実ともにわが国の最高法規となったのである。では，それまでの日本国憲法は何だったのだろうか？

2　冷戦の始まり

「平和を愛する諸国民」で構成される国際社会，それは連合国だけで構成される国際社会であった。だが，その国際社会も決して平和を愛する人々だけではなかった。冷戦時代の始まりである。終戦の翌年，1946年3月，イギリスのチャーチル前首相は，アメリカのミズーリ州フルトンの大学で，有名な「鉄のカーテン」演説を行った。ヨーロッパ大陸を二分する自由主義陣営と共産主義陣営の対立による冷戦の開始である。そして冷戦は極東にも及び，1950（昭和25）年には，朝鮮戦争が勃発する。まだ，わが国が占領下にあった時期の出来事である。

こうして憲法9条の前提たる前文の描く国際社会は，日本国憲法公布（昭和21〔1946〕年11月3日）を待たずして急激な変化を来し，施行から3年余を経た昭和25年6月25日の朝鮮戦争（1950〜53年）の勃発とともに雲散霧消した。この年に「警察予備隊」が設置されたのは，こうした国際社会の変化に見合ったものであった。

２ 「戦争放棄」の意味——政府および裁判所の9条解釈

I　制憲議会における9条解釈

1　吉田茂総理の答弁

占領下の昭和21（1946）年6月26日，日本国憲法草案（帝国憲法改正草案）が審議されていた第90回帝国議会において，内閣総理大臣吉田茂は，憲法9条の解釈について次のような答弁を行った。

> 「戦争拋棄に関する本条の規定は，直接には自衛権を否定はして居りませぬが，第九条二項に於いて一切の軍備と国の交戦権を認めない結果，自衛権の発動としての戦争も，また交戦権も拋棄したものであります。従来近年の戦争は多く自衛権の名に於いて戦われたのであります。満州事変然り，大東亜戦争然りであります。今日わが国に対する疑惑は，日本は好戦国である，何時再軍備をなして復讐戦をして世界の平和を脅かさないとも分からないというのが，日本に対する大いなる疑惑であり，また誤解であります。まずこの誤解を正すことが今日我々としてなすべき第一のことと思うのです。

又此の疑惑は誤解であるとは申しながら，全然根柢のない疑惑とも言われれない節が，既往の歴史を考えて見ますると，多々あるのであります。故に我が国に於いては如何なる名義を以てしても交戦権は先ず第一，自ら進んで抛棄する，抛棄することに依って全世界の平和の確立の基礎を成す，全世界の平和愛好国の先頭に立って，世界の平和確立に貢献する決意を，先ずこの憲法に於いて表明したいと思うのであります。之に依って，我が国に対する正当なる諒解を進むべきものであると考えるのであります。……」(内閣総理大臣吉田茂・昭和21 [1946] 年 6 月26日，衆議院帝国憲法改正委員会)

2　自衛戦争を含む一切の戦争の放棄

　吉田茂総理の答弁で表明された解釈は，次のような論理であった。①自衛権は否定されていない。しかし，②一切の軍備を保持しない，そして，③交戦権を認めない。その結果，自衛権を発動しようにもその手段たる軍備がなく，かつ戦争を行う国家の権利という意味での交戦権が否認されたため，自衛権の発動としての戦争（自衛戦争）を実行する手段も権利も有しなくなった。したがって，自衛戦争も放棄した，という考え方である。

　このような解釈がとられた理由は，戦争というものは不法な戦争であっても，その多くが自衛戦争の名の下に行われてきたものであるから，自衛戦争といえども放棄するということ，加えて，敗戦国日本がいずれ再軍備をして復讐戦争を行うのではないかという連合国の懸念を払拭するため，というのがその理由であった。そして，日本が先頭に立って進んで交戦権を放棄することが，世界平和の基礎を確立することになるから，わが国の交戦権の放棄は，世界平和への貢献であるというのであった。

　この 9 条解釈は，その文理に即したもっとも素直な解釈である。けれども，この答弁から容易に読み取れるのは，わが国の過去の戦争に対する贖罪意識であり，日本さえ軍備をもたず交戦権を放棄すれば，世界平和が確立されるとの歴史観である。この解釈は，日本国憲法施行後の『あたらしい憲法のはなし』で説かれた解釈につながる。

　過去の反省のうえに立った格調高い答弁とはいえる。だが，占領下におかれた日本国政府の最高指導者としての発言である。必ずしも額面どおり受け取るわけにはいかない。占領方針に沿った政策の実行による占領の早期終了こそが

為政者の念頭にあったのではないかと考えられるからである。

II 朝鮮戦争と占領政策の変更

1 朝鮮戦争と警察予備隊創設

　第二次世界大戦後，朝鮮半島は北緯38度線を境に米ソによって分割占領された。そして，1948年には南に大韓民国（韓国），北には朝鮮民主主義人民共和国（北朝鮮）が誕生した。1950年6月25日には，それまで38度線付近で衝突を繰り返していた両国軍が38度線において戦闘を開始し，朝鮮戦争が始まった。米ソ両国による冷戦が局地戦争として火を噴いたのである。

　この事態に対し，日本の占領にあたっていた米軍の大部分が朝鮮半島に投入された。これによって生じた占領下日本の治安の真空状態を埋めるため，いわゆるポツダム政令である警察予備隊設置令により，連合国軍総司令部は日本政府に警察予備隊（7万5千人）の設置を命じた。

　こうして朝鮮戦争の勃発とマッカーサーの至上命令による警察予備隊の設置は，憲法前文が描く憲法が前提とした国際社会像の崩壊と日本の非軍事化という占領政策の変更，すなわち再軍備に向けた第一歩となった。

2 警察予備隊違憲訴訟

　そこで，当時の日本社会党は，警察予備隊の設置は憲法9条に違反する再軍備であるとして，同党の鈴木茂三郎委員長が原告となって警察予備隊設置令およびこれに基づくすべての国家行為の無効確認を求めて最高裁に出訴した。

　これに対し，最高裁は，「裁判所が……具体的事件を離れて抽象的に法律命令等の合憲性を判断する権限を有するとの見解には，憲法上及び法令上何等の根拠も存しない」（［重要判例4-1］「警察予備隊違憲訴訟」最大判昭27・10・8民集6・9・783，行集3・10・2061）として，訴えを却下し，警察予備隊が憲法9条に違反するかどうかの判断に踏み込まなかった。

第4講　戦争の放棄

───**重要判例** 4-1───

警察予備隊違憲訴訟（最大判昭27・10・8民集6・9・783）

（**事実の概要**）

　警察予備隊設置に反対する当時の日本社会党の委員長が原告となって，ポツダム政令である警察予備隊設置令およびこれに基づくすべての国家行為の無効確認を求めて，直接最高裁に出訴した事件。警察予備隊が憲法9条に違反すると主張し，憲法81条が最高裁判所に憲法裁判所としての性格をも与えたとして，憲法判断を求めた。

（**判旨**）

　最高裁は訴えを却下し，次のような判断を示した。①最高裁判所は，具体的な争訟事件が提起されないのに将来を予想して憲法およびその他の法律命令等の解釈の疑義論争に関し，抽象的な判断を下す権限をもたない。②最高裁が抽象的な法令等の審査権を持ちその無効を宣言する権限を有するとするならば，最高裁判所はすべての国権の上に位置する機関となり，三権分立に反し，民主政治の根本原理に反する恐れがある。こうして，警察予備隊が憲法9条に違反するという主張に対する判断には踏み込まなかった。

Ⅲ　独立の回復と政府解釈の変化

1　平和条約の発効と主権回復

　昭和27（1952）年4月28日，「日本国との平和条約」（サンフランシスコ平和条約）が発効し，日本国と各連合国との戦争状態が終了し，日本国およびその領水に対する日本国民の完全な主権が承認された（1条(a)(b)）。連合国のすべての占領軍が撤退することになった（6条(a)）。昭和20（1945）年9月2日に降伏文書に調印して占領下におかれたわが国は，この日をもって独立を回復した。平和条約において連合国は，「日本国が主権国として国際連合憲章51条に掲げる個別的または集団的自衛の固有の権利を有すること及び日本国が集団的安全保障取極を自発的に締結することができることを承認」（5条(c)）した。ここにわが国は主権独立国として，国家固有の個別的自衛権および集団的自衛権を有することが明確に承認された。

　独立の回復を契機に，昭和27（1952）年7月31日に保安庁法が公布され，翌8月1日保安庁が設置された。保安庁は，「わが国の平和と秩序を維持し，人命及び財産を保護する」ことを任務とした。同年10月15日には朝鮮戦争を契機

に創設された警察予備隊（昭和25［1950］年8月創設）が，保安隊と改称された。

2　保安隊設置と政府解釈

保安隊設置にともない政府の9条解釈は変化した。保安隊設置に関連して表明された政府見解で，新たな「戦力」解釈が示された。9条2項は，侵略の目的たると自衛の目的たるとを問わず「戦力」の保持を禁止しているが，ここにいう「戦力」とは近代戦争遂行に役立つ程度の装備・編成を備えるものをいい，「戦力」の基準はその国のおかれた時間的・空間的環境で具体的に判断されなければならない，との見解である（第4次吉田内閣の統一見解，昭和27［1952］年11月25日，参議院予算委員会）。昭和21（1946）年，占領下の日本国憲法草案（帝国憲法改正草案）の審議過程で，9条2項は「一切の軍備」を認めないと答弁した吉田茂首相の第4次内閣が示した統一見解であった。

3　日米安保条約の締結

「平和条約」の発効と同時に「日本国とアメリカ合衆国との間の安全保障条約」（旧安保条約）が締結された。米軍は引き続き日本国内およびその付近に配備され，極東における国際平和と安全の維持，ならびに外部からの武力攻撃に対し日本国の安全に寄与することができるとした。その一方で日本の自主防衛への努力が期待された。すなわち，「アメリカ合衆国は，日本国が攻撃的な脅威となり又は国際連合憲章の目的及び原則に従つて平和と安全を増進すること以外に用いられうべき軍備をもつことを常に避けつつ，直接及び間接の侵略に対する自国の防衛のため漸増的に自ら責任を負うことを期待する」（前文）と定められた。アメリカは，直接・間接の侵略に対し自国を防衛するための軍備については，日本が自ら漸次増強していくことを認めたのである。

アメリカは，軍備の規模と使用目的に一定の歯止めをかけつつ日本の再軍備による自主防衛を期待した。一方で，米軍の日本国内およびその付近での配備を継続することで，極東の平和と安全と並んで日本の安全についても寄与することを約束した。日本からすれば，自主防衛に向けた防衛力整備を図りつつ，その不足ないし不備はアメリカ軍が補完するという安全保障体制を選択したのである。朝鮮戦争継続中の時期のことであった。

> ### Topic 4-3
>
> #### 日本国憲法と沖縄
>
> 　日本国憲法は，日本国民の総意に基いて新日本建設の礎が定まり，帝国議会の議決を経て成立したことが上諭に記されている。また，前文には「日本国民は，…ここに主権が国民に存することを宣言し，この憲法を確定する」（1項1文）として，日本国民が憲法を確定したと明記されている。ところが，この上諭や前文にいう「日本国民」の中に，当時の沖縄県民が含まれていなかったことが忘れられている。ポツダム宣言は，日本国の主権を「本州，北海道，九州及び四国並びに米・英・中が決定する諸小島」（8項）に限っていた。ここに沖縄や奄美群島，小笠原諸島等の諸小島は含まれていなかった。これらの諸島はアメリカの施政権下に置かれ，奄美群島は昭和28（1953）年12月25日，小笠原諸島は昭和43（1968）年6月26日，そして沖縄は戦後27年目にあたる昭和47（1972）年5月15日にようやく本土復帰が実現する。このように歴史を振り返ると，日本国憲法が成立した時期に沖縄県は日本国から離れてアメリカの施政下にあり，帝国議会に議席をもつ代表はいなかった。だから，日本国民の総意といってもそこに沖縄県民は含まれていなかった。

Ⅳ　自衛隊創設後の政府の9条解釈

1　自衛隊の創設

　昭和29（1954）年3月8日，日米相互防衛援助協定（MSA協定）が調印され，5月1日に発効した。この協定で，日本国政府は「（日米）安全保障条約に基いて負っている軍事的義務を履行することの決意を再確認するとともに，自国の政治及び経済の安定と矛盾しない範囲でその人力，資源，施設及び一般的条件の許す限り自国の防衛力及び自由世界の防衛力の発展及び維持に寄与し，自国の防衛能力の増強に必要となることがあるすべての合理的な措置」（8条）をとると約束した。同年6月2日に防衛庁設置法と自衛隊法が制定され，7月1日に防衛庁と自衛隊が発足した。

　自衛隊は「我が国の平和と独立を守り，国の安全を保つため，直接侵略及び間接侵略に対し我が国を防衛することを主たる任務とし，必要に応じ，公共の秩序の維持にあたるものとする」（自衛隊旧3条1項）と，その任務が定められた。こうして自衛隊はわが国の防衛を目的とすることを明示したことから，そ

れが憲法9条にいう「戦力」にあたらないかが問題となった。

2 鳩山内閣の9条解釈

当時の鳩山一郎内閣は，政府としての統一見解を示した。

① 憲法は自衛権を否定していない。自衛権は独立国である以上，当然に保有する権利である。したがって現行憲法のもとで，わが国が自衛権を持っていることはきわめて明白である。

② 憲法は戦争を放棄したが，自衛のための抗争は放棄していない。戦争と武力による威嚇，武力の行使が放棄されるのは，「国際紛争を解決する手段としては」ということであり，他国から武力攻撃があった場合に，武力攻撃そのものを阻止することは，自己防衛そのものであって，国際紛争とは本質が違う。したがって自国に武力攻撃が加えられた場合に，国土を防衛する手段としての武力を行使することは，憲法に違反しない。

③ 自衛隊のような自衛のための任務を有し，かつその目的のため必要相当な範囲の実力部隊を設けることは，なんら憲法に違反するものではない。

こうして政府は，①わが国は日本国憲法のもとでも国家固有の自衛権を保有し，②自衛のための武力行使は憲法に違反せず，③自衛のための必要相当な実力部隊（＝自衛のための必要最小限度の実力）の保持は憲法に違反しないとして，自衛隊は憲法9条の禁ずる「戦力」には該当しない，との解釈を示した。

しかしながら，55年体制下の政治の舞台では，平成6（1994）年の村山富市内閣の自・社・さ連立政権の誕生まで野党第一党であり続けた日本社会党が，自衛隊違憲論を掲げて一定の国民の支持を集めた。憲法学界でも違憲論が有力な地位を占めていた。わが国のおかれた国際環境は劇的に変貌を遂げた。それでもその変化と無関係に憲法9条は制定時のまま維持され，一方で国の防衛政策は国際環境の変化に適宜対応してきた。

3 学説による9条解釈

憲法9条の法的性質については，諸説がある。その中には9条はただちに実

現し得ない「理想」を掲げた憲法規範であって政治的マニフェストにすぎないという説や，「政治的規範」であって裁判所が法的判断に用いるべき「裁判規範」ではないという説がある。これらの説に立った場合，9条の解釈に立ち入る必要がなくなる。ここでは9条も他の憲法本文の条項と同じ裁判規範たる法規範であるとしてその解釈を考える。

I　自　衛　権

1　自衛権の有無

　複雑な対立を見せる学説状況の中で，日本国は独立国として自衛権を持つという点では一致が見られる。自衛権は今日「個別的自衛権」と「集団的自衛権」に分けられる。ここにいう自衛権は前者の個別的自衛権のことで，集団的自衛権については，最近までの政府解釈にも見られるように日本国憲法のもとでその行使は認められないという説が多数のようである。

　ある国が他国によって急迫不正の侵害を受けたとき，これを排除するためにとった必要な限度の実力行使は，国際法上許される。このような国家の権利は，国家に固有の権利として条約や憲法によっても放棄することのできない権利として認められている。自衛権の放棄を認めることは，国家の自己否定につながるものであり，国家を前提に存在する国際法や憲法によって放棄したり，否定したりできるような性質のものでは，そもそもないからである。

2　自衛権の行使

　国家の固有権としての自衛権（＝個別的自衛権）を認めても，多数説は自衛軍の設置や軍事力による自衛権の行使を9条は禁じているという立場をとる。このような解釈は，自衛権を認めることで相手国の侵害を排除するために実力行使が必要であることを認めながら，自衛軍という軍事力による効果的な実力行使を禁ずるということになる。権利の存在を認めながら，権利の効果的な行使を認めないという矛盾は認めがたい。

　これに対し，判例は「わが国が主権国として持つ固有の自衛権は何ら否定されたものではなく，わが憲法の平和主義は決して無防備，無抵抗を定めたもの

59

ではない……わが国が，自国の平和と安全を維持しその存立を全うするために
必要な自衛のための措置をとりうることは，国家固有の権能の行使として当然
のこと」（[重要判例 4-2]「砂川事件」最大判昭34・12・16）であるという。常識
にかなった解釈である。

　このように，判例は国家固有の自衛権を認め，その行使についても国家固有
の権能として当然のこととしている。また，国際法上も，主権を守るために最
小限必要な自衛権（right of self-defense）は，国家に不可欠の権利として一定
の要件のもとで認められている。

重要判例 4-2

砂川事件（最大判昭34・12・16刑集13・13・3225）

事実の概要

　東京調達局は，日米安保条約第３条に基づく行政協定の実施にともなう特別措置法と
土地収用法により，昭和32年７月８日に米軍使用の立川飛行場内民有地の測量を開始し
た。これに反対する労組，学生団体等の約千名の集団が境界柵外に集合し，その中の一
部の者が境界柵を数十メートルにわたって破壊し，米軍使用区域である立ち入り禁止場
所に侵入したため，その行為が刑事特別法２条に違反するとして起訴された。一審の東
京地裁の無罪判決に対し，検察側が最高裁に跳躍上告し，最高裁は破棄差戻した。

判旨

　最高裁は次のような９条解釈を示した。①憲法９条は，いわゆる戦争を放棄し，戦力
の保持を禁止しているが，これによりわが国が主権国としてもつ固有の自衛権はなんら
否定されたものではなく，わが憲法の平和主義は決して無防備，無抵抗を定めたもので
はない。②わが国が，自国の平和と安全を維持しその存立を全うするために必要な自衛
の措置をとりうることは，国家固有の権能の行使として当然のこと。③わが国の平和と
安全を維持するための安全保障であれば，その目的を達するにふさわしい方式又は手段
である限り，国際情勢の実情に即応して適当と認められるものを選ぶことができ，わが
国がその平和と安全を維持するために他国に安全保障を求めることを何ら禁ずるもので
はない。④９条２項が保持を禁止した戦力とはわが国自体の戦力を指し，外国の軍隊は，
たとえわが国に駐留するとしてもここにいう戦力に該当しない。⑤９条１項が永久に放
棄することを定めたのはいわゆる侵略戦争である。

II　放棄された戦争等の範囲

1　「国際紛争を解決する手段としては」の解釈

憲法9条1項で放棄された戦争等については，「国際紛争を解決する手段としては」という限定句がついているため，この文言をめぐって次のように説が分かれる。

① 　全面放棄説　　「国際紛争を解決する手段としては」という文言に特段の意味を見出さず，9条1項は自衛のためのものも含めて一切の戦争・武力の行使を放棄したとする説。

② 　部分的放棄説　　9条1項は，「国際紛争解決の手段として」の戦争等，つまり国際法上違法な戦争等を放棄しただけであるとする説。

この2つの説のうち①の全面放棄説に立つと，個別的自衛権を認める立場に立ってもその行使が認められないから，結局のところ自衛のためのものも含む一切の戦争等が放棄されたことになる。つまり，結果的に日本国憲法が自衛権まで放棄したとする説と同様の結論となる。

学説状況は，1929年の不戦条約や国連憲章などの国際法上の用例を参考に，「国際紛争解決の手段としての戦争」は，国際法上違法とされる戦争・武力行使（侵略戦争など）を指し，日本国憲法は，自衛のための武力行使や国際的制裁のための武力行使は放棄していないとする説が有力であるが，「世界に比類のない徹底した平和主義を宣言」したとして，自衛戦争を含む一切の戦争を放棄したとする説もある。

なお，判例は，9条1項は「いわゆる侵略戦争」を放棄したものであるとしている（前掲「砂川事件」最大判昭34・12・16)。

2　不戦条約で放棄された戦争

第一次世界大戦という人類の歴史上初の国家総力戦を経験し，その被害の甚大さに鑑み「不戦条約」（戦争抛棄ニ関スル条約，1929年発効）がつくられ，戦争の放棄が宣言された。「締約国ハ国際紛争ノ解決ノ為戦争ニ訴フルコトヲ非トシ且其ノ相互関係ニ於テ国家ノ政策ノ手段トシテノ戦争ヲ抛棄スルコトヲ其

ノ各人民ノ名ニ於テ厳粛ニ宣言スル」（1条）と。

この規定は，同条約の前文にいう「戦争ニ訴ヘテ国家ノ利益ヲ増進セントスル」こと，すなわち国家の利益を増進するために行う戦争を放棄したということを意味した。つまり，ここで放棄されたのは「国家ノ政策ノ手段トシテノ戦争」（侵略戦争）で，そこには自衛戦争は含まれていなかった。また，「国際紛争ノ解決ノ為戦争ニ訴フルコト」と自衛のための戦争とは明らかに別物であった。

3　国連憲章

国連憲章（1945年）は，「紛争の平和的解決」を要請している。「すべての加盟国は，その国際紛争を平和的手段によって国際の平和及び安全並びに正義を危うくしないように解決しなければならない」（2条3項）として，そして，「すべての加盟国は，その国際関係において，武力による威嚇又は武力の行使を，いかなる国の領土保全または政治的独立に対するものも，また，国際連合の目的と両立しない他のいかなる方法によるものも慎まなければならない」（2条4項）として，武力による威嚇や武力の行使を禁じている。

その一方で，「この憲章のいかなる規定も，国際連合加盟国に対して武力攻撃が発生した場合には，安全保障理事会が国際の平和および安全の維持に必要な措置をとるまでの間，個別的又は集団的自衛の固有の権利を害するものではない」（51条）として，例外的に自衛権の行使についてはその合法性が認められることを明確にしている。

Ⅲ　戦力の不保持について

憲法9条2項前段は「前項の目的を達するため，陸海空軍その他の戦力は，これを保持しない」と規定する。この「前項の目的」が，何を指すととらえるかによって，2項が，①一切の軍事力の不保持を定めたものであるのか，②国際紛争を解決するための戦争（自衛戦争・制裁戦争は含まない）を放棄したものであるのか，説が分かれる。

1　一切の軍事力の不保持を定めたとする説

「前項の目的」を，「正義と秩序を基調とする国際平和を誠実に希求」するた

めととらえ，2項前段は一切の軍事力の不保持を定めたとする説がある。この説に立つと，1項で自衛権の存在を認めて自衛権の行使（自衛戦争）の可能性を認める立場に立っても，自衛権を行使するための軍事力の保持が認められないから，結局，自衛戦争はできないという結論になる。

　では，自衛のために何ができるかというと，軍事力の行使による自衛ではなくて，群民蜂起・抵抗運動などの軍事力によらない自衛のための戦いが主張される。いうまでもなく，非現実的な主張であり，かえって国民の生命が脅かされる危険が大きく，他国による支配に服する結果となろう。

2　自衛・制裁のための戦争は認められるという説

　「前項の目的」を，国際紛争解決の手段としての戦争等を放棄することであるととらえる立場からは，2項前段の軍事力の不保持は，1項が目指す「国際紛争解決の手段として」の戦争等を放棄するためであるから，自衛または制裁のための軍事力の保持は禁止されていないと説く。この説に立てば，自衛隊の存在も憲法の認めるところとなり，自衛隊は合憲ということになる。

3　駐留米軍は保持を禁じられた戦力にあたるか

　かつて駐留米軍は9条2項で保持が禁じられた戦力に該当するか否かが問題になった。最高裁は，「同条項がその保持を禁止した戦力とは，わが国がその主体となってこれに指揮権，管理権を行使し得る戦力を言うものであり，結局わが国自体の戦力を指し，外国軍隊は，たとえそれがわが国に駐留するとしても，ここにいう戦力に該当しないと解すべきである」（前掲「砂川事件」最大判昭34・12・16）と判断した。

Ⅳ　「交戦権」の意味

　交戦権については，①9条2項後段の「交戦権」は，「国家が戦争を行う権利」すなわち戦を交える日本国の権利であるとする説と，②9条2項で否認された「交戦権」は，「国際法上交戦者に認められる諸権利」であるとする説に分かれる。

1 「戦争を行う権利」説

①説によると，1項で自衛戦争は放棄されておらず，かつ2項前段で自衛のための戦力の保持は認められるという立場に立っても，結局国家が戦争を行う権利を放棄しているから，いかなる戦争も認められないということになる。

自衛戦争を含む一切の戦争を国家が行う権利を否認したとするこの説は，憲法制定時の政府の考え方や前文に現れた平和主義の思想にかなったものであり，学説上有力な考え方である。しかしながら，国際政治の現実を前にしたとき，このような解釈をとることを躊躇せざるを得ない。憲法制定当時の状況と今日の状況があまりにも違っているにもかかわらず，憲法条項がそのままであるところに，憲法解釈上の困難が生じている典型的な一例である。

2 「戦時国際法上の交戦権」説

②説は，「交戦権」という用語の国際法上の用例に従い，交戦権を戦時国際法が交戦者に認める諸権利と解する。この意味での交戦権は，交戦国として相手国に対し国際法上の義務の遵守を要求できる権利であって，これにより交戦国の関係者が戦闘行為につき，原則として刑事責任・民事責任を免れることができる。

自衛戦争の可能性を認め，自衛のための戦力の保持を認める立場に立つ場合，自衛戦争を戦う可能性が想定される。この説は，その場合に国際法上の交戦権を放棄したとするが，そうすると戦時国際法上交戦国に認められる諸権利がわが国には認められないことになる。その結果，自衛戦争を戦うわが国の戦闘員については刑事責任や民事責任についての免責が認められず，捕虜として扱われる場合の諸権利なども認められないことになり，わが国はきわめて不利な立場に立たされる。実際には容認しがたい致命的な難点があるといわざるを得ない。

4 冷戦後の国際社会と安全保障

I 国際社会の変化

20世紀後半の国際政治の基本的な枠組みであった東西冷戦構造が，1989年に

崩壊し始めたことを契機として，国連の役割が大きく変化した。世界各地で発生する地域紛争などの解決に，国連が中心的な役割を担うようになり，それとともに各国連加盟国が国連の平和維持活動（PKO）などに積極的に参加することが求められるようになった。わが国でも，憲法9条との関係で激しい議論があったが，平成4（1992）年に自衛隊法が改正され，「国連平和維持活動等に対する協力に関する法律」（PKO法）が制定された。こうして自衛隊の国連協力という新たな憲法問題が生まれた。

　日本国憲法制定当時，わが国民の多くは敗戦後の焦土の上で「憲法よりメシ」を求めてその日その日を懸命に生きていた。そのような時代にあっては，再軍備・国連加盟・経済大国といったその後のわが国の成長は夢想だにできなかった。国際社会において「名誉ある地位を占めたい」（前文第2段）と願ったのも，連合国のつくる国際社会において新たに民主主義という価値観を共有する国家と認められること，すなわち，いずれ国際連合に加盟が認められることにあった。PKOという概念もなく，ましてや日本が積極的国連活動の一翼を担うことを誰が想像したであろうか。もとより憲法の予想するところではなかった。

Ⅱ　自衛隊の国連協力

　時代は大きく転換したが，日本国憲法は制定当時のまま今日に至っている。制定当時憲法が予想もしなかった事態が生じた場合，すなわち本来適用すべき憲法規定が存在しないような事態が生じた場合，国家運営の責任を担う政府の行動はどうあるべきか。

　憲法規定にない行為は禁じられているとして，国会による新たな立法がなされるまで，あるいは憲法が改正されるまで何もなしえないのか。それとも憲法規定にない行為は憲法の禁ずるところではないとして，状況に応じて必要とされる措置をとるべきか。憲法規範の本質にかかわる重大な問題であるが，国際社会における国家の威信や国民の安全にかかわる死活的な問題でもある。

　国連協力について日本国憲法は白紙であるから，世界の平和のためになる国

連の事業が「善いこと」ならば，憲法はそれを妨げるものではないという見解がある。この見解によれば，国連の平和維持活動はもとより，国連安保理事会の要請に応じて正式の「国連軍」に自衛隊が参加することも憲法上の問題があるとはいえないとなる。理屈としてはその通りだが，およそ一般に受け入れられるとは思われない。とすれば，この見解も現実的ではなくなる。

　結局，立法的解決──憲法改正──に委ねるべき問題であるが，それが直ちに実現しないとなると，切迫した現実に直面しながらも憲法論議が戦わされる場面が繰り返されることになり，その間にさまざまな弊害が発生するものと思われる。違憲の非難がつきまとう立法も最高裁判所で違憲判断が確定するまでは有効な立法であるから，自衛隊の国連協力がさらに必要と政府が判断すれば，憲法との整合性の確保に腐心しながら，合法的に自衛隊の国連協力を推進することになろう。それに対し，憲法違反の疑義が呈せられ強い批判が巻き起こるのは必至だろう。危機を前に国論の分裂を惹起しかねない事態を憲法が招来することになりかねない。

Ⅲ　集団的自衛権

1　国連憲章と自衛権

　自衛権は「個別的自衛権」と「集団的自衛権」に区別され，この区別は国際連合憲章51条に由来する。同条は個別的自衛権と集団的自衛権のいずれをも国家固有の権利とし，武力攻撃を受けた場合に国連安全保障理事会による必要な措置がとられるまでの間，加盟国が個別または集団的に自衛権を行使することを認めている。

　「個別的自衛権」は，武力攻撃を受けた国家が独自に反撃を行う権利をいうのに対し，「集団的自衛権」は自国が直接攻撃を受けていない場合でも，同盟等の連帯関係にある他の国が攻撃を受けたとき，その攻撃を自国に対する攻撃とみなして反撃する権利をいう。国内法で正当防衛が「自己又は他人の権利」（刑36条）を防衛の対象としているのと同様である。

　国連による集団安全保障体制は，加盟諸国の協力の上に構築されていること

から，自衛の措置が他国との協力において遂行されても国連の精神に反するものではない。また，国連による制裁措置の発動の限界という現状に鑑（かんが）みても，武力攻撃に対し自国を防衛するための集団的自衛権の必要性は明らかであるし，とりわけ集団的自衛権の存在が不法な武力攻撃の抑止力として機能することは見逃せない。

現代世界は，高度に発達した兵器の開発によって奇襲の危険が高まっていることは周知の通りである。そのような状況において，アメリカなどの超大国を除き，世界中のほとんどの国は他国との協力なくして，自国に対する武力行使の危害を有効に排除することは困難である。自国と密接な関係にある他国への防衛協力は，やがて自国に加えられるかもしれない攻撃を抑止するという効果をもたらす。その意味で，集団的自衛権の行使は，実質的には自国の防衛行為にほかならない。

2　集団的自衛権と9条

国連憲章で認められた集団的自衛権は，個別的自衛権と並んで国家固有の権利として，「日本国との平和条約」（昭和27［1952］年4月28日発効），および「日米安全保障条約」（昭和35［1960］年6月23日公布）にも規定されている。

後者にあっては，「（日米）両国が国際連合憲章に定める個別的又は集団的自衛の固有の権利を有していることを確認し」（前文），その上で「締約国は，個別的に及び相互に協力して，継続的かつ効果的な自助及び相互援助により，武力攻撃に抵抗するそれぞれの能力を，憲法上の規定に従うことを条件として，維持し発展させる」（3条）と規定する。そして，「各締約国は，日本国の施政の下にある領域における，いずれか一方に対する武力攻撃が，自国の平和及び安全を危うくするものであることを認め，自国の憲法上の規定及び手続に従って共通の危険に対処するように行動することを宣言」（5条1項）するとして，典型的な集団的自衛権の規定をおいている。

このように，わが国が締結した条約において集団的自衛権を認めているにもかかわらず，政府は「わが国が直接攻撃されていないにもかかわらず他国に加えられた武力攻撃を実力で阻止することは，憲法第9条の下で許容される実力

行使の範囲を超えるものであり，許されない」という見解に立ち，集団的自衛権の保有は認めるもののその行使については，憲法9条で認められる自衛権の行使の限界を超えるため，認められないと解釈してきた。

しかし，近年のテロとの戦い等にみられるように，今日の国際社会においてわが国が他国との共同行動を求められる局面が増えるとともに，憲法の改正ができない状況下で，集団的自衛権の行使に関する政府解釈の見直しが迫られ，平成26（2014）年7月1日に安倍政権は閣議決定により従来の解釈を変更し，集団的自衛権の限定行使を容認するに至った。

Ⅳ　平成26年7月1日の閣議決定

平成26（2014）年7月1日に開かれた臨時閣議において，「国の存立を全うし，国民を守るための切れ目のない安全保障法制の整備について」とする国家安全保障会議決定・閣議決定がなされた。これは，同年5月15日に提出された「安全保障の法的基盤の再構築に関する懇談会」（安保法制懇）の報告書に基づくものであった。その要旨は，以下の通りである。

1　国際社会の現状とわが国の対応

(1)　平和国家としての歩みと安全保障環境の変容　　わが国は戦後一貫して日本国憲法の下で平和国家として歩み，安定して豊かな国民生活を築き，国際社会や国際連合を始めとする国際機関と連携し，それらの活動に積極的に寄与してきた。こうしたわが国の平和国家としての歩みは，国際社会において高い評価と尊敬を獲得してきた。その一方で，日本国憲法の施行から67年を経て，わが国を取り巻く安全保障環境が根本的に変容し，わが国は複雑かつ重大な国家安全保障上の課題に直面している。

(2)　政府の最重要の責務と積極的平和主義　　政府のもっとも重要な責務は，わが国の平和と安全を維持し，その存立を全うするとともに，国民の命を守ることである。また，国際協調主義に基づく「積極的平和主義」の下に国際社会の平和と安定にこれまで以上に積極的貢献をするために，切れ目のない対応を可能とする国内法制を整備しなければならない。

2 9条の下で許容される自衛の措置

この閣議決定は，憲法9条の文言だけでなく，前文および13条の趣旨をふまえた憲法解釈を展開し，自衛の措置として必要最小限度の「武力行使」は日本国憲法の下で許容されると解している。

(1)　憲法前文と13条をふまえた9条解釈　　憲法9条の文言は「武力の行使」を一切禁じているように見えるが，憲法前文で確認している「国民の平和的生存権」や憲法13条が「生命，自由及び幸福追求に対する国民の権利」は国政の上で最大の尊重を必要とする旨を定めている趣旨をふまえて考えると，憲法9条は，わが国が自国の平和と安全を維持し，その存立を全うするために必要な措置を採ることを禁じているとは到底解されない。

(2)　必要最小限度の武力行使の許容　　自衛の措置は，あくまで外国の武力攻撃によって国民の生命，自由および幸福追求の権利が根底から覆されるという急迫・不正の事態に対処し，国民のこれらの権利を守るためのやむを得ない措置として初めて容認されるものであり，そのための必要最小限度の「武力の行使」は許容される。

以上の見解は，昭和47（1972）年10月14日の「集団的自衛権と憲法との関係」についての政府見解以来一貫した根幹をなす基本的な論理であり，この論理は憲法9条の下で今後も維持されなければならないとして，従来からの政府見解を確認し，維持することが宣言される。

3 集団的自衛権とその行使要件

現在の国際環境に照らして，次のような判断が導かれる。これが，集団的自衛権を定義し，その行使を認めたとされるものである。

「我が国に対する武力攻撃が発生した場合のみならず，我が国と密接な関係にある他国に対する武力攻撃が発生し，これにより我が国の存立が脅かされ，国民の生命，自由及び幸福追求の権利が根底から覆される明白な危険がある場合において，これを排除し，我が国の存立を全うし，国民を守るために他に適当な手段がないときに，必要最小限度の実力を行使することは，従来の政府見解の基本的な論理に基づく自衛のための措置として，憲法上許容されると考え

るべきである」。ただし，これには次の条件が付される。

(1) 国際法上の根拠と憲法解釈の区別　憲法上許容される「武力の行使」には国際法上は集団的自衛権が根拠となる場合があるが，憲法上は，あくまでもわが国の存立を全うし，国民を守るため，すなわち，わが国を防衛するためのやむを得ない自衛の措置として初めて許容される。

(2) 民主的統制の確保　憲法上「武力の行使」が許容されるとしても，それが国民の命と平和な暮らしを守るものである以上，民主的統制の確保が求められることは当然で，憲法上許容される「武力の行使」を行うために自衛隊に出動を命ずる際には，原則として国会の事前承認を求めること。

　以上が，現在の9条解釈についての政府見解であり，集団的自衛権の行使を容認したとされる論理である。

V　自衛権に基づく武力行使の要件

　平成27（2015）年に大きな議論を引き起こした，いわゆる「安保法案」（安全保障関連法案）とは，政府提出の「平和安全法制整備法案」と「国際平和支援法案」の2本の法案のことであった。前者は自衛隊法，国際連合平和維持活動（PKO）協力法，周辺事態法，武力攻撃事態法などの現行の10法律の一括改正法案で，「国の存立を全うし，国民を守るための切れ目のない安全保障法制の整備について」（平成26年7月1日閣議決定）の中で認められた集団的自衛権の限定行使に関係する条項の改正並びに新法の制定であった（平成27［2015］年9月30日公布，翌年3月29日施行）。平成26年7月1日の閣議決定によって，従来の自衛権の発動たる武力行使の三要件（旧三要件）に新たな文言が付加され，集団的自衛権の限定行使を含む自衛の措置としての武力の行使のための「新三要件」となった。

(1) 旧三要件　①我が国に対する急迫不正の侵害があること，すなわち武力攻撃が発生したこと，②この場合にこれを排除するために他の適当な手段がないこと，③必要最小限度の実力行使にとどまるべきこと，の三要件からなる。

(2) 新三要件　①我が国に対する武力攻撃が発生したこと，又は我が国と

第4講　戦争の放棄

密接な関係にある他国に対する武力攻撃が発生し，これにより我が国の存立が脅かされ，国民の生命，自由及び幸福追求の権利が根底から覆される明白な危険があること，②これを排除し，我が国の存立を全うし，国民を守るために他に適当な手段がないこと，③必要最小限度の実力行使にとどまるべきこと，の三要件である。

　この新三要件の①は，防衛出動の要件の一つである「存立危機事態」として自衛隊法に規定された（自衛隊76条1項2号，武力攻撃事態等及び存立危機事態における我が国の平和と独立並びに国及び国民の安全の確保に関する法律2条4号）。

確 認 問 題 ・・・

(1)　ポツダム宣言について，次の説明のうち正しいものを2つ選びなさい。
　①　ポツダム宣言は，明治憲法の改正を要求していた。
　②　ポツダム宣言は，日本国の無条件降伏を要求していた。
　③　ポツダム宣言は，その要求を受け入れなければ，わが国の迅速かつ完全な壊滅あるのみと宣言していた。
　④　ポツダム宣言は，連合国がわが国に戦争終結の条件を提示したものであった。
　⑤　ポツダム宣言は，占領終了の条件については定めていなかった。
(2)　憲法9条に関する政府見解について，次の説明のうち誤っているものを1つ選びなさい。
　①　昭和21年6月の第90回帝国議会で，吉田茂総理は9条は自衛権を否定したものであると答弁した。
　②　昭和21年6月の第90回帝国議会で，吉田茂総理は9条は自衛戦争を放棄したものと答弁した。
　③　昭和27年11月の参議院予算委員会で，第4次吉田茂内閣は「戦力」とは近代戦争遂行に役立つ程度の装備，編成を備えるものであるとの見解を示した。
　④　昭和29年の鳩山一郎内閣は，自衛権は独立国である以上，当然に保有する権利であるとの見解を示した。
　⑤　昭和29年の鳩山一郎内閣は，憲法は戦争を放棄したが，自国に武力攻撃が加えられた場合に，国土防衛のために武力を行使することは憲法に違反しないとの見解を示した。

71

(3) 憲法 9 条の解釈について，次の説明のうち明らかに誤っているものを 1 つ選び
なさい。

①　憲法 9 条 2 項の「前項の目的」が 1 項の「正義と秩序を基調とする国際平
和を誠実に希求」することを指すとし，2 項が一切の軍事力の不保持を定め
たとすると，自衛のための戦争も認められないことになる。

②　憲法 9 条 2 項の「前項の目的」が 1 項の「正義と秩序を基調とする国際平
和を誠実に希求」することを指すとし，2 項が一切の軍事力の不保持を定め
たとしても，1 項で自衛権の存在と自衛戦争の可能性を認めることは矛盾し
ない。

③　憲法 9 条 2 項の「前項の目的」が 1 項の「国際紛争を解決する手段とし
て」の戦争等の放棄であると解すると，2 項の「陸海空軍その他の戦力」の
不保持は，国際紛争を解決するための手段としての戦力の保持を禁止したも
のといえる。

④　憲法 9 条 2 項の「前項の目的」が 1 項の「国際紛争を解決する手段とし
て」の戦争等の放棄であると解すると，2 項の「陸海空軍その他の戦力」の
不保持は，自衛のための戦力まで禁止したものとなる。

⑤　憲法 9 条 2 項の「前項の目的」が 1 項の「国際紛争を解決する手段とし
て」の戦争等の放棄であると解すると，自衛のための戦争は放棄されていな
いことになり，自衛隊の存在も憲法に違反しないことになる。

(4) 交戦権と自衛権について，次の説明のうち誤っているものを 1 つ選びなさい。

①　憲法 9 条 2 項の「交戦権」は，国家が戦争を行う権利であるという説があ
る。この説に立つと，いかなる戦争も認められないことになる。

②　憲法 9 条 2 項の「交戦権」は，国際法上交戦者に認められる権利であると
いう説がある。この説に立つと，自衛のための戦争は認められる。

③　個別的自衛権と集団的自衛権は，国際連合加盟国の固有の権利であると国
際連合憲章に定められている。

④　平和条約と日米安保条約は，いずれもわが国が個別的自衛権と集団的自衛
権を有していることを認めている。

⑤　平成 26 年 7 月 1 日の閣議決定がなされるまで，わが国は集団的自衛権を保
有していないとの政府見解がとられていた。

基本的人権の歴史と意義

第**5**講

ポイント

① 近代市民革命期において憲法的文書で宣言された人権はどのような人権であったか。

② イギリス，アメリカ，フランスにおける人権保障の歴史を簡潔に説明できるだろうか。

③ 近代憲法の基本原理である権力分立は人権保障にどのようにかかわっているのだろうか。

④ 近代憲法から現代憲法への変容は人権保障の点ではどのような変化をいうのだろうか。

⑤ 第二次大戦後の人権保障の国際化とはどのような変化をいうのだろうか。

1 近代憲法の成立と基本的人権の保障

基本的人権は，近代憲法の成立と発展の中でその保障が確保されていった。近代憲法（近代立憲主義憲法）は，イギリス，アメリカ，フランスの市民革命を通じて成立してきたが，それは基本的人権の確立と保障の歴史でもあった。今日，憲法とは一般に成文憲法（憲法典）を指す，その憲法というものは，二つの主要な部分で構成されている。1つは「権利章典」（Bill of Rights）または「権利宣言」とよばれる人権保障規定の部分で，もう1つは「統治機構」とよばれる国会・内閣・裁判所などの国家統治の組織と権能を定めた部分である。そして，統治機構は権力分立を基本原理とするが，それは権力の濫用を抑制し国民の自由を確保するための原理として，人権保障に奉仕するものと考えられている。つまり，憲法の最大の目的の1つが人権保障であるということである。

ところで，このような憲法がつくられるようになったのは，人類の長い歴史

からみればたかだかここ200年余りのことである。1776年6月のバージニア州憲法を初めとするアメリカ独立時の諸州の憲法や，その影響を受けて成立した1789年のフランス人権宣言（「人及び市民の権利宣言」）がその始まりであった。とくに，フランス人権宣言では，「権利の保障と権力分立が定められていないすべての社会は憲法をもつものではない」（16条）として，近代的な意味での憲法はこの2つを基本原理とすることが宣言された。それが今日に至るまで近代憲法の基本原理として，現代憲法のなかにも受け継がれている。

Topic 5-1

憲法に人権規定のない国は近代立憲主義の国ではない？

近代立憲主義の基本原理を表明したと言われるフランス人権宣言16条は「権利の保障がなされず権力分立のないすべての社会は憲法をもつものではない」として，「権利の保障」と「権力分立」に基づく統治機構の存在が近代立憲主義憲法の不可欠の要素であることを明らかにしている。ところが人権宣言でこのことを宣言した本家本元のフランスの現行憲法（1958年憲法）には，日本国憲法のような人権規定が存在しない。ただその前文で，「フランス人民は，1789年宣言により規定され，1946年憲法前文により確認され補完された権利と義務に対する姿勢を厳粛に宣言する」と定めるだけで，いわゆる権利章典とよばれる人権カタログがないのだ。またオーストラリア憲法も統治機構だけで成り立ち，人権規定が存在しない。権力分立は自由主義的原理といわれ，人権保障に奉仕する統治機構の構成原理であり，人権保障という「目的」に対する「手段」と位置づけられる。しかし，実は手段である権力分立が確立していれば，人権保障が確保されるが，いくら詳細な人権規定があっても権力分立が確立していない国では，人権保障がないがしろにされているという現実がある。そうすると，人権規定がない憲法をもつ国であっても権力分立が確立されていれば近代立憲主義国といえるが，権力分立のない国は詳細な人権保障規定が掲げられていても近代立憲主義国とはいえないことがわかる（中華人民共和国憲法がその例）。実は，「目的」よりも「手段」の方がより重要といえることもあるのだ。

こうしてアメリカからフランスへと伝わった成文憲法の制定は，その後ヨーロッパ諸国から世界の諸国へと広がっていった。アジアではわが国で大日本帝国憲法（1889年）が制定されたのが，ちょうどフランス革命から100年後のこ

とで，その意味では100年遅れの近代国家日本の成立であった。その後わが大日本帝国はアジアで唯一近代化に成功し，欧米列強と肩を並べる近代国家へと急速な発展を遂げることになったが，1945（昭和20）年の敗戦によって大日本帝国は滅びた。しかし，日本国憲法の下で日本国へと生まれ変わったわが国は，焦土の中からよみがえり，高度経済成長を経て世界有数の経済大国へと変貌を遂げ，平和国家として国内の人権保障だけでなく，政府開発援助（ODA）を通じて発展途上国の実質的な人権保障にも多大なる貢献をしてきた。

それらの発展途上国は，かつて欧米諸国の植民地であった地域が第二次大戦後に独立して国家を形成したもので，ほとんどの国々は独立をひかえて憲法を準備し，独立主権国家として国際社会のなかに加わっていった。今日193ヵ国ある国連加盟国（2019年現在）のうちの約3分の2が戦後に誕生した国々であり，それらの国々の憲法においても近代憲法の基本原理が脈々と受け継がれている。

そこで，まず近代憲法の歴史を辿りつつ，基本的人権の確立と保障の歴史を眺めてみることにしよう。ここで取り上げるのは，イギリスの権利章典（1689年），アメリカのバージニア州憲法と独立宣言（1776年）と合衆国憲法（1788年），そしてフランスの人権宣言（1789年）で，いずれも基本的人権の成立と保障の過程を概観し，その特質を明らかにするのに重要な歴史的憲法文書である。

2 英・米・仏の人権保障の歴史

Ⅰ　イギリス名誉革命と権利章典

1　権利請願と清教徒革命

イギリスでは，17世紀にピューリタン（清教徒）が多数を占める中産階級が成長し，議会を通じてその権利を伸ばそうとした。ところが，当時の国王ジェームスⅠ世とその子のチャールズⅠ世は，このような中産階級の要求を顧みなかった。そのため，1628年に議会は「権利請願」を可決して，①議会の承認なしに租税を徴収しないこと，②法律によらずに国民を逮捕しないことを国王に

約束させた。

ところが，国王はこの約束を守らず，翌1629年には議会を解散し，議会なしに11年間にわたり専制政治を行った。その後，再び議会が開かれてからも，議会と国王の対立が激化して王党派と議会派の内乱に発展し（1642年），やがて議会派が勝利し国王は裁判にかけられ処刑された（1649年）。これがピューリタン（清教徒）革命である。

2　名誉革命と権利章典

革命の結果，共和制が樹立されたが，そこでも革命の指導者であったクロムウェル自身が独裁政治を行ったため国民の不満が高まり，1660年にはチャールズⅡ世による王政復古に至った。しかし，またしても専制政治に陥った。そこで，議会は，共同統治者となるウイリアムⅢ世とその妻のメアリーⅡ世をオランダから招いたことから，ジェームズⅡ世はフランスに亡命した（1688年）。

ここに無血革命が成り（名誉革命），1689年に王位についたウイリアムとメアリーは共同統治者として，議会が提出した「権利宣言」（Declaration of Rights）を承認し，議会はこれを「権利章典」（Bill of Rights）（「臣民の権利及び自由を宣言し王位継承を定める法律」）として制定した。

この権利章典は，革命後の善後措置に法的効力を付与するために制定された法律であったが，その後アメリカの独立に影響を及ぼすなど後世に大きな影響を与えた。今日でも，人権規定を定めた部分を「権利章典」と称している憲法が多くみられるのはその名残である。

3　権利章典の内容

権利章典は，国王の権力を制限し，一定の臣民の権利・自由を認めた。まず，王権の制限については，次のような国王の権力行使が違法であると定められた。

すなわち，①国王が議会の承認なく法律の効力を停止しまたは法律の執行を停止すること（1項），②宗教裁判所を設置すること（3項），③議会の承認なく国王の使用に供するため金銭を徴収すること（4項），そして，④平時に議会の承認なしに国内の常備軍を徴集し維持すること（6項）。

次に，臣民としての国民に次のような権利・自由を認めた。①国王への請願

権（5項），②国会議員の選挙の自由（8項），③国会における言論の自由と院外
での無答責（9項）などである。

　こうして国王の権力が大幅に制限され一方で議会の権限が広く認められるよ
うになったことで，国民の権利・自由が拡大していった。とくに法律と課税に
ついて議会の権限を強化したことは，今日の憲法における基本原則たる国会に
よる立法，租税法律主義につながっていることがわかる。

II　アメリカ独立革命と憲法的文書

　アメリカでは，信仰の自由を求めてイギリスから移住したピューリタン（清
教徒）がアメリカ東部に植民地を開いた。それら東部13州のなかで，イギリス
本国から最初に自治が認められ，植民地議会が設けられたのがバージニアで，
1619年のことだった。イギリスは植民地の発展を抑え，植民地への課税がきっ
かけとなり，イギリスに対する植民地の抵抗が強まり，内戦へと発展した。
1776年には13植民地の代表が独立宣言を発表し，植民地独立軍がイギリス軍に
勝利を収め，ここにアメリカ合衆国が誕生した。この時期につくられた憲法文
書である独立宣言，それに先行するバージニア権利宣言（バージニア州憲法），
およびアメリカ合衆国憲法で，人民の権利・自由が宣言された。

1　バージニア権利宣言（バージニア州憲法）

　バージニア権利宣言またはバージニア州憲法とよばれるこの文書は，独立宣
言や他の州憲法に先立ってつくられた人権宣言の先駆をなすもので，同時に世
界で最初の近代成文憲法典でもあった。バージニア州憲法は人権と統治機構の
諸規定からなるが，人権規定である「権利章典」（1776年6月12日）が先につく
られ，その17日後に政府の組織を定めた統治機構の部分が「政体書」（1776年
6月29日）としてつくられた。この両文書を合わせたものがバージニア憲法と
いわれる。起草者は，ジョージ・メーソンで，その内容はイギリスの「権利請
願」と「権利章典」に依拠しつつ，18世紀の自然法思想を成文化したものであ
った。そこには，次のような規定がみられる。

　(1)　生来の権利　　「すべて人は生来等しく自由かつ独立しており，一定の

77

生来の権利を有するものである。これらの権利は人民が社会を組織するにあたり、いかなる契約によっても、人民の子孫からこれを（あらかじめ）奪うことのできないものである」（1項）。そして、生来の権利として「財産を取得所有し、幸福と安寧とを追求する手段をともなって、生命と財産を享受する権利」を掲げる。ここにいう幸福追求は日本国憲法13条後段（幸福追求権）に継承されている。

(2) 抵抗権　「政府というものは、人民、国家もしくは社会の利益、保護および安全のために樹立されている。あるいは、そう樹立されるべきものである。（中略）いかなる政府でも、それがこれらの目的に反するか、あるいは不十分であることが認められた場合には、社会の多数のものは、その政府を改良し、改変し、あるいは廃止する権利を有する。この権利は疑う余地のない、人に譲ることのできない、または棄てることのできないものである。ただし、この権利の行使方法は公共の福祉にもっともよく貢献しうると判断されるものでなければならない」（3項）。

ここでは、政府がその樹立目的として実現が期待される役割を果たすことができないとき、社会の多数者はそのような政府への抵抗権を有することが認められている。ただし、その権利の行使は「公共の福祉」に最もよく貢献するものでなければならないとの制限が付されている。

(3) 財産権の保障（租税法律主義と公用収用）　「有権者自身の同意、またはその代表の同意なしには、公共の用途のために課税し、またはその財産を剝奪することはできない。また、同様に彼らが公共の福祉のために同意しない限り、いかなる法律によっても、束縛することはできない」（6項）。

(4) 法律による行政　「いかなる官憲であれ、人民の代表の同意なくして、法律またはその執行を停止する権限をもつことは、人民の権利に有害であり、かかる権限は行使されてはならない」（7項）。

(5) 自由民主主義にとっての表現の自由の重要性　「言論出版の自由は、自由の有力なる防塞の一つであって、これを制限するものは、専制的政府といわなければならない」（12項）。

第5講　基本的人権の歴史と意義

　以上のように，抵抗権を除けば，日本国憲法においてもみられる重要な原理
や思想がここにうかがえるのである。

2　アメリカ独立宣言（1776年）

　アメリカの「独立宣言」（「コングレスにおける13のアメリカ連合諸邦の全員一
致の宣言」，1776年7月4日）は，トマス・ジェファーソンが草案を作成し，ベ
ンジャミン・フランクリンとジョン・アダムが加筆修正し独立宣言草案として
大陸会議に提案され，同会議が1776年7月2日に独立を決議した後の同4日に
可決され，全国に公表された。前文，主要部，結語の三部で構成され，主要部
は二部に分かれている。主要部の第一部では，自然権，社会契約思想，法によ
る支配，抵抗権について述べられている。そして，同第二部では，イギリス国
王の圧政の事実が列挙され，「大英帝国の現国王の歴史は，これら諸邦の上に
絶対的な僭主制を樹立することを直接の目的として繰り返し行われた権利侵害
と簒奪の歴史」と断定している。

　この宣言は，当時のアメリカ人の精神の表明であり，ロック流のイギリス政
治思想がアメリカという環境のなかで精神風土と化したものを表現したものと
いわれる。なかでも次のような表現が特徴的である。なお，これらの表現は，
すべて独立宣言の第2段落にみられる。

　(1)　天賦人権思想と幸福追求権　「われらは，自明の真理として，すべて
の人は平等に造られ，造物主によって，一定の奪いがたい天賦の権利を賦与さ
れ，その中に生命，自由，および幸福追求の含まれることを信ずる」。ここに
いう「生命，自由，および幸福追求」の天賦の権利は，日本国憲法13条後段の
「生命，自由，及び幸福追求に対する国民の権利」に受け継がれている。

　(2)　社会契約と権力の正統性　「また，これらの権利を確保するために人
類の間に政府が組織されたこと，そしてその正当な権力は被治者の同意に由来
するものであることを信ずる」との宣言は社会契約説に基づくもので，日本国
憲法前文の「そもそも国政は，国民の厳粛な信託によるものであつて，その権
威は国民に由来し，その権力は国民の代表者がこれを行使し」（1項）という文
言にその影響がうかがえる。

79

(3) 抵抗権　「そしていかなる政府の形体といえども，もしこれらの目的を毀損することとなった場合には，人民はそれらを改廃し，彼らの安全と幸福をもたらすべしと認められる主義を基礎とし，また権限の機構をもつ新たな政府を組織する権利を有することを信ずる」との宣言は，圧政への抵抗権を定めたものとして知られる。

Topic 5 - 2

生来の自由・平等・権利の享有主体はすべての人であったか？

　「われらは，自明の真理として，すべての人は平等に造られ，造物主によって，一定の奪いがたい天賦の権利を賦与され，その中に生命，自由，および幸福追求の含まれることを信ずる」(アメリカ独立宣言・1776年)，「人は，自由かつ権利において平等なものとして出生し，かつ生存する」(フランス人権宣言第1条・1789年)というが，ここにいう「人」は，実際はすべての人というわけではなかった。アメリカでリンカーンによる奴隷解放宣言が行われたのが1863年であり，アメリカ原住民であるインディアンを同じ「人」として権利や自由を認めて平等に扱っていたわけではなかった。フランスにおいても，海外に植民地を領有し，そこの住民をフランス人同様の「人」として扱っていたわけではなかった。それが，独立宣言や人権宣言の時代の実態であり，自由・平等・権利の享有主体である人は，決してすべての人を想定したものではなかった。しかし，そのような思想が長い年月をかけて世界中に広がり，特に第二次大戦後に植民地が独立国家を形成するようになると，その「人」が文字どおりすべての人へと拡大していったわけである。その意味では，独立宣言や人権宣言をつくった人たちは偉かったということになるが……。

3　アメリカ合衆国憲法 (1788年)

　近代国家として世界初の成典憲法がアメリカ合衆国憲法で，何回もの改正(修正)を経ながら今日もその効力を有する世界最古の憲法である。1788年の制定当初は人権規定がなかったが，1791年に「権利章典」(Bill of Rights)(修正第1条－第10条)が追加された。その構成は，大きく分けて前文，本文(第1条[連邦議会]・第2条[大統領]・第3条[連邦司法部]・第4条[連邦制]・第5条[憲法修正]・第6条[最高法規]・第7条[発効])，および修正条項の3つ

の部分からなる。

　アメリカ合衆国憲法では，いわゆる改正を修正とよび，改正ごとに修正第○条として順次憲法典の修正条項に付加される形式をとっている。そのため，全面的に書き換えられたことがなく，世界最古の憲法といわれている。そして，今日ではその修正条項は27ヵ条に及んでいる。

　日本国憲法は，アメリカの占領軍の影響下で草案が作成されたものであることから，日本国憲法にはアメリカ合衆国憲法の権利章典の影響を明確にみて取れる条文がある。そのなかで，特に重要と思われるいくつかの条項を紹介したい。

　(1)　日本国憲法35条に関連する条項　　修正第4条は，次のように，逮捕，押収，および捜索に対する人民の権利を保障している。

　　(a)　住居等の不可侵　　不合理な捜索及び逮捕又は押収に対し，身体・家屋・書類及び所有物の安全を保障されるという人民の権利は，これを侵してはならない。

　　(b)　令状主義　　令状は，宣誓又は確約によって裏付けられた相当な理由に基づいてのみ発せられ，かつ捜索されるべき場所及び逮捕されるべき人又は押収されるべき物件を特定して示したものでなければならない。

　(2)　日本国憲法39条，38条1項，31条，および29条1項に関連する条項
修正第5条は，「二重処罰の禁止」，「不利益供述の禁止」，「法の適正な手続き」および「財産権の保障」について以下のように定めている。

　　(a)　二重処罰の禁止　　何人も，同一の犯罪について重ねて生命・身体の危険にさらされることはない。

　　(b)　不利益供述の禁止と法の適正手続　　何人も，刑事事件において自己に不利益な証人となることを強制されることはなく，また法の適正な手続き（due process of law）によらずに生命・自由・又は財産を奪われることはない。

　　(c)　財産権の保障　　何人も，正当な補償なしに，私有財産を公共の用のために徴収されることはない。

　(3)　日本国憲法37条に関連する条項　　修正第6条は，刑事被告人の権利と

して，公平で迅速な公開の裁判を受ける権利，弁護人の援助を受ける権利が保障されている。

（a）公平で迅速な公開裁判を受ける権利　　すべての刑事上の訴追において，被告人は，……公平な陪審による迅速な公開の裁判を受け，かつ事件の性質と原因について告知を受ける権利を有する。

（b）証人を求める権利・弁護人依頼権　　被告人は，自己に不利益な証人との対面を求め，自己に有利な証人を得るために強制手続をとり，また自己の防御のために弁護人の援助を受ける権利を有する。

(4)　日本国憲法36条に関連する条項　　修正第8条は，「残虐で異常な刑罰を科してはならない」（2文）と定めている。

(5)　日本国憲法13条に関連する条項　　修正第9条は「この憲法で一定の権利を列挙したことをもって，人民の保有する他の諸権利を否定し，又は軽視したものと解釈してはならない」として，憲法に列挙された権利だけが人民の保有する権利ではないこと，換言すれば，憲法に規定されていない人権の存在を示唆している。このことは，幸福追求権を定めた日本国憲法第13条が包括的人権の規定とされて，そこから憲法に明示の規定がない「新しい人権」を導き出す根拠とされることの理解に資するであろう。

Ⅲ　フランス革命と人権宣言（1789年）

1　人の権利と市民の権利

フランス革命の際に発せられた「人権宣言」（正式名称「人および市民の権利宣言」・1789年）は，諸外国の憲法にも大きな影響を与えた歴史的な憲法文書である。しかし，この人権宣言のすべてがフランスの独創というわけではなく，アメリカ独立宣言やアメリカ諸州の憲法における権利宣言の影響を受けてできたものである。というのも，アメリカの諸州の宣言が，アメリカ独立戦争に従軍した者によってフランスに持ち帰られて翻訳され，それがフランスの人権宣言に影響を与えたからである。

この宣言が，「人および市民の権利宣言」と「人」と「市民」を区別してい

82

ることは何を意味するのであろうか。「人」とは，フランス人に限らず広く人間を意味し，人が人である限り保障される自然権としての権利を宣言したものであり，一方「市民」とは，フランス市民，すなわちフランスにおける市民階級（＝第三階級）の権利を宣言したものである。

すなわち，「人」の権利は，バージニア権利宣言にいう「生来の権利」，アメリカ独立宣言の「天賦の権利」と同じ，人が生まれながらにしてもっているとされる権利であり，「市民」の権利は，フランス革命の際に「人権宣言」を審議した憲法制定国民会議を支配した市民階級の権利を宣言したもので，それゆえ市民の権利はすべての人に保障される権利ではなく，市民階級という国民のなかの一定の階級だけに保障される権利を意味している。人権宣言を読むとき，人と市民がこのように区別されていることに注意する必要がある。

2　フランス人権宣言における人権

フランス人権宣言では次のような人権保障規定がおかれている。

(1)　自由と権利における平等　　「人は，自由かつ権利において平等なものとして出生し，かつ生存する」（1条）。

(2)　政治社会の目的と自然権の内容　　「あらゆる政治的団結の目的は，人の消滅することのない自然権を保全することである。これらの権利は，自由・所有権・安全および圧政への抵抗である」（2条）。

(3)　国民主権　　「あらゆる主権の淵源は，本質的に国民に存する。いかなる集団も個人も，国民から明示的に発したのではない権力を行使することはできない」（3条）

(4)　自由の限界（他者非加害原理）と法律の留保　　「自由は，他人を害しないすべてをなしうることに存する。その結果，各人の自然権の行使は，社会の他の構成員にこれらの同種の権利の享有を確保すること以外の限界をもたない。これらの限界は，法律によってのみ，規定することができる」（4条）。

(5)　法律の権限範囲　　「法律は，社会に有害な行為でなければ，禁止する権利をもたない。法律により禁止されないすべてのことは，妨げることをできず，また何人も法律の命じないことをなすように強制されることはない」（5条）。

(6) 法律に基づく刑事手続の保障　「何人も，法律により規定された場合で，かつその命ずる形式によるのでなければ，訴追され，逮捕され，または拘禁されない」（7条）。

(7) 罪刑法定主義（遡及処罰の禁止）　「法律は，厳格かつ明白に必要な刑罰のみを定めなければならず，何人も犯罪に先立って制定公布され，かつ適法に適用された法律によらなければ，処罰されない」（8条）。

(8) 無罪の推定　「人はすべて有罪と宣告されるまでは無罪と推定される」（9条）。

(9) 表現の自由　「思想および意見の自由な伝達は，人のもっとも貴重な権利の一つである。したがって，すべての市民は，自由に発言し，記述し，印刷することができる」（11条）。

(10) 権利保障と権力分立　「権利の保障が確保されず，権力の分立が規定されないすべての社会は，憲法をもつものではない」（16条）。

(11) 所有権の不可侵と正当な補償　「所有権は，神聖で不可侵の権利であるから，何人も適法に確認された公の必要性がそれを要求する場合で，かつ事前の正当な補償の条件でなければ，これを奪われることがない」（17条）。

　以上のように，フランス人権宣言においては，人は生まれながらにして権利・自由において平等であるとして人権の前国家性を表明し，人の権利・自由を保障するための罪刑法定主義や法律による刑事手続の保障という基本原則が明らかにされ，自由の限界や法律の本質・限界を簡潔にとらえた条文を含んでいる。そして，近代憲法の基本原理とされる権利保障と権力分立，および国民主権を表明し，特に保障されなければならない権利・自由が明示されていることがわかる。

　このように人権宣言は今日においても十分に通用する内容をもつものであることから，現行のフランス憲法（1958年憲法）では詳細な統治機構の規定だけをおき，権利保障についてはその前文で，「フランス人民は，1789年宣言により規定され，1946年憲法前文により確認され補完された権利と義務に対する姿勢を厳粛に宣言する」と定めているだけで，いわゆる権利章典を欠いていても，

第5講　基本的人権の歴史と意義

憲法で権利保障がなされているといえるのであろう。

3　現代の人権保障

I　現代憲法の人権保障

　市民革命期においては，自由権，ことに経済的自由権を中核とする基本的人権の保障が求められ，近代憲法のもっとも重要な要素となった。たとえば，フランス人権宣言は「所有権は，神聖で不可侵の権利である」(17条) と宣言し，個人の所有権が公権力によって恣意的に奪われないことを保障し，個人の経済活動の自由を保障した。これによって，生産手段の私有を基礎とする資本主義経済の発達の法的基礎が確立され，西欧先進諸国は19世紀を通じて飛躍的な経済発展を遂げた。

　しかし，資本主義経済の発展にともなう大規模な景気変動，失業，貧困，社会的格差の拡大等のさまざまな弊害も生まれ，それが参政権の拡大要求につながり，20世紀に入ると社会権の誕生 (1919年のドイツのワイマール憲法) といった形で自由権以外の権利の必要性に結びつき，各国の憲法に規定としてあらわれるようになっていった。国家権力によって国民の生活を保障しようとする社会権の規定が憲法に登場したことは，国家権力による国民生活への干渉を極力排し，「国家からの自由」を主眼とする近代憲法の原理を修正することを意味する。近代憲法原理を基礎としながらもその原理を修正した「現代憲法」の誕生であった。

　さらに20世紀も後半になると科学技術の発展に伴う社会の変化によって，わが国で「新しい人権」と呼ばれている環境権やプライバシー権の必要性が主張されるようになり，諸外国の憲法のなかにはいち早くこれらの権利を規定する憲法も生まれてきている。ところが，20世紀前半の終わりごろにつくられ，その後一度の改正も経験していない日本国憲法には「新しい人権」についての明文の規定はなく，憲法解釈によって「新しい人権」の基礎づけが行われている。これまで憲法によって基礎づけられ，または憲法上の権利として判例で認めら

85

れた「新しい人権」として，プライバシーの権利がある（第6講③参照）。

Ⅱ　人権の国際化

　第二次世界大戦後の傾向として，人権の国際的な保障の進展があげられる。第二次世界大戦の終結を前にした1945（昭和20）年6月26日にサンフランシスコにおいて連合国の間で国際連合憲章（国連憲章）が署名された。その前文で「われら連合国の人民は，われらの一生のうちに二度まで言語に絶する悲哀を人類に与えた戦争の惨害から将来の世代を救い，基本的人権と人間の尊厳及び価値と男女及び大小各国の同権とに関する信念をあらためて確認し，……」として，これらの目的を達成するために努力を結集するとして，国際連合（国連）という国際機構が設けられた。こうして，基本的人権，人間の尊厳と価値，男女の同権を国連を通じて国際的に保障する方針が確立された。

1　世界人権宣言

　1948（昭和23）年12月10日の第3回国連総会において「世界人権宣言」が採択された。この宣言は国連憲章における「基本的人権，人間の尊厳及び価値並びに男女の同権についての信念を再確認し，かつ，一層大きな自由のうちで社会的進歩と生活水準の向上とを促進することを決意し」（前文5段），「加盟国は，国際連合と協力して，人権及び基本的自由の普遍的な尊重及び遵守の促進を達成することを誓約し」（同6段），「社会の各個人及び各機関が，この世界人権宣言を常に念頭に置きながら，加盟国自身の人民の間にも，また，加盟国の管轄下にある地域の人民の間にも，これらの権利と自由の尊重を指導及び教育によって促進すること並びにそれらの普遍的かつ効果的な承認と遵守とを国内的及び国際的な漸進的措置によって確保することに努力するように，すべての人民とすべての国とが達成すべき共通の基準として，この世界人権宣言を公布する」（同9段）として，世界人権宣言で定められた権利と自由をすべての人民とすべての国とが達成すべき「共通の基準」であることを宣言した。

　そして，本文では「すべての人間は，生まれながらにして自由であり，かつ，尊厳と権利において平等である」（1条前段）として近代市民革命期に確立され

た生来の権利をもつ人間の自由と平等の思想に立ち，2条から28条にわたり人身の自由・精神的自由・法の下の平等・参政権・経済的自由・社会権等にわたる個別の権利・自由を保障する規定がおかれた。

また，一方で「すべて人は，自己の権利及び自由を行使するに当たっては，他人の権利及び自由の正当な承認及び尊重を保障すること並びに民主社会における道徳，公の秩序及び一般の福祉の正当な要求を満たすことをもっぱら目的として法律によって定められた制限にのみ服する」(29条2項) として，権利・自由の行使の限界と法律による権利・自由の制限の可能性を認めている。

2 国際人権規約ほか

国連憲章および世界人権宣言を受けて，国際人権規約が定められた。これは，1966（昭和41）年12月16日の第21回国連総会で採択され，1976（昭和51）年1月3日に発効した「経済的，社会的及び文化的権利に関する国際規約」(社会権規約・A規約) と同時に採択され，1976（昭和51）年3月23日に発効した「市民的及び政治的権利に関する国際規約」(自由権規約・B規約) の2つの規約からなる。わが国は，いずれの規約についても1978（昭和53）年5月30日に署名し，翌79（昭和54）年6月21日に批准書寄託，同年9月21日に発効した。

そのほかに，人種差別撤廃条約（1965年・第20回国連総会），女子差別撤廃条約（1979年・第34回国連総会），児童の権利条約（1989年・第44回国連総会）などの国際的な人権保障の試みが拡大し，わが国もそれらの条約の締約国となっている。したがって，当然わが国もこれらの条約で定められた人権保障を確保するため，立法措置を含む措置をとることが求められる。

ところが，これらの条約で保障が求められている諸種の人権について，日本国憲法や憲法の規定を実施するための法律によってすでに措置がとられているものが多くみられる。それはひとりわが国のみならず，先進民主主義諸国においても同様であり，国際的な人権条約が重要な意味をもつのは開発途上国である。そこで先進諸国に求められるのは，開発途上国に対して「自国における利用可能な手段を最大限に用いることにより，個々に又は国際的な援助および協力，特に，経済上及び技術上の援助及び協力を通じて，行動すること」(経済的，

社会的及び文化的権利に関する国際規約2条1項）となる。

　国際的な人権条約は，自国内における条約の実施措置をとることのほかに，経済的・社会的・文化的な人権保障のための資源に乏しく，市民的・政治的権利の保障の前提条件が不十分な状態にある，国際社会で多数を占める開発途上国に対し，先進諸国が援助・協力を推進する責務を課しているのである。これが人権の国際化のもう1つの意味である。

確｜認｜問｜題 ・・

(1) 近代憲法（近代立憲主義憲法）について，次の説明のうち誤っているものを1つ選びなさい。

①　近代憲法は，イギリス，アメリカ，フランスの市民革命を通じて成立した。

②　最初の近代成文憲法典といわれるのは，アメリカのバージニア州憲法である。

③　近代憲法といえるためには，その中に権利保障と権力分立にもとづく統治機構が定められていなければならない。

④　国民主権は，イギリス，アメリカ，フランスの各国で近代憲法の基本原理とされている。

(2) イギリス，アメリカ，フランスの人権保障について，次の説明のうち誤っているものを1つ選びなさい。

①　イギリスの権利章典（1689年）は，王権を制限し臣民としての権利を認めたものであった。

②　バージニア州憲法は，権利章典が先につくられ，その後に統治機構の部分を定めた政体書がつくられた。

③　アメリカ合衆国憲法（1788年）では，独立宣言（1776年）の規定を受けて圧政への抵抗権が定められている。

④　フランス人権宣言（1789年）では，人の権利と市民の権利が区別されている。

(3) 近代憲法と現代憲法の人権保障について，次の説明のうち誤っているものを1つ選びなさい。

①　近代憲法における人権保障は，一般に成文憲法主義と硬性憲法主義に結びついている。

第5講　基本的人権の歴史と意義

② フランス人権宣言では所有権は神聖不可侵の権利とされていたが，正当な補償なしに公共のために制限できると定められていた。

③ 現代憲法の特徴の1つは社会権の規定の存在であり，これは20世紀に入って初めて憲法に規定されるようになった。

④ 日本国憲法において「新しい人権」とよばれる権利は，プライバシー権や肖像権など憲法に明文の規定がない権利のことである。

第**6**講　個人の尊重と幸福追求権

ポイント

① 立憲主義における「個人の尊重」原理の意義はなにか。

② 外国人に憲法上認められる人権には，どのようなものがあるか。

③ 憲法13条後段の「公共の福祉」は，一般的な人権制約の根拠とはならないとする見解にはどのような問題点があるか。

④ 幸福追求権に関する学説にはどのようなものがあり，それらの問題点はなにか。

⑤ 「新しい人権」のうち，判例によって認められているものはどれか。

1　個人の尊重の原理

I　個人の尊重の意義

憲法13条は，前段で「すべて国民は，個人として尊重される」と規定している。この「個人の尊重」原理は，近代市民革命によって身分や団体から解放された個人の基本的権利・自由の保障を国政の目的とする近代立憲主義思想のあらわれであり，個人を国家や民族に奉仕する存在とするに到った20世紀前半の全体主義の経験を経て，国政の上で個人を尊重すべきことを再認識させるものだといえよう。憲法24条2項が家族に関する立法の指導原理として，そして民法2条が民法解釈の基準として「個人の尊厳」をあげていることも見逃せない。憲法13条後段の「生命，自由及び幸福追求に対する国民の権利については，公共の福祉に反しない限り，立法その他の国政の上で，最大の尊重を必要とする」という規定は，個人の価値の尊重が国政の目的であり，国家は個人がみずからの人格を自律的に発展させるために必要な権利・自由を最大限保障すべき

であるということを明らかにしたものである。

Ⅱ　人権の享有主体

　憲法第3章の標題は「国民の権利及び義務」となっており，憲法13条および同11条・12条の文言からも，憲法が保障する人権の享有主体が「個人」としての「(日本)国民」であることは明らかである。それでは，外国人や日本国内の法人は，憲法の保障する人権の享有主体とはならないのだろうか。この点が問題となる。

1　日 本 国 民

　人がいかなる要件を備えれば人権享有の主体である「国民」たりうるかについて，憲法は「日本国民たる要件は，法律でこれを定める」(憲10条)として，具体的な定めについては法律(国籍法)に委ねる。ある国家の構成員たる法的な資格を「国籍」というが，国籍の取得には，出生による場合(国籍2条)と外国人が許可を受けて国籍を取得する帰化による場合(同4条-10条)とがある。国際法上，国籍の得喪につきいかなる原則を採用するかは，各主権国家が自由に決定できると考えられているが，出生による場合に関しては，自国領域内で出生した子に国籍を付与する「出生地主義」と，自国民を親として出生した子に国籍を付与する「血統主義」という2つの原則がある。このため，国際結婚や海外滞在といった条件下で出生した子に重国籍や無国籍といった「国籍の抵触」の問題が生ずることがあり，国際社会では各国がその解消に努力すべきものとされている(国籍14条-16条参照)。

　日本では，出生による国籍取得に関して伝統的に「血統主義」が採用されており，従来は出生の際に父が日本国民である場合にのみ子に日本国籍を付与する「父系血統主義」がとられてきたが，日本が「締約国は，子の国籍に関し，女子に対して男子と平等の権利を与える」(女子差別撤廃条約9条2項)とする「女子に対するあらゆる形態の差別の撤廃に関する条約」に加入したことにより，同条約の発効(昭和60[1985]年)に先立って昭和59(1984)年に国籍法が改正され，「出生の時に父又は母が日本国民であるとき」(国籍2条1号)，その

子を日本国民とする現行の規定となった（「父母両系血統主義」）。

　なお，国籍法2条3号は「日本で生まれた場合において，父母がともに知れ
ないとき，又は国籍を有しないとき」，その子を日本国民とするとしているが，
これは無国籍者の発生防止という国際的要請に応えるため，例外的に「出生地
主義」が採用されたものである。

2　外　国　人

　外国人とは，日本国民でない者のことであり（国籍4条1項参照），外国の国
籍を持つ者だけでなく無国籍者も含まれる。外国人が日本国憲法の保障する人
権享有主体であるかに関しては，憲法典の文言を厳密に文理解釈してこれを否
定する見解と肯定する見解とがあるが，後者が通説・判例となっている。

　外国人が享有する人権の種類については，かつては，個別の人権条項で「何
人も」となっていれば外国人もこの権利を認められるが，「すべて国民は」と
なっていればその権利は国民にのみ認められるという文言説が主張された。現
在では，問題となる権利が，国民たる資格に基づき享有を認めるべきものか否
かによってこれを決するという性質説が通説・判例となっている。

重要判例 6-1

マクリーン事件（最大判昭53・10・4民集32・7・1223）

事実の概要

　出入国管理令（現在は「出入国管理及び難民認定法」）に基づき，語学学校講師の資格で
在留期間を1年とする上陸許可を得て日本に入国した原告（アメリカ国籍のマクリーン氏）
が，1年後に1年間の在留期間の更新を申請したところ，法務大臣が在留期間中の原告
の無届け転職および政治活動を理由として不許可としたため，原告が不許可処分の取消
しを求めて出訴した。

判旨

　最高裁判所は，「憲法第3章の諸規定による基本的人権の保障は，権利の性質上日本
国民のみをその対象としていると解されるものを除き，わが国に在留する外国人に対し
ても等しく及ぶものと解すべきであり，政治活動の自由についても，わが国の政治的意
思決定又はその実施に影響を及ぼす活動等外国人の地位にかんがみこれを認めることが
相当でないと解されるものを除き，その保障が及ぶものと解するのが，相当である」と
判示し，外国人の享有する人権に関し性質説に立つこと，および外国人にも国民と同程
度にではないものの政治活動の自由が保障されることを明らかにした。ただし，外国人

> に対する憲法の基本的人権の保障は，外国人在留制度のわく内で与えられているのであ
> り，在留期間の更新に際して，法務大臣がその活動を消極的事情として斟酌しても，裁
> 量権の範囲を超えまたは濫用したものとはいえないとして，原告の請求を退けた。

　外国人にも認められる人権かどうかは，その人権の性質による。一般的に国民にのみ保障されていると考えられているのは，社会権および参政権である。社会権に関しては，これを個人がその所属する国家によって保障される権利だとするのが伝統的な見解である。ただそれは，憲法25条の趣旨に沿う形で外国人に対する社会保障施策の充実を国家が立法政策的に図ってゆくことまで否定するものではなかろう。実際，生活保護の行政実務では，生活に困窮している定住外国人に対しても国民に準じて保護が行われており，厚生年金や雇用保険等の被用者保険でも以前から内外人平等主義がとられている。また国民年金等に関しても，かつては国籍要件が存在したが，日本が社会保障における内外人平等を定める難民条約（24条1項(b)）に加入したこと（昭和56［1981］年）をうけて国籍要件は撤廃されており（国民年金7条1項参照），外国人に対する社会権の保障は一定の範囲で立法的に実現されているといえる。

　参政権は，自然権的な権利ではなく，また国民主権の原理（憲法前文第1段・1条）および公務員の選定・罷免権を「国民固有の権利」とする憲法15条1項の規定から，外国人はこれを享有し得ないとするのが自然な考え方である。しかし，国政レベルの参政権が外国人に憲法上保障されるべきという見解は学説上ほとんど見られないものの，地方公共団体レベルの参政権に関しては，日本に定住している外国人に対して選挙権を認めるべきだという主張がなされている。なお，「定住外国人」とは，国内に在留する外国人のうち，短期滞在者・旅行者・難民条約上の難民などをのぞき，一定の長期期間在留する外国人の総称である。

　学説では，定住外国人への地方参政権付与は憲法上禁止されているとする禁止説，参政権付与の可否は立法政策に委ねられており付与しても違憲ではないとする許容説，定住外国人に地方参政権を付与しないのは違憲であるとする要

請説が対立している。最高裁判所は，裁判の結論や判決理由とは関係のない傍論部分においてではあるが，許容説を支持している。

■重要判例 6-2■

定住外国人地方参政権事件（最三判平 7・2・28民集49・2・639）

（事実の概要）

選挙人名簿への登録を求めて認められなかった，日本で生れ育った在日韓国人である原告らが，憲法93条 2 項にいう「住民」には当該地域の居住者である外国人も含まれると解されるので，自分たち定住外国人に地方公共団体の選挙権を認めないのは憲法に違反するとして訴えを提起した。上告棄却。

（判旨）

最高裁判所は，「憲法93条 2 項にいう『住民』とは，地方公共団体の区域内に住所を有する日本国民を意味するものと解するのが相当であ（る）」として，要請説を否定する立場から原告の訴えは退けた。ただし，傍論として，「我が国に在留する外国人のうちでも永住者等であってその居住する区域の地方公共団体と特段に緊密な関係を持つに至ったと認められるものについて，…法律をもって，地方公共団体の長，その議会の議員等に対する選挙権を付与する措置を講ずることは，憲法上禁止されているものではない」と判示し，許容説に立つことを明らかにした。

前国家的・自然権的性格を有する自由権，そして自由権を実質化するために不可欠の権利として近代立憲主義においても伝統的に認められてきた国務請求権（受益権）は，その性質上，外国人にも保障されるべき基本権である。しかし自由権であっても経済的自由は，その制限につき広汎な立法裁量が認められる以上（憲22条 1 項・29条 2 項参照），日本国民に対する以上の制限が合理的なものとして許容される余地は大きかろう。また精神的自由であっても，政治活動の自由には国民主権の原理からくる制約がある（前出［重要判例 6-1］「マクリーン事件」最大判昭53・10・4参照）。国務請求権に関しても，国家賠償請求権（憲17条）は，国家間の相互の保証がある場合に限り，外国人に認められている（国賠 6 条）。

第6講 個人の尊重と幸福追求権

Topic 6-1

定住外国人の公務就任権

　いわゆる「公務就任権」については，これを参政権的な権利として理解するか，職業選択の自由ととらえるべきかが学説上議論されている。しかし，公務就任で問題となるのは厳密にいえば「権利」ではなく「資格」であり，法令で公務就任資格を定めるに際して憲法上の平等原則が及ぶことは当然としても，公務就任が憲法上の権利であるということにはならないはずである。この見解からは，東京都に保健婦として勤務していた在日韓国人女性が国籍を理由として管理職選考試験の受験を拒否された事件で，最高裁が管理職任用制度も含む公務員制度の構築に関し地方公共団体の広い裁量を認め原告の訴えを退けた（「東京都管理職試験事件」最大判平17・1・26民集59・1・128）のは，憲法上なんら問題ない。ただ，本来的には日本国民に限られるべき公務就任の門戸をひとたび定住外国人に開放したからには，管理職登用を一律に否定するのではなく，定住外国人が就いても問題のない管理職であれば就任を認めるといった，政策的な議論・検討はなされるべきだと思う。「違憲ではない＝よい政策」というわけでは，必ずしもないからである。

3 法　　人

　本来（基本的）人権は，自然法思想の下で「人が人であるがゆえに当然に有する権利」と観念されてきたのであり，したがって，享有主体として自然人を前提としていたはずであった。日本国憲法も，13条前段で「個人」の尊重を掲げ，個々の人権条項において「すべて国民は」あるいは「何人も」という表現で人権享有主体が基本的に自然人であることを示している。また，近代市民革命によって身分や団体からの個人の解放が達成されたという近代立憲主義成立の歴史的経緯にかんがみても，法律の規定に基づき（民33条1項参照），社会生活の便宜上設立される団体である「法人」を人権の主体とすることには疑問がなくはない。

　だが，法人に対して憲法上の基本権を保障することは，結局はその法人とかかわりを持つ人々の利益となるという実際的な理由づけによって，法人の人権享有主体性を肯定する主張が有力となった。外国の憲法には，（内国）法人の人権享有主体性を明文で認めるものも存在する（ドイツ連邦共和国基本法19条3項）。

95

最高裁判所も,「八幡製鉄政治献金事件」判決（[重要判例6-3] 最大判昭45・6・24民集24・6・625）において, 権利の性質上適用可能なかぎり, 企業の人権享有主体性を認めている。

重要判例 6-3

八幡製鉄政治献金事件（最大判昭45・6・24民集24・6・625）

（事実の概要）

　昭和35年, 八幡製鉄株式会社（現在の新日鐵住金株式会社）の代表取締役だった被告2名が, 同社を代表して自由民主党に350万円の政治献金を行った。これが同社の定款に定められた事業目的の範囲外の行為であるとして, 同社の株主である原告が, 同社に350万円と損害遅延金の支払いを求める株主代表訴訟を提起した。

（判旨）

　最高裁は,「憲法第3章に定める国民の権利および義務の各条項は, 性質上可能なかぎり, 内国の法人にも適用されるものと解すべきであるから, 会社は, 自然人たる国民と同様, 国や政党の特定の政策を支持, 推進または反対するなどの政治的行為をなす自由を有するのである」と判示して, 企業の人権享有主体性および政治的行為の自由を認めた。

　他方で最高裁は, 税理士法によって設立を義務づけられ, 税理士には加入の義務があり脱退の自由が認められない法人である税理士会が政治資金規正法上の政治団体に対して献金を行うことは, 企業とは異なりその目的の範囲内の行為とはいえないと判示している（「南九州税理士会政治献金事件判決」最三判平8・3・19民集50・3・615）。

　法人にいかなる人権が保障されるかは, 当該法人の設立・活動目的との関連から考える必要がある。宗教団体に信教の自由（憲20条1項前段）が, 報道機関に報道の自由（憲21条1項）が, そして営利企業に営業の自由（憲22条1項）や財産権（憲29条1項）が, それぞれ保障されると考えるのは自然なことであろう。逆に, 生命・身体に関する自由, 婚姻の自由, 参政権, 生存権などは権利の性質上, 法人に対して保障されることはありえない。

2 幸福追求権の意義と範囲

Ⅰ　包括的基本権としての幸福追求権と「新しい人権」

　憲法13条は，個人の尊重をうたう前段をうけて，後段で「生命，自由及び幸福追求に対する国民の権利については，公共の福祉に反しない限り，立法その他の国政の上で，最大の尊重を必要とする」と規定している。ここにいう「国民の権利」は，憲法が保障する人権全体を示す「包括的基本権」であり，憲法第3章に個別的に規定された権利・自由は，典型的な人権を明示したものである。したがって，憲法による人権の保障は，第3章列挙の個別条項で規定された権利・自由に限られるものではない。それは，憲法制定後の社会の変化によって，新たな個人的利益が憲法上の保護に値する権利となることがあるからで，このような権利が「新しい人権」とよばれる。「新しい人権」は，包括的基本権規定である憲法13条後段の幸福追求権を根拠として，裁判所による解釈を通じて承認されることもある。代表的な「新しい人権」としては，名誉権，プライバシー権，自己決定権，環境権などがあげられる。

Ⅱ　幸福追求権の範囲

　幸福追求権を根拠として新たに認められうる権利・自由の内容に関しては，これを人間の生存活動全般にわたる自由と解する一般的行為自由説と，人格的生存に不可欠ないし重要なものに限られるとする人格的利益説とが対立している。前者については，殺人や麻薬使用といった行為も憲法の保障する自由であるとする解釈の非常識さ（ただし，「公共の福祉」に基づく制限を受けるとする）や，いわゆる「人権のインフレ化（＝人権として認めるべき自由が増えすぎてしまい，基本的な権利・自由を保障する意義がかえって薄れてしまうこと）」の問題がある。後者については，いかなる権利・自由が人格的生存に不可欠・重要なのか必ずしも明確でない（たとえば「服装の自由」はどうなのか）という問題点が指摘されている。

Ⅲ　人権制限の根拠としての「公共の福祉」

　憲法典における人権条項とりわけ自由権条項は，たとえば「信教の自由は，何人に対してもこれを保障する」（憲20条1項前段）のように，当該人権をなんらの留保なしに無条件に保障するかのような規定となっているものが多い。しかし，そうした規定によって保障されている人権であっても，人間が本質的に社会的存在であり共同生活の内にある以上，完全に無制約ということはありえない。個人の内面の自由で他者とのかかわりを生じない思想・良心の自由（憲19条）を除いて，精神的および経済的自由権もその行使が他者の権利を侵害したりする場合には，当然に制限を受ける。こうした人権制限の憲法上の根拠とされるのが，13条後段（および憲法12条後段）で言及されている「公共の福祉」である。

　かつては，「公共の福祉」による人権制限はそれが個別の条項で認められている場合（憲22条1項・29条2項）にのみ許され，それ以外の権利・自由に対しては内在的制約に基づく制限のみが許容されるという説も有力に主張された。しかし，この説には，包括的な人権条項である憲法13条が明文で認めている「公共の福祉」による権利制限を否定することは，同条の法規範性の否定にほかならず，そうなると同条を「新しい人権」の根拠とすることができなくなってしまうという重大な問題点がある。現在では，「公共の福祉」は，公共の安全・秩序の維持という消極目的のための自由権一般に対する必要最小限の内在的制約（憲12条・13条）と，立法府の広汎な裁量による積極的な福祉増進のための経済的自由権に対する政策的制約（憲22条1項・29条2項）の両者をともに含む概念と考えるのが通説となっている。

　ただ，「公共の福祉に基づく制限である」という理由づけさえあれば，あらゆる人権制限が正当化されるわけではない。昭和30年代までの最高裁の判例には，立法者による法律の趣旨説明をそのまま引用するだけで，「公共の福祉」の内容を具体的に明らかにしないまま，「公共の福祉」を理由に合憲とするものが多かった。しかし，昭和40年代以降は，最高裁判所も違憲審査基準に関す

る学説の発展をうけて，人権侵害が疑われている法律に関して，立法目的の必要性，規制手段と立法目的との合理的関連性などを精査することによって，「公共の福祉」に基づく正当な人権制限かどうかを判断するようになっている。

　個々の人権の違憲審査基準に関しては，その詳細な説明は本書の人権各論の箇所に譲るが，学説からは，精神的自由（とくに「優越的地位」にあるとされる表現の自由）と経済的自由の制限につき，前者の場合により厳格な審査を行うべきとする「二重の基準論」や，ある人権の特定の制限によって得られる利益とそれが制限されることによって失われる利益とを比べて，前者がより大きい場合にのみその制限は許容されるとする「利益衡量論」などが提唱されている。

Topic 6 - 2

いわゆる「パターナリスティックな制限」について

　人権に対する制限に関して，J・S・ミルのいう「他者危害原理」（＝権力による自由の制限を正当化するのは，その制限の目的が他者に対する危害の防止である場合に限るとする考え方）に言及されることが多いが，自分の意思に基づく「自己危害」に対して制限が加えられることも例外的にみられる。こうした制約は「パターナリスティック（＝父権的）な制限」とよばれ，判断能力が未熟で心身ともに発達の途上にある未成年者に対して行われることが多い（飲酒・喫煙の規制がその典型）が，例外的に成人に対しても行われており，その例として覚せい剤の自己使用の禁止（覚せい剤取締法19条）があげられよう。覚せい剤使用による弊害（心身の状態悪化，経済的な損失・困窮など）は，直接的には行為者本人に及ぶ，いわば「自業自得」ではあるが，そうした直接的弊害がもたらす可能性の高い間接的弊害（中毒症状による他者危害，使用者増加による密売組織の拡大など）の深刻さにかんがみ，「自己危害」に対して例外的に行われている規制と考えられる。

3 　幸福追求権から導き出される人権

I　名　誉　権

従来，人の名誉は民事上および刑事上の保護対象となっている（民723条，刑

230条）が，学説上，憲法13条を根拠に名誉を人権として保障すべきものと考えられるようになっており，最高裁判所も，「北方ジャーナル事件」判決（[重要判例6-4]最大判昭61・6・11民集40・4・872）においてこうした考え方を示唆している。

重要判例 6-4

北方ジャーナル事件（最大判昭61・6・11民集40・4・872）

(事実の概要)

　昭和54年，原告は，北海道知事選挙への出馬を予定していた自身を誹謗中傷する記事を掲載した雑誌が出版されることを知り，その出版の事前差止めを求める仮処分を申請し，札幌地方裁判所はこれを認める決定を行った。被告は，これが表現の自由を保障する憲法21条1項に違反すると主張した。

(判旨)

　最高裁は，以下のように判示して，憲法13条を根拠にして名誉権を憲法上の権利として認めた。「人の品性，徳行，名声，信用等の人格的価値について社会から受ける客観的評価である名誉を違法に侵害された者は，損害賠償（民710条）又は名誉回復のための処分（民723条）を求めることができるほか，人格権としての名誉権に基づき，加害者に対し，現に行われている侵害行為を排除し，又は将来生ずべき侵害を予防するため，侵害行為の差止めを求めることができるものと解するのが相当である。けだし，名誉は生命，身体とともに極めて重大な保護法益であり，人格権としての名誉権は，物権の場合と同様に排他性を有する権利というべきであるからである」。「しかしながら，言論，出版等の表現行為により名誉侵害を来す場合には，人格権としての個人の名誉の保護（憲13条）と表現の自由の保障（同21条）とが衝突し，その調整を要することとなるので，いかなる場合に侵害行為としてその規制が許されるかについて憲法上慎重な考慮が必要である」。

　この判決は，「人格権としての個人の名誉の保護（憲13条）」に不可欠の手段として出版の差止請求を認めたものだが，この事例を見てわかるように，名誉権の保護と表現の自由の保障との調整が憲法上重要な課題といえる。

Ⅱ　プライバシー権

　プライバシーの権利は，19世紀のアメリカにおいて各種メディアをはじめと

する私人に対して主張される不法行為法上の権利として唱えられ始め，「ひとりで居させてもらいたいという権利」として理解されていたが，後にこの権利は国家との関係においても保障されるべきものと解されるに至った。その後アメリカでは，同性愛や人工妊娠中絶など自己決定権的なものもプライバシー権と考えられるようになったが，今日のわが国ではこれを「自己に関する情報をコントロールする権利」と理解する情報プライバシー権説ないし自己情報コントロール権説が支配的見解となっている。

　こうした自己情報コントロール権は，いわゆる個人情報の開示や訂正などを求める権利も含むと解されているが，こうした権利の具体化には立法措置が必要であり，わが国では平成15（2003）年に本格的な個人情報保護法制（「個人情報の保護に関する法律」，「行政機関の保有する個人情報の保護に関する法律」など）が成立した。

　わが国の裁判例において私法上の権利としてのプライバシーが初めて認められたのは，三島由紀夫の小説『宴のあと』のモデルとされた人物がプライバシー侵害を理由に謝罪広告と損害賠償を求めた，いわゆる「『宴のあと』事件」においてである。東京地裁はプライバシー権を「私生活をみだりに公開されないという法的保障ないし権利」としたうえで，その権利が侵害されたと言い得るのは，公開された内容が，①私生活上の事実または私生活上の事実らしく受け取られるおそれがある，②一般人の感受性を基準とすると公開されることによって心理的な負担，不安を覚えるであろうこと，③一般の人々に未だ知られていない，という3つの要件（「プライバシー3要件」）が必要であると判示している（東京地判昭39・9・28下民集15・9・2317）。これに対して，プライバシー権が憲法上も保障されることを最高裁が明らかにしたものとして「京都府学連事件」判決がある（［重要判例6-5］最大判昭44・12・24刑集23・12・1625参照）。他方，京都市中京区長が弁護士会の照会に応じて前科および犯罪経歴を報告することは，プライバシーの権利を侵害しないかが争われた「前科照会事件」では，最高裁は，憲法13条を直接の根拠とすることなく，「前科及び犯罪経歴……は人の名誉，信用に直接にかかわる事項であり，前科等のある者もこれをみだり

に公開されないという法律上の保護に値する利益を有する」として，プライバシーの権利を法益として認めた（最三判昭56・4・14民集35・3・620）。

重要判例 6-5

京都府学連事件（最大判昭44・12・24刑集23・12・1625）

事実の概要

　昭和37年，被告人を含む学生約1,300人が参加してデモ行進が行われていたところ，これを監視していた警察官が，許可条件に対する違反があったとしてデモ行進の状況を写真撮影し，これに抗議した被告人が警察官にケガを負わせ，公務執行妨害と傷害罪などで起訴された。被告人は，本人の意思に反し，裁判官の令状もなくなされた本件写真撮影は，肖像権すなわち承諾なしに自己の写真を撮影されない権利を保障した憲法13条に反すると主張した。

判旨

　最高裁は，「個人の私生活上の自由の一つとして，何人も，その承諾なしに，みだりにその容ぼう・姿態……を撮影されない自由を有するものというべきである。これを肖像権と称するかどうかは別として，少なくとも，警察官が，正当な理由もないのに，個人の容ぼう等を撮影することは，憲法13条の趣旨に反し，許されない」と判示した。

Ⅲ　自己決定権

　個人は，一定の個人的な事柄について自ら決定できる権利を有すると考えられており，わが国では，この権利は「自己決定権（人格的自律権）」とよばれている。有力な学説によれば，自己決定権の対象となるのは，個人が自己の人生を築いていくうえで基本的重要性をもつと考えられる事柄，具体的には，①自己の生命・身体の処分にかかわる事柄（尊厳死・安楽死やいわゆる「インフォームド・コンセント」など），②家族の形成・維持にかかわる事柄（結婚や離婚など），③リプロダクションにかかわる事柄（妊娠・出産，避妊・堕胎，生殖補助医療の利用など），④その他の事柄（服装・身なり，喫煙・飲酒，登山・ヨットなど）である。判例では，私法上の権利として自己決定権を認めたと理解できるものがある（［重要判例6-6］「エホバの証人輸血拒否事件」最三判平12・2・29民集54・2・582）が，これが憲法上の権利でもあるかどうかは明らかではない。

第6講　個人の尊重と幸福追求権

重要判例 6-6

エホバの証人輸血拒否事件（最三判平12・2・29民集54・2・582）

（事実の概要）

　輸血を禁ずる「エホバの証人」の信者であった原告が肝臓がんを患い，輸血を伴わない手術を行う医師の勤務する病院に入院し手術を受けた。同病院では，エホバの証人の信者である患者に対する手術に際しては，患者の意思を尊重してできるだけ輸血をしないこととするが，輸血以外に救命手段がない場合には患者およびその家族の承諾なしに輸血するという方針を採用しており，この方針を原告に説明することなく手術を行い，手術中に輸血によるしか救命が不可能な状態となったため，結局，患者の意思に反して輸血を行うこととなった。これに対して原告は，輸血を受けたことにより自己決定権および信教上の良心を侵害されたとして損害賠償を求めた。

（判旨）

　最高裁判所は，「患者が，輸血を受けることは自己の宗教上の信念に反するとして，輸血を伴う医療行為を拒否するとの明確な意思を有している場合，このような意思決定をする権利は，人格権の一内容として尊重されなければならない。」とした。そのうえで，患者が宗教上の信念からいかなる場合にも輸血を受けることは拒否するとの固い意思を有しており，輸血を伴わない手術を受けることができると期待して入院した場合には，医師らは，手術の際に輸血以外には救命手段がない事態に至ったときには輸血するとの方針を採っているのであれば，それを患者に説明して，それでも手術を受けるか否かを患者の意思決定にゆだねるべきであったと判示した。

Ⅳ　環　境　権

　環境権とは「良き環境を享受しうる権利」であり，みだりに環境を汚染し，人々の快適な生活を妨げ，あるいは妨げようとしている者に対しては，この権利に基づく妨害の排除・予防を請求しうる。環境権の憲法上の根拠は，13条後段および25条1項であるとされる。ただ，こうした見解に対しては，権利の帰属主体（個人か，集団か）や性質（具体的権利か，立法による具体化を必要とする抽象的権利か）などに関して学説上さまざまな議論があり一致をみておらず，環境権を憲法上の権利とまで認める判決も出ていない。なお，空港を発着する航空機の騒音・振動・排気ガスによる被害に悩む空港周辺住民たちが夜間の空港使用差止めおよび過去・将来の損害賠償を求めた「大阪空港公害訴訟」（大

阪高判昭50・11・27判時797・36）において，第2審の大阪高等裁判所は，「個人の生命，身体，精神および生活に関する利益」の総体が「人格権」であるとし，この人格権に基づく原告による空港使用差止請求を認容したが，環境権理論の当否については判断を示さなかった。

確 認 問 題 ……………………………………………………………

(1) 次の①〜④のうち，定住外国人にも憲法上保障されていると判例・通説において考えられている人権を1つ選びなさい。

　① 地方参政権

　② 裁判を受ける権利

　③ 生存権

　④ 公務員となる権利

(2) 次の①〜④のうち，最高裁判所が憲法上の権利として認めていないものを1つ選びなさい。

　① 在留を許可された外国人の政治活動の自由

　② 企業が政治的行為をなす自由

　③ 自らの承諾なしにその姿態・容ぼうを撮影されない権利

　④ 良い環境の享受を妨げる行為の排除を請求する権利

第7講 平等原則

ポイント

① 憲法14条１項の立法者拘束説とはどのような学説だろうか。

② 憲法14条１項が例示する差別にはどのようなものがあるだろうか。

③ 憲法14条１項は絶対的な平等を保障したもので，一切の差別が許されないという趣旨であるか。

④ 憲法14条１項をめぐる裁判のうち，最高裁で違憲と判断された事件にはどのようなものがあるか。

⑤ 選挙権の平等に関し，最高裁はどのような解釈をしているだろうか。

1 平等観念の展開

平等は，自由とともに市民革命期の人権宣言のなかで，人間が生まれながらに有するものとしてとらえられてきた。「すべて人は生来等しく自由かつ独立しており，一定の生来の権利を有するものである」（バージニア権利章典・1776年），「われらは，自明の真理として，すべての人は平等に造られ」（アメリカ独立宣言・1776年），「人は，自由かつ権利において平等なものとして出生し，かつ生存する」（フランス人権宣言第１条・1789年），といった例がそれである。こうして平等の観念は，個人が平等な権利を有するという個人の平等権として，そして国家は個人を平等に取り扱わなければならないとする平等原則として，自由とともに個人の尊重にとって不可欠のものとされてきた。

しかし，自由と平等は，時に相反するものでもあることは歴史が証明するところである。近代の市民社会において，すべての個人を平等に取り扱いその自由を認めるという形式的平等（機会の平等）は，自由競争を促進し資本主義経

済の発展を促したが，その反面では個人間の貧富の差の拡大という不平等をもたらすことにもなった。そこで，社会権の登場とともに社会国家・福祉国家へと変容した20世紀の国家では，社会的・経済的弱者に対し国家が保護を与えることにより，その生存と自由を保障していくという実質的平等（結果の平等）を重視する方向へと平等に対する考え方が変化していった。そのため，積極的格差是正措置のように，実質的平等を達成するために形式的平等を制限することも是認される場合もでてきた。

2 日本国憲法における平等原則

I 憲法14条1項の解釈

日本国憲法は，「すべて国民は，法の下に平等であつて，人種，信条，性別，社会的身分又は門地により，政治的，経済的又は社会的関係において，差別されない」（14条1項）として「法の下の平等」という基本原則を宣言している。さらに，貴族制度の廃止（14条2項），栄典に伴う特権の禁止（同条3項），普通選挙の保障（15条3項），国会議員と選挙人資格の平等（44条），夫婦が同等の権利を有すること（24条1項），両性の本質的平等（24条2項），および教育の機会均等（26条1項）といった個別の規定をおくことで，平等原則をつよく保障している。これらの規定のうちで中心を占める14条1項について，それが法律を適用する行政機関や裁判所のみならず，法律をつくる立法者たる国会をも拘束するといえるのだろうか。立法者非拘束説と立法者拘束説を検討する。

1 立法者非拘束説

憲法14条1項の規定は国会の制定する法律の内容まで拘束するものではなく（立法者非拘束），国会が制定した法律の適用に際しての平等を要請するものであるとするのが「立法者非拘束説」である。また，平等に扱われるべき事項は，14条1項に列挙された「人種，信条，性別，社会的身分又は門地」に限られるが（限定説），これらの事項に関する法律を適用する場合には，その適用の仕方は絶対的に平等でなければならないとする。

この説は，14条1項は行政権と司法権が，「人種，信条，性別，社会的身分又は門地」に関する事項を定めた法律を執行・適用する場合に国民を差別してはならないという法律の適用における平等のみを意味し，法律の内容そのものは問題にしない。すなわち，国会が法律の制定にあたって，その内容が平等原則に沿ったのでなければならないという，法律の内容の平等までも意味するものではない。不平等な内容の法律が平等に適用されては平等が保障されるわけはなく，不平等が助長される結果となることは明らかである。

2　立法者拘束説

憲法14条1項の規定は国会の制定する法律の内容まで拘束するもので（立法者拘束），国会は合理的な根拠がない限り人を不平等に扱う内容を含んだ法律を制定してはならないとするのが「立法者拘束説」である。14条1項に列挙された「人種，信条，性別，社会的身分又は門地」は，とくに不平等に扱ってはならない典型的な差別事由を例示したものであり（例示説），ここに掲げられた事由以外の事由による不平等な取扱いも許されないとする。ただし，いかなる場合にも不平等な取扱いが許されないとするのではなく，合理的な根拠があれば不平等な取扱いも許されるとする（たとえば，男女の身体的な差異に基づく母性保護を目的とする不平等な取扱いなど）。

3　両説の検討

以上の2つの説があるが，後者が多数説である。なぜなら，すでに述べたように，14条1項の規定が法律の内容面での平等を実現しなければならないと解さなければ，平等原則は実質的に空文化してしまうことになるからである。不平等な内容の法律を14条1項が許容しているとするならば，憲法は国民の実質的な平等まで要請していないことになるが，日本国憲法の「法の下の平等」がそのような趣旨であるとはとうてい考えられないからである。

また，差別事由が「人種，信条，性別，社会的身分又は門地」に限定されていると解すべき積極的な理由は見当たらず，むしろ「人種，信条，性別，社会的身分又は門地」は「すべて国民は法の下に平等である」とする一般原則における差別事由の例示と解するほうが，「法の下の平等」の保障をより強くする

ことになる。

　以上の理由により，「立法者拘束説・例示説・相対的平等説」をとることによって，憲法の基本原則や理念に適した解釈をなしうると考えられる。

　判例も，14条1項は国民に対し法の下の平等を保障したものであり，14条1項に示された事項は例示的なものであって，必ずしもそれに限るものでないとするのが相当であるとして，14条1項は国民に対し絶対的な平等を保障したものではなく，差別すべき合理的な理由なくして差別することを禁止する趣旨と解すべきで，事柄の性質に即応して合理的と認められる差別的取扱いをすることは，なんら14条1項の否定するところではない，としている（最大判昭39・5・27民集18・4・676）。

4　積極的格差是正措置

　現実の人間社会においては絶対的平等はあり得ない。それでも実質的な平等をできる限り確保しようとすれば，逆に合理的根拠による不平等な取扱いが認められなければならない場合もある。そのために積極的格差（差別）是正措置（affirmative action）がとられることがある。これはアメリカで生まれた考え方で，歴史的に差別を受けてきた黒人などのグループに対し，大学の入学試験で優先枠を設けて白人より低い合格点で積極的に受け入れを図るなど，格差是正（差別解消）に向けて立法等を通じて積極的な措置をとることを認めるものである。わが国の同和対策やアイヌ民族に対する特別措置はこれに当たる。

　平等には，「機会の平等」と「結果の平等」とがある。前者は機会（チャンス）が平等であればよしとし，後者は機会を平等に与えるだけでは不十分で，結果も実質的に平等なものとして受け入れられるものでなければならないとする。たとえば，地方の都市部ではない地域の公立高校の優秀な高校生が，都市部の私立中高一貫の進学校の高校生と同じ高卒として地元の国立大学医学部を受験する「機会の平等」が保障されていても，一般論として「結果の平等」には結びつかないと考えられる。それはそもそも経済的・地域的等の条件の違いにより両者の間に「機会の平等」を活かすだけの「条件の平等」が保障されていないからである。

仮に知能レベルが同等で，同じだけ時間を割いて勉強し努力をしても，本人
の力ではどうにもならない環境の違いという条件の不平等により，結果の不平
等を帰結することがある。そのため，「条件の平等」を確保すべく，劣位にあ
るものに対し一定の加点をすることでできるだけ「結果の平等」につなげるこ
とは必ずしも不合理とは言い切れないだろう。将来のその高校生が医師となっ
て地元に定着し地域医療の向上に貢献することになれば，このような優遇措置
も社会的に是認されよう。これも「都市（住民）」と「地方（住民）」の格差是
正として，一種の積極的格差是正措置とみることができるのではないだろうか。

Ⅱ　憲法14条１項の差別禁止事項

　憲法14条１項は，次のような代表的な差別を禁止している。もちろんこれら
は例示であって，これ以外の差別が認められるというわけではないことはすで
に述べたとおりである。

1　生まれによる差別

　14条１項に例示された人種，性別，門地（家柄）は，個人にとって自分の力
でどうしようもない生まれながらにもっている属性で，これらの違いに基づい
て個人を差別することは日本国憲法の定める個人主義の理念（13条前段）に反
する。ただし，性別による異なった取扱いであっても，女子労働者保護の目的
で男女間で異なる労働条件を法律で定めたり（労基64条の２-68条），女子のみに
待婚期間を設けたりすること（民733条１項）は合理的区別であり，本条に反す
るものではない。ただし，女性が離婚後６ヵ月間再婚できないとされていた部
分（民733条１項［平成28年改正］）は，100日を超える部分については，父の推定
の重複を避けるために必要な期間を超えるから，憲法14条１項と24条２項に違
反すると判断された（最大判平27・12・16民集69・８・2427）。一方，男女の定年年
齢に５歳の差を設けた就業規則は，もっぱら女子であることのみを理由とした
不合理な差別であり，民法90条（公序良俗）の規定により無効である（「日産自
動車男女差別定年制事件」最三判昭56・３・24民集35・２・300）。

109

2 信条による差別

日本国憲法が予定する民主社会は，人々がお互いに他者の信念や意見を尊重し合うところに成り立つものであるから，法令等が人の信条に着目して異なった取扱いを定めることは明らかに不合理な差別といえる。本条にいう信条は，そのような広い意味での思想や意見を含むもので，宗教的信仰や基本的な世界観に限定されるものではないと一般に解されている。ただし，本条は，私企業が特定の思想，信条を有する者をそのゆえをもって雇い入れることを拒むことまで直接禁止するものではない。なぜなら，憲法は思想・信条の自由や法の下の平等を保障すると同時に，広く経済活動の自由をも基本的人権として保障し（22条・29条），法人たる私企業もまた個人と同様に経済的自由権の享有主体であるからである（「三菱樹脂事件」最大判昭48・12・12民集27・11・1536）。

3 社会的身分による差別

社会的身分とは，一般に人が社会において占める継続的な地位のことと考えられている。この点に関する差別が問題となった事件について，尊属殺重罰規定違憲判決と非嫡出子相続規定違憲決定の2つの最高裁判例を紹介したい。そこに共通するのは，憲法14条1項の解釈については，相対的平等説がとられ，差別的取扱いがなされる場合，それが合理性を有するものであるか否かが，14条1項の禁じる差別に当たるかどうかの判断基準になっていることである。

Ⅲ 14条1項に違反するとの判断が示された例

1 尊属殺重罰規定違憲判決

「社会的身分」による差別的取扱いとして憲法14条1項の「法の下の平等」に反しないかが争われた事例として，かつて刑法200条（平成7年削除）に定められていた尊属殺人の規定がある。その規定は「自己又ハ配偶者ノ直系尊属ヲ殺シタル者ハ死刑又ハ無期懲役ニ処ス」とし，自分または配偶者の直系尊属（父母，祖父母など自分より前の世代に属する者）を殺した者には，殺人（刑199条）とは別に尊属殺人（刑200条）として法定刑が加重されていた。そのため，この規定は直系尊属という「社会的身分」による差別的取扱いにあたり，法の下の

平等を定めた憲法14条1項に違反するのではないかが争われた。

　最高裁判所は昭和25（1950）年10月25日判決（最大判昭25・10・25刑集4・10・2126）以来「合憲」と判断していたが，昭和48年にこの判断を変更し，死刑または無期懲役に限られる刑法200条の尊属殺人の刑罰は，殺人罪の法定刑に比べ加重の程度が極端である点で，憲法14条1項に違反して無効であると判断した（[重要判例7‐1]「尊属殺重罰規定違憲判決」最大判昭48・4・4刑集27・3・265）。その判決の要点は次の3点である。

　(1)　尊属殺人の類型化・刑の加重は直ちに合理的根拠を欠くものとはいえない

　「尊属に対する尊重報恩は，社会生活上の基本的道義」であり，「刑法上の保護に値する」。したがって，「尊属の殺害は通常の殺人に比して一般に高度の社会的道義的非難を受けて然るべきであるとして，このことをその処罰に反映させても，あながち不合理といえない」。よって，尊属殺人を類型化して，「法律上，刑の加重要件とする規定を設けても，……合理的な根拠を欠くものと断ずることはできず，……憲法14条1項に違反するということもできない」。

　(2)　加重刑罰の程度が極端な場合，不合理な差別となる

　しかしながら，「加重の程度が極端であって，……立法目的達成の手段として甚だしく均衡を失し，これを正当化しうべき根拠を見出しえないときは，その差別は著しく不合理なものといわなければならず，かかる規定は憲法14条1項に違反して無効であるとしなければならない」。

　(3)　法定刑を死刑または無期懲役刑にのみ限っている点において，著しく不合理な差別と認められ，憲法14条1項に違反して無効

　「刑法200条は，……必要な限度を遙かに超え，普通殺に関する刑法199条の法定刑（「死刑又ハ無期若クハ三年以上ノ懲役ニ処ス」―引用者注）の法定刑に比し著しく不合理な差別的取扱いをするものと認められ，憲法14条1項に違反して無効であるとしなければならず，したがって，尊属殺にも刑法199条を適用するのほかはない。この見解に反する当審従来の判例はこれを変更する」。

　以上のように，最高裁の見解は直系尊属殺重罰規定を「社会的身分」による

差別的取扱いとして憲法14条1項に反し違憲としたものではなく，尊属殺の加重刑罰の程度が極端であることを著しく不合理な差別として憲法14条1項に反し違憲・無効としたものである。この点には注意が必要である。

なお，この判決の後も刑法200条は存在したが，実際に適用されることはなく，平成7年の刑法の全面改正によって，第200条の尊属殺人の規定は削除された。

重要判例 7-1

尊属殺重罰規定違憲判決（最大判昭48・4・4刑集27・3・265）

事実の概要

被告人は実父に14歳の時に強姦され，その後15年間にわたりこの父親と夫婦同様の生活を強いられ，5人の子を産んだ。勤めに出た29歳の時に求婚者が現れ，これまでの生活を清算しようとしたところ，父親はその結婚に反対し酒に酔って暴れたので，ついにこの父親を絞殺した。一審判決では刑法200条（尊属殺人）を憲法14条に反し無効とし，刑法199条の普通殺人をもって論じ，過剰防衛，心神耗弱などを理由として刑を免除した。しかし，二審判決では従来の最高裁判例に従い，刑法200条を適用し，過剰防衛にも当たらないとしたが，心神耗弱の状態にあったことは認め，情状を酌量して懲役3年6月を言い渡した。その上告審判決である。

判旨

尊属殺人を類型化して法律上，刑の加重要件とする規定を設けても，合理的根拠を欠くものはいえず，憲法14条1項に違反するということもできないが，加重の程度が極端で立法目的達成手段として甚だしく均衡を失し，これを正当化しうべき根拠を見出しえないときは，その差別は著しく不合理なものとなり，そのような規定は憲法14条1項に違反して無効であるとして，刑法200条（尊属殺人）の規定は法定刑を死刑又は無期懲役刑にのみ限っている点において，刑法199条（普通殺人）の規定と比べ著しく不合理な差別と認められ，憲法14条1項に違反して無効，と判断した。

2 非嫡出子相続規定違憲決定

非嫡出子の相続分を嫡出子の2分の1と定める民法900条4号但書前段（「嫡出でない子の相続分は，嫡出である子の相続分の二分の一とし」）の規定は憲法14条1項が定める法の下の平等に反し違憲，と判断された事件（最大決平25・9・4民集67・6・1320）。

最高裁は違憲判断の根拠として、①婚姻、家族の形態が著しく多様化し、それに伴い婚姻、家族のあり方に対する国民の意識の多様化が大きく進んでいること、②嫡出子と嫡出でない子の相続分に差異を設けている国は欧米諸国になく、世界的にも限られた状況にあることなど、立法事実の変化をあげ、それらを総合的に考察すれば、「子にとっては自ら選択ないし修正する余地のない事柄を理由としてその子に不利益を及ぼすことは許されない」と考えられるようになってきているから、遅くとも本件の「相続が開始した平成13年7月当時においては、立法府の裁量権を考慮しても、嫡出子と嫡出でない子の法定相続分を区別する合理的な根拠は失われていた」として、本件規定は憲法14条1項に違反していたと判断した。

この決定は平成7年の最高裁決定（最大決平7・7・5民集49・7・1789）を変更するものであった。平成7年の決定では、民法900条4号但書前段の規定は「法律上の配偶者との間に出生した嫡出子の立場を尊重するとともに、他方、被相続人の子である非嫡出子の立場にも配慮して、非嫡出子に嫡出子の2分の1の法定相続分を認めることにより、……法律婚の尊重と非嫡出子の保護の調整を図ったもの」とその立法理由を解し、民法は法律婚主義を採用しているのであるから、その立法理由にも合理的な根拠があるとした。したがって、民法900条4号但書前段の規定は、合理的な理由のない差別とはいえず、憲法14条1項に違反するといえないと、合憲の判断を下していた。

なお、平成25年12月5日、民法の一部を改正する法律が成立し（同月11日公布・施行）、嫡出でない子の相続分を嫡出子の2分の1と定めた民法900条4号但書前段（「嫡出でない子の相続分は、嫡出である子の相続分の二分の一とし、」）が削除され、嫡出でない子と嫡出子の相続分の区別がなくなり、いずれも同等の相続分になった。

Ⅳ　14条1項以外の憲法上の平等条項

憲法は、14条1項以外にも次のような個別の平等条項を置いている。①貴族制度の禁止（14条2項）、②栄典の授与の効力（14条3項）、③普通選挙の保障（15

条1項)，④請願による差別待遇の禁止（16条），⑤家族生活における両性の平等
（24条1項・2項），⑥教育を受ける権利の平等（26条1項），および⑦国会議員と
その選挙人の資格の平等（44条）の各規定である。こうして憲法は14条1項で
「法の下の平等」の原則または権利を定め，特に「法の下の平等」が確実に確
保されなければならないことが歴史経緯等により明らかな事柄について，個別
に平等の取扱いを定めている。

3 選挙権の平等

I 投票価値の平等——議員定数不均衡訴訟

　国政選挙の度に，議員定数の不均衡によって投票価値の平等が害され，1票
の価値が不平等となり，「法の下の平等」を定めた憲法14条1項に違反してい
るとして選挙の無効を訴える訴訟が提起されている。最高裁の判断は次第によ
り厳しい判断へと変化してきているが，まだ違憲・無効とする判断には至って
いない。しかし，高等裁判所（高裁）レベルでは違憲・無効という判断も出さ
れるようになってきた。ただし，国政選挙でも衆議院議員選挙と参議院議員選
挙では裁判所の判断が異なり，衆議院議員選挙の方により厳しい投票価値の平
等が要求されている。

　ここでは，「法の下の平等」がどのように捉えられるかについてみるため，
議員定数不均衡訴訟の代表的な判例である最高裁の昭和51年判決をもとに，憲
法14条1項の「社会的身分」による「政治的関係」における差別という文脈の
なかで，各選挙区の選挙人の投票価値の平等の問題を取り上げたい。

II 昭和51年最高裁判決

　昭和47（1972）年12月10日に行われた衆議院議員選挙において，千葉県第一
区の選挙人であった者が，公職選挙法別表1に基づく各選挙区間の議員1人あ
たりの投票価値の比率が最大4.99対1に達しているのは，なんらの合理的理由
に基づかないで選挙区のいかんにより一部の国民を不平等に扱ったものであり，

投票価値の平等を定めた憲法14条１項に反し，選挙を無効とする判決を求めて提訴した。公職選挙法204条の選挙無効訴訟である（［重要判例７‐２］「衆議院議員定数配分規定違憲判決」最大判昭51・４・14民集30・３・223）。

最高裁は，定数配分の不均衡は立法府の裁量の限界を超え違憲状態にあるとしながらも，「事情判決の法理」を援用し，選挙自体は無効とはしないことが相当であるとの判決を下した。この判決は，投票価値の平等を憲法上の要請と認め，議員定数不均衡を違憲とした点で画期的な判決であると評価されている。その要点は，以下の通りである。

(1) 選挙権の平等は投票価値の平等を含む

(a) 選挙人資格の平等　「憲法14条１項に定める法の下の平等は，選挙権に関しては，国民はすべて政治的価値において平等であるべきであるとする徹底した平等化を志向するものであり，……文言上は単に選挙人資格における差別の禁止が定められているにすぎない」として文言上は選挙人資格の平等を認めたものであることを明らかにした。

(b) 選挙人の投票価値の平等　判決は，文言上は選挙人資格の平等を示すものであるとした後に，それだけにとどまらず「選挙権の内容，すなわち各選挙人の投票の価値の平等もまた，憲法の要求するところであると解するのが，相当である」との解釈を示した。

(2) 立法府の裁量は認められるが限界がある

(a) 立法府の裁量権　「投票価値の平等は，各投票が選挙の結果に及ぼす影響力が数字的に完全に同一であることまでも要求するものと考えることはできない」。「衆議院議員の選挙における選挙区割と議員定数の配分の決定には，極めて多種多様で，複雑微妙な政策的及び技術的考慮要素が含まれており，それらの諸要素のそれぞれをどの程度考慮し，これを具体的決定にどこまで反映させることができるかについては，もとより厳密に一定された客観的基準が存在するわけのものではないから，結局は，国会の具体的に決定したところがその裁量権の合理的な行使として是認されるかどうかによって決する」ほかないとして，国会の裁量権を認めるとともにその行使が合理的でなければならない

との限界があることを示した。

(b) 国会の裁量権の合理性の限界 「具体的に決定された選挙区割と議員定数の配分の下における選挙人の投票価値の不平等が，国会において通常考慮しうる諸般の要素をしんしゃくしてもなお，一般的に合理性を有するものとはとうてい考えられない程度に達しているときは，もはや国会の合理的裁量の限界を超えているものと推定されるべきもの」である。そして，「このような不平等を正当化すべき特段の理由が示されない限り，憲法違反と判断するほかはない」，として国会の裁量権の行使の合理性の判断に一定の基準を示した。

(3) 議員定数配分規定は違憲ではあるが，選挙は無効とはしない

(a) 議員定数配分規定は違憲 議員定数配分規定は「憲法の要求するところに合致しない状態になっていたにもかかわらず，憲法上要求される合理的期間内における是正がされなかったものと認めざるをえない。それ故，本件議員定数配分規定は，本件選挙当時，憲法の選挙権の平等の要求に違反し，違憲と断ぜられるべきものであった」として，明確に違憲と判断した。

(b) 選挙を無効とする解釈は採るべきでない理由 「選挙を当然に無効であると解した場合，これによって憲法に適合する状態が直ちにもたらされるわけではなく，かえって，右選挙によって選出された議員すべて当初から議員としての資格を有しなかったことになる結果，すでに右議員によって組織された衆議院の議決を経たうえで成立した法律等の効力にも問題が生じ，また，今後における衆議院の活動が不可能となり，前記規定を憲法に適合するように改正することさえもできなくなるという明らかに憲法の所期しない結果を生ずるのである」として，無効とすることによる種々の混乱という「明らかに憲法の所期しない結果」を回避するためであるとの理由付けをした。

(c) 「事情判決の法理」の適用 行政事件訴訟法31条1項前段は，取消訴訟について，当該処分が違法であっても，これを取り消すことにより公の利益に著しい障害を生ずる場合においては，諸般の事情に照らして処分を取り消すことが公共の福祉に適合しないと認められる限り，裁判所においてこれを取り消さないことができることを定めている。この規定は法政策的考慮に基づい

て定められたものではあるが，しかしそこには，行政処分の取消しの場合に限られない一般的な法の基本原理に基づくものとして理解すべき要素も含まれている。

そこで，選挙を「無効とする判決をしても，これによって直ちに違憲状態が是正されるわけではなく，かえって憲法の所期するところに必ずしも適合しない結果を生ずる」から，「本件選挙は憲法に違反する議員定数配分規定に基づいて行われた点において違法である旨を判示するにとどめ，選挙自体はこれを無効としないこととするのが，相当」である，とした。

以上のように，この判決は，憲法14条1項に定める「法の下の平等」は，選挙人資格の平等だけでなく，各選挙区の選挙人の投票価値の平等をも含むものであることを明らかにした。すなわち，どの選挙区の選挙人であろうがその投票価値の平等が保障されなければならないということで，特定の選挙区の選挙人であるという「社会的身分」による投票価値の不平等は認められないことを明らかにしたものでもあるといえる。

ただし，一方で投票価値の不平等を発生させている法律の違憲を宣言しながら，選挙を無効としてそのやり直しまでも認めたわけではないから，「公共の利益」または「公共の福祉」との関係で投票価値の平等というものは完全な平等の保障とまではいえないことを示しているといえよう。

┌─ **重要判例 7-2** ─

衆議院議員定数配分規定違憲判決（最大判昭51・4・14民集30・3・223）

（事実の概要）

昭和47年12月の衆議院議員選挙で，千葉県第一区の選挙人であった者が，各選挙区間の議員1人あたりの投票価値の比率が最大4.99対1に達しているのは，何らの合理的理由に基づかず一部の国民を不平等に扱ったもので，投票価値の平等を定めた憲法14条1項に反するとして，選挙を無効とする判決を求めて提訴した選挙無効訴訟。

（判旨）

最高裁は，憲法14条1項の「法の下の平等」は，選挙権に関しては「選挙人資格の平等」のみならず，「投票価値の平等」を含むと判断し，選挙区割と議員定数の配分の決定について立法府の裁量を認めながらも，裁量には合理性がなければならないという限界があり，本件選挙当時，議員定数配分規定は立法府の裁量の限界を超えて憲法の選挙

権の平等の要求に違反し，違憲と判断した。しかしながら，「事情判決の法理」を援用し，選挙自体は無効とはしないことが相当であるとした。

~~ **Topic 7-1** ~~~~~~~~~~~~~~~~~~~~~~~~~~~~~~~~~~

「事情判決」ってなに？

　行政事件訴訟法31条1項は，次のように規定している。「取消訴訟については，処分又は裁決が違法ではあるが，これを取り消すことにより公の利益に著しい障害を生ずる場合において，原告の受ける損害の程度，その損害の賠償又は防止の程度及び方法その他一切の事情を考慮したうえ，処分又は裁決を取り消すことが公共の福祉に適合しないと認めるときは，裁判所は，請求を棄却することができる。この場合には，当該判決の主文において，処分又は裁決が違法であることを宣言しなければならない」。この規定が「事情判決」の法理を定めたもので，「事情判決」とは争われている処分・裁決が違法であって取り消すべきであるにもかかわらず，公の利益に著しい障害をもたらす場合に，請求を棄却するとするものである。この制度は判決までの既成事実の積み重ねを踏まえて，これを覆すことが「公共の福祉」に反する場合があるとの趣旨に基づくもので，（処分・裁決の取消しにより得られる）原告の利益よりも「公共の福祉」を優先する制度ともいえるが，原告の利益と「公共の福祉」を調整する制度でもある。

Ⅲ　平成25年最高裁判決

　平成24年12月16日施行の衆議院議員選挙において，1票の格差が最大2.425であったことから，2つの弁護士グループが，衆議院議員小選挙区選出議員の選挙の選挙区割りに関する公職選挙法の規定は憲法に違反する無効のものであるから，これに基づき施行された選挙のうち当該選挙区における選挙も無効であるとして，全国16高裁・支部に提起した選挙無効訴訟の上告審判決である。全国16の高裁・支部では，「違憲」の判断が14件，「違憲状態」が2件であった。14件の「違憲」判決のうち，選挙そのものを無効としたのは広島高裁岡山支部で，広島高裁は無効としたがその効果の発生は将来に委ねる「将来効」判決とした。その他の判決は，「違憲」または「違憲状態」と判断したが，選挙を無効とはしなかった。

最高裁は，最大較差が前回総選挙の平成21年当時よりも拡大し2.425倍に達していたこと等に照らせば，前回選挙時と同様に「憲法の投票価値の平等の要求に反する状態にあったものではあるが，憲法上要求される合理的期間内における是正がされなかったとはいえず，本件区割規定が憲法14条１項等の憲法の規定に違反するものということはできない」と判示し，原告らの上告を棄却した（「選挙無効請求事件」最大判平25・11・20民集67・8・1503）。

その後，平成26年12月に施行された衆議院議員総選挙をめぐっても２つの弁護士グループから全国の14高裁・支部に17件の同様の訴訟が提起され，平成27年４月28日に前回「違憲・無効」と判断した広島高裁岡山支部で「違憲状態」の判決が言い渡され，全判決が出そろった。平成26年12月の総選挙では，国会が一定の是正措置（「０増５減」の定数是正）を行ったことで最大格差が2.13倍になり，前回平成24年の総選挙時よりも較差が縮小していた。全17件のうち，「違憲状態」としたもの12件，「合憲」が４件，「違憲・有効」が１件という結果となった。最高裁は，本件選挙時の選挙区割りは，憲法の投票価値の平等に反する状態にあったが，憲法上要求される合理的期間内に是正がされなかったとはいえず，憲法の規定に違反するものとはいえない，と判断した（最大判平27・11・25民集69・7・2035）。

4 家族生活および職場における男女平等

Ⅰ 家族生活における両性の平等

憲法は，「婚姻は，両性の合意のみに基いて成立し，夫婦が同等の権利を有することを基本として，相互の協力により，維持されなければならない」（24条１項）として，婚姻の成立およびその維持について男女の平等を定めている。この規定を受けて民法は婚姻の成立および効力について定めている（731条-754条）。このなかで婚姻適齢については「男は，18歳に，女は，16歳に」（旧731条）と男女でその適齢について異なる定めがされていたが，平成30年に男女の別なく18歳に改正された（令和４年４月１日から有効）。

また，憲法では「配偶者の選択，財産権，相続，住居の選定，離婚並びに婚姻及び家族に関するその他の事項に関しては，法律は，個人の尊厳と両性の本質的平等に立脚して，制定されなければならない」(24条2項)とされ，この規定がおかれたことによって，明治時代に制定された民法の家族法の規定（第四編親族，第五編相続）が昭和23（1948）年に根本的に改正され，両性の権利の平等化が実現された。

Ⅱ　職場における両性の平等

　職場における両性の平等について，いわゆる「男女雇用機会均等法」(昭和47［1972］年）が「法の下の平等を保障する日本国憲法の理念にのっとり雇用の分野における男女の均等な機会及び待遇の確保を図る」(1条)ことを目的として制定され，労働者の募集・採用等について性別を理由とする差別の禁止が定められている。労働基準法においても「使用者は，労働者が女性であることを理由として，賃金について，男性と差別的取扱いをしてはならない」(4条)と規定し，男女同一賃金の原則を定めている。

　職場における男女差別が問題となった事件に，「日産自動車男女差別定年制事件」(最三判昭56・3・24民集35・2・300)がある。この事件は，会社の就業規則で男子55歳，女子50歳の定年制を定めていたことから，この男女別定年制を定める就業規則が民法90条（公序良俗）に違反するかどうかが争われたものである。最高裁は就業規則で女子の定年年齢を男子より低く定めたことに合理的理由は認められず，専ら女子であることのみを理由として差別した性別のみによる不合理な差別を定めたものとして民法90条（「公の秩序又は善良の風俗に反する事項を目的とする法律行為は，無効とする。」）により無効であると判断した。これは，憲法14条1項の定める法の下の平等を民法90条を通して実現したものである。

確　認　問　題 ‥‥‥‥‥‥‥‥‥‥‥‥‥‥‥‥‥‥‥‥‥‥‥‥‥‥‥‥‥‥‥‥

　(1)　平等の観念について，次の説明のうち誤っているものはどれか。

第 7 講　平 等 原 則

① 近代の市民社会においては，平等とはすべての個人を平等に取り扱いその自由を認めるという形式的平等（機会の平等）を意味した。

② 19世紀になると，社会的・経済的弱者に対し国家が保護を与え，その生存と自由を保障していくという実質的平等（結果の平等）の観念が生まれた。

③ 積極的格差是正措置は，実質的平等を達成するために形式的平等を制限する側面をもっている。

④ 平等の観念は，個人の平等権と国家が個人を平等に取り扱わなければならないとする平等原則の 2 つの側面をもっている。

(2) 法の下の平等について，次の説明のうち判例の見解に照らして妥当でないものはどれか。

① 尊属殺人を法律上類型化して，刑の加重要件とする規定を設けることは，憲法14条 1 項に違反する。

② 男女の定年年齢に 5 歳の差を設けた就業規則は，もっぱら女子であることのみを理由とした不合理な差別である。

③ 私企業が特定の思想，信条を有する者を，そのことを理由に雇い入れることを拒んでも憲法14条 1 項に違反しない。

④ 憲法14条 1 項に定める法の下の平等は，選挙権に関しては選挙人資格の平等だけでなく，各選挙人の投票価値の平等も含む。

(3) 選挙権の平等について，次の説明のうち最高裁判決（昭和51年）の見解と異なるものはどれか。

① 投票価値の平等は，各投票が選挙の結果に及ぼす影響力が数字的に完全に同一であることまで要求するものと考えることはできない。

② 投票価値の不平等が，国会において通常考慮しうる諸般の要素を斟酌しても，一般的に合理性がないと考える程度に達しているときは，国会の合理的裁量の限界を超えて違憲となる。

③ 選挙区割と議員定数の配分の決定には，複雑微妙な政策的及び技術的考慮要素が含まれているから，厳密に一定された客観的基準が存在せず，国会に裁量権が認められる。

④ 憲法に違反する議員定数配分規定に基づいて行われた選挙であっても，それを無効とする判決をしても，直ちに違憲状態が是正されるわけではなく，かえって憲法の所期するところに必ずしも適合しない結果を生ずるから，違法とも無効ともしないことが相当である。

第8講　精神的自由権

ポイント

① 広義の「信教の自由」には，どのような自由が含まれるか。
② 「目的効果基準」の内容は，どのようなものか。
③ 「二重の基準論」の内容およびその理論的根拠はなにか。
④ 「集会・結社の自由」の限界には，どのようなものがあるか。
⑤ 「学問の自由」の保障内容には，どのようなものがあるか。
⑥ 「婚姻の自由」の内容と限界とはなにか。

1 精神的自由権の意義

精神活動の自由は人間が人間であることの本質に基づくものであり，その憲法的保障は，個人にとっては人格の形成・発展に不可欠の条件であり，国家・社会にとっては民主制の基盤をなすものといえる。精神活動の自由は，内面的活動の自由としての「思想・良心の自由」および信教の自由の一要素である「信仰の自由」と，外面的活動の自由としての「表現の自由（言論・出版の自由）」，「集会・結社の自由」，信教の自由のうちの「宗教活動の自由」と「宗教的結社の自由」および「学問の自由」とに大別される。本講では，これらの精神的自由権とあわせて，憲法24条についても「婚姻の自由」という観点から触れることとする。

2 思想・良心の自由

憲法19条は，「思想及び良心の自由は，これを侵してはならない」と規定し

第8講　精神的自由権

ている。この自由は人間の内面的精神活動の自由のなかで最も基本的なもので，表現の自由などの外面的精神活動の自由の基礎をなすものである。

「思想・良心の自由」は人間の内心の自由を保障するものだが，内面的精神活動そのものは，公共の秩序維持という観点からの規制を要せず，そもそもこれを外部から規制することが不可能なので，その意味で絶対的な自由である。この自由を保障する意義は，公権力に対して人の内心を強制的に告白させるといった行為を禁ずることにあり，思想に関する「沈黙の自由」が保障されるということである。

「思想」と「良心」との違いに関しては，前者は主として論理的・知的な判断作用を，後者は主として倫理的・主観的な判断作用をいうと理解されている。ただ，同一条文において両者が並列的に扱われている以上，区別の実益はなく，両者が全体としてどの程度の内心の活動を保障しているのかが重要である。この点に関して学説は，人の内心の活動一般とする広義説と一定の内心活動に限定されるとする限定説とに分かれている。限定説によると，本条によって保障されるのは「世界観，人生観，思想体系，政治的意見などのように人格形成に役立つ内心の活動」に限られ，「単なる事実の知不知のような人格形成活動に関連のない内心の活動」は保障されない。

重 要 判 例 8 - 1

謝罪広告事件（最大判昭31・7・4民集10・7・785）

（事実の概要）

　わが国では，名誉毀損における原状回復（民723条）の手段として，謝罪広告を新聞紙上に掲載させることが行われてきたが，こうした謝罪広告掲載の命令が，それを命ぜられた者の良心の自由を侵害するとして裁判で争われた事件である。衆議院議員総選挙の候補者が，選挙運動中に対立候補が収賄をしたという虚偽の事実を公表したとして，その対立候補から謝罪広告の掲載を求める訴えを起こされ，第1審・第2審ともその請求を認めた。これに対して被告は，原告の名誉を毀損したとは思っておらず，したがってみずからの意図しない「謝罪」を新聞紙上に広告として掲載させるのは，憲法19条が保障する良心の自由の侵害にあたると主張して上告した。

（判旨）

　最高裁は，この種の謝罪広告が名誉回復の手段として学説判例が従来認めてきたもの

123

であり，また単に事態の真相を告白し陳謝の意を表明するに止まる程度のものであれば，これを広報機関を通じて発表させても被告に屈辱的もしくは苦役的労苦を科したり被告の良心の自由を侵害したりするものではないと判示した。

重要判例 8-2

君が代ピアノ伴奏拒否事件（最三判平19・2・27民集61・1・291）

（**事実の概要**）

　市立小学校の音楽専科の教諭が，入学式の国歌斉唱の際に「君が代」のピアノ伴奏をせよという校長の職務命令に従わなかったことを理由として戒告処分を受けたため，この職務命令が思想・良心の自由を保障する憲法19条に違反し，戒告処分が違法であるとして処分の取消しを求めた事件である。

（**判旨**）

　最高裁は，①本件職務命令が，「君が代」が過去のわが国において果たした役割にかかわる同教諭の歴史観ないし世界観自体を直ちに否定するものとは認められないこと，②入学式の国歌斉唱の際に「君が代」のピアノ伴奏をする行為は，音楽専科の教諭等にとって通常想定され期待されるものであり，当該職務命令が音楽教諭に特定の思想を持つことを強制したり禁止したりするものではないこと，③音楽教諭は地方公務員として法令等や上司の職務命令に従うべき立場にあり，本件職務命令も関係諸規定の趣旨にかなうもので，目的・内容が不合理であるとは言えない，として音楽教諭の上告を退けた。

3　信教の自由

I　信教の自由の意義と内容

　信教の自由は，中・近世ヨーロッパにおける宗教的な圧迫に対する抵抗から生まれたものであり，あらゆる精神的自由（ひいてはすべての自由権）への要求のきっかけとなった重要な自由である。憲法20条は，「信教の自由は，何人に対してもこれを保障する」（1項前段），「何人も，宗教上の行為，祝典，儀式又は行事に参加することを強制されない」（2項）と規定し，信教の自由の重要性を明らかにしている。

　信教の自由には，①信仰の自由，②宗教的行為の自由，③宗教的結社の自由

が含まれる。①の信仰の自由は，信教にかかわる人の内面の保護を内容とするもので，良心の自由（憲19条）とほぼ重なり合う。宗教を信仰し，または信仰しないこと，信仰する宗教を選択し，または変更することに関する自由，およびそれらから導き出される信仰告白の自由，信仰告白強制の禁止，信仰に反する行為を強制することの禁止がそこには含まれる。②の宗教的行為の自由は，宗教上の祝典，儀式，行事その他布教等を任意に行う自由であり，宗教上の教義を宣伝・普及する自由という部分で，表現の自由（憲21条1項）と重なり合う。③の宗教的結社の自由は，特定の宗教を宣伝し，または共同で宗教的行為を行うことを目的とする団体を結成する自由であり，結社の自由（憲21条1項）と重なり合うものである。

Ⅱ　信教の自由の限界

　信教の自由の限界は，おもに信仰が外部的な行為となって現れる宗教的行為の自由をめぐって議論される。この点に関しては，宗教的確信に基づく行為を犯罪として処罰することの是非がまず問題となる。いわゆる「加持祈祷事件」において，最高裁は，信教の自由の保障は絶対無制限ではないとしたうえで，一種の宗教行為としてなされたものであったとしても，それが「他人の生命，身体等に危害を及ぼす違法な有形力の行使」に当たり，これによって被害者の死という結果が生じた以上，その行為は「著しく反社会的なもの」であり信教の自由の保障の限界を逸脱したものと判示し，宗教的確信に基づく行為であっても，傷害致死罪等の犯罪として処罰される場合があることを認めた（最大判昭38・5・15刑集17・4・302）。

　一方，建造物侵入や凶器集合準備の罪で追われていた高校生2名の更生を願い説得を重ねていたキリスト教会の牧師が，捜索中の警察官に対して少年たちの居所を秘したため犯人蔵匿罪（刑103条）に問われた事件において，「宗教行為の自由が基本的人権として憲法上保障されたものであることは重要な意義を有し，その保障の限界を明らかに逸脱していない限り，国家はそれに対し最大限の考慮を払わなければなら」ないとしたうえで，当該牧師の行為を「国民一

般の法感情として社会的大局的に許容しうるもの」であり、「正当な業務行為」（刑35条）であるとして無罪を言い渡した（「キリスト教会牧会活動事件」神戸簡判昭50・2・20判時768・3）。このように形式的には犯罪構成要件に該当する行為であっても、それが宗教的確信に基づく行為である場合には、法益侵害の重大性などを考慮しつつ可罰的違法性の有無を慎重に決することが、信教の自由の保障という観点からは不可欠と思われる。

つぎに、信仰上の理由に基づいて宗教と直接には関係のない特定の法的義務を免れることができるかどうかも、信教の自由の保障について考える際に重要な問題となる。この点につき最高裁は、問題となっている法的義務の重要性および義務履行の拒否が信仰する宗教の核心的教義に基づくものかどうかという観点から慎重な判断を行っている（[重要判例8-3]「剣道実技不受講事件」最二判平8・3・8民集50・3・469）。

重要判例 8-3

剣道実技不受講事件（最二判平8・3・8民集50・3・469）

事実の概要

神戸市立工業高等専門学校に在籍していた生徒たちが、その信仰する「エホバの証人」の教義に基づき必修科目の剣道実技に参加しなかったことを理由として原級留置（留年）および退学の処分を受けたため、本件処分を信教の自由を侵害する処分であるとして取消しを求めた事件である。

判旨

最高裁は、剣道実技の履修は必須のものとまではいえず、代替的方法を採ることも可能であり、生徒による剣道実技の拒否は、その信仰の核心部分と密接に関連する真摯なものである、として、本件処分が校長の教育上の裁量権を超える違法なものと判示した。

Topic 8-1

エホバ信者の生徒はトクをしたのか？

上記の判決を読んで、「体力的にきつい剣道実技をやらずにすんでうらやましいよな」と思った読者がいるのではないだろうか。実際、被告の高専側も「この生徒たちにだけ剣道実技の免除を認め代替措置を講ずるのは政教分離原則に反する」という趣

旨の主張をしており，その背景には「剣道実技は苦痛であり，それを免除するのは優遇だ」という意識があるように思えるが，果たしてそうだろうか。エホバには「武器を取って戦わない」という教義があり，信者であるかぎりこの教義には従わねばならない。つまり，この生徒たちは「仮に剣道実技をやりたいと思ったとしてもやれない」のである。変なたとえだが，いくらいいにおいがして食べたいと思ったとしても，もし彼が「イスラム教徒」であればトンカツや豚肉のしょうが焼を食べられないのと同じことで，最高裁が本件につき判断するに際して，剣道実技の拒否が「信仰の核心部分と密接に関連する真摯なもの」かどうかを決め手としたのは，まさにこの点が問題だったからなのである。

Ⅲ　宗教団体に対する法的規制

　特定の宗教を信じることそれ自体はあくまで個人の内面にかかわるものだが，個人の信仰生活は，信仰を同じくする人々が相集いお互いの信仰を高め合うことによって充実したものとなり，また完成へと近づいて行く。その意味で，信教の自由には宗教的結社の自由が必然的に含まれる。宗教団体に関する法としては宗教法人法が存在するが，この法律の目的は「宗教団体が，……その目的達成のための業務及び事業を運営することに資するため，宗教団体に法律上の能力を与えること」（宗法1条1項）であり，個人，集団または団体が宗教上の行為を行うことを制限するものではない（同条2項）。同法は，宗教法人に対する解散命令の制度を定めている（宗法81条1項）が，これは当該宗教法人から法人格を奪うものであり，宗教的結社それ自体を解散させるものではないので，信教の自由の侵害にはあたらない（「オウム真理教解散命令事件」最一決平8・1・30民集50・1・199）。

Ⅳ　政教分離の原則

1　政教分離原則の意義と内容

　信教の自由に対する侵害は，歴史的には，特定の宗教と結びついた国家が，他の宗教を信じる人々を迫害し，あるいは改宗を強いるといった形で行われた。また，そうした直接的な侵害には及ばずとも，特定の宗教を国家公認の宗教す

なわち国教として，この国教の信者にのみ公務就任の資格を認めるといった，信仰に基づく国民への差別的処遇が行われた国（かつてのイギリス）もある。こうした形での信教の自由に対する直接ないし間接の侵害を未然に防止し，それによって信教の自由の保障をより強固なものとすべく，特定宗教と国家とが結びつくことの禁止，とりわけ国教樹立の禁止を憲法原則としている国がある（アメリカ合衆国憲法修正１条，ドイツ連邦共和国基本法140条およびワイマール憲法137条１項参照。なお1958年フランス共和国憲法１条１項も参照のこと）。

わが国でも，日本国憲法が「いかなる宗教団体も，国から特権を受け，又は政治上の権力を行使してはならない」（憲20条１項後段）と定め，国家と宗教団体との密接なかかわり合いを否定するのみならず，「国及びその機関は，宗教教育その他いかなる宗教的活動もしてはならない」（憲20条３項），「公金その他の公の財産は，宗教上の組織若しくは団体の使用，便益若しくは維持のため，……これを支出し，又はその利用に供してはならない」（憲89条）というきわめて詳細な規定をもって，国家と宗教との癒着を禁止している。これらの規定が体現する憲法原則は，一般に「政教分離原則」とよばれている。

わが国では，明治維新以降の近代国民国家形成に際して，天皇を国民統合の精神的支柱と位置づけると同時に，古来の民族宗教である神社神道が国家祭祀の中心とされたという歴史があり，太平洋戦争終結後は，連合国軍総司令部（GHQ）による占領の下で国家と神道との分離を求める神道指令（昭和20年12月15日）が発せられたことから，日本国憲法の政教分離規定は，主に国家と神社神道との分離という面から議論されてきた。実際，政教分離違反が裁判で争われた事例のほぼすべてが，神社と関連するものである。

2　政教分離原則違反の判断基準

わが国における政教分離の内容が明らかとなったのは，「津地鎮祭事件」（［重要判例8‐4］最大判昭52・7・13民集31・4・533）においてであった。この判決によって，政教分離を制度的保障として緩やかに解し（相対分離），違憲となる宗教との過度のかかわり合いの有無をいわゆる「目的効果基準」（＝行為の目的が宗教的意義をもち，その効果が宗教に対する援助，助長，促進又は圧迫，

干渉等になるような行為であれば政教分離違反と判断される）によって決するという最高裁の姿勢が明らかにされた。

重要判例 8-4

津地鎮祭事件（最大判昭52・7・13民集31・4・533）

（事実の概要）

　三重県津市が主催する市体育館建設の起工式が神職主宰の神道式地鎮祭として行われ、神職への謝礼等が公金から支出されたことに対して、これを政教分離に反する違法な公金支出であるとして、同市の市議会議員が地方自治法242条の2に基づき損害賠償を求めた事件である。

（判旨）

　最高裁は、日本国憲法における政教分離原則の意義について、次のように判断した。①政教分離規定は、いわゆる「制度的保障」の規定であって、信教の自由そのものを直接保障するものではなく、国家と宗教との分離を制度として保障することにより、間接的に信教の自由を確保しようとするものである。②憲法の政教分離原則は国家の宗教的中立性を要求するが、国家が宗教とのかかわり合いをもつことを全く許さないとするものではなく、宗教とのかかわり合いをもたらす行為の目的および効果にかんがみ、そのかかわり合いがわが国の社会的・文化的諸条件に照らし信教の自由の保障の確保という制度の根本目的との関係で相当とされる限度を超えるものと認められる場合に、これを許さないとするものである。次に、政教分離に違反するか否かの判断基準について、③憲法20条3項にいう「宗教的活動」とは、国およびその機関の活動で宗教とのかかわり合いをもつすべての行為を指すものではなく、社会的・文化的諸条件に照らし相当とされる限度を超える行為、すなわち、当該行為の目的が宗教的意義を持ち、その効果が宗教に対する援助、助長、促進または圧迫、干渉等になるような行為である。さらに、これらの判断にあたっては、④当該行為の主宰者が宗教家であるかどうか、その順序作法（式次第）が宗教の定める方式に則ったものであるかどうかなど、当該行為の外形的側面のみにとらわれることなく、当該行為の行われる場所、当該行為に対する一般人の宗教的評価、当該行為者が当該行為を行うについての意図、目的および宗教的意識の有無、程度、当該行為の一般人に与える効果、影響等、諸般の事情を考慮し、社会通念に従って、客観的に判断しなければならない。そのうえで、本件起工式に関しては、宗教とかかわり合いをもつことは否定できないが、その目的が建築着工に際し土地の平安堅固、工事の無事安全を願い、社会の一般的慣習に従った儀礼を行うという専ら世俗的なものであり、その効果が神道を援助、助長、促進または他の宗教に圧迫、干渉を加えるものとは認められないので、憲法20条3項にいう宗教的活動にはあたらない、と判示した。

本判決以降，箕面忠魂碑訴訟（最三判平5・2・16民集47・3・1687），愛媛県玉串料訴訟（最大判平9・4・2民集51・4・1673）そして白山比咩神社訴訟（最一判平22・7・22集民234・337）といった同種の訴訟においても，目的効果基準による政教分離違反の審査が先例として踏襲されており，愛媛県玉串料訴訟においては，靖國神社と縣護國神社の祭事に献灯料などの名目で玉串料として公金を支出した愛媛県知事の行為が違憲と判断されている。ただ，北海道砂川市がその所有する土地をある町内会に同地取得の経緯から無償で提供し，その土地に神社の祠・鳥居・地神宮が設置されていたことが政教分離原則違反として争われた空知太神社訴訟（最大判平22・1・20民集64・1・1），同じく砂川市が神社施設の敷地として無償で利用させていた市有地を別の町内会に無償で譲与したことが政教分離原則違反として争われた富平神社訴訟（最大判平22・1・20民集64・1・128）において，最高裁は目的効果基準に拠ることなく問題とされた行為の憲法適合性審査を行い，前者では違憲，後者では合憲の判断を下している。

3　国家賠償訴訟で政教分離違反が争われた事例

　政教分離違反が疑われる国家の行為について裁判で争うには，上述した地方公共団体の行為が政教分離に違反するとして，住民訴訟（地自242条の2）で争う場合とは異なり，国家の行為が違憲であると主張して個人が原告として訴訟を提起する場合，国家賠償請求の形態をとるため，当該国家行為によって自己の権利ないし法的利益が侵害されたことを立証する必要がある。ところが，実際の訴訟においてその立証はきわめて困難である（［重要判例8-5］「山口県護國神社自衛官合祀事件」最大判昭63・6・1民集42・5・277および［重要判例8-6］「小泉首相靖國神社参拝事件」最二判平18・6・23集民220・573を参照）。

重要判例 8-5

山口県護國神社自衛官合祀事件（最大判昭63・6・1民集42・5・277）

（事実の概要）

　自身の意に反して夫（殉職自衛官）を県護國神社に祭神として合祀された妻（無教会派のクリスチャン）が，宗教的人権の侵害を理由として合祀申請を行った県隊友会（自衛官のOB組織）と申請に協力した自衛隊地方連絡部職員とを訴えた事件である。

第 8 講　精神的自由権

判旨

　本訴訟の第 1 審判決および上告審の伊藤裁判官反対意見は，静謐な宗教的環境の下で信仰生活を送る権利すなわち宗教的人格権の侵害があったと認めたが，最高裁大法廷の多数意見は，こうした宗教的人格権の権利・法的利益性を認めず，原告の訴えを退けた。

重要判例 8－6

小泉首相靖國神社参拝事件（最二判平18・6・23集民220・573）

事実の概要

　平成13年に当時の小泉首相が靖國神社参拝を行ったことにつき，「戦死した家族が靖國に祭神として祀られているわけではない」という自身の信条を害され精神的苦痛を受けたという人々が国家賠償を求めて訴えた事件である。

判旨

　最高裁は，「人が神社に参拝する行為自体は，他人の信仰生活等に対して圧迫，干渉を加えるような性質のものではないから，他人が特定の神社に参拝することによって，自己の心情ないし宗教上の感情が害されたとし，不快の念を抱いたとしても，これを被侵害利益として，直ちに損害賠償を求めることはできない。……本件参拝によって〔原告〕らに損害賠償の対象となり得るような法的利益の侵害があったとはいえない」と判示して，原告の訴えを退け，首相の靖國神社参拝の憲法適合性審査は行わなかった。

Topic 8－2

傍論での違憲判断

　首相の靖國神社参拝が政教分離原則に違反するかどうかについて，上述のように最高裁はそもそも権利侵害が存在しないという理由で，判断自体を行っていない。裁判所の司法権が「法の解釈・適用により法的な権利・義務に関する争いを解決する」権限であり，違憲審査権も裁判所本来の司法権の行使に必要な限りで行使されるというわが国の「司法審査制」の下では，最高裁のこの態度は正当なものである。しかし，首相靖國参拝をめぐる諸訴訟における下級審裁判例の一部には，原告の損害賠償の請求を棄却しつつ，判決の傍論（＝裁判所の見解ではあるが，裁判の結論を導いた法解釈である「判決理由」ではなく，先例としての意義は認められない）部分で違憲またはその疑いを表明するものもみられる（たとえば，大阪高判平17・9・30訟月52・9・2979など）。そうした態度は司法審査制の本質にもとるものであり，結局はみずからの権威や正統性を損なうものであることを，当該判断に関与した裁判官たちは理解しているのだろうか。

4 表現の自由

I 表現の自由の意義と内容

憲法21条1項は，後に述べる集会・結社の自由とともに，「言論，出版その他一切の表現の自由」を保障している。表現の自由とは，人の内心における精神作用を方法のいかんを問わず外部に公表する精神活動の自由をいう。この自由は，経済的自由権と比較しても，また同じ精神的自由権の中でも，とりわけ重要な人権と考えられており（「表現の自由の優越的地位」），その根拠として，①個人が言論活動を通じて自己の人格を発展させるという個人的な価値（自己実現の価値），および，②言論活動によって国民が政治的意思決定に関与するという民主政治の維持・発展に資する社会的価値（自己統治の価値）の実現にとって，この自由が不可欠であるということがあげられている。むろん，表現活動が対外的なものである以上，「公共の福祉」に基づく制限を免れないが，表現の自由の重要性に鑑みれば，その制限は必要最小限のものでなければならない。

なお，「報道の自由」（＝報道手段を通じて事実の伝達を行う自由）も表現の自由に含まれると考えられている。上述の自己実現および自己統治の価値を実現する表現活動の前提として，社会に関する事実が正しく報道されることが欠かせないからである。最高裁は，報道の自由が憲法21条によって保障されることを認めている。ただ，報道の前提となる報道機関による取材活動の自由については，憲法上尊重に値するとはしたものの，憲法上保障を受けるとはしていない（[重要判例8-7]「博多駅テレビフィルム提出命令事件」最大決昭44・11・26刑集23・11・1490）。

第8講　精神的自由権

重要判例 8-7

博多駅テレビフィルム提出命令事件（最大決昭44・11・26刑集23・11・1490）

事実の概要

　昭和43年，米原子力空母の日本寄港に反対する学生と警備の警察官が博多駅で衝突した事件の付審判請求の審理に際して，福岡地裁がNHK福岡放送局などに対して事件現場を撮影したテレビフィルムの提出を求めたことに対して，放送局側がその命令は取材活動の自由を妨げるとして争った事件である。

判旨

　最高裁は，「報道機関の報道は，民主主義社会において，国民が国政に関与するにつき，重要な判断の資料を提供し，国民の『知る権利』に奉仕するものである。したがって，思想の表明の自由とならんで，事実の報道の自由は，表現の自由を規定した憲法21条の保障のもとにあることはいうまでもない」として，報道の自由については，憲法21条により保障されていると判示した。一方，取材の自由に関しては，「報道機関の報道が正しい内容をもつためには，報道の自由とともに，報道のための取材の自由も，憲法21条の精神に照らし，十分尊重に値いするものといわなければならない」とするにとどまり，憲法21条により保障されているとまでは判断しなかった。

Ⅱ　表現の自由を規制する立法に対する違憲審査基準

1　二重の基準論

　精神的自由，とりわけ表現の自由を制限する法律の憲法適合性の判断にあたっては，経済的自由を制限する法律の憲法適合性判断に際してよりも厳しい基準に基づいて審査すべきという考え方があり，これを「二重の基準論」とよんでいる。上述した表現の自由の「優越的地位」を根拠として主張されているものである（第9講④Ⅰ参照）。

2　違憲審査の基準

　上述のとおり，表現の自由は外部的行為であるがゆえに他者や社会の利益と衝突することがあり，したがってなんらかの形での制限を免れないが，その「優越的地位」にかんがみ，これを規制する立法に対しては厳格な違憲審査を行うべきである。学説では，そのための客観的な判断枠組として次のような審査基準が提唱されている。

133

(1) 事前抑制原則禁止の法理　「事前抑制」とは，表現行為がなされる前に公権力がなんらかの方法で表現行為を抑制することをいう。事後抑制と比較して表現活動に及ぼす抑止的効果が大きいため，事前抑制の原則禁止は表現の自由の保障の重要な内容と一般に考えられている。最高裁判所は「表現行為に対する事前抑制は，表現の自由を保障し検閲を禁止する憲法21条の趣旨に照らし，厳格かつ明確な要件のもとにおいてのみ許容されうる」と判示し，この法理を明らかにしている（第6講「個人の尊重と幸福追求権」[重要判例6-4]「北方ジャーナル事件」最大判昭61・6・11民集40・4・872）。他方，最高裁は，憲法21条2項で絶対的に禁止されている「検閲」については，その概念を狭く解している（[重要判例8-8]「税関検査事件」最大判昭59・12・12民集38・12・1308を参照）。

重要判例 8-8

税関検査事件（最大判昭59・12・12民集38・12・1308）

事実の概要

　関税法（旧関税定率法）は，覚せい剤，大麻などの麻薬，拳銃，機関銃などの銃火器，特許権を侵害する物品などとともに，「公安又は風俗を害すべき書籍，図書，彫刻物その他の物品」の輸入を禁止している（関税69条の11第1項7号・旧定率21条1項3号）。ある図書輸入業者が，海外から輸入しようとした8ミリフィルム・書籍等を「風俗を害すべき」輸入禁制品である旨の通知を税関から受け（旧定率21条3項），税関長に対する異議申立（同条4項）も棄却されたため争った事件である。

判旨

　最高裁は，「憲法21条2項にいう『検閲』とは，行政権が主体となつて，思想内容等の表現物を対象とし，その全部又は一部の発表の禁止を目的として，対象とされる一定の表現物につき網羅的一般的に，発表前にその内容を審査した上，不適当と認めるものの発表を禁止することを，その特質として備えるものを指す」とし，こうした検閲の禁止は絶対的なものであり，公共の福祉を理由とする例外を許さないとした。そのうえで，①輸入を禁止される表現物は，国外においてすでに発表済みのものであるし，税関により没収，破棄されるわけではないので，発表の機会が全面的に奪われているわけではないこと，②税関検査は関税徴収手続に付随して行われるものであり，思想内容等それ自体を網羅的に審査し規制することを目的とするものではないこと，③税関長の通知がされたときは司法審査の機会が与えられており，行政権の判断が最終的なものとされているわけではないことを理由として，税関検査は憲法21条2項で禁止されている検閲には該当しないと判示した。

(2) 「漠然性ゆえに無効」の法理　表現行為に対して規制対象・内容が不明確な法律によって規制を加えると，制裁を恐れて表現の「委縮効果」が生ずるため，漠然不明確な表現規制立法は文面上無効とすべきであるという考え方である。この別名「明確性の理論」とよばれる原則は刑罰法規に関するものだが，表現活動に事前抑制を加える立法にも妥当する。「交通秩序を維持すること」を道路におけるデモ行進の許可条件とし，その違反に対して刑事罰を科す条例の憲法適合性が問題となった「徳島市公安条例事件」(最大判昭50・9・10刑集29・8・489) において，刑罰法規の定める犯罪構成要件があいまい不明確のゆえに憲法31条に違反し無効となる可能性があることを最高裁が明らかにしたことは，デモ行進が表現活動としての性格を有することから考えて注目に値する。

(3) 「より制限的でない他の規制手段 (less restrictive alternatives)」の法理 (LRA の法理)　あらゆる人権の制限は最小限度にとどまるべきである (憲13条後段) が，「優越的地位」を認めるべき表現の自由に関しては，これに対する制限が過度に広汎なものとなっていないか，より制限的でない他の規制手段 (less restrictive alternatives) によっても十分に規制目的を達成できるのではないかを，厳密に審査する必要がある。公務員の政治活動に対する制限は目的達成のため必要最小限度のものでなければならないと判示した下級審裁判例 (「猿払事件第一審判決」旭川地判昭43・3・25下刑集10・3・293)，同じく公務員の労働基本権に対する制限は合理性の認められる必要最小限度のものにとどめなければならないと判示した最高裁の旧判例 (「全逓東京中郵事件判決」最大判昭41・10・26刑集20・8・901) が，その点で参考になる。

(4) 「明白かつ現在の危険」の法理　ここにいう「明白かつ現在の危険」の基準とは，次の３つの要件が認められる場合にはじめて表現の自由に対する規制は許されるとする違憲審査基準である。すなわち，①ある表現行為がある実質的な害悪を近い将来において引き起こす蓋然性が明白であること，②その実質的害悪がきわめて重大で，その重大な害悪の発生が時間的に切迫していること，そして，③当該規制手段がその害悪を避けるために必要不可欠であること，である。この基準を用いた下級審裁判例はある (たとえば東京地判昭42・3・

27判時493・72など）が，最高裁判例では採用されていない。

Ⅲ　表現内容規制と表現内容中立規制

　表現活動に対する規制には，表現内容に着目しての規制と表現行為の態様
（時・場所・方法など）に着目しての規制とがあり，前者を「表現内容規制」，
後者を「表現内容中立規制」という。違憲審査については，前者に関しては
「厳格な審査」が必要だが，後者に関しては「より緩やかな審査」で足りると
解されている。

1　表現内容規制

　(1)　わいせつ表現の規制（刑175条）　　刑法175条は，「わいせつな文書，図
画……その他の物」の頒布，公然陳列および有償頒布目的の所持を処罰の対象
としている。最高裁は，「わいせつ」概念について，①通常人の羞恥心を害す
ること，②徒らに性欲の興奮，刺激を来たすこと，③善良な性的道義観念に
反すること，といういわゆる「わいせつ3要件」を明らかにし，わいせつ表現
規制の根拠を，性的秩序を守り最小限度の性道徳を維持することを内容とする
「公共の福祉」に求めている（「『チャタレー夫人の恋人』事件」最大判昭32・3・13
刑集11・3・997）。

　(2)　名誉毀損表現の規制（刑230条）　　他人の名誉を毀損する表現の制限に
際しては，個人の名誉と表現の自由との調整が必要となる。刑法230条の2は，
名誉毀損表現が「公共の利害に関する事実に係り，かつ，その目的が専ら公益
を図ることにあったと認める場合」に，「事実の真否を判断し，真実であるこ
との証明があったとき」の免責を認めている。この「真実であることの証明」
について，最高裁は，客観的に真実でなくても「行為者がその事実を真実であ
ると誤信し，その誤信したことについて，確実な資料，根拠に照らし相当の理
由があるときは，犯罪の故意がなく，名誉毀損の罪は成立しない」として，表
現の自由の保障に配慮を示している（「夕刊和歌山時事事件」最大判昭44・6・25
刑集23・7・975）。

2　表現内容中立規制

　表現態様すなわち表現の時間・場所・方法などに対する規制の例として，屋外広告物の規制，ビラの貼付・配布の規制，街頭演説の制限などがあげられる。表現内容を理由にするものではないので人権制限の程度は比較的緩やかなものと考えられ，判例も「必要且つ合理的な制限」であれば合憲と解している（「大阪市屋外広告物条例事件」最大判昭43・12・18刑集22・13・1549）。

5　集会の自由

I　集会の自由の意義と内容

　憲法21条1項は，表現の自由とあわせて集会・結社の自由を保障している。ここではまず集会の自由について検討する。集会とは，特定または不特定の多数人が一定の場所において事実上集まる一時的な集合体であり，集団としての意思を形成し，その意思を実現するために具体的な行動をとることを内容とする点で，「表現」と同一の性格をもつと考えられている。ただ，集会の自由には，人々が共通の目的をもって集団をなし共に行動することによって形成される相互交流や連帯感の醸成，集団行動によってみずからの主張を不特定多数の公衆に伝えるという参政権的機能といった，表現の自由一般にはない独自の意義があることは見逃せないところである。こうした集会の自由は，狭義の集会の自由に加えて，集団行進・集団示威行動（デモ行進）も「動く集会」としてその自由を保障するものである。

　集会の自由を保障するとは，集会の開催，目的や場所，集会への参加などについて，公権力が不当な制限を加えてはならないということを意味する。さらに，集会を行うために道路・公園・公会堂といった公共施設（いわゆる「パブリック・フォーラム」）が用いられることがあるが，こうした施設の使用を公権力によって不当に拒否されない権利として集会の自由が現れることもある（地自244条2項参照）。

Ⅱ　集会の自由の限界

　集会は多数人による一定の広さの空間の占拠を伴うものであり，会場となる施設の管理権によって制約されうる。とくに道路上での集団行進・集団示威行動は，必然的に道路交通に影響を及ぼすものなので，時間や態様の面での制限を受けざるを得ない。

1　施設管理権による制限

　上述のように，集会は公共施設を用いて行われることがあるが，こうした公共施設の利用につき許可を受けるべきことが法令で定められていることが多い（道交77条1項4号参照）。集会の自由に関しては，会場の他目的での利用との衝突や，複数の集会が競合する可能性があることを考えれば，その調整のための必要最小限度の制限はやむを得ないが，当該規制の合憲性の判断は，厳格に行われなければならない（[重要判例8-9]「上尾市福祉会館事件」最二判平8・3・15民集50・3・549を参照）。

┌─ **重要判例 8-9** ─────────────

上尾市福祉会館事件（最二判平8・3・15民集50・3・549）

（事実の概要）

　何者かに殺された幹部の合同葬を行うため，ある労働組合が上尾市福祉会館の使用許可を求めたところ，内ゲバ殺人の可能性があるとの報道などにかんがみ妨害による混乱のおそれがあり，上尾市福祉会館設置及び管理条例の定める「会館の管理上支障があると認められるとき」にあたるとして，不許可処分を受けたのを争ったものである。

（判旨）

　「（地方自治）法244条に定める普通地方公共団体の公の施設として，本件会館のような集会の用に供する施設が設けられている場合，住民等は，その施設の設置目的に反しない限りその利用を原則的に認められることになるので，管理者が正当な理由もないのにその利用を拒否するときは，憲法の保障する集会の自由の不当な制限につながるおそれがある。したがって，集会の用に供される公の施設の管理者は，当該公の施設の種類に応じ，また，その規模，構造，設備等を勘案し，公の施設としての使命を十分達成せしめるよう適正にその管理権を行使すべきである」。「公の施設の利用を拒むことができるのは，前示のような公の施設の利用関係の性質に照らせば，警察の警備等によってもなお混乱を防止することができないなど特別な事情がある場合に限られるものというべき

第 8 講　精神的自由権

である」として，本件不許可処分はこうした特別な事情があったとはいえないので違法
であると判示した。

2　公安条例による制限

　多くの自治体において，公共の場所での集会に公安委員会の許可を必要とす
る旨を定めた，いわゆる「公安条例」が制定されている。かつてこの条例の合
憲性が最高裁で争われたことがある。当初，最高裁は，「行列行進又は公衆の
集団示威行動」について，合理的かつ明確な基準の下に許可制を定め，特定の
場所または方法につき禁止することができる旨の規定を条例に設けることは許
されるが，一般的な許可制を定めて，これを事前に抑制することは許されない
との判断を示したが（「新潟県公安条例事件」最大判昭29・11・24刑集 8 ・11・1866），
後に，みずからの示した基準を緩和し，集会の自由の制限を広く許容する態度
を示すに至った（[重要判例 8 - 10]「東京都公安条例事件」最大判昭35・7 ・20刑集
14・9 ・1243を参照）。

──── 重 要 判 例 8 - 10 ────

東京都公安条例事件（最大判昭35・7 ・20刑集14・9 ・1243）

（事実の概要）

　東京都内で行われた学生運動のデモが，集団示威行動につき「場所のいかんを問わ
ず」許可制をとっている都公安条例に違反するとして起訴された事件である。

（判旨）

　最高裁は，破棄差戻しのうえ，次のように判示した。「集団行動による思想等の表現
は，単なる言論，出版等によるものとはことなつて，現在する多数人の集合体自体の力，
つまり潜在する一種の物理的力によつて支持されていることを特徴とする」。こうした
潜在的力は，煽動などによって暴力の行使に発展する危険性があるので，「法と秩序を
維持」するため公安条例による必要最小限度の事前措置はやむをえない。本件公安条例
は規定の文面上は許可制を採用しているが，許可することが原則となっているので実質
的には届出制と異ならないので，不当な制限とはいえない。集団行動が行われうる場所
を限定せず包括的に定め，またその行われる場所のいかんを問わないことは，集団行動
の性質上やむを得ない。

139

6 結社の自由

Ⅰ 結社の自由の意義と内容

結社とは，特定の多数人が共同の目的のため任意に継続的な結合をなし，組織された意思形成に服する団体のことである。集団としての意思を形成し，それを集団として外部に表明する点で，前述した集会と同様，「表現」と同一の性格を有するといえる。また，集会と同様に，人々が集団をなし共に行動することによる相互交流や連帯感の醸成，参政権的機能といった独自の意義も見出せる。

結社の自由を保障する意味は，人が団体の結成，団体への加入，団体加入の継続などにつき公権力の介入を受けないこと，そして，団体が団体としての意思を形成し，その意思を実現するための活動を行うにつき公権力の介入を受けないことにある。

Ⅱ 結社の自由に対する制限

結社の自由についても，集会の自由と同様，「公共の福祉」のため必要最小限度の制限が認められる。破壊活動防止法は，公共の安全を確保するため，「団体の活動として暴力主義的破壊活動を行った団体」が継続または反復して将来さらに同様の活動を行うおそれがあるときは，半年の期間・地域を定めて集会や集団示威行為を禁止し（破防5条1項1号），これらの規制でも十分でないときは当該団体の解散の指定を行うことができるとしている（破防7条）。また，オウム真理教による「地下鉄サリン事件」（平成7［1995］年）をうけて，同教団を対象とする「無差別大量殺人行為を行った団体の規制に関する法律」（平成11［1999］年）が制定されており，同教団に対する観察処分および再発防止処分が規定されている（団体規制5条・8条）。

7 学問の自由

Ⅰ 学問の自由の意義

　憲法23条は，「学問の自由は，これを保障する」と定める。こうした規定を
もたない明治憲法の下で，京都帝国大学教授の瀧川幸辰がその自由主義的な刑
法学説を理由として休職処分となったことに端を発した「京大瀧川事件」（昭
和8［1933］年），天皇機関説を唱えたことを理由として東京帝国大学教授で貴
族院議員であった美濃部達吉が著書発禁の処分などを受けた「天皇機関説事
件」（昭和10［1935］年）といった大学における学問研究の自由を侵害する事件
が起きたことが，現行憲法で学問の自由を保障することとなった背景にある。
こうした歴史的経緯から，本条は，個人の人権としての学問の自由を保障する
とともに，「大学の自治」を制度として保障するものと解されている。

Ⅱ 学問の自由の内容

　人権として保障される学問の自由の内容は，①真理探究のための研究活動の
自由（学問研究の自由），②学問研究の成果を外部に発表する自由（研究発表の
自由），③研究内容を学生等に対して教授する自由（教授の自由）の3つとされ
る。このうち「教授の自由」に関しては，主に大学教育において認められ，教
授内容を批判する能力を備えていない児童・生徒を対象とする初等・中等教育
機関の普通教育では，教師に完全な教授の自由を認めることはとうてい許され
ないが，一定の範囲における教授の自由は認められると解される（「旭川学力テ
スト事件」最大判昭51・5・21刑集30・5・615）。

Ⅲ 大学の自治

　憲法23条は，国家権力が大学当局への干渉を通して，個々の研究者の学問の
自由を侵害することのないように「大学の自治」を制度として保障していると
解される。大学の自治とは，とくに大学の教授その他の研究者の人事が大学の

自主的判断に基づいて行われることを意味し，大学の施設・学生の管理に関しても，一定程度に大学の自主的な秩序維持の権能が認められる（[重要判例8-11]「東大ポポロ事件」最大判昭38・5・22刑集17・4・370を参照）。

重要判例 8-11

東大ポポロ事件（最大判昭38・5・22刑集17・4・370）

（事実の概要）

　東大構内で，学生団体「劇団ポポロ」が「松川事件」をテーマにした演劇を上演中，同大の学生たちが会場内に私服警官がいるのを発見，これを追及し，暴行を加え，警察手帳を取り上げたとして，刑事責任を問われた事件である。

（判旨）

　最高裁は，大学における学問の自由を保障するために，伝統的に大学の自治が認められていること，この自治が教員人事だけでなく大学の施設と学生の管理についてもある程度認められ，そうした大学の自治の効果として，学生も学問の自由と施設の利用を認められるとした。しかし，学生の集会が真に学問的な研究またはその結果発表のためでなく，実社会の政治的社会的活動に当たる行為をする場合は，大学の特別な学問の自由と自治は享有しないとし，集会に警官が立ち入ったことは大学の自治を犯すものではないと判示した。

8　婚姻の自由

I　憲法24条の趣旨

　憲法24条は，婚姻（法律婚）が両性の合意のみに基いて成立し，夫婦が同等の権利を有すべきこと（憲24条1項），および家族制度を定める法律が「個人の尊厳と両性の本質的平等」に立脚して制定されるべきこと（同条2項）を規定している。この規定は，日本国憲法が掲げる「個人の尊重」原理（憲13条前段）や法の下の平等（憲14条）という価値観に基づき，わが国戦前の「家制度」を解体し，制度化されるべき新たな家族像を示したものと解される。

II　婚姻の自由の内容と限界

　憲法24条1項は，婚姻が両性の合意のみに基づく契約的関係であることを要求しており，当事者以外の第三者の同意を婚姻の成立あるいは有効要件とする

ことは許されない。この「婚姻の自由」には，婚姻をしない自由および婚姻を解消する自由（離婚する自由）も含まれる。

　民法は，婚姻適齢（民731条），重婚の禁止（民732条），女性の一定期間の再婚禁止（民733条1項），近親婚の禁止（民734条），未成年者の婚姻に関する父母の同意（民737条・平成30年削除，令和4年4月1日施行）などを規定し，婚姻の自由に一定の制限を加えている。これらの制限は，心身の未熟な未成年者に対するパターナリスティックな配慮（民731条・737条。なお，第6講 ② Ⅲ〔Topic 6 - 2〕も参照），父性推定の重複回避（民733条），遺伝学的な問題の発生防止ないし家族に関する倫理・道徳の維持（民732条・734条）などを趣旨とするものと考えられるが，こうした規制目的の必要性および（必要な規制目的を達成するための）規制手段の合理性，そして婚姻の自由の制限ができるかぎり少ないものであることが求められよう。その点で，民法733条1項が定める6ヵ月間という女性の再婚禁止期間は，父性推定の混乱防止という立法目的に照らしても不当に長いと批判されていたが，同規定は最高裁大法廷による違憲判断（最大判平27・12・16民集69・8・2427）をうけて平成28年に改正され，現在では再婚禁止期間は100日間となっている。

確 認 問 題 ···

(1) 次の①〜④のうち，最高裁判所が憲法上保障されていると認めているものを1つ選びなさい。
　① 宗教的人格権
　② 報道の自由
　③ 報道機関による取材活動の自由
　④ 初等・中等教育における教員の完全な教授の自由

(2) 次の①〜④のうち，表現の自由に対する内容規制に該当するものを1つ選びなさい。
　① 駅構内でのビラ配布の禁止
　② 街頭演説の夜間禁止
　③ 未成年者保護のための「有害図書」指定
　④ 選挙における戸別訪問の禁止

| 第9講 | 経済的自由権 |

ポイント

① 経済的自由権が精神的自由権よりも強い制限を受ける理由は何か。

② 国籍法が定める国籍の取得・喪失の要件とは何か。

③ 職業の自由に対する規制に関する，いわゆる「規制目的二分論」とはどういうものか。

④ 法律によらない財産権の制限は認められるか。

1 経済的自由権の意義

職業選択の自由，居住・移転の自由および財産権を経済的自由権と総称する。これらは，近代市民革命期にはとりわけ強調された権利であるが，大衆社会化の進展に伴い福祉国家観が普及するにつれて，弱者救済などを目的とする高度の政策的規制に服するものとなっていった。憲法22条１項および29条２項が，憲法13条との重複をいとわず「公共の福祉」に言及しているのは，今日における経済的自由権が，近代初期の自由放任国家におけるように「神聖不可侵」（フランス人権宣言17条）なものでは，もはやないことを示している。

2 居住・移転の自由

Ⅰ 居住・移転の自由の意義と内容

憲法22条１項は，職業選択の自由とともに居住・移転の自由を保障している。この自由の意味は，自らの好む場所に居住し，あるいは移転するのを公権力によって妨げられないことであり，一時的な旅行の自由もこれに含まれると解さ

れる。

　封建体制の下では，農耕生産者としての人民は，身分を固定され特定の耕作地に縛られていた。近代市民社会および資本主義経済は，人民に対するこうした身分的・地理的な束縛を解き放つことによって形成・発展を遂げたのである。憲法22条1項が，居住・移転の自由を職業の自由とあわせ規定しているのは，憲法史的に見て，両者が経済的自由権の中心的な内容をなすものだからと考えられる。

　ただ今日では，空間的移動およびそれに伴う他者や自然との接触が個人の人格形成ないし精神的成長にもたらす影響の重要性に鑑み，居住・移転の自由を，経済的自由としてだけでなく，精神的自由の側面も有する多面的なものとして把握する必要がある。世界人権宣言（13条1項・23条1項）やドイツ連邦共和国基本法（11条1項・12条1項）が，居住・移転の自由を職業選択の自由・営業の自由と別個に規定しているのは，そうした考えに基づくものであろう。

II　居住・移転の自由に対する規制

　上述のように，居住・移転の自由が単なる経済的自由であるにとどまらない以上，22条1項が「公共の福祉」に基づく自由の制限を明文で示唆しているからといって，積極的・政策的規制に無条件に服すると考えるべきではなく，この自由を規制する立法の合憲性を判断するに際しては，当該規制の必要性および規制目的と規制手段との合理的関連性を厳格に審査することが求められよう。現行法において居住・移転の自由を制限している例としては，刑事訴訟法による刑事被告人の住居制限（刑訴95条），破産法による破産者に対する居住地制限（破産37条1項）などがあるが，いずれも合理的な制限と解されている。

3　外国移住の自由・国籍離脱の自由

I　外国への移住の自由

　憲法22条2項は，「何人も，外国に移住……する自由を侵されない」として，

個人が外国に住所を移す自由を保障している。この自由は，移住希望先の外国側による受入れを前提とするが，当然のことながら，外国に対して移住の受入れを義務づけるものではない。本項の趣旨は，あくまでわが国が日本国民たる個人の外国への移住を禁じてはならないという点にある。

II　海外渡航の自由

外国への移住の自由と関連して，一時的に外国を旅行する「海外渡航の自由」も，憲法上保障されていると一般的に考えられており，その条文上の根拠については見解が分かれている。通説・判例（「帆足計事件」最大判昭33・9・10民集12・13・1969）の立場は，「海外渡航の自由」の条文上の根拠を憲法22条2項に求めている。この立場に従えば，憲法22条2項は，「外国への移住」と「外国旅行」を含む，国外への移動の自由を広く保障する規定ということになる。ただ，外国「旅行」はあくまで一時的なものであり，「移住」ではなく「移転」であるとして憲法22条1項に根拠を求める見解，あるいは，「旅行」は国内であると海外であるとを問わず「移住」にも「移転」にも該当しないが，「一般的な自由または幸福追求の権利の一部分をなしている」として憲法13条に根拠を求める見解（前述「帆足計事件」における田中耕太郎・下飯坂潤夫両裁判官補足意見）も有力である。

III　外国人の出入国の自由

日本国民が享有する外国移住ないし海外渡航の自由と関連して，日本への入国の自由が外国人に憲法上保障されるかどうかが問題となるが，最高裁判所は「国際慣習法上，外国人の入国の許否は当該国家の自由裁量により決定し得る」（「外国人不法入国事件」最大判昭32・6・19刑集11・6・1663）と判示している。これと同様に，外国人が日本から出国する自由も，日本国憲法上の自由の問題ではなく，もっぱら国際慣行ないし国際慣習法上の問題である。世界人権宣言13条2項は「すべて人は，自国その他いずれの国をも立ち去り，及び自国に帰る権利を有する」とし，国際人権規約（B規約）12条も「すべての者は，いずれ

第 9 講　経済的自由権

の国（自国を含む。）からも自由に離れることができる」（2項），「何人も，自国
に戻る権利を恣意的に奪われない」（4項）と定めている。外国人の出国をみだ
りに妨げてはならないのは，わが国の国際法上の義務なのである。

> **Topic 9-1**
>
> ### 外国人の再入国の自由
>
> 　本文中で述べたように，外国人の日本への入国が憲法上の権利でない以上，再入国
> も基本的には同様と考えられる。かつて外国人登録法によって義務づけられていた指
> 紋押捺（平成12年に制度全廃）を拒否したことを理由として法務大臣から再入国不許
> 可処分を受けた在留外国人が不許可処分の取消しと国家賠償を求めた「森川キャサリ
> ーン事件」において，最高裁は「我が国に在留する外国人は，憲法上，外国へ一時旅
> 行する自由を保障されているものでない……」と判示している（最一判平4・11・16集
> 民166・575）。ただ，この事例のように，わが国に長期間在留し生活の本拠を置く「定
> 住外国人」による在留期間中の一時的な海外旅行についても，新規入国と同様の扱い
> をするのが妥当かどうか，若干の疑問は感じるところである。なお，平成21年の出
> 入国管理及び難民認定法（入管法）改正により，現在では，1年以内の海外旅行につ
> いては原則として再入国許可は不要となっている（入管26条の2第1項・2項）。

Ⅳ　国籍離脱の自由

　国籍とは，特定の国家の構成員としての資格を意味する。憲法22条2項は，
「何人も，……国籍を離脱する自由を侵されない」として，個人の自由な意思
に基づく日本国籍からの離脱を基本権として保障している。これをうけて，国
籍法は「日本国民は，自己の志望によつて外国の国籍を取得したときは，日本
の国籍を失う」（国籍11条1項），「外国の国籍を有する日本国民は，法務大臣に
届け出ることによつて，日本の国籍を離脱することができる」（国籍13条1項）
と規定し，自らの意思に基づく国籍離脱を認めている。

　ただ，本人の志望による国籍離脱に対しては，上記の国籍法の諸規定に見ら
れるように，外国籍の保持または取得という条件が付されている。こうした制
限は，国際社会の共通了解となっている無国籍者の発生防止を目的とするもの

である（第6講①Ⅱ1参照）。日本国憲法が保障する「国籍離脱の自由」には「無国籍になる自由」は含まれない。世界人権宣言も「国籍を変更する権利」を認めるにとどまっている（世界人権15条2項）。

4 職業選択の自由

Ⅰ 職業選択の自由の内容と限界

憲法22条1項は，「何人も，公共の福祉に反しない限り，……職業選択の自由を有する」と規定している。この条文は，一般的には，自らの望む職業に就く自由だけでなく，各人が選択した職業を遂行する自由も保障する趣旨と理解されている。つまり本条は，前者の「（狭い意味での）職業選択の自由」，後者の「職業遂行の自由」をともに含む，広い意味での「職業の自由」を保障する規定といえる。そして，職業遂行上の様々な活動のうち，営利を目的として継続して行われる自主的な活動である「営業」を行う自由も，この「職業（遂行）の自由」に含まれる。判例も「職業選択の自由を保障するというなかには，広く一般に，いわゆる営業の自由を保障する趣旨を包含しているものと解すべき」としている（後述［重要判例9-1］「小売市場距離制限事件」最大判昭47・11・22刑集26・9・586）。

職業の自由は，本質的に社会的・経済的な活動にかかわるものであり，大勢の人々に直接に影響を及ぼすので，純粋な精神的自由と比べて公権力による規制の要請が強い。また精神的自由と異なり，消極的・警察的目的からの内在的制約に加えて福祉国家的観点からの政策的制約も被るなど，広汎な制約に服している。後述するように，経済的自由を規制する法律に対する違憲審査については，精神的自由を規制する法律に対する場合よりも立法府の裁量が尊重されるというのが学説・判例に共通の立場であり，その分，職業の自由の人権としての強度は相対的に弱いといえよう。しかし個別の事例に着目すると，裁判所は，規制目的の相違に応じて異なる違憲審査基準を設け，規制目的と規制手段との合理的関連性の有無を厳しく吟味するなどして丹念に違憲審査を行ってお

148

り，実際，最高裁判所の歴史上数少ない法令違憲判決も出されている（後述
［重要判例 9 - 2 ］「薬局距離制限事件」最大判昭50・4・30民集29・4・572）。

Ⅱ　職業の自由に対する規制の類型

1　消極的・警察的規制

　職業の自由は，その行使が他者の権利・自由を侵害する場合ないし侵害する
危険がある場合には制限を受ける。これはあらゆる人権に共通する「公共の福
祉」（憲13条後段）に基づく内在的制約である。こうした「自由な職業活動が社
会公共に対してもたらす弊害を防止するための」（後述［重要判例 9 - 2 ］「薬局
距離制限事件」最大判昭50・4・30民集29・4・572）消極的・警察的規制の例とし
ては，善良な風俗の維持を目的とした風俗営業法による「風俗営業」の許可制，
公衆衛生の維持を目的とした食品衛生法による食品販売等に関しての検査その
他の規制，薬事法による医薬品の製造・販売に関する各種の規制，および公衆
浴場法による公衆浴場営業の許可制などが挙げられる。

2　積極的・政策的規制

　職業の自由は，消極的・警察的規制に加えて，社会的・経済的な弱者に対す
る援助・救済といった福祉国家的ないし社会国家的観点（憲法25条 2 項参照）
から規制を受けることがある。こうした積極的・政策的規制にも服することが，
職業の自由その他各種の経済的自由権と精神的自由権との大きな違いである。
憲法13条は人権一般に対する公共の福祉による制約を規定しているが，憲法22
条 1 項が職業選択の自由につき「公共の福祉に反しない限り」ととくに規定し
ているのは，積極的・政策的規制の可能性を文言上示唆するものと解される。
判例もこのことを認めている（［重要判例 9 - 1 ］「小売市場距離制限事件」最大判
昭47・11・22刑集26・9・586）。

重要判例 9-1

小売市場距離制限事件（最大判昭47・11・22刑集26・9・586）

事実の概要

被告人Ａは市場経営を行っていた。小売市場調整特別法３条１項は政令で指定する市において，八百屋，魚屋などで一定規模以上の小売市場の開設について，都道府県知事の許可によるべきことを定めている。大阪府は「許可基準内規」を作成し，小売市場間に700メートルの距離制限を設けていた。ところがＡは無許可で小売市場を建設し，小売商人に店舗を貸し付けた。このためＡおよびＡの経営する会社Ｘは，同法違反を理由に起訴され，罰金刑に処された。第１審，第２審ともこれを支持したために，被告人らは上告した。

判旨

上告棄却。「……個人の経済活動に対する法的規制は，個人の自由な経済活動からもたらされる諸々の弊害が社会公共の安全と秩序の維持の見地から看過することができないような場合に，消極的に，かような弊害を除去ないし緩和するために必要かつ合理的な規制である限りにおいて許されるべきことはいうまでもない。のみならず，……憲法は，全体として，福祉国家的理想のもとに，社会経済の均衡のとれた調和的発展を企図しており，……経済的劣位に立つ者に対する適切な保護政策を要請している……。憲法は，国の責務として積極的な社会経済政策の実施を予定しているものということができ，個人の経済活動の自由に関する限り，個人の精神的自由等に関する場合と異なつて，右社会経済政策の実施の一手段として，これに一定の合理的規制措置を講ずることは，もともと，憲法が予定し，かつ，許容するところ」であるとして，当該特別措置法を合憲とした。

Ⅲ　職業の自由に対する規制の手段

職業の自由に対する規制は，管理売春の禁止（売春防止法12条参照）のように業務内容の反社会性に鑑みて特定の職業自体を一律に禁止するという最も厳しい態様から，食品・薬品のように人の身体に直接かかわりを持つような物品の製造・販売等につき一定の基準を設け，検査・監視・指導によってその遵守を求めたり，基準違反に対して製造・販売の禁止を行ったりするといったあり方（食品衛生法，薬事法等参照）に至るまで，多種多様な形で行われている。

公共の福祉を理由として（狭義の）職業選択の自由を制限する場合に用いられる主な規制手段としては，次のものがある。①人の行動を行政目的で取り締

まる場合に，その行動を一般的に禁止した上で，特定の人がその行動に出ても
害がない場合に個別的に禁止を解除する許可制，②その行動を事前または事後
に行政庁に届け出ることを義務づける届出制，③人の生命・安全に関わり，あ
るいは高度の専門知識を要する職業に関しては，国家または地方公共団体によ
り資格を認定された者に限り就業を許す資格制，④電気・ガス・鉄道など公益
性の高い事業に関して国家が特定の私人にのみ独占的営業を認める特許制など
がある。

Ⅳ　職業の自由を規制する立法に対する違憲審査基準

　職業の自由を規制する立法の合憲性を審査する場合の基準・判断方法に関し
て，最高裁判所は，昭和30年代頃までは，法律制定時に示された立法趣旨を鵜
呑みにしてそれをそのまま「公共の福祉に合致する」と結論づけるといった，
違憲審査のあり方としては「粗い公共の福祉論」に依拠していた（「公衆浴場距
離制限事件」最大判昭30・1・26刑集9・1・89）。しかし，昭和40年代以降，人権
制限立法の憲法適合性審査に際し，人権の性質，規制の目的と必要性，規制手
段と規制目的との合理的関連性を精査するという態度を示すようになった。最
高裁は，昭和47年，前出の「小売市場距離制限事件」（[重要判例9-1]最大判
昭47・11・22）判決において，立法府の政策技術的な裁量を尊重し，国が社会経
済政策実施の手段として行う個人の経済活動に対する法的規制措置は「著しく
不合理であることの明白である場合に限つて」違憲となるという原則を示し，
職業の自由に対する積極的・政策的規制の手段としての距離制限を合憲とした。
ところが，昭和50年には，次に述べる「薬局距離制限事件」の判決において，
同じ距離制限を薬局開設の許可条件とした改正薬事法の規定につき，規制の目
的・必要性・合理性を厳格に審査し，法令違憲の判断を下している（[重要判
例9-2]最大判昭50・4・30民集29・4・572を参照）。

重要判例 9-2

薬局距離制限事件（最大判昭50・4・30民集29・4・572）

事実の概要

　昭和35年制定の薬事法は，医薬品等の品質，有効性および安全性の確保のために必要な規制として，薬局開設につき許可制を採っていた。同法は昭和38年に改正され，薬局の開設許可につき新たに距離制限が導入された。同法の委任をうけて広島県は条例で「おおむね100メートル」という基準を設けた。この規定に基づき薬局開設の不許可処分を受けた者が，薬局開設に距離制限を設けるのは違憲であるとして，処分の取消しを求めて出訴した。

判旨

　「一般に許可制は，単なる職業活動の内容及び態様に対する規制を超えて，狭義における職業の選択の自由そのものに制約を課するもので，職業の自由に対する強力な制限であるから，その合憲性を肯定しうるためには，原則として，重要な公共の利益のために必要かつ合理的な措置であることを要」する。そして「それが社会政策ないしは経済政策上の積極的な目的のための措置ではなく，自由な職業活動が社会公共に対してもたらす弊害を防止するための消極的，警察的措置である場合には，許可制に比べて職業の自由に対するよりゆるやかな制限である職業活動の内容及び態様に対する規制によつては右の目的を十分に達成することができないと認められることを要する」。

　本件距離制限は「主として国民の生命及び健康に対する危険の防止という消極的，警察的目的のための規制措置であり，そこで考えられている薬局等の過当競争及びその経営の不安定化の防止も，それ自体が目的ではなく，あくまでも不良医薬品の供給の防止のための手段であるにすぎない」。薬局開設につき許可制を取ることそれ自体は「不良医薬品の供給……から国民の健康と安全とをまもるために，業務の内容の規制のみならず，供給業者を一定の資格要件を具備する者に限定」するもので「公共の福祉に適合する目的のための必要かつ合理的措置」といえる。

　しかし，「薬局等の偏在――競争激化――部薬局等の経営の不安定――不良医薬品の供給の危険又は医薬品乱用の助長の弊害という事由」は，本件規制の「国民の生命及び健康に対する危険の防止という消極的，警察的目的」を達成するための手段として，距離制限という職業選択それ自体の自由に対する強力な規制を行う必要性および合理性を認める根拠として十分でないとして，薬事法の距離制限を定めた条項は憲法22条1項に違反し，無効であるとした。

Ⅴ　いわゆる「規制目的二分論」について

　小売市場事件から薬事法事件に至るこうした判例の推移から，経済的自由権

一般の規制に関して，消極的・警察的規制の場合には当該規制の必要性・合理性を厳しく審査する「厳格な合理性の基準」で違憲審査が行われ，積極的・政策的規制の場合には当該規制措置が「著しく不合理であることが明白である場合に限つて」違憲とする「明白性の原則」によって違憲審査が行われているという指摘がなされる。

　この「規制目的二分論」に対しては，違憲審査基準の明確化といった面から肯定的に評価する見解がある一方で，規制目的が必ずしも消極的か積極的かのいずれかに割り切れるとは限らないこと，そもそもなぜ消極目的なら厳格に審査し，積極目的なら広汎な立法裁量を認めるのかが明らかではないことなどを理由として，それを批判する見解もある。実際，その後の最高裁判例には，酒類販売業の免許制が争われた事件（最三判平4・12・15民集46・9・2829），森林法事件（後述［重要判例9-3］最大判昭62・4・22民集41・3・408）などのように，規制目的二分論によらずに憲法適合性を判断しているものもある。

Topic 9 - 2

公衆浴場の距離制限

　本文では詳しく触れなかったが，公衆浴場法により公衆浴場（銭湯）開業の許可条件として設けられている距離制限の憲法適合性に関しては，昭和30年の最高裁大法廷判決（最大判昭30・1・26刑集9・1・89）が「公衆浴場の偏在及び濫立を防止」するための合理的規制と判断して以来，合憲とされ続け，この規定自体は現在も効力を有している。ただここで，「銭湯の濫立」という事態を想像できない読者もいるのではないか。この距離制限規定が設けられたのは昭和25年，日本は敗戦後間もなく，自家用風呂を持つ家庭が少なかった時代で，銭湯への需要が多々あった頃である。距離制限は，ある程度の儲けが期待できるので皆が銭湯を作ろうとして陥った過当競争状態を緩和ないし解消するため，既存の業者の要望によって導入されたもの。自家用風呂が当たり前となった今日においては，風呂のない家屋にしか住めない人々に欠かせない厚生施設としての既存の銭湯の営業をどうやって存続させるかといった観点から，この制限の意義を捉えなおす必要がある（銭湯の距離制限に積極目的を見出す，最二判平元・1・20刑集43・1・1および最三判平元・3・7集民156・299を参照のこと）。

5 財産権の保障

I 財産権の内容

憲法29条1項は,「財産権は,これを侵してはならない」と定め,各人の有する財産権に対する公権力による制限を原則的に禁止している。こうした財産権の不可侵は,フランス人権宣言が「所有の神聖不可侵」を謳っている（17条）ことに示されるように,市民革命によって創出された近代社会をアンシャン・レジーム（旧体制）と分かつ根本原理であった。わが国でも明治憲法27条1項が「日本臣民ハ其ノ所有権ヲ侵サルヽコトナシ」という文言でこの原理を確認しており,現行憲法の規定もこれを踏襲するものといえる。

しかし,こうした財産権の不可侵は現代においては絶対性をもつものではない。近代市民社会から現代大衆社会への移行のなかで,財産権不可侵の原則に対して福祉国家原理からの修正が漸次加えられるに至り,財産権の保障はその限りで相対的なものへと変容を遂げた。憲法29条2項が「財産権の内容は,公共の福祉に適合するやうに,法律でこれを定める」としているのは,財産権が福祉国家的な「公共の福祉」に基づく高度な政策的規制に服する可能性を条文上示すものと解されている。

II 財産権に対する規制の態様

財産権は他の人権と比較して社会性を強く帯びた権利であり,その分だけ公権力による広汎かつ強度の規制に服している。まず,消極的・警察的規制の例としては,社会における保健・衛生・安全に対する危害の発生を防止するための規制（宅地造成等規制法16条や消防法5条・29条など）があり,民法209条以下の相隣関係にかかわる規制も,財産権の社会性に由来するものといえよう。他方,積極的・政策的規制としては,借地人・借家人の保護を目的とする借地借家法の諸規制などがその例として挙げられる。

第9講　経済的自由権

Ⅲ　財産権を制限する立法に対する違憲審査基準

　最高裁判所は，財産権を制約する法令の憲法適合性について，当該財産権の性質，内容変更の程度，変更されることにより保護される公益の性質などを総合的に勘案して判断を行っており，規制手段が立法目的を達成するために必要もしくは合理的なものであるかを厳密に審査しており，法令違憲の判断を下したケースもある（[重要判例9-3]「森林法共有林事件」最大判昭62・4・22民集41・3・408を参照）。

重要判例 9-3

森林法共有林事件（最大判昭62・4・22民集41・3・408）

事実の概要

　森林法186条は「森林の共有者は，民法256条1項（共有物の分割請求）の規定にかかわらず，その共有に係る森林の分割を請求することができない。但し，各共有者の持分の価額に従いその過半数をもって分割の請求をすることを妨げない」と規定していた。本事件は，持分2分の1ずつで山林を共有していた兄弟の一方が他方を相手取って同山林の分割を請求したものである。最高裁は，大略以下のように論じて本件規定を違憲とした。

判旨

　「財産権に対して加えられる規制が憲法29条2項にいう公共の福祉に適合するものとして是認されるべきものであるかどうかは，規制の目的，必要性，内容，その規制によつて制限される財産権の種類，性質及び制限の程度等を比較考量して決すべきものであ」り，裁判所は「立法の規制目的が……公共の福祉に合致しないことが明らかであるか，又は規制目的が公共の福祉に合致するものであつても規制手段が右目的を達成するための手段として必要性若しくは合理性に欠けていることが明らかであつて，そのため立法府の判断が合理的裁量の範囲を超えるものとなる場合に限り」違憲と判断できる。

　森林法186条の立法目的は「森林の細分化を防止することによつて森林経営の安定を図り，ひいては森林の保続培養と森林の生産力の増進を図り，もつて国民経済の発展に資すること」にあり，「公共の福祉に合致しないことが明らかであるとはいえない」が，「森林が共有となることによつて，当然に，その共有者間に森林経営のための目的的団体が形成されることになるわけではなく，また，共有者が当該森林の経営につき相互に協力すべき権利義務を負うに至るものではないから，森林が共有であることと森林の共同経営とは直接関連するものとはいえない」ので，本件規制は「森林経営の安定を直接的目的とする……森林法186条の立法目的と……合理的関連性があるとはいえ」ない。したがって，同条項は憲法29条2項に反して，無効であるとした。

155

Ⅳ　条例による財産権制限の可否

　憲法29条 2 項は，財産権の内容が公共の福祉に適合するよう「法律で」定められると規定しているが，ここでいう法律がもっぱら「形式的意味の法律」を指すのか，つまりこの規定が，財産権に対しては国会制定法による制限のみを認め，憲法94条に基づく自治立法である「条例」による制限を許さない趣旨なのかが問題となる。現在の学説の大勢は，国の法令の範囲内であれば（憲94条，地自2条2項・同14条1項参照），取引を不可能にしたり，あるいは取引の安全を害したりするような性質の規制でない限り，条例によって財産権を規制しうるという見解に従っている（第19講「地方自治」［重要判例19‐2］「奈良県ため池条例事件」最大判昭38・6・26刑集17・5・521を参照のこと）。

Ⅴ　財産権の収用・制限と損失補償

　憲法29条 3 項は，「私有財産は，正当な補償の下に，これを公共のために用ひることができる」と規定している。こうした私有財産の公用収用は，近代初期の財産権不可侵が説かれた時期においても認められていた（フランス人権宣言17条）のであり，その意味で，財産権に対する憲法的保障の意義は，収用の対価としての補償額をどれだけ被収用財産の価額に近づけるかという点に帰着することになろう。そう考えた場合，本項を解釈する上で最も重要なのは「正当な補償」とはどの程度の補償かという問題である。

1　補償の要否を判断する基準

　損失補償は，憲法29条 3 項に基づく特定人の私有財産の収用の場合に限らず，同条 2 項に基づく法律による一般的な財産権制限であっても，それが財産権の剥奪またはその本来の効用を妨げるような強度の制限が行われる場合にも必要とされる。そしてその程度に至らない制限であっても，積極的な公益目的のためにする特定の財産権の制限（たとえば，重要文化財の環境保全のための制限など）には補償を要するが，社会的共同生活との調和のための制限（たとえば，建築基準法に基づく建築の制限など）には補償を要しないと解されている。

156

補償の要否を判断する基準として，①財産権の制限が広く一般人を対象とするものか，あるいは特定の個人ないし集団を対象とするか（形式的基準）と，②財産権の制限が内在的制約として受忍すべき限度内か，あるいはそれを超えて財産権の本質的内容を侵害するほどに強度のものか（実質的基準）によって総合的に判断を行うという形式・実質基準説が通説となっている。

2　「正当な補償」の意味

財産権の規制に際して行われる「正当な補償」の内容に関しては，従来，完全補償説と相対補償説との対立があった。前者は被侵害財産の客観的な市場価格を全額補償すべきであるという考え方であり，後者は被侵害財産につき合理的に算出された相当な額であれば市場価格を下回っても「正当な補償」であるとする考え方である。

本来，損失補償は，適法な権力行使によって生じた損失を個人に負担させず，平等原則に基づき国民が一般的に負担するという趣旨に出た制度であって，そこでの「正当な補償」は原則的に完全補償以外ではありえない。最高裁も「土地収用法における損失の補償は，特定の公益上必要な事業のために土地が収用される場合，その収用によつて当該土地の所有者等が被る特別の犠牲の回復をはかることを目的とするものであるから，完全な補償，すなわち，収用の前後を通じて被収用者の財産価値を等しくならしめるような補償をなすべきであ」ると判示している（最一判昭48・10・18民集27・9・1210）。

VI　補償規定のない法令に基づく財産権制限の合憲性

私有財産の収奪・制限に伴う補償請求は，通常は関係法規の具体的規定に基づいて行われる（土地収用68条以下）が，そこで問題となるのが補償に関する具体的規定を欠く法令の合憲性の如何である。これに関しては，①憲法上必要とされる補償規定を欠く法令は違憲無効であり，それに基づく財産権侵害は認められないとする学説と，②補償規定を欠く法令による財産権侵害であっても被侵害者は憲法29条3項を根拠として直接に補償請求を行うことが可能なので，補償規定を欠く法令も違憲でないとする学説が対立していた。最高裁は，補償

規定を欠く政令の違憲無効が争われた「河川付近地制限令事件」判決において，憲法29条3項を根拠とする補償の直接請求の可能性を示唆して，②説の立場を支持した（最大判昭43・11・27刑集22・12・1402）。

確認問題……………………………………………………………………

(1) 次の①〜④のうち，最高裁が憲法上の権利として認めているものを1つ選びなさい。

① 外国人の日本入国の自由
② 日本国籍を離脱して無国籍者となる自由
③ 日本人の海外旅行の自由
④ 外国人の再入国の自由

(2) 次の①〜④のうち，最高裁が憲法違反と判断した事例を1つ選びなさい。

① 公衆浴場開業の許可条件として距離制限を法律で定めること
② 薬局開設の許可条件として距離制限を法律で定めること
③ 水源用ため池の周囲の土地の農地等としての使用を条例で禁ずること
④ 損失補償規定を欠く法律に基づいて私有財産を収用すること

第10講 人身の自由

ポイント

① 奴隷的拘束および苦役からの自由とは，どういう内容であるか。

② 適正手続の内容はどのようなものか。

③ 罪刑法定主義の意味は何か。

④ 被疑者および被告人の権利にはどのようなものがあるか。

⑤ 憲法の法定手続の規定（31条・35条・38条）の行政手続への適用について，判例はどのように解釈しているか。

1 人身の自由の意義

Ⅰ　人身の自由の歴史的沿革

　人身の自由（身体の自由ともいう）とは，個人の身体が外部から不当に拘束されない権利，つまり法律の定める正当な理由がない限り個人はその身体を拘束されることのない権利を意味する。この権利の保障は，自律的な個人の存在にとって極めて重要である。いくら他の自由（精神的自由，経済的自由）が保障されていたとしても，個人の身体が拘束された状態にあるならば，個人はそれらの自由を享受・行使しえないからである。

　専制主義の時代には，国家権力による不当な逮捕・監禁・拷問や刑罰権の濫用が行われ，人身の自由が不当に侵害されていた。近代憲法では，国家が刑罰権を独占することを前提に，その不当な行使や濫用を抑止し，国民の自由を確保することを目的として，人身の自由を保障する。

II　日本国憲法と人身の自由

　明治憲法では「日本臣民ハ法律ニ依ルニ非スシテ逮捕監禁審問処罰ヲ受クルコトナシ」（明憲23条）とし，さらに「日本臣民ハ法律ニ定メタル場合ヲ除ク外其ノ許諾ナクシテ住所ニ侵入セラレ及捜索セラルルコトナシ」（明憲25条）と定めていた。しかしながら，治安維持法（大正14（1925）年）の下では，特別高等警察が思想犯取締りの際に恣意的な捜索，逮捕，監禁，拷問を行ったことがあった。このように明治憲法下の一時期には，捜査官憲による人身の自由の侵害という苦い経験があった。日本国憲法は，アメリカ合衆国憲法の下で形成・発展してきた刑事手続法上の諸原則を基礎として，人身の自由に関して他国の憲法に類を見ないほど詳細な規定を設けている。

2　奴隷的拘束および苦役からの自由

I　憲法18条の趣旨

　憲法18条は，「何人も，いかなる奴隷的拘束も受けない。又，犯罪に因る処罰の場合を除いては，その意に反する苦役に服させられない」と規定する。本条は，奴隷制廃止条項であるアメリカ合衆国憲法修正13条1節の影響を受けたといわれる。日本には奴隷制は存在しなかったが，人間の尊厳に反する非人道的な自由の拘束を禁止することを企図した重要な規定と考えられ，憲法31条（適正手続の保障）とともに人身の自由に関する原則的規定として位置づけられている。

II　奴隷的拘束からの自由

　「奴隷的拘束」とは，人間の尊厳が否定されるような非人間的状態に置くことをいう。奴隷的拘束からの自由は例外を認めず，人を奴隷的拘束状態に置くことは，たとえ本人の同意があっても許されない。憲法18条は，奴隷的拘束が国家権力によって行われることはもとより，私人間においても禁止する（私人

間効力)。なお，奴隷的拘束を内容とする私人間の契約は，民法90条の公序良俗違反で無効となり（娼妓契約など），また民法709条以下の不法行為となる。

Ⅲ　意に反する苦役からの自由

「その意に反する苦役」とは，広く本人の意思に反して強制される労役，すなわち強制労働のことをいう。このような「苦役」を，本人の意思に反して強制することは原則として禁止されるが，例外として，「犯罪に因る処罰の場合」は，それが国家による刑罰権の行使として正当化される。

その他，非常災害などの緊急の必要がある場合に，応急的な措置として労務負担が強制されることがある。これは，災害防止，被害者救済という緊急目的のため必要不可欠で，かつ応急的であるという点で，公共の利益のための合理的な措置として認められるからである（災害対策基本法65条・71条，災害救助法24条・25条，消防29条5項，水防17条，河川22条2項，道路68条2項等）。また，証人としての証言義務も「苦役」には当たらず，18条違反とはならない（議院証言1条・7条，民訴190条以下，刑訴143条以下）。

なお，徴兵制については，憲法が兵役の義務を規定していないことからいって，兵役の強制は憲法18条に反するというのが通説であり，政府もこのように解している（昭和55（1980）年8月15日および昭和56（1981）年3月10日の政府答弁）。

3　適正手続の保障

Ⅰ　「法律の定める手続」の意味

憲法31条は，「何人も，法律の定める手続によらなければ，その生命若しくは自由を奪われ，又はその他の刑罰を科せられない」と規定する。「法律の定める手続」の意味について，通説および判例は，手続と実体の法定および手続と実体の適正さを要求するとみる適正手続・適正実体説に立つ。

この見解は，憲法31条が刑事手続の規定にとどまらず，人身の自由全体，さ

らには人権保障全体にかかわる原理を定めたものと考えられる。すなわち，個別の条文によってとらえることができない問題（たとえば，告知と聴聞を受ける権利）が生じたときに，それに対応する補充的・一般的条項として31条が機能するのである。

Ⅱ　刑事手続の適正

憲法は，刑事事件の被疑者および被告人の権利について，手続上の諸原理を定め，それらを刑事訴訟法によって具体的に明文化している。しかし，これらの規定では対応できず，憲法31条の原理が直接適用される問題が生じることがある。その代表例が，告知と聴聞（notice and hearing）を受ける権利である。

告知と聴聞とは，公権力が国民に刑罰その他の不利益を科す場合には，当事者にあらかじめその内容を告知し，当事者がそれについて弁解したり防御したりする機会を与えなければならないことをいう。最高裁は，第三者所有物の没収が争われた事件において，当事者である第三者に事前の「告知，弁解，防禦」の機会を与えずにした没収は憲法31条に反すると判示した（[重要判例10‐1]「第三者所有物没収事件」最大判昭37・11・28刑集16・11・1593）。

重 要 判 例 10‐1

第三者所有物没収事件（最大判昭37・11・28刑集16・11・1593）

（事実の概要）

韓国向けに密輸を企てた被告人が懲役刑に処された際，その付加刑として貨物を没収された。その貨物中には，第三者の所有物が含まれていたため，第三者に財産権擁護の機会を与えずになされた没収は憲法29条1項に反するとして，上告した事件。

（判旨）

「第三者の所有物を没収する場合において，その没収に関して当該所有者に対し，何ら告知，弁解，防禦の機会を与えることなく，その所有権を奪うことは，著しく不合理であって，憲法の容認しないところであるといわなければならない。けだし，憲法29条1項は，財産権は，これを侵してはならないと規定し，また同31条は，何人も，法律の定める手続によらなければ，その生命若しくは自由を奪われ，又はその他の刑罰を科せられないと規定しているが，前記第三者の所有物の没収は，被告人に対する附加刑として言い渡され，その刑事処分の効果が第三者に及ぶものであるから，所有物を没収せら

れる第三者についても，告知，弁解，防禦の機会を与えることが必要であって，これな
くして第三者の所有物を没収することは，適正な法律手続によらないで，財産権を侵害
する制裁を科するに外ならないからである。」

Ⅲ　実体の適正——罪刑法定主義

　刑罰の実体を法律で定めることを要求するのが，罪刑法定主義である。罪刑
法定主義とは，「法律なければ犯罪なし，法律なければ刑罰なし」という格言
にあるように，犯罪と刑罰はあらかじめ法律（議会制定法）で定めなくてはな
らないという原理を意味する。つまり，ある行為が犯罪として処罰されるため
には，議会が制定する法律において，犯罪とされる行為の内容と，それに対し
て科される刑罰とをあらかじめ明確に規定しておかなければならない。それに
より，犯罪とされる行為の範囲を明確にすることによって，国民の自由を保障
する点にその目的がある。日本国憲法には，罪刑法定主義を定めた規定は存在
しないが，判例および学説の多数説は，罪刑法定主義を憲法31条の文理解釈と
して導き出している。

　罪刑法定主義の内容として，通常挙げられるのは，罪刑の均衡と明確性の原
則である。罪刑の均衡とは，不必要な刑罰は禁止されるという考え方である。
最高裁は，「刑罰規定が罪刑の均衡その他種々の観点からして著しく不合理な
ものであって，とうてい許容し難いものであるときは，違憲の判断を受けなけ
ればならない」としている（「猿払事件」最大判昭49・11・6刑集28・9・393）。

　一方，明確性の原則とは，刑罰は明文で明確に定めておかなければならない
ことをいう。最高裁は，刑罰規定の明確性に関して，「通常の判断能力を有す
る一般人の理解において，具体的な場合に当該行為がその適用を受けるものか
どうかの判断を可能ならしめるような基準が読み取れるかどうかによってこれ
を決定すべきである」として，刑罰規定が明確であるかどうかの基準を「通常
の判断能力を有する一般人の理解」に置いた（「徳島市公安条例事件」最大判昭
50・9・10刑集29・8・489）。また，後掲の「福岡県青少年保護育成条例事件」

（［重要判例10-2］最大判昭60・10・23刑集39・6・413）では，条例の文言に合憲限定解釈を施して違憲ではないとした。

　なお，罪刑法定主義の他の内容として，成文法律主義（行政命令や慣習法を処罰の直接の根拠とすることの禁止），遡及処罰の禁止（刑罰不遡及）の原則，類推解釈（特に不利益解釈）の禁止，絶対的不定期刑の禁止が挙げられる。このうち，成文法律主義は憲法73条6号で，遡及処罰の禁止の原則は憲法39条で定められている。

重要判例 10-2

福岡県青少年保護育成条例事件（最大判昭60・10・23刑集39・6・413）

事実の概要

　福岡県青少年保護育成条例では，小学校就学時から満18歳未満の青少年との「淫行」を禁止している。同条例違反で起訴された被告人が，「淫行」の意味が不明確であるとして，同条例は憲法31条に反するとして争った事件。

判旨

　「本条例は，青少年の健全な育成を図るため青少年を保護することを目的として定められ」ており，その「趣旨は……青少年の健全な育成を図るため，青少年を対象としてなされる性行為等のうち，その育成を阻害するおそれのあるものとして社会通念上非難を受けるべき性質のものを禁止することとしたものであることが明らかであ」る。本条例のいう「『淫行』とは，広く青少年に対する性行為一般をいうものと解すべきでなく，……合理的に導き出され得る解釈の範囲内で，……限定して解するのを相当とする。このような解釈は通常の判断能力を有する一般人の理解にも適うものであ」る。

Ⅳ　行政手続との関係

　現代国家は「行政国家」ともいわれるように，行政が国民生活のあらゆる分野に介入し，その介入が適正な手続きに基づいて行われることが，国民の権利・自由の保障にとって重要である。しかしながら，日本国憲法には，適正な行政手続を定めた条文はない。そこで，刑事手続に関する規定である憲法31条が，行政手続にも準用されると一般に解されている。最高裁は，限定的に憲法31条の行政手続への準用を認めている（［重要判例10-3］「成田空港新法事件」

第10講　人身の自由

最大判平 4 ・ 7 ・ 1 民集46・5 ・437)。この判決後，行政手続法（平成 5 年法88号）
の成立によって，告知と聴聞を受ける機会が保障されることになった。

━ 重 要 判 例 10 - 3 ━

成田空港新法事件（最大判平 4 ・ 7 ・ 1 民集46・5 ・437)

（事実の概要）

　暴力主義的破壊活動者に対して，成田空港周辺の工作物の使用を禁じる成田新法（「新
東京国際空港の安全確保に関する緊急措置法」） 3 条 1 項の合憲性が争われた事件。

（判旨）

　「憲法31条の定める法定手続の保障は，直接には刑事手続に関するものであるが，行
政手続については，それが刑事手続ではないとの理由のみで，そのすべてが当然に同条
による保障の枠外にあると判断することは相当ではない。しかしながら，同条による保
障が及ぶと解すべき場合であっても，一般に，行政手続は，刑事手続とその性質におい
ておのずから差異があり，また，行政目的に応じて多種多様であるから，行政処分の相
手方に事前の告知，弁解，防御の機会を与えるかどうかは，行政処分により制限を受け
る権利利益の内容，性質，制限の程度，行政処分により達成しようとする公益の内容，
程度，緊急性等を総合較量して決定されるべきものであって，常に必ずそのような機会
を与えることを必要とするものではないと解するのが相当である。……総合較量すれば，
……相手方に対し事前に告知，弁解，防御の機会を与える旨の規定がなくても，本法
（成田新法） 3 条 1 項が憲法31条の法意に反するものということはできない。」

⌇ Topic 10 - 1

適正手続の歴史的由来

　憲法31条は，アメリカ合衆国憲法修正 5 条および14条 1 節の適正手続条項に由来
するといわれるが，その淵源は1215年のイギリスのマグナ・カルタにまで遡る。マ
グナ・カルタ39条は，「いかなる自由人も，その同輩の合法的裁判によるか，または
国法によるのでなければ，逮捕，監禁，差押，法外放置，もしくは追放され，または
何らかの方法によって侵害されることはない」と規定していた。その後，「国法」に
代わり「法の適正手続（due process of law）」という語が同じ意味として使用され
るようになり，17世紀の市民革命期には，一般国民に刑事手続を保障する規定とみ
なされるようになる。

　この観念はアメリカに受け継がれ，1791年の合衆国憲法修正 5 条および1868年の
修正14条に「適正手続」の保障として規定された。さらに，アメリカでは，司法審
査制の運用の下で，適正手続の保障が立法権に対する保障にまで高められるとともに
（手続的デュー・プロセス），手続のみならず実体の適正までをも要求するものとして発

165

> 展するにいたる（実体的デュー・プロセス）。この適正手続の観念が，第２次世界大戦
> 後，アメリカを通じて我が国にもたらされたのである。

4 被疑者の権利と被告人の権利

I 被疑者の権利

1 不当な逮捕からの自由

憲法33条は，「何人も，現行犯として逮捕される場合を除いては，権限を有する司法官憲が発し，且つ理由となつてゐる犯罪を明示する令状によらなければ，逮捕されない」と規定する。同条は，逮捕に関する令状主義の原則を定め，人身の自由の確保をはかろうとするものである。

(1) 令状主義（逮捕令状主義）　令状主義とは，被疑者を逮捕するには，原則として司法官憲（裁判官）の発する令状（逮捕状，勾引状，勾留状）に基づかなければならないとする考え方をいう。この令状主義の目的として，以下の２つがある。一つは，不当な逮捕による恣意的な人身の自由の侵害の抑止である。犯罪捜査に直接携わる捜査機関（警察または検察）が自ら逮捕の可否を判断するのでは，逮捕権の濫用に陥る危険性があるため，それを抑止するのである。もう一つは，被逮捕者の人権（特に防御権）の保護である。被逮捕者にとっては，逮捕理由が分からなければ，逮捕が正当なものか否かも判断できないし，自己を防御するための適切な手段も採り得なくなる。憲法が「理由となつてゐる犯罪を明示する令状」を要求するのは，このためである。

なお，この「理由となつてゐる犯罪を明示する令状」とは，一般令状（犯罪事実の内容を特定しない令状）を禁止する趣旨であり，令状は容疑の犯罪名だけでなく，その犯罪事実をも明示するものでなければならない（刑訴64条１項・200条１項）。また，「逮捕」とは，犯罪の嫌疑を理由として身体を拘束することを意味し，刑事訴訟法による被疑者の逮捕のみならず，勾引（刑訴58条），勾留（刑訴60条・204条以下），鑑定留置（刑訴167条）等も含まれる。

166

第10講　人身の自由

　ところで，令状主義との関係で問題をはらむものが，別件逮捕である。別件逮捕とは，本命の犯罪（本件）につき証拠が不十分で容疑が固まらない場合に，証拠の揃っている他のより軽微な犯罪（別件）を理由に逮捕して取調べ，本件についての証拠を収集しようとする捜査手法のことをいう。別件逮捕については，通説と捜査実務では見解が異なっており，意見の一致をみていない。通説である本件基準説によれば，本件の逮捕要件を基準に判断する場合，逮捕状の請求要件が充足されていない以上，令状主義を逸脱するものであり，憲法33条の趣旨に反すると考える立場である。一方，捜査実務が支持する別件基準説によると，別件を基準とすれば令状公布の要件は充足されており，また，捜査中の取調べは別件に限定される必然性がないとして，このような逮捕であっても令状主義に反しないとする。なお，最高裁は，これまで別件逮捕を違憲と判断したことはない（「帝銀事件」最大判昭30・4・6刑集9・4・663，「狭山事件」最二決昭52・8・9刑集31・5・821）。

　(2)　令状主義の例外　　逮捕の具体的な要件を定める刑事訴訟法では，令状主義に対する例外がいくつか規定されている。

　(a)　現行犯逮捕　　現行犯とは，「現に罪を行い，又は現に罪を行い終った者」（刑訴212条1項）のことをいう。令状なしでも現行犯逮捕が許されるのは，犯罪とその犯人が明白であり誤認逮捕の虞がないことと，逃亡や証拠隠滅を阻止するため直ちに逮捕する必要性・緊急性が高く，令状を取る余裕がないのが通常であることが理由である。

　(b)　準現行犯逮捕　　刑事訴訟法212条2項は，さらに準現行犯について定める。すなわち，「罪を行い終ってから間がないと明らかに認められる」場合に，①犯人として追呼されているとき，②贓物又は明らかに犯罪の用に供したと思われる兇器その他の物を所持しているとき，③身体または被服に犯罪の顕著な証跡があるとき，④誰何されて逃走しようとするとき，のいずれかに該当する者（準現行犯）を現行犯とみなして，令状なしで逮捕できるとする。通説は，これを合憲と解している。

　(c)　緊急逮捕　　刑事訴訟法はまた，死刑または無期もしくは長期3年以

上の懲役もしくは禁錮に該当する罪を犯したことを疑うに足りる十分な理由がある場合で，「急速を要し，裁判官の逮捕状を求めることができないとき」に，逮捕状の請求を後回しにして被疑者を逮捕できるとする緊急逮捕を認めている（刑訴210条1項）。ただし，逮捕後ただちに逮捕令状の発給を裁判官に要請することが条件とされている。最高裁は，「厳格な制約の下に，罪状の重い一定の犯罪のみについて，緊急已むを得ない場合に限り，逮捕後直ちに裁判官の審査を受けて逮捕状の発行を求めることを条件とし，被疑者の逮捕を認めることは，憲法33条規定の趣旨に反するものではない」（最大判昭30・12・14刑集9・13・2760）と述べ，緊急逮捕を合憲としている。

2 不当な抑留・拘禁からの自由

憲法34条は，「何人も，理由を直ちに告げられ，且つ，直ちに弁護人に依頼する権利を与へられなければ，抑留又は拘禁されない。又，何人も，正当な理由がなければ，拘禁されず，要求があれば，その理由は，直ちに本人及びその弁護人の出席する公開の法廷で示されなければならない」とし，逮捕後の身体の拘束に関して，不当な拘束を防止するための要件を定める。

（1）抑留・拘禁理由の告知　「抑留」（刑訴法上の逮捕・勾引に伴う「留置」）とは，身体の一時的拘束をいい，「拘禁」（刑訴法上の「勾留」「鑑定留置」）とは比較的継続的な拘束をいう。抑留または拘禁をなすにあたっては，その「理由」を「直ちに」告げることが要求される。理由の告知を要求することにより，被疑者の防御権を保障し，恣意的な身体の拘束を抑制するためである。

告知されるべき「理由」とは，第一に，犯罪の嫌疑（犯罪事実）である。この犯罪の嫌疑については，罪名だけでなく，十分特定性を持つ具体的事実が示されなければならない。第二に，抑留・拘禁を必要とする理由である。身体の拘束は逃亡・罪証隠滅の防止を目的とするから，取り調べの必要ということ以外に，なぜ逃亡あるいは罪証隠滅の虞があるのかについて具体的事実に即して告げなければならない。

（2）拘禁理由の開示　比較的長期的な拘束である拘禁には「正当な理由」が必要であり，被疑者からの要求があった場合には，公開の法廷において開示

することが義務付けられる。その趣旨は、理由開示を義務付けることによって不当な拘禁を防止することにあり、刑事訴訟法上の抑留理由開示制度が、その具体的手続として定められている（刑訴82条‐86条）。

(3)　弁護人依頼権・接見交通権　　憲法34条は、被拘束者に対して、法律専門家の助力を得て自己の自由を防御する機会を与えられるように、弁護人依頼権を明記している。この弁護人依頼権の内容としては、①弁護人を依頼できる権利の告知を受けること（刑訴203条・204条）、②弁護人の選任を妨げられないこと（刑訴78条・209条）、③弁護人選任につき配慮（具体的には、弁護士会の紹介、弁護士会・弁護士への連絡、選任のために必要な合理的な時間）を受けること（刑訴78条・209条）、④弁護人の活動につき保障されること、がある。

④については、接見交通（拘束された被疑者・被告人と弁護人の会見）が充分に認められなければならない。弁護人依頼権は、被疑者による弁護士との接見交通権を保障したものと解されるからである（刑訴39条1項）。この点に関し、「捜査のため必要があるときは」検察官が接見・接受に関する日時・場所を指定できるとする接見指定権（刑訴39条3項）のあり方が問題となる。最高裁は、接見指定権は「弁護人依頼権の保障の趣旨を実質的に損なうものではない」と判示している（最大判平11・3・24民集53・3・514）。

なお、憲法37条3項との対比で、憲法34条では国選弁護人に対する権利が規定されていないために、被疑者の段階では国選弁護人の権利は保障されていないというのが通説・判例であった。平成16（2004）年の改正により、一定の被疑者には国選弁護人を付すことができるとする「被疑者国選弁護制度」（刑訴37条の2）が導入された。

3　不当な捜索・押収からの自由

憲法35条は、「住居、書類及び所持品について、侵入、捜索及び押収を受けることのない権利」を保障し、原則として、裁判官が発する「捜索する場所及び押収する物を明示する令状がなければ、侵されない」と定める。これは、私生活を保護するために不可欠な「住居の不可侵」という実体的な権利・自由の保障を前提としつつ、刑事手続との関係でその保障の限界を示したものである。

(1) 令状主義（捜索令状主義）　憲法35条は，捜索・押収に関して，捜査権の濫用を防止するために，司法官憲（裁判官）の発する令状を要求し（司法的抑制），一般令状を禁止する。司法的抑制とは，裁判所による事前のチェックのことであり，捜索・押収の「正当な理由」があるかどうかについては，捜査官ではなく，裁判所が判断するものである。この「正当な理由」とは，犯罪の嫌疑と捜索・押収の必要性のことをいう。

一般令状とは，捜索・押収が行われる場所や対象を特定せず，いつでもどこでも証拠を探して捜索・押収することを認める令状をいう。憲法は，裁判所が発する令状には，捜索する場所および押収する物が明示されていなければならず，かつ，捜索・押収は「各別の令状」により行われなければならないとして，一般令状を禁止している。

(2) 令状主義の例外　憲法35条は，令状主義の例外として，「33条の場合」を挙げている。「33条の場合」とは，逮捕する場合を意味し，現行犯逮捕に限らず，令状逮捕の場合も含まれる。したがって，憲法33条による適法な逮捕の場合には，現行犯であるか否かに関係なく，逮捕にともなう合理的な範囲内であれば，憲法35条による令状を必要とせずに，捜索・押収が許される（最大判昭30・4・27刑集9・5・924）。この関連で，緊急逮捕を予定して行われた事前の捜索・押収について，最高裁は，時間的に接着して逮捕が行われる限り合憲であると判示している（「大阪麻薬事件」最大判昭36・6・7刑集15・6・915）。

(3) 違法収集証拠排除の法則　憲法35条の趣旨を生かすためには，これに違反して収集された証拠を犯罪立証のために用いることができないとする，違法収集証拠排除の法則が確立されなければならない。この点に関し，令状主義との関係でしばしば問題となるのが，違法収集証拠の証拠能力である。最高裁は，令状主義の精神を没却するような重大な違法行為が証拠収集手続にある場合には，その証拠能力は否定される，という考え方に立つ（最二判昭53・9・7刑集32・6・1672）。

(4) 行政手続との関係　憲法35条の直接の対象は刑事手続であるが，行政手続にも適用・準用されるか否かについて議論がある。

第10講　人身の自由

　(a)　行政調査　　行政調査とは，行政機関がその権限を行使する前提として，情報や資料を収集することをいうが，多くの場合，この調査への協力を拒むと処罰の対象とされる点に特徴がある。税務調査が代表例である。税務調査と憲法35条の関係について，最高裁は，「憲法35条１項の規定は，本来，主として刑事責任追及の手続における強制」を念頭に置いたものであるが，「手続が刑事責任追及を目的とするものでないとの理由のみで，その手続における一切の強制が当然に右規定による保障の枠外にあると判断することは相当ではない」と判示し，刑事手続に結び付く行政調査に対する令状主義の適用可能性を示した（［重要判例10－4］「川崎民商事件」最大判昭47・11・22刑集26・9・554）。

　(b)　任意調査　　相手方の協力をまって行われる任意調査については，とくに職務質問に付随する形で行われる所持品検査が問題となる。最高裁は，「捜索に至らない程度の行為は，強制にわたらない限り」，たとえ所持人の承諾がない場合でも，「所持品検査の必要性，緊急性，これによって害される個人の法益と保護されるべき公共の利益との権衡などを考慮し，具体的状況のもとで相当と認められる限度においてのみ，許容される」としている（「米子事件」最三判昭53・6・20刑集32・4・670）。

重要判例 10－4

川崎民商事件（最大判昭47・11・22刑集26・9・554）

事実の概要

　昭和40（1965）年改正前の旧所得税法63条に基づく税務職員の質問検査に抵抗して拒否したため，同法70条10号に違反するとして起訴された被告人が，強制的な検査は憲法35条，38条１項に反するとして争った事件。

判旨

　「憲法35条１項の規定は，本来，主として刑事責任追及の手続における強制について，それが司法権による事前の抑制の下におかれるべきことを保障した趣旨であるが，当該手続が刑事責任追及を目的とするものでないとの理由のみで，その手続における一切の強制が当然に右規定による保障の枠外にあると判断することは相当ではない。」

　「憲法38条１項の法意が，何人も自己の刑事上の責任を問われるおそれのある事項について供述を強要されないことを保障したものであると解すべきことは，当裁判所大法廷の判例……とするところであるが，……（その）保障は，純然たる刑事手続において

ばかりではなく，それ以外の手続においても，実質上，刑事責任追及のための資料の取得収集に直接結びつく作用を一般的に有する手続には，ひとしく及ぶものと解するのを相当とする。しかし，旧所得税法70条10号，……63条の検査，質問の性質が上述のようなものである以上，右各規定そのものが憲法38条1項にいう『自己に不利益な供述』を強要するものとすることはでき」ない。

II 被告人の権利

1 公平な裁判所の迅速な公開裁判を受ける権利

　憲法37条1項は，「すべて刑事事件においては，被告人は，公平な裁判所の迅速な公開裁判を受ける権利を有する」として，すべての刑事被告人に対し，公平な裁判所の迅速な公開裁判を受ける権利を保障する。憲法は別に，裁判を受ける権利（憲32条）と裁判の公開原則（憲82条）について規定しているが，刑事事件の裁判では，被告人の人権に配慮して，とくに公平・迅速・公開の要件が充たされる必要があることを明らかにした。

　(1)　公平な裁判所　憲法37条1項にいう「公平な裁判所」とは，「構成其他において偏頗の慣なき裁判所」を意味し（最大判昭23・5・5刑集2・5・447），個々の裁判の内容が公正妥当であることは本条の要求するところではない。裁判官等の公正に偏りのない「公平な裁判所」を確保するために，裁判官，書記官について，除斥，忌避および回避の制度が設けられている（刑訴20条‐26条・377条）。

　(2)　迅速な裁判　「迅速な裁判」とは，適正な裁判を確保するのに必要な期間を超えて不当に遅延した裁判でないことをいう。「裁判の遅延は裁判の拒否に等しい」という法諺に示されているように，とくにイギリスでは「迅速な裁判」は古くから意識されてきた。「迅速な裁判」が求められる理由として，国家の側からは，①犯罪を立証するための証拠の散逸防止，②犯罪の一般予防の効果，③逃亡，再犯，証人威迫の可能性縮減が挙げられる。被告人の側からは，①自己に有利な証拠の散逸防止，②未決の身柄拘束の長期化防止，③訴追に伴う心理的・物理的負担の軽減が挙げられる。

第10講　人身の自由

　最高裁は当初，裁判の遅延を理由に破棄差戻しをすれば，裁判は一層遅れることになるとして，遅延による違憲性を上告の理由とすることはできない，という立場をとっていた。しかし，その後，「審理の著しい遅延の結果，迅速な裁判をうける被告人の権利が害せられたと認められる異常な事態」が生じた場合には，これに対処すべき具体的規定がなくとも，審理を打ち切るという非常救済手段が許されるとして，15年にわたって第一審の審理が中断していた事案につき免訴を言い渡した（「高田事件」最大判昭47・12・20刑集26・10・631）。

　⑶　公開の裁判　　「公開の裁判」とは，その対審および判決が公開の法廷において行われる裁判をいう。裁判の公開について，憲法82条が裁判の公開の原則を定めたのに対して，憲法37条１項は，公開の裁判を受けることを被告人の権利として規定したものである。

　なお，平成12（2000）年の刑事訴訟法改正によって，証人尋問の際の遮蔽装置（刑訴157条の３）とビデオリンク方式による証人尋問（同157条の４）の制度が採用された。これが「公開の裁判」を受ける権利の侵害にならないかが争われた事案で，最高裁は，「審理が公開されていることに変わりはない」として，憲法37条，憲法82条１項に反しないとした（最一判平17・４・14刑集59・３・259）。

2　証人審問権・証人喚問権

　憲法37条２項前段は，被告人にすべての証人を審問する権利（証人審問権）を，後段は，公費により強制的に証人の喚問を請求する権利（証人喚問権）を保障する。「証人」とは，供述証拠を提供する供述者のことであり，通説では，鑑定人・参考人・通訳または翻訳人・共同被告人を含む，と広く解するのが，最高裁は，「裁判所の職権により，又は訴訟当事者の請求により喚問した証人」と狭く解している（最大判昭24・５・18刑集３・６・789）。

　⑴　証人審問権　　証人審問権は，反対尋問権ともいわれるように，被告人にとって不利な証言があったとき，それに対して十分反論する機会を保障する。これによって，被告人は，その証言が証拠となる証人に対して，直接に審問する機会を与えられ，その機会を十分に与えられなかったときは，その供述の証拠能力は否定される。すなわち，被告人または弁護人の面前でなされる証人の

173

供述でなければ証拠として採用できないという，直接審理の原則が保障され，ここから伝聞証拠禁止の原則（刑訴320条）が導き出される。

(2) 証人喚問権　証人喚問権とは，被告人に有利な供述をする証人の喚問を請求する権利のことである。この権利の行使に対して，申請された証人すべてを喚問する必要はなく，「当該事件の裁判をなすに必要適切な証人」に限定することができる（最大判昭23・7・29刑集2・9・1045）。

また，裁判所は，憲法37条2項にいう「公費で」とは，被告人が十分に防禦権を行使するために，証人尋問に要する費用，すなわち，証人の旅費，日当等は，すべて国家がこれを支給するとして，被告人の証人尋問に要する費用を「公費で」賄うことと判示した。ただし，有罪判決を受けた場合には，被告人に証人喚問の費用負担を命じることができる（最大判昭23・12・27刑集2・14・1934）。

3　弁護人依頼権・国選弁護人制度

憲法37条3項は，法的に素人である刑事被告人が，専門的法知識を有する弁護人（弁護士）の援助によって十分な防御活動ができるように，弁護人依頼権と国選弁護人制度を規定している。弁護人依頼権とは，いかなる場合にも資格を有する弁護人を依頼または選任する権利のことである。この依頼権は被告人が自ら行使すべきもので，弁護人を依頼するかどうかは被告人の自由であって，国としては依頼の機会を与え，それを妨げなければよい（最大判昭24・11・30刑集3・11・1857，最大判昭28・4・1刑集7・4・713）。

国選弁護人制度とは，貧困その他の理由により被告人が自ら弁護人を選任できないとき，国選弁護人が附せられることをいう。これをうけて，刑事訴訟法36条は，本人の請求により国選弁護人を附すると定めるが，最高裁は，必要的弁護（「死刑又は無期若しくは長期3年を超える懲役若しくは禁錮にあたる事件」（刑訴289条1項）の場合）を除き，本人からの請求がなければ弁護人なしの裁判をしても違憲ではなく，選任請求できる旨を被告人に告知することも裁判所の義務ではない，としている（最大判昭24・11・2刑集3・11・1737，前掲最大判昭28・4・1刑集7・4・713）。

第10講　人身の自由

4　自己に不利益な供述の禁止

　憲法38条1項は,「何人も,自己に不利益な供述を強要されない」と規定する。この規定は,アメリカ合衆国憲法修正5条の自己負罪拒否特権に由来する。

　(1)　保障の内容　「自己に不利益な供述」とは,自己の刑事責任に関する不利益な供述,すなわち刑罰を科せられる基礎となる事実,量刑上不利益となる事実などについての供述のことである。「強要されない」とは,不利益な供述を避けたことを理由に,それについて刑罰を科したり,法律上の不利益を与えたりすることを禁止するという意味である。本項の趣旨を受けて,刑事訴訟法は黙秘権を保障しており,この保障を受けるのは,刑事被告人だけでなく,被疑者および各種証人に及ぶ（刑訴198条2項・291条2項・311条1項）。なお,氏名は原則として「不利益な供述」には該当しない（最大判昭32・2・20刑集11・2・802）。

　(2)　行政手続との関係　行政法規の中には,特定の事項について,報告,登録,記帳等を義務づけ,それを罰則によって強制することがある。このような刑事手続でない行政手続における義務の強制規定が,憲法38条1項と抵触しないか否かが問題となる。最高裁は,麻薬取扱者の記帳義務（旧麻薬取締法14条1項）に関しては,黙秘権の放棄を擬制し（最二判昭29・7・16刑集8・7・1151），また,自動車事故の報告義務（当時の道路交通法取締施行令67条2項）については,報告すべき「事故の内容」とは事故の客観的内容のことであって,刑事責任を問われるような類のものではないとして（最大判昭37・5・2刑集16・5・495），いずれの場合も黙秘権の対象とは認めず,憲法38条1項との抵触はないと判断した。

　また,医師の異状死体届出義務（医師法21条）に関しては,「医師免許に付随する合理的根拠のある負担として許容されるもの」として,「自己がその死因等につき診療行為における業務上過失致死等の罪責を問われるおそれがある場合にも,本件届出義務を負う」ことは,憲法38条1項に反するものではないと判示した（最三判平16・4・13刑集58・4・247）。しかし,その一方で,旧所得税法上の質問検査に関して,憲法38条1項は,「純然たる刑事手続」以外にも,

175

「実質上，刑事責任追及のための資料の取得収集に直接結びつく作用を一般的に有する手続」にも及ぶとして，その適用を原則的に認めている（前掲［重要判例10‐4］「川崎民商事件」最大判昭47・11・22参照）。

5　自白の証拠能力

かつて「自白は証拠の王」とされ，自白への依存が拷問を許し，誤判を生んだ時代もあった。このような事態を防止しようとするのが，自白に関する証拠法則である。

(1)　自白排除の法則　　憲法38条2項は，①「強制，拷問，若しくは脅迫による自白」，または②「不当に長く抑留若しくは拘禁された後の自白」については「証拠とすることができない」と定め，任意性のない自白や，違法な手段で得られた自白の証拠能力を否定している（自白排除の原則）。刑事訴訟法はさらに，「その他任意にされたものでない疑のある自白」についても，その証拠能力を否定し，憲法の趣旨を徹底させている（刑訴319条1項）。

(2)　自白補強証拠の法則　　憲法38条3項は，「何人も，自己に不利益な唯一の証拠が本人の自白である場合には，有罪とされ，又は刑罰を科せられない」として，任意性のある自白でも，これを補強する証拠が別に存在しない限り，その自白だけで有罪の証拠とすることはできない旨を定めている（自白補強証拠の法則）。補強証拠を必要とするのは，自白偏重を避け，誤判の危険を防止するためである。必要とされる補強証拠は，最高裁は，自白にかかわる犯罪組成事実の全部にわたる必要はなく，「自白にかかる事実の真実性を保障し得るものであれば足る」としている（最二判昭23・10・30刑集2・11・1427）。

また，共犯者または共同被告人の自白は，独立・完全な証明力を有するものであって，「本人の自白」と同一視またはこれに準ずるものとすることはできない（最大判昭33・5・28刑集12・8・1718）。なお，公判廷における被告人の自白については，それが任意性を有し，その真実性を裁判所が直接判断できるから，「本人の自白」に含まれない（最大判昭23・7・29刑集2・9・1012）。

6　遡及処罰の禁止・一事不再理・二重の危険の禁止

憲法39条前段前半は，「何人も，実行の時に適法であつた行為……について

は，刑事上の責任を問はれない」と規定し，遡及処罰の禁止を定めている。これに対し，39条前段後半から後段にかけては，「何人も，……既に無罪とされた行為については，刑事上の責任を問はれない。又，同一の犯罪について，重ねて刑事上の責任を問はれない」と定め，大陸法的な一事不再理の原則と英米法でいう二重の危険（double jeopardy）の禁止の考え方が混在している。

(1) 遡及処罰の禁止　　遡及処罰の禁止とは，ある行為がなされた時の法律の下でその行為が適法であったならば，その後に新しく法律が制定されまたは改正されその行為に刑罰を科されることになっても，その刑罰法規が遡って適用されないことをいう。事後法の禁止ともいわれ，罪刑法定主義の重要な原則の一つである。ただし，法律の適用を受ける個人にとって利益になるなら遡って適用してもその趣旨に反しないから，犯罪後の法律により刑が廃止または軽減された場合には，その新法を適用してもよい。

(2) 二重の危険の禁止　　二重の危険とは，「何人も2度にわたり苦しめられてはならない」とするコモン・ロー上の原則で，被告人の権利保護を直接の目的としている。すなわち，国家に一度だけは訴追を認め，再度同じ負担を負わせられることのない権利を被告人に保障しようとするのが，二重の危険の禁止である。この点，アメリカ合衆国憲法修正5条では，「何人も，同一の犯罪について，重ねて生命身体の危険にさらされることはない」と規定する。

(3) 一事不再理・二重処罰の禁止　　一事不再理とは，一度審理し終えたならば，同一の事件について再度審理することはできないという原則である。その趣旨は，確定判決によって有罪または無罪となった行為について，改めて処罰することを禁じるものであり，それによって国民が法的に不安定な状態に置かれることを防止することにある。

二重処罰の禁止は，同一行為につき，前の確定判決に加えて新たに判決を下すことを禁止するもので，この点で，同一行為につき確定判決を再度審理する一事不再理とは異なる。

7　拷問・残虐刑の禁止

憲法36条は，公務員による拷問および残虐な刑罰を絶対に禁止する旨を定め

る。この規定は，「残酷で異常な刑罰を科してはならない」と定めた，アメリカ合衆国憲法修正 8 条に由来するといわれる。

(1) 拷問の禁止　　拷問とは，被疑者や被告人から自白を引き出すため身体に苦痛を与えることをいう。憲法36条では，拷問を絶対に禁止するとともに，それに実効性を持たせるべく，拷問による自白の証拠能力を否定し（憲38条 2 項），特別公務員暴行陵虐罪につき法定刑の加重を行い（刑195条・196条），職権濫用罪および特別公務員暴行陵虐罪について準起訴手続を認めている（刑訴262条以下）。

(2) 残虐刑の禁止　　残虐な刑罰とは，「不必要な精神的，肉体的苦痛を内容とする人道上残酷と認められる刑罰」（最大判昭23・6・23刑集 2・7・777）のことをいう。死刑が残虐刑にあたるかについて，最高裁は，現行の絞首刑による死刑そのものは残虐刑に該当しないとしている。ただし，その執行方法が火あぶり，磔，さらし首，釜ゆでなど「その時代と環境とにおいて人道上の見地から一般に残虐性を有するものと認められる場合」には，残虐刑となる（最大判昭23・3・12刑集 2・3・191）。

なお，死刑の合憲性について争われた他の事件において，最高裁は，「死刑制度を存置する現行法制の下では，……罪刑の均衡の見地からも一般予防の見地からも極刑がやむをえないと認められる場合には，死刑の選択も許される」として，合憲と判断した（「永山事件」最三判昭58・7・8刑集37・6・609）。

確 認 問 題 ··

(1) 奴隷的拘束および苦役からの自由について，次の説明のうち妥当なものを 1 つ選びなさい。
　① 奴隷的拘束は原則として認められないが，本人の同意がある場合には奴隷的拘束を行うことも許される。
　② 奴隷的拘束からの自由は主として国家権力を対象としたものであるから，私人相互の関係には直接適用されない。
　③ 「その意に反する苦役」とは，広く本人の意思に反して強制される労役のことであるから，証人としての証言義務も「苦役」にあたる。

第10講　人身の自由

④　「その意に反する苦役」とは強制労働のことであるが，非常災害など緊急
の場合に応急措置として課される労務負担は，「苦役」にはあたらない。

(2)　被疑者の権利について，次の説明のうち妥当なものを1つ選びなさい。

①　被疑者を逮捕するには，事前に裁判官の発する令状が必ず必要である。

②　拘禁には正当な理由が必要であるため，被疑者からの要求がなくとも，公
開の法廷において開示することが義務付けられる。

③　憲法35条の令状主義の精神を没却するような重大な違法行為が証拠収集手
続にある場合には，その証拠能力は否定される，というのが判例の立場であ
る。

④　憲法35条は刑事手続にのみ適用され，行政手続には適用される余地はない。

(3)　刑事被告人の権利について，次の説明のうち誤っているものを1つ選びなさい。

①　すべての刑事被告人に対して，公平な裁判所の迅速な公開裁判を受ける権
利が保障されている。

②　証人喚問権の行使に対して，裁判所は，申請された証人すべてを喚問する
必要はなく，必要適切な証人に限ることができる，とするのが判例の立場で
ある。

③　任意性のある自白の場合には，これを補強する証拠がなくとも，その自白
をもって有罪の証拠とすることができる。

④　弁護人依頼権は被告人が自ら行使すべきものであり，国としては依頼の機
会を与え，それを妨げなければよい，とするのが判例の立場である。

179

第11講 参　政　権

ポイント

① 選挙権の法的性質とは，どのようなものか。

② 選挙の基本原則とは，どのようなものか。

③ 選挙運動の規制は，どのような内容になっているか。

④ 直接民主制としての参政権には何があり，どのように機能しているのか。

1 参政権の意義

　参政権は，主権者である国民が，直接または代表者を通じて間接的に国政に参加する権利であり，国家と国民の関係でいうところの「国家への自由」を意味する。参政権は，主として，選挙権や被選挙権を通じて行使され，国家の存在を前提とするものである。それゆえ，天賦的人権である自由権とは性質を異にする。

　わが国では，明治憲法35条は，「衆議院ハ選挙法ノ定ムル所ニ依リ公選セラレタル議員ヲ以テ組織ス」と定めていたが，これ以外に国民が国政に参加する規定は置かれなかった。日本国憲法は，その前文で，「そもそも国政は，国民の厳粛な信託によるものであつて，その権威は国民に由来し，その権力は国民の代表者がこれを行使し，その福利は国民がこれを享受する」とし，15条1項では，「公務員を選定し，及びこれを罷免することは，国民固有の権利である」とし，国民主権原理と代表民主制による国政の運営を原則とすることを明らかにしている。明治憲法と比べると，国民の意見を国政に反映させることに重きを置き，参政権の保障が充実したといえる。

　日本国憲法で参政権を具体化した規定は，①国会議員の選挙権・被選挙権

（44条），②地方公共団体の長および議会議員の選挙権（93条2項），③最高裁判所裁判官の国民審査での投票権（79条2項‐4項），④憲法改正に関する国民投票権（96条1項），⑤地方自治特別法に関する住民投票権（95条）がある。各権利の具体的な内容については，公職選挙法，地方自治法，最高裁判所裁判官国民審査法，日本国憲法の改正手続に関する法律などで定められている。また，近年，国民の意思を国政に伝えるという性格に着目し，国務請求権のひとつである請願権を参政権に分類する学説もみられる（第12講 ２ Ⅰ参照）。

２ 選挙権の法的性質

Ⅰ 選挙権の性格

参政権の中では，代表者を選出する選挙権が最も重要であるとされる。選挙権の法的性質に関しては，次のような争いがある。①国政への参加を国民に保障した権利とみる権利説，②選挙人としての地位に基づき公務員の選挙に関与する公務とみる公務説，③権利であるとともに公務でもあるとする二元説である。

① 権利説

権利説とは，選挙権は，国政に関する自己の意思を表明できるという個人の主観的権利であるとする立場である。この説は，選挙権を自然権的なもの，国民主権原理を人民主権的なものとしてとらえるのが特徴である。選挙権を行使するかどうかについては個人の自由であり，選挙運動のあり方も基本的には自由という自由選挙観と結びつくことになる。しかし，古典的な人権とは異なり，選挙人の資格が法律で定められている点など，権利を制限する憲法の規定をどのように理解するかという課題がある。

② 公務説

公務説とは，選挙は国家という団体の行為であり，個人は国家のために必要な公的職務を遂行しなければならないとする見方である。つまり，有権者団という機関が行う公務としての側面を重視するものである。この説では，選挙は

公的な義務であるので，棄権は認められないことになる。また，選挙権の権利性を否定し，選挙の公正さを確保するために一定のルールが選挙運動などに課されることを認めるものであり，選挙制度に関する立法裁量も広く解釈される。しかし，広範な立法裁量を認めるので，選挙権に対する不当な制約も許されることになり，憲法が参政権を基本的人権として位置づけていることとの整合性を検討する必要がある。

③　二元説

二元説は，選挙権を権利と公務の両方の性格を持ち合わせるものとしてとらえる見方である。選挙権は，一定のルールの下に行われる機関としての公務に国民が関与するという側面はあるが，同時に，そのような公務に携わることにより，国政に対して自己の意見を表明することができるという点では権利性も存在する。最高裁も，選挙権は，「国民主権を宣言する憲法の下において，公職の選挙権が国民の最も重要な基本的な権利の一つ」（最大判昭30・2・9刑集9・2・217）としつつも，選挙の公正の確保という観点から選挙権の制約を認めており，これらを総合すれば二元説に立っているといえる。

昨今の選挙権の法的性格をめぐる議論では，通説である二元説の中でも，権利を強調する立場が強くなりつつあり，権利説との違いがなくなりつつあるという指摘がなされている。権利説に接近した二元説になれば，選挙での棄権も権利として認められることになるが，「選挙権における公務意識の希薄化ないし否定の過程」であるという批判もある。選挙権のもつ公務性の意味についても再検討する必要があろう。

II　被選挙権の法的性質

被選挙権とは，選挙されうる権利である。憲法には被選挙権についての明文規定はないが，15条1項で，「公務員を選定し，及びこれを罷免することは，国民固有の権利である」とする規定から，選挙権と表裏の関係をなす被選挙権も保障されているとして理解されている。最高裁は，労働組合が，市議会議員選挙に立候補しないようその組合員に圧力をかけたことが公職選挙法に違反す

第11講 参 政 権

ることが問われた「三井美唄炭鉱事件」（[重要判例11-1]最大判昭43・12・4刑集22・3・1452）で，「立候補の自由は，選挙権の自由な行使と表裏の関係にあり，自由かつ公正な選挙を維持するうえで，きわめて重要である」と判示した。

重要判例 11-1

三井美唄炭鉱事件（最大判昭43・12・4刑集22・3・1452）

事実の概要

三井美唄炭鉱労働組合は，美唄市議会議員選挙で統一の推薦候補を立てた。ところが，その選出から漏れた組合員が独自に立候補しようとしたため，組合役員が立候補を断念するよう説得にあたった。しかし，これが受け入れられなかったため，労働組合は，当該組合員が当選した後に，組合員としての権利を1年間停止する旨を通告した。この行為が，選挙の候補者となろうとする者もしくは当選人を組合との特殊な利害関係を利用して威迫したものであるとして，組合役員が公職選挙法225条3号に違反したとして起訴された。

判旨

最高裁は，以下のように述べ，勧告または説得の域を超えて立候補を取りやめることを要求し，これに従わないことを理由に組合員を処分するのは，労働組合の統制権の限界を超え違法であると判示した。「被選挙権を有し，選挙に立候補しようとする者がその立候補について不当に制約を受けるようなことがあれば，そのことは，ひいては，選挙人の自由な意思の表明を阻害することとなり，自由かつ公正な選挙の本旨に反することとならざるを得ない。この意味において，立候補の自由は，選挙権の自由な行使と表裏の関係にあり，自由かつ公正な選挙を維持するうえで，きわめて重要である。このような見地からいえば，憲法15条1項には，被選挙権者，特にその立候補の自由について，直接には規定していないが，これもまた，同条同項の保障する重要な基本的人権の一つと解すべきである。さればこそ，公職選挙法に，選挙人に対すると同様，公職の候補者または候補者となろうとする者に対する選挙に関する自由を妨害する行為を処罰することにしているのである。」

学説には，被選挙権は，選挙に参加する権利の一環としての「立候補の自由」とみなす見解がある一方で，選挙を通じて公職に相応しい人物を選び出すことが選挙の目的であるとする説もある。これは，被選挙権は権利そのものではなく，選挙で選ばれた場合に公職に就くことを許される資格ととらえる見方である。後者の見解によれば，選挙権と異なる要件を付される場合があり，選

183

挙権よりも要件が狭くとらえられることとなる。実際に，公職選挙法10条１項
では，立候補の年齢要件として，衆議院議員，都道府県議会議員，市町村長，
市町村議会議員は満25歳以上，また，参議院議員および都道府県知事は，満30
歳以上とし，選挙権より厳しい制約を課している。

3 選挙の基本原則

　憲法は，選挙制度のあり方についての具体的な内容を定めず，法律事項とし
ていることから，国会が一定程度の立法裁量をもっていると考えられている。
ただし，この立法裁量は，近代民主主義の成立から発展の過程を通じて確立し
てきた選挙の基本原則によって枠づけられていると考えられている。選挙の自
由や効果的な代表を実現するためには，①普通選挙，②平等選挙，③秘密選挙，
④直接選挙，⑤自由選挙の基本原則をふまえなければならないとされる。
　① 普通選挙
　普通選挙とは，選挙人の資格を財産，教養，性別で制限せず，成年者が等し
く投票資格をもつ選挙であり，狭義には，納税額や財産による制限がない選挙
をいう。明治憲法下では，納税額を基準とした制限選挙制度を採用したが，大
正14（1925）年に，納税要件を廃止し，男子普通選挙制が確立した。そして，
昭和20（1945）年の公職選挙法改正により，性別の要件がなくなり，男女普通選
挙制が確立し，満20歳以上のすべての国民に選挙権が認められることとなった。
　憲法15条３項は，「公務員の選挙については，成年者による普通選挙を保障
する」と定め，普通選挙の原則を明らかにしている。また，憲法44条でも，
「人種，信条，性別，社会的身分，門地，教育，財産又は収入によつて差別し
てはならない」と定め，この原則を確認している。
　② 平等選挙
　平等選挙とは，「一人一票」を意味し，すべての選挙人の投票の価値を平等
に扱う原則をいう。財産や教養などの面で資質をもつ選挙人に複数の投票権を
与える複数投票制と相対する。憲法14条１項は，「人種，信条，性別，社会的

第11講　参　政　権

身分又は門地」による差別を禁止する法の下の平等を定め，また，憲法44条では，選挙権について，これらの差別禁止事項に加えて，「教育，財産又は収入」による差別を禁止している。これは，財産，教養や性別を条件としない普通選挙制を正当化するものでもある。

　昨今，平等選挙の原則を損なうものとして，選挙区間の議員定数不均衡の問題がおきている。これは，人口が最も多い選挙区と最も少ない選挙区との間で，1人の議員が代表する有権者数が1対2をこえ，投票価値に不平等が生じているというものである。昭和51（1976）年の最高裁判決では，格差が4.99倍に達した昭和47（1972）年の衆議院議員総選挙での定数配分を憲法違反とし，「各選挙人の投票の価値の平等もまた，憲法の要求するところである」と判示した（最大判昭51・4・14民集30・3・223）。

━━ 重 要 判 例 11-2 ━━━━━━━━━━━━━━━━━━━━━━━━━━━━

選挙無効請求事件（最大判平25・11・20民集67・8・1503）

事実の概要

　憲法は，議員1人当たりの選挙人数はできる限り平等に保たれることが最も重要かつ基本的な基準としているにもかかわらず，平成24（2012）年12月16日に施行された衆議院議員総選挙において，選挙人数が最も少ない高知県第3区と比べて較差が2倍以上となっている選挙区は72選挙区あった。そこで，東京都第2，5，6，8，9区および18区ならびに神奈川県第15区の選挙人は，小選挙区選出議員の選挙の選挙区割りに関する公職選挙法の規定は，憲法に違反し無効であるから，これに基づき施行された各選挙区における選挙も無効であると提起した。

判旨

　憲法は，投票価値の平等を要求している。ただし，投票価値の平等は，選挙制度の仕組みを決定する絶対の基準ではなく，国会が正当に考慮することのできる他の政策的目的や理由との関連において調和的に実現されるべきものである。それゆえ，国会議員の選挙については，憲法上，議員の定数，選挙区や投票方法などに関する事項は，国会に広範な裁量が認められている。

　平成24（2012）年の衆議院議員総選挙は，平成21（2009）年選挙時に憲法の投票価値の平等の要求に反する状態に既に至っていた選挙区割りの下で再び施行されていることや選挙区間の較差がさらに拡大していたことに照らせば，選挙区割りは憲法の投票価値の平等の要求に反する状態にあったものといわざるを得ない。しかしながら，選挙区間の人口較差を2倍未満に収めることを可能とする定数配分と区割り改定の枠組みを定めた

法改正が成立した時点で衆議院が解散されたため，前回の総選挙と同じ区割り選挙を実施せざるを得なかった。こうした考慮すべき諸事情に照らすと，国会における是正の実現に向けた取組は，憲法上要求される合理的期間内になされなかったとはいえず，立法裁量権の行使として相当なものでなかったということはできない。

③　秘密選挙

秘密選挙とは，投票人に対する不当な干渉を防止するために，投票を無記名で行う選挙であり，投票内容を公開する公開選挙制と相対する。憲法15条4項は，「すべて選挙における投票の秘密は，これを侵してはならない。選挙人は，その選択に関し公的にも私的にも責任を問はれない」と定め，選挙における有権者の投票の自由を秘密投票制度によって保障している。また，公職選挙法52条は，「何人も，選挙人の投票した被選挙人の氏名又は政党その他の政治団体の名称若しくは略称を陳述する義務はない」とし，投票の秘密保持について定め，同法227条では，選挙事務に従事した者が選挙人の投票した被選挙人の氏名を表示した場合の秘密侵害罪について定めている。

④　直接選挙

直接選挙とは，選挙人が代表者を直接選ぶ選挙であり，選挙人が選挙委員を選び，その選挙委員が公務員を選挙する制度である間接選挙とは相対する。憲法43条1項は，「両議院は，全国民を代表する選挙された議員でこれを組織する」と定めており，直接選挙で代表を選出するのかどうかについては，明言していないが，これまでの歴史的経緯からすれば，少なくとも衆議院議員の選出は，直接選挙によって選出されるべきであると考えられている。

⑤　自由選挙

自由選挙とは，選挙人が自由に選挙に参加し，棄権することも自由であるという任意投票の原則である。強制投票制とは異なり，棄権しても，罰金，公民権の停止，氏名の公表などの措置は科されない。日本国憲法には自由選挙に関する規定はないが，伝統的に任意投票制が採用され，定着していることからすれば，強制投票制を採用することは許されない。

第11講　参　政　権

4　選挙の方法と選挙運動の規制

Ⅰ　選挙制度と選挙権の法的性質

　憲法44条は「両議院の議員及びその選挙人の資格は，法律でこれを定める」
とし，また，憲法47条は「選挙区，投票の方法その他両議院の議員の選挙に関
する事項は，法律でこれを定める」として，選挙人，被選挙人の資格や選挙方
式の詳細は法律事項としているが，とくに公職選挙法に委ねている。憲法から
具体的な選挙制度を導き出すことはできないが，どのような選挙制度にするか
は，選挙権の法的性質をどのようにとらえるかにかかってくる。選挙権の権利
性に重点を置けば，立法裁量は限定され，選挙権の公務性に重点を置けば，立
法裁量は広く認められることになろう。

Ⅱ　衆議院議員選挙の方法

　わが国では，戦後の第23回衆議院議員総選挙から，1選挙区から3〜5人を
選出する中選挙区制が採用された。しかし，1つの選挙区で同一政党の候補者
が議席を争うこの制度は，「政治と金」の問題を引き起こす原因とされた。そ
こで，平成5（1993）年に政治改革の一環として選挙制度改革が行われ，中選
挙区制にかわって，小選挙区比例代表並立制が導入された。この制度は，全国
を300選挙区に分けた小選挙区選挙（定数300）と全国を11のブロックに分けた
比例区選挙（定数200）を別々に行うものであった。

　小選挙区制は，選挙区で最も多くの得票を得た候補者1名が当選する制度で
あり，多数派の民意を反映するので，政治的安定性をもたらすという利点があ
る。その反面，落選した候補者の得票は死票となるので，民意の正確な反映と
いう点では問題があることが指摘されている。一方，比例代表制は，政党の得
票率に比例して議席配分を決定する制度であり，民意を正確に反映するという
利点がある。ただし，少数者の民意も議席数に反映されるので，小政党も議席
を獲得する可能性があり，多党制になりやすいとされる。小選挙区比例代表並

187

立制は，多数派と少数派という異なる民意の反映に重きをおいた選挙制度を組み合わせており，お互いの長所をいかしたバランスのとれた制度といえる一方，どのような民意を重視しているのかが分かりにくいという批判もある。

衆議院議員の定数は465人で，小選挙区からの選出議員が289人，比例区からの選出議員が176人となっている（公選4条1項）。これまで，平等選挙の原則を踏まえ，小選挙区間での投票の価値の格差が2倍以上にならないように配慮されてきたが，都道府県に1議席を配分する1人別枠方式を採用したこともあり，人口が少ない地域の一票の重みを増大させる結果となっていた。こうした格差が解消されないままに衆議院議員総選挙が行われた結果，最高裁は，平成21（2009）年や平成24（2012）年に行われた衆議院議員総選挙は，投票の価値が2倍をこえている選挙区があり，投票価値の不平等が一般的に合理性を欠く状態である違憲状態と判示した。その後，部分的な是正策がとられたこともあり，最高裁は，平成28（2016）年に行われた衆議院議員総選挙を合憲としたが，2倍に近い格差があることから，抜本的な改革が求められている。

Ⅲ　参議院議員選挙の方法

参議院議員の任期は6年で，3年ごとに議員の半数が改選される（憲46条）。参議院議員の定数は248人で，都道府県を選挙区とする選挙区からの選出議員が148人，全国を単位とする比例区からの選出議員が100人となっている（公選4条2項）。衆議院のように，一度に全議員を選挙するのではなく，3年ごとにその半数を改選する理由は，国民の直近の民意を重視する衆議院とは違い，議院の継続性を保つとともに国会の機能の空白化を防ぐことがその理由としてあげられる。また，参議院には解散制度がなく，3年ごとに定期的に半数の議員が改選されるので，その選挙は，参議院議員通常選挙と呼ばれる（公選32条）。

被選挙権は，衆議院議員よりも5歳高く設定され，満30歳以上の日本国民に認められている。その理由は，良識の府や理性の府として活動することが求められる参議院の役割に配慮したためである。

衆議院と同じく，都道府県を単位とする選挙区での1票の格差の問題が生じ

ている。これまで，最高裁は，参議院の役割に配慮し，1票の格差には衆議院に比べて寛大な判断をしてきたが，平成24（2012）年の判決では「都市部への人口集中による都道府県間の人口格差が拡大する中で総定数を増やす方法に制約があり，都道府県単位の選挙区を維持しながら投票価値の平等の実現を図ることはもはや著しく困難な状況」（最大判平26・11・26民集68・9・1363）とし，都道府県単位を選挙区とする選挙制度の見直しを迫った。その結果，公職選挙法が改正され，鳥取県と島根県，徳島県と高知県が1つの選挙区（合区）となった。

Ⅳ　選挙運動の制限

選挙運動とは，特定の選挙について，特定の候補者の当選を目的として，投票を得又は得させるために直接又は間接に必要かつ有利な行為を意味する。選挙運動は，表現の自由を行使する形で行われること，そして有権者が自分の投票先を決定するために必要な情報を得られるようにするためにも，規制は必要最小限にとどめる必要がある。その一方で，選挙運動を無制限に認めてしまうと，金銭が絡み，選挙の公正性が損なわれてしまうことや，候補者の資力によって差が出てしまうことから，公職選挙法では，選挙運動に関して，①事前運動の禁止，②戸別訪問の禁止，③法定外文書・図画の頒布禁止，④インターネットを利用した選挙運動，⑤言論による選挙運動などの規制を設けている。

①　事前運動の禁止

事前運動とは，選挙に立候補が確定しているもしくは予測される人が，票を得る目的のためになす行為を意味する。公職選挙法は，選挙運動は，「公職の候補者の届出のあつた日から当該選挙の期日の前日までででなければ，することができない」（公選129条）と定め，事前運動を禁止している。事前運動期間は，衆議院議員総選挙が12日，参議院議員および都道府県知事選挙が17日，政令指定都市市長選挙が14日，都道府県議会議員および政令指定都市議会議員選挙が9日，市長選挙および市議会議員選挙が7日，町村長および村議会議員選挙が5日となっている。

この事前運動の禁止規定の合憲性については，学説でも意見が分かれるところである。ただし，常時選挙活動を認めてしまうと，不当な競争や不正行為がおきてしまい，選挙の公正性を害することや，経費や労力がかさみ，経済力の差による不公平が生じるおそれがあり，こうした弊害を防止するためのより制限的でない方法がないことから，合憲とする説が一般的である。

② 戸別訪問の禁止

戸別訪問とは，選挙期間中に，家，会社，事務所などを訪問して投票を依頼したり，候補者の氏名の宣伝をすることである。公職選挙法138条1項は，「何人も，選挙に関し，投票を得若しくは得しめ又は得しめない目的をもつて戸別訪問をすることができない」と定め，これを全面的に禁止している。戸別訪問を禁止する理由は，買収によって，選挙の公正性や有権者の生活の平穏を害するおそれがあるからである。

戸別訪問の規制について，最高裁は，「戸別訪問を一律に禁止している公選法138条1項の規定は，合理的で必要やむを得ない限度を超えるものとは認められず，憲法21条に違反するものではない。したがって，戸別訪問を一律に禁止するかどうかは，専ら選挙の自由と公正を確保する見地からする立法政策の問題であって，国会がその裁量権の範囲内で決定した政策は尊重されなければならない」（最三判昭56・7・21刑集35・5・568）としている。しかしながら，学説では，戸別訪問は，選挙人が有益な判断資料を得る機会であること，戸別訪問と不正行為との直接的な因果関係が明らかでないこと，買収の取り締まり強化などのより制限的でない方法があることなどから，この規制は必要最小限度をこえるものであり，違憲とする見方もある。

③ 文書図画による規制

公職選挙法における文書図画とは，文字，符号または象形を用いて，物体の上に永続的に記載された意識の表示をいう。選挙運動のために使用できる文書図画は，公職選挙法142条に規定されたものとインターネット等を利用する方法以外は認められていない。

文書図画による選挙運動は，「頒布による文書図画」と「掲示による文書図

画」に分けられ，その規格，数量，使用方法などに制限がある。頒布による文書図画は，選挙運動用葉書，選挙運動用ビラ，パンフレットまたは書籍がある。ただし，地方議会議員選挙では，選挙運動用ビラの頒布は認められていない。次に，掲示による文書図画には，選挙事務所を表示するための文書図画（ポスター，立札，ちょうちん，看板），選挙運動用自動車（船舶）に取り付けて使用する文書図画（ポスター，立札，ちょうちん，看板），候補者が使用する文書図画（たすき，腕章，胸章），個人演説会場で使用する文書図画（ポスター，立札，ちょうちん，看板），選挙運動用ポスター，個人演説会告知用ポスターがある。

④　インターネットを利用した選挙運動

インターネットの普及に伴い，平成25（2013）年4月に公職選挙法が改正され，選挙運動期間における候補者に関する情報の充実，有権者の政治参加の促進等を図るため，インターネット等を利用する方法による選挙運動が解禁された。これにより，選挙期間中は，ホームページ，ブログ，SNS，動画共有サービス，動画中継サイトなどのウェブサイトを利用する方法（公選142条の3の1項）を利用することが可能となった。また，電子メールを利用する方法による選挙運動用文書図画については，候補者・政党等が，一定の送付先に限り，頒布することができるようになったが，一般の有権者が送付することは禁止されている（公選142条の4の1項）。

⑤　言論による選挙運動

言論による選挙運動として，個人演説会（公選161条‐164条），街頭演説（公選164条の5），選挙運動用自動車の使用（公選141条）などのような選挙運動が認められているが，方法や時間などに制限がある。たとえば，街頭演説は，午前8時から午後8時まで行うことができるが（公選164条の6），選管交付の標旗を掲出し，選挙運動従事者は腕章を着用しなければならない。また，走行・歩行演説，公共施設，鉄道敷地内，病院などでは演説をすることが認められていない（公選166条）。

5 直接民主制方式としての参政権

I 直接民主制の種類

憲法は間接民主制を基調としているが，国民が政治決定を直接行う例外的な制度を設けている。直接民主制としての参政権は，最高裁判所裁判官の国民審査（憲79条2項‐4項），地方自治特別法の住民投票（憲95条），憲法改正の国民投票（憲96条1項）が制度化されている。

直接民主制は，国民が直接最終決定を行うという意味からすれば，民主的な制度であるともいえるが，時間や費用などの問題，政治的安定性などの面での課題がある。また，憲法で，その改正，立法やEUに関する国民投票を制度化し，多くの実施例を有するフランスにおいては，国民投票での投票率が低下する傾向にある。代表制を補完し，その持ち味を生かしていくための直接民主制のこんにち的なあり方を検討する必要があろう。

II 最高裁判所裁判官の国民審査

憲法79条2項は，「最高裁判所の裁判官の任命は，その任命後初めて行はれる衆議院議員総選挙の際国民の審査に付し，その後十年を経過した後初めて行はれる衆議院議員総選挙の際更に審査に付し，その後も同様とする」とし，最高裁判所裁判官の国民審査について定める。これは裁判官の選任に対して，民主的コントロールを及ぼすための制度である。

最高裁判所裁判官は，任命後に初めて行われる衆議院議員総選挙の投票日に，国民審査を受け，その後は10年経過後に同様の審査に付される。投票者は，投票用紙に記載されている裁判官のうち，罷免を可とすべき者に対する記載欄に×の記号を記載し，罷免を可としない裁判官については，何も記載せずに投票を行う（国民審査15条1項）。罷免を可とする投票数が罷免を可としない投票数よりも多い裁判官は，罷免されたものとする（同32条）。

これまで国民審査によって罷免された裁判官は1人もおらず，罷免とした割

合が最も高い場合でも約15％であり，有権者の関心が薄い選挙であるとされる。したがって，その意義やあり方を再検討する必要があることが指摘されている。

Ⅲ　地方自治特別法の住民投票

　憲法95条は，「一の地方公共団体のみに適用される特別法は，法律の定めるところにより，その地方公共団体の住民の投票においてその過半数の同意を得なければ，国会は，これを制定することができない」と定める。これは，特定の地方公共団体の組織，権能，運営に関する基本的事項について，一般の地方公共団体と異なる取り扱いをする法律を制定する場合には，当該地方公共団体で住民投票を実施し，過半数の同意を得ることを要件とするものである。

　この住民投票制度は，法律レベルで常設化された唯一のものであり，昭和24（1949）年からの4年間で，16件の法律（うち1件は一部改正）について18の地方公共団体において投票が実施されている。対象となった法律は，昭和24（1949）年の広島平和記念都市建設法，長崎国際文化都市建設法にはじまり，首都建設法，旧軍港市転換法，温泉文化都市建設法，国際港都建設法，国際文化観光都市建設法，そして，昭和27（1952）年の伊東国際観光温泉文化都市建設法の一部を改正する法律が最後の事例となった。対象となった多くの法律は，地方公共団体に優遇措置を与えるものであったため，すべて賛成が多数という結果になっている。これ以後，この住民投票は1回も実施されておらず，その意義が問われる状況にあるが，地方分権の流れの中で，有効な活用方法を検討すべきとする見方もある。

Ⅳ　憲法改正の国民投票

　憲法96条1項は，「この憲法の改正は，各議院の総議員の3の2以上の賛成で，国会が，これを発議し，国民に提案してその承認を経なければならない。この承認には，特別の国民投票又は国会の定める選挙の際行はれる投票において，その過半数の賛成を必要とする」とし，憲法改正手続について定めている。

　憲法改正は，国会の発議，国民の承認，天皇の公布という手続により成立す

るが，国民の承認を得るために国民投票が実施される。しかし，憲法で国民投票の実施が予定されていながら，その具体的手続を定めた法律は長らく存在せず，平成19（2007）年に，「日本国憲法の改正手続に関する法律（憲法改正手続法）」が制定され，平成22（2010）年5月に施行された。現在のところ，国民投票は1回も実施されていない。

　国民投票は，国会が憲法改正の発議をした日から起算して60日以後180日以内において，国会の議決した期日に実施される（憲改2条1項）。憲法改正案は，内容において関連する事項ごとに提案され，それぞれの改正案ごとに一人一票を投じることとなる（憲改47条）。投票は改正案に賛成するときは，投票用紙の欄内に記載された賛成の文字を〇の記号で囲み，反対するときは，反対の文字を〇の記号で囲み，投票箱に入れる（憲改57条1項）。国民に承認されるためには，憲法改正案に対する賛成の投票の数が投票総数の2分の1をこえることが必要である（憲改126条1項）。

　また，憲法改正手続法3条では，「日本国民で年齢満18年以上の者は，国民投票の投票権を有する」と定め，その投票権は，年齢満18歳以上の日本国民が有することとされた。そこで，年齢満20歳以上の日本国民に選挙権を認めている公職選挙法との調整が必要となったが，国民投票法にあわせる形で，平成27（2015）年に公職選挙法が改正され，選挙権の年齢要件が満18歳に引き下げられた。

V　住　民　参　加

　地方自治法では，地方公共団体の長・議会議員の選挙権（地自18条）および被選挙権（地自19条）の他に，直接請求制度である条例制定・改廃の請求権（地自74条），議会解散の請求権（地自76条‐79条），首長・議員の解職請求権（地自80条‐88条）などがある。これは，地方自治の本旨の一側面である住民自治を拡充するための制度として理解されている。条例の制定・改廃請求は有権者50分の1以上の署名で長に請求でき（地自74条），長および議員の解職請求については有権者の3分の1以上の署名で選挙管理委員会に請求できる（地自80条‐88条）。

第11講　参　政　権

Topic 11 - 1

選挙年齢の引き下げ

　選挙権を持てる年齢は，国によって異なる。早い国では，ブラジルやキューバなど
が16歳となっている。また，ヨーロッパ諸国では18歳からが主流となっている。わ
が国では，昭和20年（1945年）の衆議院議員選挙法の改正によって，選挙年齢は25
歳から20歳に引き下げられた。日本国憲法の改正手続に関する法律では，附則で平
成30年6月までに18歳に引き下げる旨を明記し，公職選挙法の選挙権年齢や民法の
成年年齢などを検討し，必要な法制上の措置をとるものとしている。これにより平成
27（2015）年6月に公職選挙法が改正され，2016年の参議院議員選挙から18歳選挙
権が実現することになった。早い時期から政治や選挙に関心を持つようにするため，
学校教育のあり方を見直す必要がある。学校教育では，教育の政治的中立性に重きが
置かれているため，「政治のいま」を授業で取り上げることは，これまでほとんどな
かった。どのような政治教育をしていくのかが課題となっている。

確　認　問　題 ・・

(1)　選挙の基本原則について，次のうち誤っているものを1つ選びなさい。

　　①　普通選挙

　　②　秘密選挙

　　③　強制選挙

　　④　平等選挙

(2)　参政権について，次のうち憲法では制度化されていないものを2つ選びなさい。

　　①　最高裁判所の裁判官の国民審査

　　②　地方公共団体の長の解職請求

　　③　憲法改正のための国民投票

　　④　地方自治特別法の住民投票

　　⑤　市町村の合併に関する住民投票

195

第12講 国務請求権

ポイント
① 国務請求権とは何か。自由権や社会権との違いは，どこにあるのだろうか。
② 国務請求権には，どのような種類があるか。
③ 請願権と参政権の関係は，どのようになっているのだろうか。
④ 国家賠償請求権と刑事補償請求権による救済の違いはどこにあるのだろうか。

1 国務請求権の意義

　国務請求権は，国民が国家に対して一定の作為を要求することにより，人権の実質的保障を確保するための権利である。社会権と同様に，一定の作為を国家に対して請求するという点で国家の存在が不可欠である。それゆえ，自由権のような自然権を前提にした人権と背景を異にする。自由権であれば，憲法上に保障する規定があれば，法律にその根拠がなくても権利の主張ができるが，国務請求権は，法律によってその内容や具体的手続が定められていなければ，現実的効果を得る手段がない。また，国務請求権は自由主義を基礎に置く伝統的な権利であるのに対して，社会権は，資本主義社会が生み出した社会的弱者の救済という20世紀的時代背景を有している点も異なっている。

　国務請求権には，請願権（憲16条），国家賠償請求権（憲17条），裁判を受ける権利（憲32条），刑事補償請求権（憲40条）がある。これらは，権利者が自分の主張を正当に取り扱うように要求する形式的なものである請願権および裁判を受ける権利と，権利者の利益の実現を要求する実質的なものである国家賠償請求権および刑事補償請求権に分類することができる。

2 請 願 権

I 請願法と請願の種類

請願とは，本来，目下の者が救済の権限をもつ目上の者に願い出ることを意味し，国民が自己の意見，希望，苦情を国や地方公共団体の機関などに表明することを権利として認めたのが請願権である。請願権は，歴史的には，専制君主の絶対的支配に対して，国民が自己の権利の確保を求めるための手段として発達してきたが，その起源は，近代国家以前に求めることができる。最も古いものは，イギリスにおいて，国王に対して，貴族の権利を認めた1215年のマグナカルタが知られており，1628年の権利請願，1689年の権利章典へと引き継がれた。これらは，議会制や言論の自由が確立していない時代に，君主の恩恵に期待して，権利の救済を請い願うものとして位置づけられていた。近代以前の請願権は，貴族など一部の特権階級に認められた権利であった。近代市民革命後には，1787年のアメリカ合衆国憲法やフランスの1791年憲法に代表されるように，憲法上の権利として採用され，絶対王政に対して自由主義国家が獲得したものとして位置づけられた。

請願がなされた場合，国王や議会などの各機関は誠実に対応する義務を負う。ところが，普通選挙制の確立や表現の自由の保障，さらには，国民の権利に反する形で国家権力が行使された場合の救済措置が拡充されると，国に希望や不平を述べる必要がなくなり，その重要性が薄れていくこととなった。そこで，選挙以外の場面で国民が国政に意見を伝えるという側面に着目し，請願権を参政権のひとつとみなす学説もあらわれた。しかし，請願権が選挙権を持たない未成年者や外国人にも認められていることからすれば，参政権と同じものとすることはできないであろう。議会制が機能不全に陥ったり，司法による権利救済が不十分で，国民の要求が聞きとげられない場合などに，参政権としての側面をふまえながら，新たな意味づけを検討する必要がある。

II 明治憲法における請願権

　1850年に制定されたプロイセン憲法にならい，明治憲法は，「日本臣民ハ相当ノ敬礼ヲ守リ別ニ定ムル所ノ規程ニ従ヒ請願ヲ為スコトヲ得」（明憲30条）とし，請願権を臣民の権利として位置づけた。また，帝国議会の両議院に対する請願については，「臣民ヨリ呈出スル請願書ヲ受クルコトヲ得」（明憲50条）と定めた。

　明治憲法下での請願権は，「相当ノ敬礼」，つまり礼儀正しい態度であれば，政府に対して請願することが許された。また，その具体的手続きを定めた請願令が大正6（1917）年に公布された。その内容をみると，憲法および皇室典範の改正，裁判への関与は禁止されていたり，官公署の職員に面接を強要した場合には，刑罰を科されることがあるなど，厳しい制約が設けられていた。なお，第1回帝国議会から第92回帝国議会における，貴族院の請願受理件数は42,504件，採択件数は11,897件（約28％），衆議院の請願受理件数は79,927件，採択件数は28,935件（約36％）であった。こうしてみると，厳しい制約があったにもかかわらず，比較的数多くの請願がされていたといえる。

III 日本国憲法における請願権

1 請願法と請願の種類

　憲法16条は，「損害の救済，公務員の罷免，法律，命令又は規則の制定，廃止又は改正その他の事項」に関し，自己の希望，要望や苦情などを国や地方公共団体の機関に対して平穏に伝える権利を保障している。ただし，憲法ではその内容や方法は規定されておらず，この点は，請願法（昭和22年制定）で具体的に示されている。

　請願は，請願者の氏名（法人の場合はその名称）および住所を記載し，所管の官公庁または内閣に文書の形で請願しなければならない（請願2条・3条）。また，「何人も，請願をしたためにいかなる差別待遇も受けない」（請願6条）とし，請願をしたことによっていかなる不利益を受けるものではないことを保

障している。権利の主体が「何人も」としてある以上，20歳以上の日本国民だけでなく，未成年者，外国人，法人にもその権利が認められていると考える学説が支配的になっている。

　請願を受けた機関は，これを「誠実に処理する義務」を負う（請願5条）。基本的には，請願する者は，自分の意見，希望，苦情を公的機関に受理することを要求できるだけであり，これを受けた機関は，その内容を審査し，判定する義務までをも負わないとされる。つまり，どう処理するかについては各機関の裁量に委ねられているのである。

　請願法3条1項では，「天皇に対する請願書は，内閣にこれを提出しなければならない」として，天皇に助言と承認を与える内閣に対して請願することを認めている。国会法（国会79条 - 82条），衆議院規則（衆規171条 - 180条），参議院規則（参規162条 - 172条）などでも請願に関する規定がおかれているが，内閣法や国家行政組織法には規定がなく，これを立法の不備とする見方もある。また，裁判に関する請願については，裁判が進行中である事件に干渉するものや判決の変更を求めるような請願までをも認めるかどうかといった問題がある。こうした請願までをも対象とするかどうかについては，学説上，意見が分かれるところとなっている。

　地方公共団体に関する請願は，地方自治法で定められている。地方自治法124条は，「普通地方公共団体の議会に請願しようとする者は，議員の紹介により請願書を提出しなければならない」とし，請願する者は，議会に対して請願を行うことを定めている。採択されると，議会は，首長，教育委員会，選挙管理委員会などの委員会や委員が措置することが適当と認める場合には，これらの者に送付し，その処理の経過や結果について報告を求めることができる（地自125条）。また，地方公共団体によっては，請願権についてより詳細に定めた条例を制定しているところもある。

2　国会への請願手続

　国会への請願は，衆議院または参議院にそれぞれ別個にすることができるが，議員の紹介により文書の形で提出する（衆規173条，参規165条）。そして，提出に

【衆議院】

請願者
↓ 紹介依頼
衆議院議員
↓ 紹介・提出
議長 → 請願文書表作成 →（印刷）→ 各議員に配付
↓ 付託
委員会
↓ 審査

| 議院の会議に付するを要するもの | 議院の会議に付するを要しないもの |

審査未了

| 採択すべきもの | 不採択とすべきもの |

委員会請願審査報告書
↓ 印刷
各議員に配付

| 内閣に送付するもの | 内閣に送付しないもの |

↓
本会議

| 採択 | 不採択 |

| 内閣送付 | 内閣不送付 |

内閣総理大臣　国会で処理
↓
請願処理経過作成
↓ 報告
議長 →（請願処理経過印刷）→ 各議員に配付

出典：「請願・陳情書・意見書の手続」
（衆議院）http://www.shugiin.go.jp/
internet/itdb_annai.nsf/html/statics/
tetuzuki/seigan.htm

図　衆議院と参議院の請願手続

【参議院】

請願者
↓ 紹介依頼
紹介議員　← 審査結果の通知
↓ 紹介・提出
議長
↓ 付託
委員会

| 採択すべき | | 不採択とすべき | 議院の会議に付するを要しない | 保留 |
| 内閣に送付するを要する | 内閣に送付するを要しない | | | |

↓ 上程　　↓ 上程
本会議

| 採択 | 不採択 | 審査未了 |
| 内閣送付　内閣不送付 | | |

内閣　　国会で措置

処理経過報告

出典：「請願の提出」（参議院）http://
www.sangiin.go.jp/japanese/annai/
seigan.html

関する具体的な手続は，議員ないし議員秘書が行うことになっている。請願書が提出されると，請願文書表が作成され，各議員に配付されるとともに，請願の趣旨に応じて適当の常任委員会または特別委員会に付託される（衆規176条，参規166条）。委員会では，付託された請願について審査を行い，議院の会議に付すことを要するものと要しないものとを区別する（衆規178条，参規170条）。そして，議院の会議に付することを要するものは，採択すべきかどうかを決定し，さらに採択すべき請願のうち，内閣に送付することを適当と認めるものについてはその旨を附記し，各議院に報告する（衆規178条2項・3項，参規170条）。本会議では，会議に付された請願の採択について議決を行い，採択されたもののうち，内閣に送付すべき旨が附記されていないものは各議院で処理する。そして，国会閉会後，請願を紹介した議員には，その審査結果が通知される。

　しかし，請願の実態をみると，有効な活用方法を検討していく段階に来ているといえる。国会の場合，請願は，召集日から受け付けられ，おおむね会期終了日の7日前に締め切ることになっている。こうした日程上の制限に加えて，請願が提出されても，会期末に回されるなど，事務的には低調に扱われることが多い。

3 裁判を受ける権利

I 裁判を受ける権利の意義と由来

　裁判を受ける権利は，すべての人に対して，政治権力から独立した公平な裁判所による裁判を受けることを保障した権利である。ヨーロッパ諸国における絶対王制下での経験に基づき，適正な手続に基づく裁判所によってのみ裁判は行われるべきであるという主張から，裁判を受ける権利が要求されることになった。政治権力を持った者が，自己の利益や都合のために恣意的に裁判を行えば，人々の生命，自由，財産を大きく脅かすことにつながってしまうことがあるからである。

　1791年のフランス憲法をはじめとし，裁判を受ける権利はヨーロッパ各国の

憲法で取り入れられ，近代憲法では例外なく規定される権利となった。そして，この権利は，人権保障を中核に据えた近代立憲主義の発展とともに内容を拡充していくこととなるが，誰でも裁判を受けられるということを単に保障しただけでなく，司法権の独立や裁判の適正な手続の保障など，政治権力から独立した裁判所が公正な裁判を行うのに必要な条件を含むものと考えられるようになった。この権利は，人権保障のための公平な裁判だけでなく，すべての国家権力が適正な手続に基づいて執行されることを保障する手段でもあり，法の支配を実現するうえでの重要な権利としてみなされたのである。

　わが国においても，ヨーロッパ諸国におけるこうした流れを受け，明治憲法24条は，「日本臣民ハ法律ニ定メタル裁判官ノ裁判ヲ受クルノ権ヲ奪ハル丶コトナシ」と定めた。また，日本国憲法でも，「何人も，裁判所において裁判を受ける権利を奪はれない」（憲32条）と規定し，政治権力から独立した司法機関による裁判を保障している。ただし，明治憲法と日本国憲法では，同じ権利を保障しているわけではない。たとえば，明治憲法では，司法機関が行う裁判は，刑事および民事事件に限定されており，行政事件は司法機関に属していない行政裁判所によって裁判が行われていた。

Ⅱ　裁判を受ける権利の性格

　ヨーロッパ大陸諸国の憲法にならって制定された明治憲法と違い，日本国憲法は，アメリカ型の司法制度を採り入れた。そのため，憲法76条2項では，特別裁判所の設置および行政機関による終審裁判が禁止されている。したがって，最高裁判所および下級裁判所である通常の裁判所が，民事，刑事および行政上のすべての事件を扱う。

　憲法32条は，裁判を受ける権利を一般的に述べているが，民事事件および行政事件と刑事事件では，権利としての意味合いを異にする。刑事事件では，憲法37条1項で，「すべて刑事事件においては，被告人は，公平な裁判所の迅速な公開裁判を受ける権利を有する」としているように，被告人が公正な裁判を受ける権利を有し，裁判所の裁判を経なければ，刑罰を課すことができない。

つまり，被告人は，公正な裁判でなければ，これを拒否する権利が認められており，国家による専断的な裁判は認められないことを意味している。被告人が公正な裁判を受けられるという見方をすれば，刑事事件では，適正手続，すなわち自由権的側面が強調される。また，刑事事件では，原則的に，被害者となった私人に裁判所に対する訴権を認めていない。ただし，刑事訴訟法230条や239条では，犯罪を被った者による告訴や犯罪があったと思料する者による告発を認めている。

他方で，民事事件および行政事件における裁判を受ける権利では，自己の権利や自由を侵害されたと考える個人がその救済を求めるために裁判所に出訴する権利を意味している。裁判所は，提起された内容が適正なものであれば，これを拒むことができない。したがって，国務請求権としての性格が強いものといえよう。

Ⅲ　裁判を受ける権利の範囲と非訟事件

憲法82条１項が「裁判の対審及び判決は，公開法廷でこれを行ふ」としているように，憲法でいう裁判とは，「公開・対審・判決の手続による裁判」を意味する。ところが，近年，民事事件において，このような訴訟形式をとらず，紛争を弾力的に処理する非訟手続で解決する事例が増えてきた。

非訟事件とは，通常の民事裁判のようにどちらかの主張を認め，二者択一的な選択をするのではなく，裁判所が後見的立場から当事者の意見を聞き，お互いに納得できる妥協点を探る形で関与するものである。また，権利義務関係を最終的に確定するものでないので，不満が残る場合には，通常の訴訟手続によって争うことができる。

非訟事件は，非公開，非対審の手続で審査されるために，裁判を受ける権利を侵害するのではないかという点が問題になる。この問題に対して，最高裁判所は，憲法32条でいう裁判とは，純然たる訴訟事件を対象とする裁判を意味し，憲法82条に定められた手続によらなければならないのに対して，非訟事件は，純然たる訴訟事件ではなく，直接後見的作用を営むことを目的とするので，憲

法32条に保障される範囲外とみなしている（［重要判例12 - 1］最大判昭35・7・6民集14・9・1657参照）。

　近年では，歴史的経緯からみて，「公開・対審・判決の手続による裁判」かどうかという形式的な区別ではなく，実質的な内容で裁判の意味をとらえ，非訟事件を裁判としてとらえる学説が有力となっている。内容によっては，非公開，非対審であっても，裁判を受ける権利に保障される裁判に含めることで，公正な手続を保障することが可能となるからである。多様化する非訟事件を背景として，当事者の手続保障を図るための制度を拡充し，利便性を向上した改正非訟事件手続法が平成25（2013）年に施行された。

重要判例 12 - 1

調停に代わる裁判に対する抗告についてなした棄却決定に対する再抗告
（最大判昭35・7・6民集14・9・1657）

事実の概要

　同一の家屋をめぐって，Ｘが占有回収の訴えを，Ｙが家屋明け渡しの訴えを起こした。裁判所は，職権により借地借家調停法および戦時民事特別法に基づく調停に付したが，不調に終わった。そこで，裁判所は，借地借家調停に準用される金銭債務臨時調停法7条1項および8条に基づき，調停に代わる裁判を行った。この裁判に対し，Ｘは東京地裁に即時抗告したが，抗告は棄却された。さらに，Ｘは東京高裁に再抗告したが，これも棄却された。そこで，Ｘは，本件は財産権に係わる訴訟であるので，金銭債務臨時調停法により非訟事件手続法の規定を適用し，非公開でかつ決定の方式で裁断することは，裁判を受ける権利を侵害するものであるとして，最高裁に特別抗告した。

判旨

　憲法は，基本的人権として裁判請求権を認め，何人も裁判所に対し裁判を請求して司法権による救済を求めることができるとしている。また，「性質上純然たる訴訟事件につき，当事者の意思いかんに拘わらず終局的に，事実を確定し当事者の主張する権利義務の存否を確定するような裁判が，憲法所定の例外の場合を除き，公開の法廷における対審及び判決によってなされないとするならば，それは憲法82条に違反すると共に，同32条が基本的人権として裁判請求権を認めた趣旨をも没却するものといわねばならない」とし，現決定を破棄し，東京地方裁判所に差戻すと判示した。

4　国家賠償請求権

Ⅰ　国家賠償請求権の由来

　国家の活動目的は，国民の生命，安全，財産を守り，国民のよりよき生活を実現することである。しかし，国家が活動を行う際に，国民に被害を与えることがありうる。特に，国家の活動が憲法や法律に反する場合には，そういった事態がおきる可能性が高くなる。憲法や法律に反する活動によって，国民が損害を受けた場合に，被害を受けた個人に損害を負担させておくことは不合理であり，これを補償する措置を講じなければならない。国家賠償請求権とは，国民が公権力の違法な行使によって損害を受けた場合，国家に対してその賠償を請求できる権利である。

　この権利が確立したのは，立憲主義が進展していく19世紀以降のことであり，それ以前は，「国家無答責」や「主権免責」の原則により，そもそも国家が違法行為を行い，国民に損害を与えるという考えはなかった。わが国においても同様に，国家無答責を原則としていた明治憲法には，国家賠償請求権の規定は置かれなかった。

　20世紀に入り，社会権が確立され，「仕事をする政府」が求められると，国家の活動領域は飛躍的に拡大した。それに伴い，国家と国民との関係が密接になると，国家の違法行為によって国民が損害を受けるという状況がしばしば起きるようになった。そうした状況において，被害を受けた個人の損害を賠償するものが国家賠償請求権であり，ワイマール憲法で初めて採り入れられた。

Ⅱ　わが国における国家賠償請求権

　明治憲法下の行政裁判所法16条は，「行政裁判所ハ損害要償ノ訴訟ヲ受理セズ」と定め，公権力の行使から生じた権力行為を対象とした国家賠償請求を認めていなかった。また，国家の私的経済活動や公共施設の管理など，非権力的作用から生じた損害については，民法上の損害賠償責任を認めていたが，限定

されたものであった。

憲法17条では，「何人も，公務員の不法行為により，損害を受けたときは，法律の定めるところにより，国又は公共団体に，その賠償を求めることができる」と定めている。公務員の不法行為により，損害を受けた者は，法律の定めるところにより，国または地方公共団体にその賠償を求めることができるとし，積極的権利として位置づけられた。この場合，国または地方公共団体は賠償責任を負わなければならない。

こうした歴史の流れからすると，国家賠償請求権を自然権としての人権として認めることができるかという点については，議論の余地がある。憲法が掲げる自由や権利の価値を確実なものとするためには，国家による人権侵害の救済を保障することは不可欠であり，この権利がなければ，そういった自由や権利の保障は意味をなさないことからすれば，人権のひとつとしてみるべきであろう。また，国家賠償請求権の法的性格については，立法府に対して政治的責務を課す「プログラム規定説」と法規範制はあるが，法律による具体化が必要であるとみる「抽象的権利説」の対立がある。今日では，法的権利性を認める方向にあり，「抽象的権利説」が有力である。

国家賠償請求権に近いものとして，損失補償制度をあげることができる。憲法29条3項は，「私有財産は，正当な補償の下に，これを公共のために用ひることができる」とし，行政上の公権力の行使によって，国民の私有財産が侵害された場合に生ずる損失を補償する制度について定めている。損失補償は，経済的自由権への侵害に対する補償の性質を有しているので，国務請求権ではなく，自由権に分類される。

Ⅲ　国家賠償請求権の内容

憲法17条によって，公務員の不法な行為によって損害を受けた者は，賠償を請求できるが，その具体的内容や手続は国家賠償法で定められている。国家賠償法1条は，「国又は公共団体の公権力の行使に当る公務員が，その職務を行うについて，故意又は過失によつて違法に他人に損害を加えたときは，国又は

公共団体が，これを賠償する責に任ずる」とする。ここでは，「公権力の行使にあたる公務員の行為であること」，「職務中の行為であること」，「公務員の故意または過失があること」，「加害行為の違法性があること」，「損害が発生していること」を成立要件としている。また，公務員に故意または重大な過失があったときは，国または公共団体は，その公務員に対して求償権をもち，賠償を請求することが認められている。

　国家賠償法 2 条では，「道路，河川その他の公の営造物の設置又は管理に瑕疵があつたために他人に損害を生じたときは，国又は公共団体は，これを賠償する責に任ずる」と定め，道路や河川などのように，国や公共団体によって設置，管理されている物や施設のうち，公の目的のために供される営造物が，あるべき安全性を欠く瑕疵による損害が発生した場合，賠償義務が生じる。私経済的作用の場合には，民法の適用を受け，道路，河川その他の公の営造物の設置または管理の瑕疵のため損害が生じたときは，国または公共団体が賠償する責任を負う。

　立法行為，司法行為に対する国家賠償については，意見が分かれるところであるが，憲法も国家賠償法もその可能性を排除しておらず，人権保障に資するという観点からすると，その責任の成立を認める意見が有力ではある。ただし，これまでの判例から見ると，裁判官がその付与された権限の趣旨に明らかに背いて行使したものと認められるような特別な事情のあるとき（最二判昭57・3・12民集36・3・329）や立法の内容や立法不作為が憲法上保障されている国民の権利を違法に侵害することが明白な場合（最大判平17・9・14民集59・7・2087）など，きわめて限定的にとらえられている。

5　刑事補償請求権

I　刑事補償請求権の沿革と意義

　刑事裁判は，犯罪者に刑罰を科すことによって社会秩序を維持するという国民共通の利益のために行われる。したがって，犯罪を行ったということを推定

するに足る疑いのある者を拘束し，起訴することは正当な行為である。しかし，十分な捜査や取り調べを行った場合であっても，無実の者が裁判にかけられたり，誤審によって刑罰が科される可能性は否定できない。そうした場合，結果として無罪となった者は，人身の自由を不当に侵害され，精神的にも苦しむことになるが，適正な刑事手続を経た行為を違法とすることはできない。それは，捜査や裁判手続に慎重になりすぎると，犯罪を抑止するという本来の目的からかけ離れたものになってしまうからである。しかし，適正な手続きを経たものであるからといって，被害を受けた者に何もしないのは不公平である。

　裁判の結果に対して，金銭による事後救済をはかり，公正の要請を満たそうとするのが，刑事補償請求権である。違法な行為ではなく，適正な手続の結果生じてしまった国家の行為を保障するという意味において，国家賠償請求権とは異なる。ただし，逮捕や起訴の行為が，合理的な理由なく行われていた場合には，国家賠償請求権の対象となる。その場合には，公務員の故意または過失を立証することが必要である。また，国家賠償を請求し，認められた賠償額が刑事補償の額より多いときは，補償を受けることができない（刑補5条2項）。

　憲法40条は，「何人も，抑留又は拘禁された後，無罪の裁判を受けたときは，法律の定めるところにより，国にその補償を求めることができる」とし，刑事手続によって抑留または拘禁された被告人が裁判で無罪となり，人身の自由を侵害されたことによる損失を事後に救済する権利として，刑事補償請求権を認めている。明治憲法には，この権利についての規定はなく，昭和6（1931）年に制定された刑事補償法で，国家による恩恵という形でこれを保障していた。日本国憲法は，その不十分な保障内容を憲法上の地位にまで高めたところに意義がある。

II　刑事補償請求権の内容

　憲法40条は，「何人も，抑留又は拘禁された後，無罪の裁判を受けたときは，法律の定めるところにより，国にその補償を求めることができる」と定めているが，ここでいう法律が刑事補償法である。刑事補償法は，刑事訴訟法による

通常手続，再審，非常上告の手続において無罪の裁判を受けた者が，未決の抑留又は拘禁を受けていた場合に，国に対して補償を請求できることを定めている（刑補1条1項）。また，上訴，再審または非常上告の手続において無罪の裁判を受けた者が，原判決によってすでに「刑の執行又は拘置」を受けた場合についても，国に対して補償を請求することができる（刑補1条2項）。

　免訴や控訴棄却の場合には，憲法上の規定はないが，刑事補償法によって「無罪の裁判を受けるべきものと認められる充分な事由があるとき」（刑補25条）には，補償を請求できることが認められている。不起訴の場合については，刑事補償法にも規定はなく，法務省訓令として定められた被疑者補償規定によって，補償が認められる場合もある。ただし，刑事補償請求棄却決定に対する抗告棄却の決定に対する特別抗告事件の判例によれば，不起訴の場合であっても，実質上は無罪となった事実の部分については，請求が認められるとしている（最大判昭31・12・24刑集10・12・1692）。

　抑留又は拘禁による補償は，その日数に応じて，1日1千円以上1万2500円以下の割合による額の補償金が交付される（刑補4条1項）。この額は，懲役，禁錮もしくは拘留の執行または拘置による補償においても同じである。また，死刑の執行による補償については，3千万円以内で裁判所の相当と認める額の補償金が交付される（刑補4条3項）。その請求は，無罪の裁判が確定した日から3年以内に無罪の裁判をした裁判所に対して行わなければならず，この権利を譲り渡すことや差し押さえることはできない。

Topic 12-1

足利事件と刑事補償

　平成2（1990）年に栃木県足利市で発生した4歳の女児殺害事件（足利事件）で，被害者の服に残された体液とDNAが一致したとして，45歳の男性が逮捕された。男性は，一度は自白して犯行を認めたものの，公判の途中から否認に転じた。しかし，DNA鑑定の結果が証拠となり，無期懲役の実刑となった。この男性は服役中に，DNAの再鑑定を何度も求めたところ，申し立てが認められ，精度が高くなった鑑定が行われた。その結果では，DNAは不一致となり，17年半の拘束の末，再審により

無罪となり，男性が請求した約8千万円の刑事補償金の全額が認められた。

　刑事補償法は，拘束中の苦痛や逸失利益，裁判所や捜査機関の過失などに応じて1日あたり1千円～1万2500円の補償額を定めている。宇都宮地方裁判所は，「補償金額については，刑事補償法が定める諸事情を考慮すると，その上限額とするのが相当だ」として，請求をすべて認めた。初期の段階から，DNA鑑定の問題がマスコミなどで指摘されていたにもかかわらず，裁判所や捜査機関によってとりあげられなかったことにより，17年半という長い時間にわたって男性は服役することとなった。この補償額は，その時間やつらい思いに見合うものといえるだろうか。

確認問題

(1) 請願権について，次の説明のうち正しいものを1つ選びなさい。

① 請願をした者は，その結果について，請願した機関に対して回答するよう要求できることが権利として認められている。

② 日本国憲法では，天皇に対する請願は一切認められていない。

③ 請願権は，国や地方公共団体に対して，国民が自分の希望を述べる権利であるから，国務請求権に分類されるので，これを参政権と分類する学説はない。

④ 請願の具体的手続は，請願法だけでなく，衆議院規則，参議院規則，地方公共団体の条例などでも定められている。

(2) 国務請求権について，次の説明のうち正しいものを1つ選びなさい。

① 非訟事件は，裁判を受ける権利にいう裁判には含まれないとする見方もあるが，裁判を受ける権利で保障される裁判に含めるべきであるという学説が有力である。

② 違法な国家権力の行使でない場合でも，損害を受けた国民は，国家賠償請求を行うことが認められている。

③ 立法行為に対する国家賠償については，国民の代表機関である国会という位置づけを考慮し，一切認められていない。

④ 刑事補償法では，警察によって逮捕され，不起訴になった場合には，刑事補償請求権が認められている。

第13講 社 会 権

ポイント
① 社会権が登場した歴史的背景は何か。
② 社会権には，自由権と比べて，どのような特徴があるか。
③ 生存権の法的性格に関する学説にはどのようなものがあるか。また，生存権は制度上どのように具体化されているか。
④ 教育を受ける権利の内容はどのようなものであるか。また，教育権の所在について判例はいかなる立場に立つか。
⑤ 勤労権の趣旨は何か。
⑥ 労働基本権の内容はどのようなものか。また，公務員の労働基本権に関する判例の傾向はどのようなものか。

1 社会権の歴史的背景

18世紀後半に成立した近代憲法によって保障された権利の中心は自由権であり，それが「18世紀的人権」と呼ばれるのに対し，20世紀に入ってから新たに登場した権利である社会権は，「20世紀的人権」と呼ばれる。この社会権の登場は，近代と現代では，国家に対して期待される役割が異なっているということを反映している。

I 消極国家から積極国家へ

18世紀後半に欧米で成立した近代立憲主義の最大の眼目は，個人の自由を保障することにあり，憲法によって国家権力を制限することにより，国民の権利・自由の確保を目指していた。こうした近代立憲主義憲法下において，国家は，国防・治安維持といった必要最小限の仕事に従事することが望まれる一方，

個人の活動，特に経済活動に干渉することはできるだけ避けることが望まれた。その背景として，アダム・スミスの「小さな政府論」にみられる国家権力の私的領域への不介入や「神の見えざる手」による経済の自律的調整，その他にも「なすに任せよ，行くに任せよ，地球はおのずから回転する」という表現に示される自由放任主義（レッセ・フェール）という考え方があった。これらの考え方の下では，私的自治が最大限尊重される一方，国家の役割は最小限にとどめられるべきであるということが望まれ，国家（政府）が必要最小限の業務しか行わない消極国家（自由国家・夜警国家）が最善とされた。こうした思想と形影相伴う近代立憲主義憲法の保護によって，人々は「国家からの自由」を獲得するに至り，その結果，個人は国家の介入を受けることなく経済活動に専念することができ，資本主義の発展を大いに後押しすることとなった。

　しかしながら，資本主義が発展する一方で，その弊害も出現するようになった。すなわち，貧富の差の拡大，景気循環による失業の増加，労働者の貧困化，労働環境の悪化，労使紛争といった社会問題の発生である。資本主義の発展によって生じたこのような社会問題を解決するため，それまで自律的とされていた経済秩序が惹起した混乱，つまり「市場の失敗」を是正する役割が国家に期待されるようになった。個人の自由に委ねてきた経済活動に規制を施すとともに，社会的・経済的弱者の生活を保護するために個人の生活領域に積極的に介入することが，国家の重要な役割となった。とくに1919年のドイツのワイマール憲法では，「経済生活の秩序は，すべての人に人間たるに値する生存を保障することを目指す正義の諸原則に適合するものでなければならない。この限度内で，個人の経済的自由が確保されなければならない」（151条1項）と規定し，人間の生存を確保するという見地から，伝統的な経済的自由に一定の制約を課す（同条3項）とともに，家族・母性の保護，児童の保護，義務教育の無償，労働者の団結権，勤労の権利，国営保険制度の設置など一連の社会権を新しく規定した。

　このような社会権の登場は，国家の役割が近代立憲主義の時代とは大きく異なることを意味している。すなわち，国家が個人の領域に積極的に介入し，個

第13講　社　会　権

人が置かれている状況を改善しようとする積極国家（社会国家，福祉国家）への転換である。近代立憲主義では，国家は必要最小限の業務を行うことが望ましいとされたが，現代立憲主義では，社会的・経済的弱者を救済するために国家が国民生活に積極的に関与することが求められるようになった。それゆえ，自由権が「国家からの自由」と呼ばれるのに対し，社会権は「国家による自由」といわれる。自由権は個人の権利・自由への国家による介入の排除によって保障されるのに対し，社会権は「人間たるにふさわしい生活」を確保する権利の保障を国家に要求するのである。つまり，自由権が国家は国民生活に介入すべきではないという不作為請求権であるのに対し，社会権は国家に対し一定の関与を要求する作為請求権なのである。このように現代立憲主義の憲法は，国家の不作為を要求する側面と国家の作為を要求する側面とをあわせ持ち，日本国憲法もその例外ではない。

Ⅱ　日本国憲法における社会権

日本国憲法は，社会権として，生存権（25条），教育を受ける権利（26条），勤労権（27条），労働基本権（28条）を規定している。これらの規定により，社会的・経済的弱者であっても国民は人間としてふさわしい生活を送ることが保障され，国家はその実現に向けて努力する義務を負う。

2　生　存　権

Ⅰ　生存権の内容

憲法25条１項は，「すべて国民は，健康で文化的な最低限度の生活を営む権利を有する」と規定し，生存権の保障を宣言する。ここでいう生存権とは，国民が人間らしい生活を営むために必要な諸条件の確保を国家に要求できる権利をいう。そして，同条２項では，「国は，すべての生活部面について，社会福祉，社会保障及び公衆衛生の向上及び増進に努めなければならない」として，国家は生存権の具体的な実現に向けて，社会保障制度を中核とする諸施策を整

備する責務を負うことを明らかにしている。

II　生存権の法的性格

1　学　　説

　生存権には，国民各自が自らの力で「健康で文化的な最低限度の生活」を維持する自由を有し，国家はそれを妨害してはならないという自由権的側面と，国家に対してそのような生活の実現を求める社会権的側面がある。この社会権的側面における生存権の法的性格について，学説は3つの立場に分かれる。①プログラム規定説，②抽象的権利説，③具体的権利説である。

　①　プログラム規定説

　プログラム規定説とは，憲法25条は国家の努力目標であり，具体的な請求権を定めたものではないとする考え方である。すなわち，憲法25条は国家の積極的な配慮を求めはするが，国民の生存を国家が確保するべきだという政治的・道徳的義務を定めたものに過ぎず，個々の国民に対して具体的な生活扶助を請求する権利を保障するものではないとする。初期の学説である。

　②　抽象的権利説

　抽象的権利説とは，憲法25条に基づいて直接訴訟を起こすことはできないが，生存権を保障する法律があれば具体的な権利となるので，その法律に基づいて訴訟を起こすことができるという考え方である。すなわち，憲法25条は内容が抽象的で不明確であるため裁判規範とはなりえず，生存権を具体化する法律があって初めて具体的な権利となり，その法律に基づいて訴訟を起こすことができるとする。今日の学界では，最有力説となっている。

　③　具体的権利説

　具体的権利説とは，憲法25条を直接の根拠として生活扶助を求めることはできないとしながらも，国家が憲法25条を具体化する立法を行わない場合には，国家の不作為の違憲確認訴訟を提起できるとする考え方である。すなわち，憲法25条は，その内容を具体的に実現する立法を行うように立法権に対して義務づけているとして，立法権の不作為が違憲であることを確認する判決を求める

214

第13講　社　会　権

ことができるとする。

2　判　　　例

　生存権の法的性格に関するリーディング・ケースである「食糧管理法違反事件」判決において，最高裁は，憲法25条1項は「積極主義の政治として，すべての国民が健康で文化的な最低限度の生活を営み得るよう国政を運営すべきことを国家に責務として宣言したもの」であり，「この規定により直接に個々の国民は，国家に対して，具体的，現実的にかかる権利を有するものではな」く，「社会的立法及び社会的施設の拡充に従って，はじめて個々の国民の具体的，現実的の生活権は設定充実せられてゆく」と判示した（最大判昭23・9・29刑集2・10・1235）。この判決は，一般に，プログラム規定説に立つものとされている。

　ここで示された，生存権の請求権としての具体的権利性を否定する解釈はその後の判例にも踏襲されたが，その一方で，憲法25条の裁判規範性については認められるようになった。たとえば，「朝日訴訟」判決において，最高裁は，憲法25条1項の規定は「直接個々の国民に対して具体的権利を賦与したものではな」く，「具体的権利としては，憲法の規定の趣旨を実現するために制定された生活保護法によって，はじめて与えられ」るとして，基本的には広範な行政裁量を認めながらも，その一方で，「憲法および生活保護法の趣旨・目的に反し，法律によって与えられた裁量権の限界を超えた場合または裁量権を濫用した場合には，違法な行為として司法審査の対象となることをまぬかれない」としている（［重要判例13-1］「朝日訴訟」最大判昭42・5・2民集21・5・1043）。

　とくに，「堀木訴訟」判決では，最高裁は正面から立法府の裁量の問題を取り上げ，「憲法25条の規定の趣旨にこたえて具体的にどのような立法措置を講ずるかの選択決定は，立法府の広い裁量にゆだねられており，それが著しく合理性を欠き明らかに裁量の逸脱・濫用と見ざるをえないような場合を除き，裁判所が審査判断するのに適しない事柄であるといわなければならない」として，「著しく合理性を欠き明らかに裁量の逸脱・濫用と見ざるをえないような場合」には，裁判所は審査判断に及ぶことができると判示した。ここでは，いわゆる

215

「明白性の原則」が違憲審査基準として明示されており，憲法25条に裁判規範性を認めることを前提とした立論が展開されている（[重要判例13-2]「堀木訴訟」最大判昭57・7・7民集36・7・1235）。このように，判例は少なくとも憲法25条の趣旨に応える立法が裁量権を逸脱・濫用した場合には司法審査が可能という立場に立っている。現在の学説・判例では，生存権が抽象的権利であるとともに裁判規範性を有する，と一般に解されている。

重要判例 13-1

朝日訴訟（最大判昭42・5・2民集21・5・1043）

（事実の概要）

　国立の療養所に入所していた原告は，生活保護法に基づいて月額600円の日用品費の生活扶助と医療扶助を受けていたが，実兄から月額1500円の仕送りを受けることになった。ちなみに，昭和31年当時の1人あたりの国民所得（月額）は，7300円であった。そこで，市の社会福祉事務所長は，生活扶助を廃止するとともに，仕送りから日用品費600円を控除した残額900円を原告の医療費自己負担の一部とする保護変更決定を行った。原告は，県知事及び厚生大臣に対し不服申立てをしたが，いずれも却下された。これを受けて，原告は，月額600円の基準金額が生活保護法の規定する健康で文化的な最低限度の生活水準を維持するに足りない違法なものであると主張して，厚生大臣による却下裁決の取消請求訴訟を起こした。

（判旨）

　生存権の法的性格に関し，「憲法25条1項……の規定は，すべての国民が健康で文化的な最低限度の生活を営み得るように国政を運営すべきことを国の責務として宣言したにとどまり，直接個々の国民に対して具体的権利を賦与したものではない。具体的権利としては，憲法の規定の趣旨を実現するために制定された生活保護法によって，はじめて与えられているというべきである。」

　生活保護の基準設定及び厚生大臣の裁量については，「厚生大臣の定める保護基準は，……結局には憲法の定める健康で文化的な最低限度の生活を維持するにたりるものでなければならない。しかし，健康で文化的な最低限度の生活なるものは，抽象的な相対的概念であり，その具体的内容は，文化の発達，国民経済の進展に伴って向上するのはもとより，多数の不確定要素を綜合考量してはじめて決定できるものである。したがって，何が健康で文化的な最低限度の生活であるかの認定判断は，いちおう，厚生大臣の合目的的な裁量に委されており，その判断は，当不当の問題として政府の政治責任が問われることはあっても，直ちに違法の問題を生ずることはない。ただ，現実の生活条件を無視して著しく低い基準を設定する等憲法および生活保護法の趣旨・目的に反し，法律によって与えられた裁量権の限界を超えた場合または裁量権を濫用した場合には，違法な

第13講　社　会　権

行為として司法審査の対象となることをまぬかれない。」

┏━━ 重要判例 13 - 2 ━━━━━━━━━━━━━━━━━━━━━━━━━━

堀木訴訟（最大判昭57・7・7民集36・7・1235）

（事実の概要）

　視覚障害者である原告は，国民年金法による障害福祉年金を受給していたが，離婚後
は次男を養育していたため，児童扶養手当法に基づく児童扶養手当受給資格認定を県知
事に申請したところ，同法4条3項3号（昭和48年改正前）の併給禁止規定に該当すると
して却下された。そこで，原告は，同条項が憲法13条，14条1項，25条2項に反すると
して，却下処分の取り消しを求めて提訴した。

（判旨）

　生存権の法的性格に関し，憲法25条1項が「いわゆる福祉国家の理念に基づき，すべ
ての国民が健康で文化的な最低限度の生活を営みうるよう国政を運営すべきことを国の
責務として宣言したものであること」，そして同条2項が「同じく福祉国家の理念に基
づき，社会的立法及び社会的施設の創造拡充に努力すべきことを国の責務として宣言し
たものであること」を踏まえ，憲法25条1項は，「国が個々の国民に対して具体的・現
実的に右のような義務を有することを規定したものではなく，同条2項によって国の責
務であるとされている社会的立法及び社会的施設の創造拡充により個々の国民の具体
的・現実的な生活権が設定充実されてゆくものであると解すべきことは，すでに当裁判
所の判例とするところである。」

　「健康で文化的な最低限度の生活」の内容及び立法府の裁量については，「きわめて抽
象的・相対的な概念であって，その具体的内容は，その時々における文化の発達の程度，
経済的・社会的条件，一般的な国民生活の状況等との相関関係において判断されるべき
ものであるとともに，右規定を現実の立法として具体化するに当たっては，国の財政事
情を無視することができず，また，多方面にわたる複雑多様な，しかも高度の専門技術
的な考察とそれに基づいた政策的判断を必要とするものである。したがって，憲法25条
の規定の趣旨にこたえて具体的にどのような立法措置を講ずるかの選択決定は，立法府
の広い裁量にゆだねられており，それが著しく合理性を欠き明らかに裁量の逸脱・濫用
と見ざるをえないような場合を除き，裁判所が審査判断するのに適しない事柄であると
いわなければならない。」

━━

Ⅲ　生存権の実現・具体化

現在の日本では，国民が「健康で文化的な最低限度の生活」を送ることがで

217

きるように，最低生活の保障を確保し，生活の安定を確かなものとするのに必要な諸施策を制度化するため，憲法25条2項にいう「社会福祉，社会保障及び公衆衛生の向上及び増進」に向けた社会政策上の立法措置が講じられている。

1 社会保障制度の内容

社会保障とは，広義には，国民生活の安定が損なわれた場合に国民に健康で安心できる生活を保障するため，公的責任で生活を支える給付を行うこと全般をいう。社会保障には，①社会福祉，②公的扶助，③社会保険，④公衆衛生があり，その総称を社会保障制度と呼ぶ。なお，憲法25条2項にいう「社会保障」とは，狭義の意味におけるもので，内容としては公的扶助と社会保険が該当する。

2 社会保障制度の概要

① 社会福祉

社会福祉とは，障害者・高齢者・母子家庭・児童など社会生活を送る上で特別に援助を必要とする人々に公的支援を行う制度であり，医療，住宅給付等を行う狭義の社会福祉を含む。この分野では，児童福祉法，身体障害者福祉法，知的障害者福祉法，老人福祉法，母子及び寡婦福祉法などが制定されている。

② 公的扶助

公的扶助とは，生活困窮者に対して人間らしく生きるための最低限度の生活を保障し，自立を支援する制度をいう。代表的な公的扶助は，生活保護法が定める生活保護制度である。これは，生活に困窮するすべての国民に対して，その困窮の度合いに応じて必要な保護を行い，健康で文化的な最低限度の生活を保障し，自立を支援する制度である（生活保護1条）。生活保護の種類としては，生活扶助，教育扶助，住宅扶助，医療扶助，出産扶助，失業扶助，葬祭扶助を定めている（生活保護11条 - 18条）。

生活保護をめぐっては，いくつかの判例がある。前掲の「朝日訴訟」（［重要判例13 - 1］最大判昭42・5・2）では，生活扶助費月額600円（昭和31（1956）年当時）という金額が「健康で文化的な最低限度の生活」を維持するに足る金額か否かが争われた。最高裁は，「健康で文化的な最低限度の生活」というのは

第13講　社　会　権

「抽象的な相対的概念」であるゆえ，その基準の設定は厚生大臣の裁量に委ねられるとした。また，生活保護制度の見直しに伴う70歳以上の生活保護受給者への老齢加算廃止は生存権の侵害であり違憲であるとして争われた裁判において，最高裁は，具体的な基準は厚生労働大臣に裁量権が認められるとして，廃止は合憲と判断した（「老齢加算減額訴訟」最三判平24・2・28民集66・3・1240）。

　これら2つの判例が「健康で文化的な最低限度の生活」の水準に関連して提起されたものであるのに対し，「学資保険訴訟」は，生活保護費の使途に関するものであった。この事例は，生活保護世帯が娘2人の高校進学に備えて学資保険に加入し，月額3000円の保険料を支払っていたところ，満期保険金が収入にあたるとして生活保護支給額を減額されたものである。最高裁は，保護費の中から一定額を貯蓄に回し，高校就学の費用を蓄える努力をすることは生活保護法の趣旨に反しないとして，減額措置の是正を命じた（最三判平16・3・16民集58・3・647）。

　③　社会保険

　社会保険とは，人が病気・負傷・死亡・老齢・障害・失業など生活上の困難（保険事故）があった場合，被保険者やその家族に一定の給付を行うことによって生活の安定を図る制度をいう。社会保険立法としては，国民健康保険法，国民年金法，厚生年金保険法，雇用保険法，介護保険法などが制定されている。

　④　公衆衛生

　公衆衛生とは，人が健康な生活を営むためにさまざまな事項に予防・衛生措置を施す制度である。医師その他の医療従事者や病院などが提供する医療サービス，疾病予防・健康増進などの保健事業，母体の健康保持・増進と母子保健，および食品や医薬品の安全性の確保が，それである。公衆衛生のための制度は，感染症予防法，予防接種法，地域保健法，薬事法，食品衛生法などのほか，公害対策基本法，環境基本法，大気汚染防止法など環境関連の法律によっても定められている。

3 教育を受ける権利

I 教育を受ける権利の意味

教育は，人が人間たるにふさわしい生活を送る上で欠かせない重要な要素である。すなわち，教育は，個人の人格形成に不可欠であるとともに，社会において自律的に生きる人間として必要な一定の知識・教養・技能を身につける過程でもあり，教育によって，個人はより良い社会生活を営むことができるようになる。また，国民は，教育によって，民主政治に参加する資質と能力を培うことができることから，教育とは，民主国家の存立と発展を担う健全な国民の育成過程でもありうる。それゆえ，教育は，個人と国家の両者にとって極めて肝要である。

憲法26条１項は「すべて国民は，法律の定めるところにより，その能力に応じて，ひとしく教育を受ける権利を有する」と定めて，国民の教育を受ける権利を保障しており，この権利を具体化する法律として，教育基本法（昭和22（1947）年），学校教育法（昭和22（1947）年）などが制定された。また，同条２項は「すべて国民は，法律の定めるところにより，その保護する子女に普通教育を受けさせる義務を負ふ。義務教育は，これを無償とする」として，親もしくは親族等の親権者が子どもに教育を受けさせる義務を明記し，小学校から中学校までの義務教育も無償である旨が定められている。ここでいう「普通教育」とは，専門教育，職業教育，特殊教育（特別支援教育）などと対置されるものであり，国民一般に共通に必要とされる基礎的な教育を意味し，期間は９年と定められている（教基５条１項・２項，学教16条）。

ところで，教育を受ける権利とは，自由権的側面と社会権的側面を有する複合的な権利である。すなわち，国民が教育を受ける権利を侵害されないよう保障されるという点で自由権的であり，国民が国家に対して教育制度の整備や教育施設の改善・設置などを要求できる点で社会権的である。

第13講　社　会　権

Ⅱ　教育を受ける権利の内容

1　教育の機会均等

憲法26条1項が教育を受ける権利に「その能力に応じて，ひとしく」という文言を付したのは，憲法14条の平等原則が教育の領域においても遵守されるべきことを示したものである。これを受けて，教育基本法も「人種，信条，性別，社会的身分，経済的地位又は門地によつて，教育上差別されない」（教基4条2項）と定めている。この意味は，能力と無関係な家庭的・経済的事情などによる選別は許されないが，各人の適性や能力の違いに応じて異なった内容の教育をすることは許されるという趣旨である。したがって，公正な入学試験による選抜，入学時の学力による選抜，習熟度別クラス編成などは認められる。

2　義務教育の無償

憲法26条2項後段は，義務教育の無償を規定している。この「無償」の範囲について，最高裁は，「授業料不徴収の意味と解するのが相当」と判示し（最大判昭39・2・26民集18・2・343），教育基本法においても，「国又は地方公共団体の設置する学校における義務教育については，授業料を徴収しない」（教基5条4項）と定められている。このように，現在の通説・判例では，義務教育の「無償」については，教育の対価たる授業料の不徴収を定めたものと解している。なお，昭和38（1963）年以降，義務教育諸学校の教科書については無償配布となっている（義務教育諸学校の教科用図書の無償措置に関する法律）。

3　学　習　権

かつての通説的理解は，教育を受ける権利について，教育の機会均等を実現するための経済的配慮を国家に要求する権利と捉えていた。しかし，現在では，子どもの学習する権利（学習権）という観念を中心として把握されるようになってきている。子どもの学習権とは，一般に子どもが教育を受けて学習し，人間的に発達・成長していく権利である。

判例も，学習権の観念を認めている。最高裁は，学習権について，「国民各自が，一個の人間として，また，一市民として，成長，発達し，自己の人格を

221

完成，実現するために必要な学習をする固有の権利」であるとし，子どもの学習権についても，自ら学習することのできない子どもが「その学習要求を充足するための教育を自己に施すことを大人一般に対して要求する権利」であると説いている（「旭川学力テスト事件」最大判昭51・5・21刑集30・5・615）。

4 教育権の所在と教育の自由

　子どもの学習権に対応する責務として，具体的に誰が子どもに対する責務を果たすべきかという問題，つまり，教育権の問題がある。教育権とは，具体的な教育内容や教育方法を決定し実施する権能のことであるが，これについては，誰が教育内容・方法を決定するのかという，教育権の所在が問題となる。この問題について，2つの学説が存在する。

　1つは，国家教育権説である。この説によれば，子どもの教育が親を含む国民全体の共通関心事であることに基づいて公教育制度は形成・実施されるものであり，公教育制度を支配し，そこで実現されるべきものは国民全体の教育意思であり，その教育意思は，議会制民主主義の下では国会の法律制定を通じて具体化されるから，法律は，公教育の内容および方法について包括的に定めることができるとする。教育権の主体は国家であり，国家は公教育を実施する教師の教育の自由に制約を加えることが原則として許される。

　これに対し，国民教育権説がある。この説では，教育権の主体は親を中心とする国民全体であり，公権力のなすべき責務は，国民の教育義務の遂行を側面から助成するための諸条件の整備に限られ，公教育の内容および方法については原則として介入することはできないとする説である。教育の実施にあたる教師は，国民全体に対して教育的・文化的責任を負う形で教育内容・方法を決定・遂行すべきことになり，それは憲法23条の学問の自由により保障されているとする。

　判例では，教育権の所在について，国家教育権説と国民教育権説のどちらも「極端かつ一方的」であるとして，どちらの説も全面的には採用せず，親や教師による教育の自由を一定の範囲内で認めるとともに，国家が教育内容を決定する権能を有するとした。すなわち，教育権は国家と国民の双方が所有する

第13講　社　会　権

（前掲「旭川学力テスト事件」最大判昭51・5・21）。そして，教育内容を審査する教科書検定制度についても，児童・生徒の側には「いまだ授業の内容を批判する十分な能力は備わっていない」上，「学校，教師を選択する余地も乏しく，教育の機会均等を図る必要」があることから，「教育内容が正確かつ中立・公正で，地域，学校のいかんにかかわらず全国的に一定の水準であることが要請される」とともに，教育内容が児童・生徒の「心身の発達段階に応じたもの」であることも要請される点を指摘し，教科書検定制度はこれらの要請を実現するために行われるものであるとして認めている（「第1次家永教科書検定訴訟」最三判平5・3・16民集47・5・3483）。

　また，一定の教育水準を維持しつつ教育目的を達成するためには，国家により教育内容・方法が定められる必要性（学習指導要領）がある。学習指導要領は「法規としての性質」を有し法的拘束力が認められるため，要領で定められている教育内容・方法に関しては教師の裁量にもおのずから制約が存在する。すなわち，教師による教育の自由にも制約が存在する（「伝習館高校事件」最一判平2・1・18民集44・1・1）。

4　勤　労　権

I　勤労権の趣旨

　社会国家思想に立つ日本国憲法下でも，国民各自の生存は，第一次的には各人の勤労によって維持すべきであるというのが原則である。憲法27条が勤労によって生活しようとする国民に勤労の権利を保障し，また，国家に勤労条件の基準を法定すべきことを命じているのは，その表れである。勤労権には，国民は一般に勤労の権利を侵害されないという自由権的側面と，勤労の機会の保障を国家に要求しうるという社会権（給付請求権）的側面とがある。

II　就労の機会の保障

　憲法27条1項は「すべて国民は，勤労の権利を有（する）」として，勤労権

を保障する。その趣旨は，労働する意思と能力を持つが就労の機会を得られない国民に対し，雇用対策や失業対策など，国家に就労の機会を要求する権利を保障するとともに，そのような環境整備を国家が責務として行うことを求めるものである。もっとも，憲法は，自由な経済活動を基調とする資本主義経済体制を前提としているため，本条項を直接の根拠として，具体的な勤労の場の提供を裁判手続によって国家に請求できるという具体的請求権ではありえない。勤労権の保障とは，国家が立法および行政上の施策を講じることを責務として課したものである。現在，このような施策を定めた法律として，職業安定法，雇用対策法，高齢者雇用安定法，雇用保険法，健康保険法，厚生年金保険法などが制定されている。

Ⅲ　勤労条件の法定

　憲法27条2項は，「賃金，就業時間，休息その他の勤労条件に関する基準は，法律でこれを定める」として，国家の責務として，勤労条件の基準を定める法律の制定を課している。本来，賃金等の勤労条件の決定を内容とする労働契約は，私的自治の原則の下に労使間の契約の自由に委ねられることであるが，事実上の力関係の点で弱い立場にある労働者は，低賃金や過重労働といった劣悪な条件を受け入れるよう強制される虞がある。そこで，労働者の立場を保護するために，国家が最低限度の基準を設定しなければならないという社会国家的要請に応じる形で，勤労条件の法定という国家による一定の関与を認めて，契約の自由を制限したのである。この条項を具体化する法律として，労働基準法，最低賃金法，労働安全衛生法，労働災害補償保険法などがある。なお，最低基準を超える勤労条件をどのように決定するかは契約の自由に委ねられるが，この点につき，労働者が使用者と対等に交渉できるようにするために，労働基本権（後述）が保障されている。

Ⅳ　児童酷使の禁止

　憲法27条3項は，児童の酷使を禁止し，児童の保護をはかっている。これは，

歴史上，精神的にも身体的にも未熟な年少者が，劣悪な労働条件のもとで酷使・虐待されたことに照らして，特に規定されたものである。

5 労働基本権

Ⅰ 労働基本権の意味

憲法28条が定める労働基本権は，勤労条件の交渉に際して，経済的に弱い立場にある労働者に使用者と対等の立場を確保するための権利である。その趣旨は，労働者と雇用主との関係を対等にすることによって，雇用主に対して劣位に立つ労働者を保護し，労働者が人間に値する職場環境や生活を享受できるようにすることである。この権利の主体である「勤労者」とは，労働力を提供して対価を得て生活するものを意味し，労働法上の「労働者」と同じ意味である（労基9条，労組3条）。

Ⅱ 労働基本権の性格

労働基本権の法的性格は，自由権的側面と社会権的側面の複合的性格を有しているといわれる。社会権的側面としては，国家に対して労働者の労働基本権を保障する措置を要求し，国家にその施策を実現すべき義務を負わせる。労働組合法がその代表的立法例であり，不当労働行為，労働委員会による救済などを定め，この権利保障の実効化をはかっている（労組7条・27条）。自由権的側面としては，労働基本権を制限したり，侵害したりするような立法その他の国家行為を国家に対して禁止する。たとえば，労働基本権の行使とされる行為は，それが正当な行為である限り，禁止されたり，刑事制裁の対象とされたりすることはない。それゆえ，正当な争議行為については，刑事責任の免除を規定した刑法35条が適用されることになる（労組1条2項，刑事免責）。

また，労働基本権は，優位な使用者対劣位の労働者という対抗関係において，弱者である労働者の権利保護を目的とするものであることから，国家との関係においてだけでなく，私人間にも直接適用される性質を持つ。すなわち，正当

な争議行為によって使用者の自由権や財産権が侵害されたとしても，その行為が正当なものである限り，債務不履行や不法行為責任を問われることはなく，使用者は損害賠償を請求することはできない（労組8条，民事免責）。また，使用者は，労働組合への加入や正当な争議行為への参加といった行為を理由として，労働者を解雇したり，その他の不利益な取扱いをしたりしてはならないとされ，これに反する場合には，不当労働行為として刑事罰の対象とされる（労組7条，28条）。つまり，憲法28条が定める労働基本権は，私人間にも直接適用され，使用者が労働基本権を侵害する行為は違法となるのである。

Ⅲ　労働基本権の内容

　労働基本権は，ふつう労働三権と呼ばれるように，団結権，団体交渉権，団体行動権（争議権）から成る。これら労働三権を具体化する法律が，労働基準法，労働組合法，労働関係調整法のいわゆる労働三法である。

1　団　結　権

　団結権とは，労働条件の維持・改善を目的として，使用者と対等の交渉力をもつ団体を結成したり，そこに加入したりする権利のことをいう。団体とは，一時的団体である争議団も含むが，通常は継続的に活動する労働組合を意味する。したがって，団結権とは，自由に労働組合を結成し，これに加入する権利（労働組合結成権）ともいえる。

2　団体交渉権

　団体交渉権とは，労働者の団体がその代表者を通じて，賃金・就業時間などの労働条件について使用者と交渉する権利である。団体として交渉することにより，使用者と被雇用者とが対等の立場で交渉することが可能になり，結果として，自主的に労働条件を決定することを目的とする。したがって，使用者は，正当な事由なくして労働者代表との団体交渉を拒否することはできない（労組7条2号）。団体交渉の結果，労使間で締結される労働条件などの取決めを労働協約（個人と団体間または団体相互で結ばれる契約である団体協約の一種）といい，労働協約を締結する権利を協約締結権という。この労働協約は，法規範として

226

の効力をもち，それに反する労働契約の部分は無効となる（労組16条）。

3　団体行動権（争議権）

団体行動権とは，団体交渉を行う労働者の団体が，自らの要求を使用者に認めさせるために団体として行動する権利であり，その中心は，争議権である。

この権利には，使用者との対等の立場を確保して団体交渉を有利に進めることを目的としてなされる，業務の正常な運営を阻害するような行為（争議行為）のすべてが含まれている。典型的な争議行為はストライキ（同盟罷業）やサボタージュ（怠業）であるが，他にも，ピケッティング，ボイコット（不買運動），リボン闘争，ビラ貼り，職場占拠・生産管理などがある。

労働条件の維持・改善を目的として行われる正当な争議行為は刑事免責・民事免責の対象となるが，争議の目的・方法の点で逸脱した場合には，刑事責任（威力業務妨害）や民事責任（解雇・損害賠償）を問われることもありうる。労働組合法では，「いかなる場合においても，暴力の行使は，労働組合の正当な行為と解釈されてはならない」とされている（1条2項但書）。なお，最高裁は，「政治スト」（後述の「全農林警職法事件」［重要判例13 - 4］最大判昭48・4・25刑集27・4・547），職場の全面占拠（「山陽電気鉄道事件」最二判昭53・11・15刑集32・8・1855），および生産管理（「山田鋼業事件」最大判昭25・11・15刑集4・11・2257）も，正当な争議行為ではないとした。

Ⅳ　公務員の労働基本権

公務員も「勤労者」に含まれると解するのが通説的見解であり，判例も一貫してそのように理解している（後述「政令201号事件」および「全逓名古屋中郵事件」）。しかし，その一方で，国家公務員は，国民全体の奉仕者として公共の利益のために勤務し，職務に専念する義務があるため，その労働基本権は制約されるという側面がある。

現行法上，公務員の労働基本権は広範に制限されており，その制限の態様から3つのグループに分けることができる。第一は，団結権・団体交渉権・団体行動権のすべてを否定されているグループで，自衛隊員，警察職員，消防職員，

海上保安庁職員，刑事施設職員がこれにあたる（自衛隊64条1項，国公108条の2第5項，地公52条5項）。彼らには，そもそも団結権が認められていないが，それは次のような理由による。これらの職員は，国民の生命・財産の保護や社会の治安維持を目的とし，そのために厳格な服務規律と統制された部隊活動が要求される。しかし，団体の結成は上司と部下が対抗関係に入ることを意味するため，絶対的な上命下服を要求されるこれらの職員には，団体の結成は認められない。

　第二は，団結権は認められているが，団体交渉権が制限され，争議権が否認されているグループで，非現業の国家公務員および地方公務員がここに属する。これらの職員は，団体を結成し交渉を行うことはできるが，協約締結権が認められていないため団体協約を締結できず，その意味で団体交渉権が制約されている（国公108条の2第1項-3項・108条の5第1項-3項・98条2項，地公52条1項-3項・55条1項-3項・37条1項）。

　第三は，団結権と団体交渉権は認められているが，争議権が否定されているグループで，現業の国家公務員（国有林野事業を行う国営企業に勤務する職員），特定独立行政法人の職員，地方公営企業職員，特定地方独立行政法人の職員および単純労務職員が，これにあたる。これらの職員に対しては，労働組合の結成，一定事項についての団体交渉および労働協約の締結が認められるが，争議権は認められない（特定独立行政法人等の労働関係に関する法律4条1項・8条・17条1項・18条，地方公営企業等の労働関係に関する法律5条・7条・11条・12条）。

V　労働基本権の制限の根拠

　公務員の労働基本権に制約が許される根拠は，時代とともに変遷してきた。戦後間もなくの頃の「政令201号事件」判決では，労働基本権も「公共の福祉」のために制限を受けるとし，特に国家公務員は「国民全体の奉仕者」として特別の取扱いを受ける必要があるとし，公務員に対する労働基本権の制約を合憲とした（最大判昭28・4・8刑集7・4・775）。ここでは，憲法13条の「公共の福祉」と憲法15条2項の「全体の奉仕者」が労働基本権制約の根拠として挙げら

第13講　社　会　権

れ，初期の判例はしばらくこの判決を踏襲した。

　この「全体の奉仕者」という考え方を否定し，従来の判例を変更したのが「全逓東京中郵事件」判決である。最高裁は，憲法15条の「国民全体の奉仕者」論に基づいて公務員の労働基本権をすべて否定するようなことは許されないとし，代わって「国民生活全体の利益の保障」という観点から，その制約については内在的制約のみが許されるとした。そして，制約が認められる条件として，①「合理性の認められる必要最小限度」にとどめるべきこと，②公共性の強い職務については必要やむを得ない場合に限ること，③刑事制裁は必要やむを得ない場合に限ること，④代償措置があること，の4点を挙げた（[重要判例13-3]最大判昭41・10・26刑集20・8・901）。この判決は，公務員の労働基本権を原則的に承認する立場を明確にするとともに，その制限には慎重な姿勢をとるものであった。その趣旨はその後の判例にも承継され，「東京都教組事件」判決では，争議行為の一律禁止と処罰を定めた地方公務員法の規定（地公37条1項・61条4号）に対して「二重の絞り」をかける合憲限定解釈を行うことによって，地方公務員の労働基本権を認めた（最大判昭44・4・2刑集23・5・305）。

　このような公務員の労働基本権の制限に対する慎重な姿勢を改めたのが，「全農林警職法事件」である。この事件では，最高裁は内在的制約説をとらず，「国民全体の共同利益」と公務員の「地位の特殊性及び職務の公共性」という観点から，公務員の労働基本権には制限が存在することを認め，一律かつ全面的な制限を合憲とした。そして，制限が認められる理由として，①勤務条件法定主義（議会制民主主義・財政民主主義），②市場抑制力の欠如，③代償措置の存在が挙げられた（[重要判例13-4]最大判昭48・4・25刑集27・4・547）。この判決の後，公務員の労働基本権の制限を容認する判決が続き，「岩手教組学テ事件」判決（最大判昭51・5・21刑集30・5・1178）は地方公務員に関する「都教組事件」判決を変更し，「全逓名古屋中郵事件」判決（最大判昭52・5・4刑集31・3・182）は「全逓東京中郵事件」判決（前掲最大判昭41・10・26）を覆した。判例では，公務員の争議行為禁止規定について全面的に合憲とする傾向が続いており，現在まで至っている。

229

重要判例 13-3

全逓東京中郵事件（最大判昭41・10・26刑集20・8・901）

事実の概要

昭和33（1958）年の春闘に際し，全逓信労働組合の役員である被告人8名が，東京中央郵便局の従業員に対して，勤務時間内に食い込む職場大会へ参加するよう説得し争議行為を唆したとして，郵便法79条1項の郵便物不取扱いの罪で起訴された。

判旨

公務員に労働基本権が認められるかに関して，「労働基本権は，たんに私企業の労働者だけについて保障されるのではなく，公共企業体の職員はもとよりのこと，国家公務員や地方公務員も，憲法28条にいう勤労者にほかならない以上，原則的には，その保障を受けるべきものと解される。『公務員は，全体の奉仕者であって，一部の奉仕者ではない』とする憲法15条を根拠として，公務員に対して右の労働基本権をすべて否定するようなことは許されない。」

公務員の労働基本権の制限については，「(1)労働基本権の制限は，労働基本権を尊重確保する必要と国民生活全体の利益を維持増進する必要とを比較衡量して，両者が適正な均衡を保つことを目途として決定すべきであるが，労働基本権が勤労者の生存権に直結し，それを保障するための重要な手段である点を考慮すれば，その制限は，合理性の認められる必要最小限度のものにとどめなければならない。(2)労働基本権の制限は，勤労者の提供する職務または業務の性質が公共性の強いものであり，したがってその職務または業務の停廃が国民生活全体の利益を害し，国民生活に重大な障害をもたらすおそれのあるものについて，これを避けるために必要やむを得ない場合について考慮されるべきである。(3)労働基本権の制限違反に伴う法律効果，すなわち，違反者に対して課せられる不利益については，必要な限度を超えないように，十分な配慮がなされなければならない。とくに，勤労者の争議行為等に対して刑事制裁を科することは，必要やむを得ない場合に限られるべきであり，同盟罷業，怠業のような単純な不作為を刑罰の対象とするについては，特別に慎重でなければならない。……(4)職務または業務の性質上からして，労働基本権を制限することがやむを得ない場合には，これに見合う代償措置が講ぜられなければならない。」

重要判例 13-4

全農林警職法事件（最大判昭48・4・25刑集27・4・547）

事実の概要

昭和33（1958）年，警察官職務執行法改正案の国会上程に反対する全農林労働組合の幹部である被告らが，組合員に対して正午出勤を命じるとともに職場内大会への参加を慫慂したとして，国家公務員法110条1項17号違反の罪に問われた。

第13講　社　会　権

(判旨)

　最高裁は，以下の理由により，国家公務員法により公務員の争議行為およびあおり行為等を禁止しても，「国民全体の共同利益の見地からするやむをえない制約というべきであって，憲法28条に違反するものではない」と判断した。

　①「公務員は，……憲法15条の示すとおり，実質的には，その使用者は国民全体であり，公務員の労務提供義務は国民全体に対して負うものである。……公務員の地位の特殊性と職務の公共性にかんがみるときは，これを根拠として公務員の労働基本権に対し必要やむを得ない限度の制限を加えることは，十分合理的な理由があるというべきである。」

　②「公務員の勤務条件の決定については，……その給与の財源は国の財政とも関連して主として税収によって賄われ，私企業における労働者の利潤の分配要求のごときものとは全く異なり，その勤務条件はすべて政治的，財政的，社会的その他諸般の合理的な配慮により適当に決定されなければならず，しかもその決定は民主国家のルールに従い，立法府において論議のうえなされるべきもので，同盟罷業等争議行為の圧力による強制を容認する余地は全く存しないのである。」

　③「一般の私企業においては，……市場からの圧力を受けざるをえない関係上，争議行為に対しても，いわゆる市場の抑制力が働くことを必然とするのに反し，公務員の場合には，そのような市場の機能が作用する余地がないため，公務員の争議行為は場合によっては一方的に強力な圧力となり，この面からも公務員の勤務条件決定の手続をゆがめることとなるのである。……公務員の争議行為は，公務員の地位の特殊性と勤労者を含めた国民全体の共同利益の保障という見地から，一般私企業におけるとは異なる制約に服すべきものとなしうることは当然であ」る。

　④「その争議行為等が，勤労者をも含めた国民全体の共同利益の保障という見地から制約を受ける公務員に対しても，その生存権保障の趣旨から，法は，これらの制約に見合う代償措置として身分，任免，服務，給与その他に関する勤務条件についての周到詳密な規定を設け，さらに中央人事行政機関として準司法機関的性格をもつ人事院を設けている。」

Topic 13 – 1

ニューディール政策と「憲法革命」

　アメリカ合衆国憲法には社会権規定が欠如しているにもかかわらず，最近の医療保険制度改革をめぐるオバマ・ケアに見られるように，現代のアメリカ政府は経済活動や個人の生活領域への介入を積極的に行っている。こうした社会国家的な動きを見せるアメリカ政治の憲法上の根拠は，20世紀初頭の「憲法革命（Constitutional Revolution）」と呼ばれる，連邦最高裁の判例変更に由来する。

　「暗黒の木曜日」と呼ばれる1929年10月23日に起きた株の大暴落が引き金となっ

て発生した大恐慌により，アメリカ経済は深刻な事態に直面した。国民の約4分の1が失業し，工業生産は半減，数千の銀行が破綻した。1933年3月4日に大統領に就任したルーズヴェルト（Franklin D. Roosevelt）は，この危機的状況を打開すべく，ニューディール政策（New Deal）と呼ばれる一連の政策を打ち出す。ニューディール政策とは，政府による市場への介入を限定的なものにとどめる自由主義的経済政策から，政府が市場経済に積極的に関与する政策へと転換するものであった。ルーズヴェルトは就任後100日以内という早さで，緊急銀行救済法，全国産業復興法（NIRA），農業調整法（AAA），全国労働関係法（ワグナー法）といった主要法律を次々に成立させる。

　しかし，これに待ったをかけたのが，連邦最高裁判所であった。古典的な自由放任主義を尊重する連邦最高裁は，1935年から翌年にかけ，ニューディール政策の根幹となる重要法律に対し立て続けに違憲無効の判断を下す。この最高裁の態度に業を煮やしたルーズヴェルト大統領は，「司法手続改革法案（Judicial Procedures Reform Bill of 1937）」という名称の裁判所抱き込み計画（court-packing plan）を策定し，最高裁裁判官の数を増やして，自らの政策に賛同する裁判官を最高裁に送り込み，ニューディール立法に対する違憲判断を防止しようとした。結局，この法案は成立することはなかったが，大統領の姿勢は最高裁に衝撃を与え，ニューディール立法に対するその態度は一変する。それまでとは異なり，ニューディール立法に対して相次いで合憲判決を下すことになる。こうした一連の流れが，「憲法革命」と呼ばれるものである。「憲法革命」によって，アメリカ政府は，それまで私的自治に委ねられていた経済活動などの私的領域に積極的に介入し得るようになっていったのである。

確認問題

(1) 社会権について，次の説明のうち誤っているものを1つ選びなさい。

① 現在の学説・判例では，生存権は抽象的権利であるとともに裁判規範性を有すると一般に解されている。

② 判例では，教育権の所在について，国家教育権説と国民教育権説のどちらも「極端かつ一方的」であるとして，教育権は国家と国民の双方にあるとしている。

③ 勤労権とは，就労の意思のある者が，具体的な勤労の場を提供するように裁判手続によって国家に請求することができるという具体的請求権である。

④ 労働基本権とは，勤労条件の交渉に際して，弱い立場にある労働者に使用者と対等の立場を確保するための権利であり，団結権，団体交渉権，団体行

動権から成る。

(2) 生存権について，次の説明のうち誤っているものを1つ選びなさい。

① 生活保護制度の見直しに伴う生活保護受給者への老齢加算廃止が争われた老齢加算減額訴訟において，最高裁は，具体的な基準設定に際し厚生労働大臣による裁量権の逸脱が認められるとして，老齢加算廃止を違憲と判断した。

② 堀木訴訟において，最高裁は，憲法25条の趣旨を具体化する立法に関する選択決定は立法府の広い裁量にゆだねられているが，著しく合理性を欠き明らかに裁量の逸脱・濫用と見ざるをえないような場合には，司法審査の対象となると判示した。

③ 朝日訴訟において，最高裁は，25条は個々の国民に対して具体的権利を賦与したものではなく，生活保護法によってはじめて法的権利が与えられるとした上で，生活保護の基準設定に関する厚生大臣の広範な行政裁量を認めた。

④ 食糧管理法違反事件において，最高裁は，25条は国家の政治的道徳的義務を宣言したものであって，個々の国民に具体的な請求権を保障したものではないと判示して，プログラム規定説の立場に立った。

(3) 労働基本権について，次の説明のうち妥当なものを1つ選びなさい。

① 労働基本権は国家に対して向けられたものであり，私人間には効力は及ばない。

② 憲法28条にいう「勤労者」には，地方公務員は含まれるが，国家公務員は含まれない。

③ 「全逓東京中郵事件」判決では，公務員の労働基本権制限の根拠として「公共の福祉」と「国民全体の奉仕者」が用いられた。

④ 「全農林警職法事件」判決では，公務員の労働基本権の一律かつ全面的な制限が認められた。

第14講 国民の義務

ポイント
① 国民の義務を憲法で規定することの意義は何か。
② 国民の義務にはどのようなものがあり，その内容はいかなるものか。
③ 憲法尊重擁護義務に関して，どのような見解が唱えられているか。

1 国民の義務の意義

　近代憲法における人権保障規定は，元来，個人の生得の権利や自由という思想を基調としており，国家に対して，国民の自由や権利を侵害したり，制限したりすることを禁じる目的で定められたものであった。そういったなかで国民の義務というとき，前国家的義務というものは存在しないため，人権規定のうちに義務規定を定めることは，近代立憲主義の考え方には本来なじまないことになる。しかし，国家を維持するためには一定の義務の存在は不可欠である。近代憲法では，そのような義務として納税の義務と兵役の義務が規定されてきた。20世紀に入り，社会国家思想のもと，社会権を取り込むことで変容を遂げた現代憲法では，たとえば，勤労の義務，教育の義務が規定されるようになる。

　また，憲法で保障された権利・自由を侵害するのは国家権力に限らない。国民相互間においても，その権利自由の侵害は起こりうる。それによって権利・自由の保障が侵害されることもありうる。そのため権利・自由の行使にともなう限界があるはずである。そのことを，憲法12条では，「この憲法が国民に保障する自由及び権利は，国民の不断の努力によつて，これを保持しなければならない。又，国民は，これを濫用してはならないのであつて，常に公共の福祉のためにこれを利用する責任を負ふ」と定めている。一般的倫理義務規定と呼

ばれる．この規定の内容は，「自由・権利の保持義務」，「自由・権利を濫用しない義務」，「自由・権利を公共の福祉のために利用する義務」というように解釈される．この一種の国民の義務規定は，人権保障確立の歴史的経緯とその保持のために必要な国民の責務を謳ったものであり，国民に権利保障のための精神的指針を示したものとしての意義が大きい．

わが国における国民の義務についてみると，明治憲法下では，国民（臣民）の三大義務としては，兵役の義務（明憲20条），納税の義務（明憲21条）が憲法上の義務として定められ，教育の義務については憲法ではなく，勅令で定められていた．日本国憲法は，教育の義務（憲26条2項），勤労の義務（憲27条1項），納税の義務（憲30条）を定めている．

2 教育の義務

憲法26条2項前段は，「すべて国民は，法律の定めるところにより，その保護する子女に普通教育を受けさせる義務を負ふ」と定め，子女に対し教育を受けさせるのが保護者（父母あるいは親族の親権者，または未成年後見人）の義務であることを明らかにしている．最高裁は，この規定の趣旨について，「単に普通教育が民主国家の存立，繁栄のために必要であるという国家的要請だけによるものではなくして，それがまた子女の人格の完成に必要欠くべからざるものであるということから，親の本来有している子女を教育すべき責務を全うせしめんとする趣旨に出たもの」と判示している（最大判昭39・2・26民集18・2・343）．

教育の義務の具体的内容は，教育基本法や学校教育法により定められている．すなわち，子女の保護者は，その保護する子女に9年の普通教育を受けさせる義務を負い（教基5条，学教16条・17条），これに違反した場合には罰金が科せられる（学教144条1項）．なお，この義務の対象は保護者に限らず，地方自治体も含まれる（同条2項）．教育の義務を履行するため，市町村は経済的理由によって就学困難な子女の保護者に対して，必要な援助を与えなければならないとさ

れている（学教19条）。

　ところで，26条2項後段は，「義務教育は，これを無償とする」と定めている。ここでいう「無償」とは授業料不徴収のことであり，「授業料不徴収の意味に解するのが相当」であると最高裁は判示している（最大判昭39・2・26民集18・2・343）。また，教育基本法も，「国又は地方公共団体の設置する学校における義務教育については，授業料を徴収しない」（教基5条4項）として，授業料不徴収を規定している。なお，昭和38（1963）年以降，法律（義務教育諸学校の教科用図書の無償措置に関する法律）により義務教育諸学校の教科書について無償配布となっている。

3 勤労の義務

　憲法27条1項は，「すべて国民は，勤労の……義務を負ふ」と定める。これは，一般に勤労能力のある者は自らの勤労によってその生活を維持すべきだということであり，国家が国民に労働を強制する根拠になるわけではなく，また，義務違反に対して何らかの法的制裁を科することを意味するものでもない。ただ，この義務規定の趣旨には，社会国家的給付に内在する当然の条件として，勤労能力があり職業に就く機会が与えられているにもかかわらず，勤労の意思をもたず勤労を避けている者に対しては，生存権の保障が及ばないなどの不利益が及んでも仕方がない，という意味が含まれている。

　実際，生活扶助をはじめとする種々の社会的給付には，勤労の義務を果たすことが条件となっている。たとえば，生活保護法では，生活困窮者に対する保護は，「その利用し得る資産，能力その他あらゆるものを，その最低限度の生活の維持のために活用すること」（生活保護4条1項）が要件として行われることが明記されている。

第14講 国民の義務

4　納税の義務

　憲法30条は,「国民は,法律の定めるところにより,納税の義務を負ふ」と定める。この義務は,国民主権国家においては,国民の納める租税により国家財政が維持され,国政が運営されることからして,国民の当然の義務と解されている。ここでいう租税とは,84条にいう「租税」と同じ概念であって,一般に,国家や地方公共団体といった統治団体が,その諸般の経費に充てる目的で,その構成員（国民,住民）から等しく強制的に徴収する金銭を意味する。

　納税の義務の具体化は,「法律の定めるところにより」行われるが,この文言は憲法84条の租税法律主義と同趣旨で,民主的機関である国会の決定によらなければならないことを意味している。したがって,納税については,納税義務者・課税物件・税率といった実体的な課税要件だけでなく,税額確定・納付方法・滞納処分の手続などの課税手続についても,法律で明確に定めるべきことが要求される。

5　憲法尊重擁護の義務

　憲法は最高法規性を確保するために,憲法の運用に関与する職責にある者に対して,憲法を尊重し擁護する義務を課すことがある。たとえば,アメリカ合衆国憲法の規定では,大統領に憲法を維持・保護・擁護させるための宣誓文を条文に収めているほか（第2条1節8項）,連邦および各州の議員,ならびに連邦および各州の行政官,司法官に憲法支持の宣誓義務を課している（第6条3項）。

　日本国憲法では,「天皇又は摂政及び国務大臣,国会議員,裁判官,その他の公務員は,この憲法を尊重し擁護する義務を負ふ」（憲99条）と定めている。この義務の主体は,「天皇又は摂政」および「国務大臣・国会議員・裁判官・その他の公務員」である。ここにいう「国務大臣」には,内閣総理大臣も含ま

237

れる。「公務員」には，国家公務員法にいう「職員」のほかに，地方公共団体の首長・議員や地方公務員も含まれる。

天皇と摂政による義務違反については政治的責任が生じるが，内閣がその責任を負う（憲3条）。また，国務大臣と国会議員の場合も，義務違反の場合には法的責任は問われないが，政治的責任を問われることになる。裁判官に関しては，この義務は職務上の義務を構成することになるので，義務違反は弾劾の対象となり，罷免事由となる（裁弾2条1号）。その他の公務員についても同様に，「職務上の義務違反」として懲戒事由となる（国公82条1項2号，地公29条1項2号）。

ところで，憲法尊重擁護義務に関して，その義務の性質と主体について，学説上対立がある。まず，義務の性質に関しては，それを，①法的義務というよりも道徳的・倫理的義務と捉える立場，②道徳的・倫理的義務ではなく，法的義務とみなす立場，③積極的に憲法を尊重・擁護するという意味での積極的な作為義務と，憲法の侵犯・破壊を行わないという意味での消極的な不作為義務を区別し，前者を倫理的義務，後者を法的義務と考える立場，に分かれる。

次に，義務の主体に関しては，憲法99条が「国民」を挙げていないことの意味をどのように解釈するかをめぐって見解が分かれている。それは，①憲法制定者で主権者である国民が憲法尊重擁護義務を負うのは当然であり，憲法99条はそれを当然の前提とした上で，広く公務員の憲法尊重擁護義務を定めたとする立場，②憲法99条から国民が外れているのは，憲法尊重擁護義務を負わせる主体が国民であり，当該義務を負う客体が国家権力であるという構図を明確にするためであり，国民がこの義務を負わないことこそが近代立憲主義の立場に立つ日本国憲法として当然のことであるとする立場，③（「憲法忠誠」を定めたドイツ基本法と対比する形で）憲法99条の義務の主体から国民を外した日本国憲法は，自由や民主主義といった憲法的価値を否定するような「憲法の敵」にまで，自由や民主主義を付与するという選択をあえてなしたものだという立場，である。いずれにせよ，憲法尊重擁護義務に関する議論は，立憲主義の形の選択をめぐる問題に関わるだけに重要である。

第14講　国民の義務

Topic 14 – 1

租税の根拠論

　納税とは，国民が国家に対して税金を納めることであるが，国家が国民から徴収する税金のことを租税という。租税の根拠論には，歴史的に大別して二つの思想的系譜がある。租税利益説と租税義務説である。租税利益説とは，国民が支払う租税は，国家が国民に与える利益（公的サービス）の対価であるとして，租税を正当化する考え方である。租税義務説とは，租税は，国家の維持・運営に必要な費用を賄うためのものであり，国家の構成員である国民が租税を支払うのは当然の義務であるという考え方である。これらの根拠論のほかに，会費説という考え方があり，近年有力に唱えられている。会費説とは，国家は主権者たる国民の自律的団体であるため，その維持や活動に必要な費用を共同の費用として国民が自ら負担すべきであるという考え方であり，いわば，租税を国家社会の維持に必要な費用を賄うための会費のようなものと捉える立場である。

　日本の最高裁も，「およそ民主主義国家にあつては，国家の維持及び活動に必要な経費は，主権者たる国民が共同の費用として代表者を通じて定めるところにより自ら負担すべきものであり，我が国の憲法も，かかる見地の下に，国民がその総意を反映する租税立法に基づいて納税の義務を負うことを定め（30条），新たに租税を課し又は現行の租税を変更するには，法律又は法律の定める条件によることを必要としている（84条）」（「大島訴訟判決」最大判昭60・3・27民集39・2・247）と述べ，会費説の考え方を示している。

確 認 問 題 ....

(1)　国民の義務について，次の説明のうち妥当なものを1つ選びなさい。

　①　一般に，教育を受ける主体は子どもであるから，教育の義務とは，普通教育を受けなければならない子どもの義務をいう。

　②　明治憲法下では，納税の義務については憲法ではなく勅令で定められていた。

　③　生活扶助をはじめとする種々の社会的給付を受けるに際して，勤労の義務を果たすことは要件とはされていない。

　④　憲法尊重擁護義務違反は，裁判官にとっては罷免事由となり，公務員にとっては懲戒事由となる。

(2)　国民の義務について，次の説明のうち誤っているものを1つ選びなさい。

① 義務教育の無償とは，授業料の不徴収だけでなく，教科書代をも無償とする意味であると，判例で解されている。

② 納税に関しては，実体的な課税要件だけでなく，課税手続についても，法律で明確に定めるべきことが要求されている。

③ 勤労能力があり，その機会が与えられているにもかかわらず，勤労を避けている者に対しては，生存権の保障が及ばないなどの不利益が及んでも仕方がないというのが通説である。

④ 明治憲法下では臣民の三大義務が存していたが，教育の義務は勅令で定められたものであり，憲法上の義務ではなかった。

(3) 憲法尊重擁護義務について，次の説明のうち誤っているものを1つ選びなさい。

① 憲法尊重擁護義務の主体は，天皇又は摂政・国務大臣・国会議員・裁判官・その他の公務員である。

② 国務大臣には，内閣総理大臣も含まれる。

③ 公務員には，国家公務員法にいう職員のほかに，地方公共団体の地方公務員が含まれるが，首長と議員は含まれない。

④ 憲法尊重擁護義務違反の場合，国務大臣と国会議員は法的責任は負わないが，政治的責任を問われることになる。

第15講 国　　会

ポイント
① 国権の最高機関と唯一の立法機関とは何を意味するのだろうか。
② 二院制の特色はどの点にあり，衆議院と参議院はどのような関係にあるだろうか。
③ 国会や議院の権能にはどのようなものがあるだろうか。
④ 国会議員に認められた特権にはどのようなものがあるか。
⑤ 憲法と政党の関係はどのようになっているか。

1　国会の地位と性格

Ⅰ　国民の代表機関

　日本国憲法は，第4章で国会の権能と組織について定め，24か条の規定を置いている。憲法43条1項は，「両議院は，全国民を代表する選挙された議員でこれを組織する」とし，国会が国民の代表機関であることを定めている。これは，国会は，議員が選挙によって選ばれるということによって，民意を忠実に反映する機関であると同時に，選挙区や一部の団体の利益ではなく，国民全体の福利の実現を目指すべき議員に行動の自由を法的に保障することによって，国家の意思を決定する機関に位置づけていることを意味する。日本国憲法では，国民主権の原理から国会の代表機関としての地位を導き出し，代表機関としてもっとも国民に近い存在である国会に，国権の最高機関としての地位を与え，唯一の立法機関として位置づけている。

Ⅱ　国権の最高機関と唯一の立法機関

　憲法は，立法権を国会（41条），行政権を内閣（65条），司法権を裁判所（76条
1項）に委ね，三権分立の仕組を採っている。三権は，相互に監視することで，
抑制と均衡をはかりながら，権力の集中と濫用を防止することで，憲法にある
基本的人権を保障することを目的としている。これに対し，憲法41条は，「国
会は，国権の最高機関であつて，国の唯一の立法機関である」と定め，統治機
構の中で最高機関に位置づけている。では，憲法が国会を国権の最高機関とし
て位置づけていることには，どのような意味があるのだろうか。

　国権の最高機関に関する学説としては，政治的美称説，統括機関説，最高責
任地位説をあげることができる。政治的美称説とは，三権の中で国会だけが主
権者である国民によって直接選出される代表者によって構成され，立法権とい
う特に重要な権能を憲法上与えられていることから，国会が国政の中心的地位
を占めていることを政治的に強調する説である。これは，国会が他の機関に指
揮や命令をできるということではなく，国民代表機関としての地位に照らし合
わせての修辞的な表現であって，法的に特別な意味はないとする「政治的な美
称」に過ぎないとするものである。確かに，憲法上では，内閣の衆議院解散権
や裁判所の違憲立法審査権など，国会に対する抑制が認められており，法的な
意味で最高の機関という位置づけにはなっていない。政治的美称説は，政治的
現実に即した内容となっており，通説となっている。

　次に，統括機関説とは，国家法人説に基づき，国家機関の中には，国家の意
思を決定する最高の機関が必要になり，それが国会にあたるとする説である。
しかしながら，この考え方に立てば，他の二権に対して優越的な地位にあるこ
とになり，権力分立や司法権の独立などに反することになってしまうという問
題が生じる。

　最後に，最高責任地位説とは，国会は国政全般の動きにたえず注意しつつ，
その円滑な運営に配慮すべき立場にあり，その意味で国会が国政全般に最高の
責任を負う地位にあることを意味するものである。また，権限の所在が不明な

第15講　国　　会

場合には，国会にあると解するべきとする。行政国家化が進むこんにち，当該事項がどの国家機関の権限に属するのかが曖昧な場合，安易に行政に属するとすべきではないとするその内容には，国会の機能強化という観点からすれば，一定の意味があると考えられるが，統括機関説と同じように，権力分立に反する点が問題である。

　次に，国会は唯一の立法機関として位置づけられているが，これは，国民主権と権力分立の原理からの要請に基づくものである。国民主権の原理からは，法規の存廃は主権者である国民の代表者によって構成される国会に委ねられ，三権分立の原理からは，国会に立法権が専属することを明らかにしたものと理解することができる。また，ここでいう立法とは，国民の権利を直接に制限し，義務を課する法規範である実質的意味の立法を意味する。

　国の唯一の立法機関の具体的な内容としては，「国会中心立法の原則」と「国会単独立法の原則」をあげることができる。国会中心立法の原則とは，憲法にある例外を除き，国の立法はすべて国会を通し，国会だけが立法することができるという原則である。すなわち，国会が立法権を独占するということである。したがって，明治憲法における緊急勅令，独立命令などは許されない。また，ここでいう立法とは，実質的意味の立法を指し，一般的または抽象的な法規範を意味する。憲法に特別の定めがある例外は，両議院の議院規則（憲58条2項），最高裁判所規則（憲77条1項），政令（憲73条6号），条例（憲94条）がある。

　国会単独立法の原則とは，憲法にある例外を除き，国会の議決だけで実質的意味の法律を制定できることを意味する。明治憲法5条および6条は，天皇が立法に関与する制度を採っていたが，憲法59条1項は，「法律案は，この憲法に特別の定のある場合を除いては，両議院で可決したとき法律となる」と定めている。憲法に定めのある例外とは，憲法95条にある地方特別法であり，国会の議決に加えて，住民投票による同意を必要としている。

　また，法律の発案権が内閣に認められている点（内閣5条）が問題とされてきた。法律の発案が立法に含まれるとすると，国会単独立法の原則に反するこ

243

とになるからである。しかし，議院内閣制の下では，内閣にも法律案提出権を認めるのが妥当であること，内閣に法案の提出権を認めても国会の議決権を拘束するものではないことなどの理由から，国会単独立法の原則には反しないとみる学説が一般的である。実際，国会で成立した法律のほとんどは内閣提出によるものである。

2 国会の構成

I 二院制

憲法42条は，「国会は，衆議院及び参議院の両議院でこれを構成する」とし，国会は，衆議院および参議院の二院で構成されることを定めている。衆議院と参議院の各議院は，それぞれ独立して意思決定を行い，両議院の意思が一致することによって国会の意思が成立する。このように独立に意思決定を行う権能を有する二つの議院から議会が構成されることを二院制（両院制）という。

二院制は中世イギリスの政治事情からできあがったものである。国民から選挙され，国民の多数意思に立脚する第一院に対して，それとは違った原理によって組織される第二院を対峙させるというものである。この第二院の性格によって，二院制のもつ意味合いが異なってくる。諸外国では，アメリカのように上院を州の代表機関，下院を国民代表機関と分けたり，イギリスのように上院は貴族院，下院は国民代表機関とする例がある。

二院制に賛成する理由としては，①国民の多様な意思を反映し，少数者の民意を反映する機会を確保できること，②法律案や予算案を2回審議することにより，慎重な審議を行うことができることをあげることができる。これに対し，反対する理由としては，①両院とも同じ内容の審議をする可能性があること，②両院が対立した場合，迅速な決定が行えず，国政が停滞するおそれがあること，③世界的に見ると6割をこえる国が一院制であることなどがあげられる。

明治憲法では，「帝国議会ハ貴族院衆議院ノ両院ヲ以テ成立ス」(明憲33条)とし，貴族院と衆議院から構成される二院制を採用していた。日本国憲法の制

244

定過程では，貴族院を廃止し，衆議院だけの一院制を採用しようとするマッカーサー草案に対し，日本政府の強い要請により，全国民を代表する議員から構成される衆議院と参議院の二院制となった。憲法43条1項は，「両議院は，全国民を代表する選挙された議員でこれを組織する」と定めているので，憲法改正をせずに，アメリカやイギリスのような二院制にすることや一院制に変更することは許されない。

　憲法48条は，同時に両議院の議員となることを禁止している。このほか，国会法39条は，任期中に国または地方公共団体の公務員との兼職を禁止し，地方自治法92条および141条は，地方公共団体の長および議員との兼職を禁止している。ともに国民を代表し，国民から選挙によって選出される議員から構成される衆議院と参議院は，選挙権・被選挙権，構成，選挙制度などの面で違いがあるが，その詳細は法律事項としている。

　公職選挙法では，衆議院議員の選挙権は満18歳以上，被選挙権は満25歳以上の日本国民に与えられるのに対し，参議院議員については，選挙権は満18歳以上，被選挙権は満30歳以上の日本国民に与えられている（公選9条1項・10条1項1号・2号）。次に，議員定数は，衆議院議員は465人で，うち289人は小選挙区，176人は比例区から選出される（公選4条1項）。これに対し，参議院議員の定数は248人で，うち148人は選挙区，100人は比例区から選出される（公選4条

	衆議院	参議院
議員定数	465人	248人
任　　期	4年 （解散の場合には，期間満了前に任期終了）	6年 （3年ごとに半数改選）
解　　散	あり	なし
選 挙 権	満18歳以上	満18歳以上
被選挙権	満25歳以上	満30歳以上
選 挙 区	小選挙区（289区）289人 比例区（11区）176人	選挙区（45区）148人 比例区（全国区）100人

245

2項)。これまで，選挙区は，都道府県を単位として実施されてきたが，一票の格差を解消するために，平成27（2015）年11月5日以降に公示される選挙では，鳥取県および島根県，徳島県および高知県は合区となった。任期は，衆議院議員は4年で，任期中に解散が可能であり（憲45条），また，参議院議員については6年（3年ごとにその半数が改選される）と定められている（憲46条）。

II 衆 議 院

衆議院議員の任期は4年で，一度にすべての議員が改選される。昭和51（1976）年に行われた第31回衆議院議員総選挙をのぞくと，任期満了前に解散が行われているため，任期の平均は3年に満たない。また，参議院よりも短い任期や解散制度から，国民代表の性格の強い衆議院に内閣総理大臣の指名や法律案の議決などの面で，参議院に対する優越が認められている。選挙権は満18歳以上の日本国民，被選挙権は満25歳以上の日本国民に与えられている。

III 参 議 院

参議院議員の任期は6年で，3年ごとに議員の半数が改選される。一度にすべての議員が改選される衆議院とは異なり，3年ごとに定期的に選挙が実施されるため，通常選挙といわれる。選挙権は衆議院と同じく，満18歳以上の日本国民に与えられているが，被選挙権は，衆議院議員よりも5歳高い満30歳以上の日本国民に与えられている。これは，「良識の府」や「理性の府」と呼ばれる参議院の役割に配慮し，年功にともなう良識や理性のいっそうの充実に着目したものと考えられている。さらに，議員の任期が長く，解散がない参議院では，①長期的視野による国政への取組みが可能であること，②参議院は3年ごとに半数を改選するため，急激な政治変化を回避できること，③衆議院の解散中に緊急に国会の審議を必要とする事態が発生した場合，緊急集会において対応できることをその特質としてあげることができる。

第15講　国　　会

Topic 15-1

二院制の是非

　参議院は衆議院のカーボンコピーに過ぎず，「良識の府」としての役割を果たして
いないことから，参議院を廃止して，一院制にすべきであるという議論もみられる。
その状況が変わったのが平成19（2007）年の参議院議員通常選挙であった。選挙の
結果，自公連立与党は過半数割れし，衆議院は与党が多数派，参議院は野党が多数派
となる「ねじれ国会」となった。「ねじれ国会」では，道路特定財源の暫定税率をめ
ぐる問題で，衆議院が可決した法律案を参議院が否決したため，衆議院で出席議員の
３分の２以上の多数で再可決する事例がおきた。再可決に至る過程では，短期間に
ガソリンの価格が下がったり，上がったりしたため，その影響を受けたガソリンスタ
ンドが全国各地で廃業に追い込まれ，国民生活に大きな影響を与えた。政策面という
よりは，政局をめぐる対立という要素が強かったが，衆議院と参議院が対立した場合
のメリットやデメリットを考える機会となった。

Ⅳ　国会の運営と活動

　国会は，一年中開かれているわけではなく，会期制を採用している。会期と
は，一定の期間に限って，国会に活動能力を与える制度である。会期の制度に
おいては，「会期不継続の原則」と「一事不再議の原則」がある。会期不継続
の原則とは，国会は会期ごとに独立して活動し，会期中に議決されなかった案
件は，次の会に継続しないという原則である（国会68条）。また，一事不再議の
原則とは，一度否決（または可決）された議案は，同じ会期中に再び提出でき
ないとする原則である。

　国会の会期には，①常会（憲52条），②臨時会（憲53条），③特別会（憲54条）が
ある。①憲法52条が「国会の常会は，毎年一回これを召集する」と定めるよう
に，常会は毎年１回召集される国会である。毎年１月中に召集され，国会法10
条が会期の日数を150日としているが，これを延長することができる。常会に
おいては，次年度の予算の審議が中心となる。②臨時会は，臨時の必要により
召集される国会である。憲法53条は，「内閣は，国会の臨時会の召集を決定す
ることができる。いづれかの議院の総議員の４分の１以上の要求があれば，内

247

閣は，その召集を決定しなければならない」と定めている。また，会期は両院の一致で決められる（国会11条）。③特別会は，衆議院が解散され，総選挙が行われた後に召集される国会である。総選挙の日から30日以内に召集される。また，衆議院解散後に総選挙が施行され，特別会が召集されるまでの間に，国会の審議を必要とする緊急の事態が生じたと内閣が判断した時には，内閣の求めにより，参議院の緊急集会が開かれる（憲54条）。ただし，緊急集会において採られた措置は，臨時のものであり，次の国会開会の後10日以内に，衆議院の同意がない場合には，その効力を失う。

3 国会の権能

I 国会の権能

憲法上，国会は国権の最高機関とされ，立法に関する権能だけでなく，行政，外交統制，財政を監督するに権能が与えられている。具体的には，①法律の議決権（憲41条），②内閣総理大臣の指名権（憲67条1項），③憲法改正の発議権（憲96条1項），④弾劾裁判所の設置権（憲64条），⑤財政監督権（憲83条‐91条），⑥条約締結の承認権（憲73条3号）である。

① 法律の議決権

憲法59条は，「法律案は，この憲法に特別の定のある場合を除いては，両議院で可決したとき法律となる」とし，法律の議決権が国会にあることを明らかにしている。議員が法律案を発議するには，衆議院では議員20人以上，参議院では議員10人以上の賛成を要する。ただし，予算を伴う法律案を発議するには，衆議院では議員50人以上，参議院では議員20人以上の賛成を必要とする（国会56条）。

法律案が衆議院または参議院に提出されると，原則として，その法律案の提出を受けた議院の議長は，これを適当な委員会に付託する。委員会における審議は，国務大臣による法律案の提案理由説明から始まり，審査に入る。審査は，法律案に対する質疑応答の形式で進められ，委員会における質疑，討論が終わ

ると，委員長が表決に付す。委員会における法律案の審議が終了すると，審議は本会議に移行する。本会議の審議は，基本的に，委員長報告，討論，採決の

図　法律制定の手続

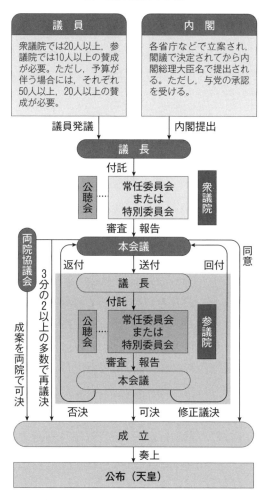

出典：参議院「法律ができるまで」http://www.sangiin.go.jp/japanese/aramashi/houritu.html

流れで行われる。表決の手続を経て可決されると，その法律案は，もう一方の議院に送付される。送付を受けた議院においても，委員会および本会議の審議，表決の手続が行われ，衆議院および参議院の両議院で可決したとき法律となる。

　法律案において両議院の議決が異なった場合，衆議院は両院協議会の開催を請求できる（憲59条3項）。衆議院は，衆議院で可決した法律案を参議院が否決した場合，または衆議院が可決した案に対して参議院が修正議決したときに，参議院回付案に同意しない場合，両院協議会の開催を求めることができ，参議院はこれに応じなければならない（国会84条1項）。なお，参議院は，参議院が可決した法律案を衆議院が修正議決し，かつ参議院が衆議院回付案に同意しない場合にのみ，衆議院に両院協議会を求めることができる（国会84条2項）。ただし，衆議院はこれを拒否することができる。また，衆議院は，参議院が請求しない場合に，両院協議会を請求でき，参議院はこれを拒否することができない。

②　内閣総理大臣の指名権

　憲法67条は，「内閣総理大臣は，国会議員の中から国会の議決で，これを指名する」とし，国会に内閣総理大臣の指名権があることを定めている。国会が内閣総理大臣の指名権をもつということは，国会による内閣の統制手段であり，議院内閣制の重要な要素の1つである。指名の手続は，衆議院または参議院のいずれかが指名の議決を行うと，もう一方の議院にこれを通知する（国会86条）。両院の指名が一致した場合に，国会の議決があったこととなる。ただし，両院の指名が一致しない場合には，意見調整を行う両院協議会を開催するが，それにもかかわらず一致しない場合には，衆議院の指名の議決が国会の議決となる（憲67条2項）。また，衆議院が指名の議決をした後，国会休会中の期間を除いて10日以内に参議院が議決をしない場合には，衆議院の議決が国会の議決となる（憲67条2項）。なお，この指名手続は，天皇による任命によって完結する（憲6条1項）。

③　憲法改正の発議権

　憲法96条1項は，「この憲法の改正は，各議院の総議員の3分の2以上の賛

成で，国会が，これを発議し，国民に提案してその承認を経なければならない」とし，国民に提案される憲法改正案を決定する発議の権限が国会にあることを定めている。そして，国会法68条の2は，改正案の原案を発議するには，衆議院は議員100人以上，参議院は議員50人以上の賛成を要することを要件としている。改正原案の発議にあたっては，内容において関連する事項ごとに区分して行うこととされ（国会68条の3），両議院で総議員の3分の2以上の賛成が得られたとき，国会の発議が成立する。ここでいう総議員の意味は，法定議員数とするのが一般的である。

④ 弾劾裁判所の設置権

憲法78条は，「裁判官は，裁判により，心身の故障のために職務を執ることができないと決定された場合を除いては，公の弾劾によらなければ罷免されない」とし，弾劾裁判について定めている。そして，国会法125条は，「裁判官の弾劾は，各議院においてその議員の中から選挙された同数の裁判員で組織する弾劾裁判所がこれを行う」とし，両議院の議員で構成される弾劾裁判所の設置権が国会にあることを明らかにしている。

裁判官の罷免の訴追は，各議院においてその議員の中から選挙された同数の訴追委員で組織する訴追委員会がこれを行う（国会126条）。そして，両院から7人の議員が裁判員となり，罷免するかどうかの裁決を行う（裁弾16条）。罷免事由は，「職務上の義務に著しく違反し，又は職務を甚だしく怠つたとき」または「その他職務の内外を問わず，裁判官としての威信を著しく失うべき非行があつたとき」（裁弾2条）であり，審理に関与した裁判員の3分の2以上の多数の意見で，訴追を受けた裁判官を罷免することができる（裁弾31条2項）。

⑤ 財政監督権

憲法83条は，「国の財政を処理する権限は，国会の議決に基いて，これを行使しなければならない」とし，国の財政を処理する権限が国家にあることを定めている。国の財政とは，国家がその存立を図り，任務を遂行するのに必要な財源を調達し，管理し，使用する作用である。したがって，財政を処理する権限とは，国の財政を処理する上で必要となる権限を指すが，その原則として，

憲法では，財政民主主義（83条），租税法律主義（84条），国費支出議決主義（85
条）を採っている。

財政を処理する権限の行使は，国会の議決に基づかなければならない。国会
が財政を民主的にコントロールする仕組として，予算をあげることができる。
予算とは，一会計年度における国の財政行為の準則をいう。国会は，予算とい
う法形式によって，歳入と歳出の準則を設け，事前の監督を行う。そして，歳
入は租税法律主義，歳出は国費支出議決主義によって民主的にコントロールし
ている。

また，憲法90条1項は，「国の収入支出の決算は，すべて毎年会計検査院が
これを検査し，内閣は，次の年度に，その検査報告とともに，これを国会に提
出しなければならない」とし，国の収入支出に対する事後的統制として，決算
制度について定めている。決算とは，一会計年度の国家の収入と支出の実績を
示す確定的係数を内容とする国家行為の一形式であり，この国家行為は，事後
における会計検査院と国会の審査を受けることを意味する。内閣は，次の年度
に，決算と検査報告書を衆議院と参議院に同時にかつ別々に提出し，決算審査
を受ける。両議院一致の議決は必要ではなく，各議院の議決は決算の効力には
関係ない。

⑥　条約承認権

条約の締結権は内閣にあるが，憲法は国会の承認を条約の成立要件としてい
る（憲73条）。これは，条約は，国家の対外的な意思表示であるので，主権者で
ある国民の意思で決めること，国民の権利義務関係に大きな影響を与えるので，
国会によって民主的にコントロールするためである。

条約の承認は，原則として，批准の前に行われる必要がある。国会で事前承
認が得られなければ，条約は不成立となる。また，事後の承認は緊急性があり，
やむを得ない場合に限られるべきであるとされている。ここで問題となるのが，
国会の承認を得られなかった条約の効力である。この点については，国内法上
は無効であるが国際法上は有効であるとする有効説，国内法，国際法的にも無
効であるとする無効説，国会の承認が諸外国にも周知の要件と解されている場

合には，国際法的にも無効であるとする条件付無効説に分かれているが，承認がない限り効力は生じないとする無効説が有力である。

II　議院の権能

衆議院と参議院は，国会に与えられた権能を行使するが，もう一方では，各議院は独立して行使できる権能をもっている。第一に，内閣や裁判所などの他の国家機関やもう一方の議院からの監督や干渉を受けることなく，内部組織や運営のあり方を自主的に決定できる「議院の自律権」をあげることができる。議院の自律権は，院の権能であるので，法律案の議決のように，両院の議決を経る必要はない。具体的には，内部組織に関する自律権である会期前に逮捕された議員の釈放要求権（憲50条），議員の資格争訟の裁判権（憲55条），役員選任権（憲58条1項）と運営に関する自律権である議院規則制定権と議員懲罰権（同条2項）がある。

次に，憲法62条は国政に関する調査を行う国政調査権を定めている。各議院がそれぞれ国政についての調査を行い，これに関して証人の出頭，証言や記録の提出を求めることができる。また，国民からの請願を受けて，これを審議する。

この議院の自律権に対する司法審査の可否が問題となる。議院の自律権は，政治部門の自律を尊重し，他の国家機関の干渉を受けることなく自主的に内部の事項は決定されるべきとするものであり，一般には，裁判所が介入することは許されない。また，裁判所が介入すれば，裁判所が政治的紛争の中に巻き込まれる危険性がある。

III　衆議院の優越

1　憲法上の優越

両議院はそれぞれ独立して審議と議決を行い，両議院の意思の合致によって国会の意思が成立する。しかし，衆議院と参議院の意思の不一致によって，国会の意思が成立せず，国政が停滞する可能性もある。これは，慎重な審議を期

待される二院制の特質でもあるが，場合によっては，国民生活に多大な影響を及ぼすこともおこりうる。そこで，憲法は，国会機能の不全を回避するために，衆議院と参議院が対立した事態を想定し，衆議院の優越をいくつかの事項で定めている。

第一は，権限面での優越である。これには，衆議院のみに認められている内閣不信任決議（憲69条），衆議院の予算先議権（憲60条）をあげることができる。次に，議決面での優越として，①法律案の議決（憲59条），②予算の議決（憲60条2項），③条約承認の議決（憲61条），④内閣総理大臣の指名（憲67条2項）をあげることができる。

①法律案の議決については，衆議院で可決し，参議院で否決や修正議決した法律案は，衆議院で出席議員の3分の2以上の多数で再び可決したときは法律になる（憲59条2項）。また，参議院が衆議院の可決した法律案を受け取った後，国会休会中の期間を除いて60日以内に議決しないときは，衆議院は参議院がその法律案を否決したものとみなすことができる（憲59条4項）。これは，衆議院が可決した法律案を参議院がいつまでもかかえて，会期切れになる事態を防ぐための制度である。

②予算の議決については，衆議院が先議権をもつが，衆議院の議決後に，参議院で衆議院と異なった議決をした場合に，法律の定めるところにより，両院協議会を開いても意見が一致しないとき，または参議院が衆議院の可決した予算を受け取った後，国会休会中の期間を除いて30日以内に，議決しないときは，衆議院の議決が国会の議決となる（憲60条2項）。

③条約の締結に必要な国会の承認は，予算の議決について定めた60条2項の規定が準用される（憲61条）。

④内閣総理大臣の指名については，参議院が衆議院と異なる指名の議決をした場合に，法律の定めるところにより，両院協議会を開いても意見が一致しないとき，または衆議院が指名の議決をした後，国会休会中の期間を除いて10日以内に参議院が指名の議決をしないときは，衆議院の議決が国会の議決となる（憲67条2項）。

第15講　国　　会

　議決に関しては，上記の①から④の点で衆議院の優越が定められているが，衆議院と参議院の意思が異なった場合の調整方法として，妥協点を模索する話合いの場である両院協議会を活用できる。両院協議会は，予算の議決（憲60条2項），条約締結の承認（憲61条），内閣総理大臣の指名（憲67条2項）で両院の意思が異なった場合には必ず開かれ，法律案の場合は，必要に応じて衆議院の判断により開かれる（憲59条3項）。両院協議会は，衆議院と参議院から選ばれた10名ずつの協議委員で組織され，各院の協議委員3分の2以上の出席で開かれる。両院協議会において，出席協議委員の3分の2以上の多数で議決されたとき，両院協議会の成案となるが，成案は両院の本議会で議決されなければ国会の意思にならない。

2　法律上の優越

　憲法以外には，国会法で，国会の臨時会・特別会の会期の決定（国会13条），国会の会期の延長（国会13条），法律案に関する両院協議会の開催（国会84条）について定めている。

4　国会議員の地位と特権

Ⅰ　国会議員の地位

　衆議院および参議院は，全国民を代表する選挙された議員で組織される。各議員は，所属する議院の一員として，本会議や委員会等における審議や意思決定への参加，法律案や決議案などの議案の発議（提案），内閣に対する質問主意書の提出，国民からの請願の紹介等を行う。このような職責を果たすため，国会議員には，憲法上，歳費受給特権（49条），不逮捕特権（50条），免責特権（51条）という，3つの特権が認められている。

Ⅱ　歳費受給特権

　憲法49条は，「両議院の議員は，法律の定めるところにより，国庫から相当額の歳費を受ける」とし，国会議員の歳費について定めている。歳費は，国会

255

議員の地位や職責にふさわしい生活をするための職務に対する報酬を意味するが、その額は、「一般職の国家公務員の最高の給与額より少なくない」（国会35条）ものとなっている。また、歳費以外にも、退職金（国会36条）、通信等手当（国会38条）なども支給される。

Ⅲ　不 逮 捕 特 権

憲法50条は、「両議院の議員は、法律の定める場合を除いては、国会の会期中逮捕されず、会期前に逮捕された議員は、その議院の要求があれば、会期中これを釈放しなければならない」とし、国会議員の不逮捕特権について定めている。不逮捕特権により、国会議員は会期中逮捕されず、会期前に逮捕された場合でも、議院の要求によって釈放される。不逮捕特権の目的は、政府権力により議員の職務遂行が妨げられないよう、議員の身体的自由を保障することにある。ただし、院外における現行犯罪の場合（国会33条）および議員の所属する院の許諾がある場合（国会34条）は例外となる。

Ⅳ　免 責 特 権

憲法51条は、「両議院の議員は、議院で行つた演説、討論又は表決について、院外で責任を問はれない」とし、国会議員の職務の遂行の自由を保障するために、免責特権について定めている。免責特権とは、国会議員は、議院で行った演説、討論または表決について、院外で責任を問われないことを意味し、名誉毀損罪などの刑事上の責任や不法行為による損害賠償などの民事上の責任を問われず、弁護士会による懲戒責任もこれに含まれるとされる。免責対象となるのは、議院で行った演説、討論や表決に限定すべきであるとする学説もあるが、職務遂行に付随するものを広く認めるべきであるとする学説が一般的である。

ただし、院内での発言や投票行動を理由に、政党が所属する国会議員に政治的・道義的な責任を追及することは許される。また、議員の発言により、一般国民の名誉やプライバシーが著しく侵害された場合が問題となる。議員の発言の自由は保障されるべきであるが、それが免責特権の趣旨から大きく外れる場

第15講　国　　会

合には，許容されないと考えるべきであろう。

重要判例 15 − 1

国会議員の発言と国家賠償責任（最三判平 9・9・9 民集51・8・3850）

（事実の概要）

　昭和60年11月にあった衆議院社会労働委員会において，衆議院議員のＹは，医療法の一部を改正する法律案件の審議に際し，札幌市にある病院の院長が女性患者に対して破廉恥な行為をしたことや薬物を常用しているなど通常の精神状態にないこと，通常の行政の中でこのような医師をチェックできていないのではないかと言及した。翌日，この院長は自殺した。そこで，院長の妻であるＸは名誉を棄損された上，自殺に追い込まれたとして，被告Ｙおよび国に対し，１億円の損害賠償を求めて出訴した。

（判旨）

　この発言は，被告であるＹによって，国会議員としての職務を行うためにされたことは明らかである。そうすると，仮にこの発言がＹの故意または過失による違法な行為であったとしても，ＹはＸに対してその責任を負うことはない。また，「国会議員が国会で行った質疑等において，個別の国民の名誉や信用を低下させる発言があったとしても，これによって当然に国家賠償法１条１項の規定にいう違法な行為があったものとして国の損害賠償責任が生ずるものではなく」，国会議員が，その職務とはかかわりなく違法または不当な目的をもって事実を摘示したり，虚偽であることを知りながらあえてその事実を摘示するなど，国会議員がその付与された権限の趣旨に明らかに背いてこれを行使したものと認められるような特別の事情が必要であると判示した。

5　日本国憲法における政党

　政党は，議会制民主主義の根幹であり，多様な民意を国政に反映する過程において，重要な地位と役割を有している。それゆえ，政党をめぐる諸問題を正し，その公正さと透明性とを確保する仕組みを確立していくことが重要である。

　ドイツのトリーペルが歴史的変遷の観点から，国法と政党の関係について，①敵視，②無視，③法律による承認・合法化，④憲法の編入の四段階に整理したことが知られている。①は国家が政党を敵視した時代，②は国家が政党を無視した時代，③は政党が法律で容認される時代，④は政党が憲法秩序の中に編

入される時代である。ここで，議員に国民代表としての性格を認める議会制と憲法や法律にとりいれられた政党との関係をどのように整理するかが問題となる。日本国憲法は，政党に関する規定をおいていないことから，議員の国民代表としての性格を考慮し，政党に対して消極的な見方をする学説もあったが，現在では，政党の果たす役割を考慮し，積極的に評価する学説が支配的である。

　憲法は，政党に関する規定を置いていないが，憲法21条が定める「結社」として，これを保障するものと考えられている。判例においても，「八幡製鉄政治献金事件」（［重要判例15-2］最大判昭45・6・24民集24・6・625）では，「憲法の定める議会制民主主義は政党を無視しては到底その円滑な運用を期待することはできないのであるから，憲法は，政党の存在を当然に予定している」としている。また，国が政党に対して助成する政党助成金について定めた政党助成法，政治団体に係る政治資金の運用について定めた政治資金規正法，国会議員，地方公共団体の長および議員の選挙について定めた公職選挙法で政党に関する規定が置かれている。政治資金規正法2条では，政党の要件として，衆議院議員または参議院議員が5人以上いる政治団体としている。以上の点からすれば，日本国憲法と政党の関係は，トリーペルがいう第三段階の「法律による承認・合法化」の段階にあるといえる。

　憲法に政党に関する規定を設けるかどうかについては，意見が分かれるところであるが，政党の意義や役割，政党結成や活動の自由，複数政党制，政党法の根拠などについて規定すべきとする見方がある一方で，憲法に政党を明記すると政党活動の自由が制限されるとする反対意見もある。これに対し，ドイツ連邦共和国基本法では，「政党の内部秩序は民主制の諸原則に合致していなくてはならない」（21条）と定めるなど，憲法上の機関として政党が位置付けられている。自由主義や民主主義を否定し，連邦共和国の破壊を目指す政党は違憲となる「闘う民主主義」をとるドイツ基本法と，「結社の自由」の中に政党が黙示的に組み込まれている日本国憲法は，歴史の違いから憲法価値がかなり異なるとする見方もある。

第15講　国　　会

重要判例 15-2

八幡製鉄政治献金事件（最大判昭45・6・24民集24・6・625）

事実の概要

　昭和35年3月，八幡製鉄の代表取締役が，同社名にて自民党に対して政治資金350万円を寄付した。そこで，株主は，この寄付は同社定款に定める所定事業目的の「鉄鋼の製造および販売ならびにこれに附帯する事業」の範囲外となる行為であり，商法違反として会社が被った損害に対する代表取締役としての責任追及のための訴えを起こすように会社に求めた。しかし，会社が訴えを起こさなかったため，株主は会社に代位して，寄付行為を行った代表取締役に対して，350万円と遅延損害金を会社に支払うよう，訴えを提起した。

判旨

　憲法は政党について規定しておらず，特別な地位を与えられているわけではない。しかしながら，「憲法の定める議会制民主主義は政党を無視しては到底その円滑な運用を期待することはできないのであるから，憲法は，政党の存在を当然に予定しているものというべきであり，政党は議会制民主主義を支える不可欠の要素なのである」。それゆえ，政党の健全な発展に協力することは，会社に対しても，当然の行為として期待されるところであり，その協力の一態様として政治資金の寄附についても例外ではない。会社による政治資金の寄附は，客観的，抽象的に観察して，会社の社会的役割を果たすためになされたものと認められるかぎりにおいては，会社の定款所定の目的の範囲外の行為であるとすることはできないと判示し，原告である株主の上告を却下した。

Topic 15-2

比例区選出議員の政党離脱

　維新の党に所属していた衆議院議員が体調不良で国会の本会議を欠席した。ところが，翌日から私的な旅行に出かけ，世論の批判が強くなったので，党から責任をとって議員辞職するように求められた。これに対し，「法に触れない限りは議員の身分は奪われません」とし，この議員は辞職を拒否した。その結果，党は除名の処分を下し，無所属の国会議員として活動していくことになった。

　ところが，この議員が当選した経緯をみると，小選挙区では自民党の候補者に敗れ，比例の近畿ブロックで復活当選していた。政党を基礎にした拘束名簿式比例代表制で選出された国会議員が，自らの意思によって所属政党を離脱したり，政党により除名された場合に，議員資格を喪失させる必要はないのだろうか。また，そうした場合，憲法上の問題は生じないのだろうか。

259

確 認 問 題 ···

(1) 国会および国会議員について，次の説明のうち正しいものを１つ選びなさい。

① 憲法改正をせずに，参議院をなくし，一院制にすることは可能である。

② 参議院議員と都道府県知事を兼職することができる

③ 弾劾裁判所は，職務上の義務に著しく違反した裁判官を罷免することができる。

④ 国会議員は，会期中であれば，どのようなときも逮捕されることはない。

(2) 次の①〜④のうち，衆議院が参議院に優越しないものを2つ選びなさい。

① 内閣総理大臣の指名

② 憲法改正の発議

③ 予算の審議権

④ 国政調査権

第16講 内　　閣

ポイント
① 行政権の意味とは何か。
② 行政権の担い手である内閣はどのような地位にあるのか。
③ 議院内閣制の本質とは何か。
④ 内閣の構成と権限はどのようなものか。
⑤ 内閣総理大臣および国務大臣の地位と権能はどのようなものか。

1 内閣の地位

Ⅰ　行政権の所在と意味

　明治憲法は，内閣に関する規定は置かず，内閣制度は勅令である内閣官制により運用されていた。国務大臣に関して，「国務各大臣ハ天皇ヲ輔弼シ其ノ責ニ任ス」（明憲55条1項）と定めて，国務各大臣は統治権の総攬者である天皇（明憲4条）により任命され，天皇に対して個別的責任を負う点に特色があった。

　日本国憲法は，「行政権は，内閣に属する」（憲65条）として，内閣が行政権の主体であることを明記する。行政権が内閣に属するといっても，内閣がすべての行政作用を直接行使するわけではなく，実際には，内閣の下にある各省庁など多くの行政機関が具体的な事務を執行する。内閣は行政権の最高機関として，重要政策を総合的に決定し，行政各部を指揮監督することにより（憲72条），行政権の行使について最終的な責任を負う。

　行政権の概念について，学説上，通説である控除説と有力説である積極説との間で対立がある。控除説によれば，たとえば，「行政」とは「立法でも司法でもない一切の国家作用であるとか，国家作用から立法と司法とを除いた部分

の総称である」（清宮四郎）と定義される。控除説は，かつての立憲君主制国家において，君主が占有していた統治権のうち，まず司法権が裁判所の権限となり，次に立法権が国民を代表する議会の権限へと移行した結果，それ以外の部分が行政権として君主の手中に残されたという歴史的展開に一致している。しかし，この説に対して，統治作用全体から立法および司法の作用を控除して残された行政の内容とはいったい何なのかが，不明確であるという批判がある。

　そこで，これに対して，行政の概念をより積極的に定義する説が主張されている。こうした学説は一般に積極説とよばれているが，その代表的見解として，「近代的行政とは，法の下に法の規制を受けながら，現実に国家目的の積極的実現をめざして行われる，全体として統一性をもった継続的な形成的な国家活動である」（田中二郎）というものがある。現代国家では，政府の行政活動は，経済，社会福祉，教育，環境，税制，外交，警察などきわめて広範囲に及んでいる。この点で，行政の能動性，継続性，形成性を強調する積極説は，現代行政の実態に適合しているといえる。

Topic 16-1

行政国家の展開

　20世紀に入ると，とくに第一次世界大戦後，18～19世紀の自由国家（夜警国家）は福祉国家あるいは社会国家の体制へと大きく転換を遂げる。福祉行政や計画行政など政府が遂行すべき仕事が飛躍的に増大したため，行政権の拡大と強化が必然的な現象となったのだ。このような現代国家に共通する現象を前提にして，議会が行政府に優越する国家を「立法国家」とよぶのに対して，行政権の優越が確立され，基本的な政策決定に際して行政部が大きく優位に立つ国家を「行政国家」とよぶ。「行政国家」の現象は現代各国に広く認められるが，日本国憲法下でも，①内閣提出法案の増加，②委任立法への依存，③行政部による予算編成や行政計画の策定，④通達行政の浸透といった事態に顕著に現われている。

Ⅱ　行政委員会（独立行政委員会）

　内閣が行政権の主体という憲法上の原則に照らして，問題となるのが行政委員会（独立行政委員会）である。行政委員会とは，通常の行政機関とは異なり，内閣からある程度独立して職務を執行し，行政上の権限だけでなく，規則制定などの準立法権，争訟の裁決などの準司法権をも保持する合議制機関をいう。

　わが国の行政委員会は，第2次世界大戦後，アメリカで発達した独立規制委員会をモデルとして導入されたものである。その典型は人事院や公正取引委員会であるが，ほかにも，現在，各省の外局として，公害等調整委員会，公安審査委員会，中央労働委員会，運輸安全委員会，原子力規制委員会などが設置されている（国家行政組織法の別表第1参照）。行政委員会の設置の目的は多様であるが，政治的中立性あるいは政策の公正性の確保（人事院，公正取引委員会），利害関係の調整（中央労働委員会），国民の権利あるいは安全の保護（公害等調整委員会，公安審査委員会，運輸安全委員会）といった観点から，これまで重要な役割を果たしてきた。

　行政委員会は，人事権および予算編成の面では内閣の統制に服するが，具体的な職権行使に関して内閣の指揮監督を受けることはない。そこで，内閣は行政権の主体という憲法65条の趣旨から，内閣から独立して行政作用を行う行政委員会は憲法上認められるかどうかが問題となる。この点，裁判所は，下級審判決であるが，内閣から独立して公務員行政を実施する人事院の合憲性について，「人事院……の設置はよく憲法の根本原則である民主主義に適合し又国家目的から考えて必要であると謂うべく，従って人事院を目して憲法65条に違反した国家機関であると解することはできない」（福井地判昭27・9・6行集3・9・1823）と判示している。学説上も，かつては内閣から独立した行政委員会の権限行使を否定する見解が見受けられたが，今日では，その合憲性が広く認められている。

2 議院内閣制

I 議院内閣制の本質と原則

議院内閣制は，元来，名誉革命以降のイギリスで漸進的に発達を遂げてきた制度である。このため議院内閣制の各国への普及は，それぞれの歴史的・政治的状況を背景にして，構造や運用の点でさまざまな形態をとっている。わが国の明治憲法下では，議院内閣制は憲法上の制度ではなく，その初期には超然内閣主義が行われていたが，大正末期から昭和初期にかけて，衆議院の多数党が内閣を組織するのが「憲政の常道」とされて，いくつかの政党内閣が成立し，議院内閣制の慣行が不十分ながらも形成されていた。

一般に，議院内閣制とは，権力分立制を一応の前提としながら，内閣は国会の信任に基づいて存立し，国会に対して政治的に連帯責任を負うが，一方，内閣は国会の解散権を行使することにより，内閣と国会との間に抑制と均衡の関係を保持している統治体制をいう。もっとも，議院内閣制の本質とはなにかについては，次のように学説上の見解は分かれる。

責任本質説によれば，国会と内閣が一応分立しつつ，内閣が国会（とくに，衆議院）の信任のうえに存立する点に特質があるとする。一方，均衡本質説は，国会と内閣との均衡関係を重視して，内閣が国会に対して行使する解散権を本質的要素に加えている。いずれにせよ，議院内閣制とは，内閣の存立を国会の信任に基づかせ，内閣の行政権を民主的に統制するとともに，内閣と国会との協働により国政の効率的な運営の確保をねらいとしている。

日本国憲法は，議院内閣制の原則を次のように明文化している。①内閣は行政権の行使について，国会に対し連帯責任を負う（憲66条3項）。②内閣総理大臣は，国会議員のなかから国会の議決で指名される（憲67条1項）。③内閣総理大臣が任命する国務大臣の過半数は，国会議員のなかから選出されなければならない（憲68条1項）。④内閣は，衆議院で不信任決議案を可決し，または信任決議案を否決したときは，10日以内に衆議院が解散されない限り，総辞職をし

第16講　内　　閣

なければならない（憲69条）。⑤内閣総理大臣および国務大臣は，議席の有無にかかわらず，議案について発言するためいつでも議院に出席することができ，また，答弁または説明のため出席を求められたときは出席しなければならない（憲63条）。これらのうち，①内閣の国会に対する連帯責任制と，④衆議院の内閣不信任決議権および内閣の衆議院解散権は，議院内閣制の中核を成す原則とされる。

Topic 16-2

首相公選論

　首相公選論とは，国民が首相を直接選出する制度の導入によって，首相の民主的正当性と政治的リーダーシップの確立をねらいとする。1960年代頃，中曽根康弘代議士が提案して論議をよんだ。最近では，小泉内閣の下で「首相公選論を考える懇談会」が設置され，1年間の審議の後，平成14年8月，①アメリカ大統領制をモデルにして，国民が首相指名選挙を直接行う案，②議院内閣制を維持しつつ，国民が首相を直接選出する案，③党首選挙への国民参加を拡大する首相候補公選制案，という三改革案を提示する意見書が提出された。

　首相公選論は，派閥政治，政権の不安定，極端な政争という現代日本政治の病弊が，制度的には憲法が採用する議院内閣制に起因すると分析して，これらの病弊を除去するために，公選首相制の導入により首相の地位の安定と国民主権原理の拡充を目指している（詳しくは，小林昭三『首相公選論入門［改訂版］』，成文堂，平成13年）。しかし，首相公選論に対しては，①首相の権限が独裁化したり，衆愚政治（ポピュリズム）に堕したりする危険性があること，②現代民主政治の欠陥は，国民的基盤を欠いた政党の組織・運営，前近代的な政治資金規正などによるのであり，これらの欠陥は首相公選制によって解消される保証はない，③首相公選制の下では，首相が指導する行政府と国会多数派が対立した場合，政局が大きな混乱に陥る危険性が高い，④民意統合の中心としての公選首相は天皇制の存立と矛盾し，首相公選制の導入は天皇制廃止論に帰着する，といった批判がある。

　ちなみに，イスラエルでは，1992年の首相公選法により3度の首相選挙を実施し，ネタニヤフ，バラク，シャロンという3人の公選首相が誕生した。しかし，皮肉なことに，首相公選制の導入は国会（一院制）選挙におけるいっそうの多党化を招来し，また，国会に内閣不信任決議権を与えたため，当初期待されていた首相のリーダーシップ発揮による政局の安定は実現できず，結局，2001年3月に廃止された。

II 衆議院の解散

　解散とは，議院に属する議員の全員に対して，その任期満了前に議員たる身分を喪失させる行為をいう。日本国憲法における解散は衆議院だけに認められ，内閣の助言と承認により天皇の詔書によってこれを行う（憲7条3号）。衆議院の解散は本来政治性が強い行為であるので，解散の実質的決定権は「国政に関する権能」をもたない天皇にはなく，天皇の国事行為に助言と承認を与える内閣にあると一般に解されている。

　憲法は，69条が「内閣は，衆議院で不信任の決議案を可決し，又は信任の決議案を否決したときは，十日以内に衆議院が解散されない限り，総辞職をしなければならない」と定めるのみで，その他の場合の解散の可能性に直接言及していないため，解散権の憲法上の根拠をどこに求めるかが争われてきた。通説である7条説では，内閣の解散権の憲法上の根拠は憲法7条3号にあるとして，同条項は解散の事由は限定していないために，どのような場合に解散するかは，解散の実質的決定権をもつ内閣の政治的判断に委ねられるとする。これに対して，69条説によれば，憲法69条を根拠として，衆議院が不信任決議案を可決したり，または信任決議案を否決したりしたときに限り，内閣による解散権の行使が認められる。また，制度説によれば，憲法が議院内閣制や権力分立制を採用していることを根拠に，内閣は自由に解散権を行使できるとする。

　なお，天皇の解散詔書は，昭和23（1948）年12月23日の戦後最初の解散の際には，「衆議院において内閣不信任の決議案を可決した。よつて内閣の助言と承認により，日本国憲法第69条及び第7条により，衆議院を解散する」という文言であった。ところが，第2回目の解散以降は，内閣不信任案が可決された場合の解散であっても，「日本国憲法第7条により，衆議院を解散する」という文言で統一されることになった。

　一方，日本国憲法では，参議院の解散は認めていない。参議院は衆議院が解散されたとき，同時に閉会となるだけである。ただし，衆議院が解散され総選挙により新しい衆議院が成立するまでの間に国に緊急の必要が生じたときは，

第16講　内　　　閣

内閣は参議院の緊急集会の開催を求めることができる（憲54条2項）。

重要判例 16-1

苦米地事件（最大判昭35・6・8民集14・7・1206）
とまべち

（事実の概要）

　第三次吉田内閣は，昭和27年8月28日，衆議院のいわゆる「抜き打ち解散」を行った。当時の衆議院議員の苦米地義三は，①同解散が憲法69条による衆議院の不信任決議を経ず，憲法7条のみに拠ったこと，および②解散詔書の公布に必要な全閣僚一致による「助言」と「承認」の2つの閣議がなされなかったことは違憲であると主張して，衆議院議員の資格確認と任期満了までの歳費支払いを求めて出訴した。第1審は，憲法7条による解散は合憲としたが，「助言」の閣議（全閣僚の一致）が存在しなかったとして解散を違憲無効とし，第2審は，「助言」と「承認」の要件は満たされていたとして第1審の判決を取り消した。

（判旨）

　最高裁は，統治行為論の立場から，「衆議院の解散は，極めて政治性の高い国家統治の基本に関する行為」であり，「その法律上の有効無効を審査することは司法裁判所の権限の外にありと解すべき」であるので，「政府の見解を否定して，本件解散を憲法上無効なものとすることはできない」として，上告を棄却した。このため，第1審，第2審が扱った解散権の所在やその行使の手続に関しては何の判断も下すことはなかった。

3　内閣の組織と権能

I　内閣の構成

　国の最高行政機関としての内閣は，首長である内閣総理大臣およびその他の国務大臣で組織される（憲66条1項）。現行の内閣法（平成11年改正）によれば，内閣の定員について，内閣総理大臣は別にして，その他の国務大臣の数は14名以内（特別に必要がある場合には17人以内）と定める（内閣2条2項）。

　内閣総理大臣あるいは国務大臣となるためには，次の2つの要件を要する。第1に，議院内閣制の原則に従い，内閣総理大臣はもとより，その他の国務大臣の過半数は国会議員のなかから選出されなければならない（憲67条1項・68条1項）。現状を見る限り，国務大臣のほぼ全員は国会議員で占められ，民間か

らの大臣の登用は決して多くない。

　第2に，内閣総理大臣およびその他の国務大臣は「文民」でなければならない（憲66条2項）。「文民」の意味は，①現役の軍人でない者，②過去に職業軍人の経歴をもたない者，③強い軍国主義の思想をもたない者，という3つの見解に分かれる。昭和29（1954）年12月に第一次鳩山一郎内閣が成立する際，元海軍大将の野村吉三郎を国務大臣にするという意見があったが，②の見解に基づく反対論があったために沙汰やみになったといわれる。旧軍経験者がほとんどいなくなった今日，文民条項の意味は大きく変化しており，自衛隊が合憲的な防衛組織であるとしても，現職自衛官の国務大臣就任は文民条項に抵触すると解するのが一般的である。

　内閣は合議制の機関であり，その職務は内閣総理大臣が主宰する閣議により行われる（内閣4条1項・2項）。閣議の決定方法は連帯責任制の原則に従い，多数決制ではなく，全会一致制による。閣議は大臣全員が出席して開催するのが通例だが，会議の形式によらずに，閣議書（案件）を各大臣に持ち回って署名，押印を得る「持回り閣議」の慣行も行われている。

II　組閣と総辞職

　内閣総理大臣は，国会の議決により指名され（憲67条1項），これに基づき天皇が任命する（憲6条1項）。ただし，衆議院と参議院との議決が異なり，かつ両院協議会を開催しても意見が一致せず，衆議院の指名の議決後，国会の休会中の期間を除いて10日以内に参議院が指名の議決をしないときは，衆議院の議決が国会の議決となる（憲67条2項）。この場合には，衆議院の優越の原則が適用されることになる。

　内閣総理大臣は国務大臣を任命し（憲68条1項），天皇はこれを認証する（憲7条5号）。新内閣は内閣総理大臣が任命されることによって成立し，これにより総辞職後の前内閣の職務執行は終了する（憲71条）。実際には，国会により指名された新しい内閣総理大臣は，天皇による任命の前に組閣を終えるのが慣例となっている。

内閣総辞職とは，内閣の構成員が一体として辞職することをいう。内閣はみ
ずからの意思で任意に総辞職できるほか，次の場合には，憲法に従い総辞職し
なければならない。①衆議院で内閣不信任決議案を可決したり，または内閣信
任決議案を否決したりしたときで，しかも，その後10日以内に衆議院が解散さ
れないとき（憲69条）。②死亡，辞職，資格喪失のために内閣総理大臣が欠けた
とき（憲70条前段）。③衆議院総選挙の後に初めて国会の召集があったとき（憲
70条後段）。

　内閣が総辞職したときは，国会は他のすべての案件に先立ち，内閣総理大臣
の指名を行う（憲67条１項）。総辞職した内閣は，あらたに内閣総理大臣が任命
されるまで引き続きその職務を行う（憲71条）。

Ⅲ　内 閣 の 権 能

　内閣は，憲法73条およびそれ以外の憲法規定が定める権能を保持する。憲法
73条は，「内閣は，他の一般行政事務の外，左の事務を行ふ」として，次の７
つの事務を掲げている。①法律の誠実な執行と国務の総理（憲73条１号），②外
交関係の処理（同２号），③条約の締結（同３号），④官吏に関する事務の掌理
（同４号），⑤予算の作成と国会への提出（同５号），⑥政令の制定（同６号），⑦大
赦，特赦，減刑，刑の執行の免除および復権など恩赦の決定（同７号）。

　一般に，条約とは，国家間または国家と国際組織間の文書による合意を意味
する。条約の締結権は内閣が有するが，条約締結の事前または事後に国会の承
認を得ることが必要とされる。国会による条約の承認は，次に見る予算の議決
の手続と同様に，衆議院の優越の原則が適用される（憲61条）。

　内閣により作成された毎会計年度の予算は，財政民主主義の原則に基づき，
国会の審議と議決により成立する（憲86条）。予算の審議に際しては，衆議院の
先議権が認められ，また，予算の議決について，参議院で衆議院と異なった議
決をし，両院協議会を開催しても意見が一致しないとき，または，参議院が衆
議院の可決した予算を受け取った後，国会休会中の期間を除いて30日以内に議
決しないときは，衆議院の議決を国会の議決とする（憲60条）。

政令は閣議の決定によって成立し（内閣4条1項），天皇が公布する（憲7条1号）。政令には，とくに法律の委任がある場合を除いては罰則を設けることができず（憲73条6号但書），また，法律の委任がなければ，義務を課し，または権利を制限する規定を設けることができない（内閣11条）。

内閣は，憲法73条以外を根拠にして，次の権能が与えられている。①最高裁判所長官の指名（憲6条2項），②最高裁判所裁判官のうち長官以外の裁判官の任命（憲79条1項），③下級裁判所の裁判官の任命（憲80条1項），④国会の臨時会の召集の決定（憲53条），⑤参議院の緊急集会の請求（憲54条2項），⑥予備費の支出（憲87条1項），⑦国会および国民に対する財政状況の報告（憲91条）。なお，内閣は天皇の補佐機関としての地位にあり，天皇の国事行為に対して助言と承認を与え，これに責任を負う（憲3条）。

Ⅳ　内閣の責任

先に述べたように，日本国憲法の内閣制度では，議院内閣制の原則に基づき，行政権の行使の責任について，各国務大臣が単独で負うのではなく，内閣が連帯して国会に対して負うものとする（憲66条3項）。これとは別に，「天皇の国事に関するすべての行為には，内閣の助言と承認を必要とし，内閣が，その責任を負ふ」（憲3条）と定める。

まず問題となるのは内閣の責任の範囲であるが，内閣は行政権の行使のすべてにわたり責任を負う。これは，内閣の責任が憲法上内閣の権能とされている行政作用のみならず，内閣の下にある行政機関の行為にも及ぶことを意味する。天皇の国事行為に対する助言と承認も，当然に内閣の責任の範囲に含まれる。

内閣の責任を負う相手方は，憲法66条3項の明文が示すように，国会である。これにより，国会による内閣の統制が可能となり，民主主義的な責任政治が実現される。国会による責任の追及方法としては，国会は，各議院における質疑・質問により内閣の行動を批判したり，内閣が提出した重要法案や予算案を否決・修正したり，あるいは，各議院が国政調査権を行使したり（憲62条）することができる。しかし，憲法上最も効果的なのは，内閣に解散か総辞職かの

選択を迫る，衆議院による内閣不信任決議案の提出である（憲69条）。

　内閣の責任は，内閣を組織する国務大臣全員が一体となって負うべき連帯責任制が原則である。もっとも，内閣の連帯責任制は，各大臣に対する単独責任の追及の可能性を排除するものではない。実際，個々の大臣が所管事項に関して違法または不当な行為を行った場合や重大な失言があった場合には，その大臣が国会によって個別的に責任を問われる事例も少なくない。内閣の責任の性質について，これを政治責任とみるか，法的制裁に裏付けられた法的責任とみるかは議論の余地がある。憲法はとくに責任原因を明記していないので（憲66条3項），法的責任ではなく，政治責任を意味すると解するのが妥当であろう。

4 　内閣総理大臣と国務大臣

I　内閣総理大臣の地位と権能

　明治憲法下では，内閣総理大臣は「同輩中の首席」とされ，首班として行政各部の統一を保持する権限（内閣官制2条）は認められていたが，基本的には他の国務大臣と対等な地位にあり，しかも憲法上の機関ではなかった。これに対して，日本国憲法は内閣総理大臣は内閣の首長（憲66条1項）であることを明記し，内閣を統率し，これを代表する地位を与えている。

　内閣総理大臣の首長的地位を示す憲法上の権能としては，次のものがある。①国務大臣の任免権（憲68条1項・2項），②国務大臣の訴追に対する同意権（憲75条），③内閣を代表して国会に法律案，予算その他の議案を提出し，一般国務および外交関係について国会に報告する権限（憲72条，内閣5条），④閣議の方針に基づく行政各部の指揮監督権（憲72条，内閣6条），⑤法律および政令への連署（憲74条），⑥両議院に出席し，発言または答弁・説明する権限（憲63条）。このほか，内閣総理大臣は，内閣法上，閣議の主宰権および重要政策に関する案件の発議権（内閣4条2項），主任大臣間における権限の疑義の裁定権（内閣7条），行政各部の処分または命令の中止権（内閣8条）などを保持する。

重要判例 16-2

ロッキード事件（丸紅ルート）（最大判平 7・2・22刑集49・2・1）

事実の概要

アメリカのロッキード社および日本の総合商社丸紅の社長 X_1 は，ロッキード社製大型機トライスターを全日空に売り込むために，内閣総理大臣 X_2 に対して，①運輸大臣が全日空に対して行政指導するように働きかけること，また②内閣総理大臣自身も全日空に対して働きかけることを依頼し，その成功報酬として 5 億円の供与を約束した。全日空の同機種購入決定後，X_2 に対してロッキード社から X_1 を通じて 5 億円が供与された。X_1，X_2 らは贈賄・受託収賄罪などで起訴され，第 1 審，第 2 審とも有罪となった。

判旨

裁判では，内閣総理大臣の職務権限，とくに国務大臣に対する指揮監督権の範囲が主要な争点となった。最高裁は「特定機種の選定購入の勧奨は，一般的には，運輸大臣の……行政指導として，その職務権限に属するものというべきである」としたうえで，「閣議にかけて決定した方針が存在しない場合においても，……流動的で多様な行政需要に遅滞なく対応するため，内閣総理大臣は，少なくとも，内閣の明示の意思に反しない限り，行政各部に対し……指示を与える権限を有するものと解するのが相当である」として，機種選定の働きかけは内閣総理大臣の職務権限に含まれると判断した。

Ⅱ 国務大臣の地位と権能

国務大臣とは，一般に内閣の構成員を意味する。広くは内閣総理大臣およびその他の国務大臣を含む総称であるが，狭くは内閣総理大臣以外の各大臣のみを指す。狭義の国務大臣は，内閣総理大臣によって任命され，任意に罷免される（憲68条）。しかし，在任中，内閣総理大臣の同意がなければ訴追されない（憲75条）。この点について不逮捕特権が与えられていると解する学説もあるが，判例および政府見解では，この「訴追」（憲75条）には逮捕，勾留（身体の拘束）は含まないとしている。

国務大臣は，内閣の構成員として，①法律および政令への署名（憲74条），②両議院に出席し，発言または答弁・説明する権限（憲63条），③内閣総理大臣への案件の提出権，閣議開催の請求権（内閣 4 条 3 項）などを有する。なお，国務大臣は，内閣の構成員としての職務と行政各部の長としての職務をあわせもつ

が，具体的な行政事務を分担管理しない，いわゆる「無任所大臣」を置くこと
もできる（内閣3条2項）。

Topic 16-3

内閣機能の強化と中央省庁の再編

　現代国家が「行政国家」の段階に入り，福祉行政や計画行政を中心に積極的な行政
の展開が求められるようになると，当然，強力な政治的リーダーシップの確立が必要
となる。こうした時代的要請に応じて，第二次世界大戦後には，イギリスでは首相統
治制，ドイツでは宰相政治制，フランスでは公選大統領制，といった強力な首相や大
統領をもつ統治体制が形成された。

　日本国憲法でも，内閣の首長の地位に置き（憲66条1項），国務大臣の任免権を保
持する（憲68条）など，内閣総理大臣の地位は決して脆弱なものではない。しかし，
歴代首相の多くは必ずしも十分なリーダーシップを発揮してこなかったといわれる。
この反省をもとに，平成13（2001）年1月に実施された中央省庁再編改革では，内
閣が「国務を総理する」（憲73条1号）という高度の統治作用を発揮できる体制を整備
することが必要であるとの認識に基づき，内閣機能の強化が図られた。第1に，「内
閣の重要政策に関する基本的な方針」その他の案件について，内閣総理大臣の発議権
が明確になった（内閣4条2項）。第2に，政策上の総合調整機能の要請から，内閣官
房の整備充実を図り，また，内閣府の創設により内閣および内閣総理大臣の補佐・支
援体制が強化された。21世紀に入り，自民党あるいは民主党政権下での「決められ
ない政治」への批判が高まるなか，内閣の「政治主導」がどこまで実現できるかは今
後の課題として残されている。

確　認　問　題 ………………………………………………………………

(1)　内閣および内閣総理大臣について，次の説明のうち正しいものを1つ選びなさ
　い。

　　①　内閣総理大臣は，衆議院議員のなかから国会の議決により指名される。

　　②　国務大臣は内閣総理大臣が任命するが，すべての国務大臣は国会議員のな
　　　かから選ばれなければならず，また，すべて文民でなければならない。

　　③　内閣は予算を作成して国会に提出する権能をもつが，国会での審議の際，
　　　予算は先に参議院に提出しなければならない。

　　④　内閣は政令を制定することができるが，政令に罰則を設けるためには法律
　　　の委任を必要とする。

(2) 内閣総理大臣について，次の説明のうち誤っているものを1つ選びなさい。

① 明治憲法下では，内閣総理大臣は「同輩中の首席」とよばれたが，日本国憲法では，内閣総理大臣は内閣の首長としての地位にある。

② 日本国憲法では，内閣総理大臣は行政権の主体であり，行政権の行使について国会に対して責任を負う。

③ 内閣総理大臣は，国務大臣の任命権のみならず，国務大臣を任意に罷免する権限をもつ。

④ 内閣総理大臣は，内閣法上，閣議を主宰する権限をもつ。

第17講　裁　判　所

ポイント

① 司法権の概念は，法令および判例によれば，どのように定義することができるか。

② 司法権の独立を保障するために，憲法は，どのような仕組みを設けているか。

③ 違憲審査制とは何か。その運用には，どのような特徴があるか。

④ 法律上の争訟が存在するにもかかわらず，司法権が行使されないのは，どのような場合か。

⑤ 裁判所がある法令を違憲であるとの判断をすることは，どのような効力をもつか。

1　司法権の意味

憲法76条1項は，すべて司法権は裁判所に属する旨を明らかにしている。裁判所の権限について裁判所法3条は，「一切の法律上の争訟を裁判し，その他法律において特に定める権限」であると規定しており，判例は，この規定のうち，一切の法律上の争訟を裁判することが，「裁判所がその固有の権限に基づいて審判することのできる対象」であるとしている（［重要判例17‐1］「板まんだら事件」最三判昭56・4・7民集35・3・443参照）。こうした理解からは，結局，司法権とは一切の法律上の争訟を裁判する権限であり，さらに裁判所には，後に述べるように，法律が定めたそのほかの権限があるということになる。

裁判所の権限を確定するにあたっては，したがって，まず「法律上の争訟」がなにかということが問題となるが，上記の判例はこれを，①当事者間の具体的な権利義務ないし法律関係の存否に関する紛争であり，かつ，②法令の適用により終局的に解決することができるものという，2つの要素からなるもので

あることを明らかにしている。

I　具体的な紛争

　法律上の争訟は，理論上の問題に関する争いではなく，実際に存在する紛争であることが必要である。さらに，その紛争の対象は，具体的なもの，つまりその帰趨により，実際に当事者の権利義務等に変動が生ずるものでなくてはならない。

　後者の論点をめぐっては，たとえば判例において「予算議決は，単にそれだけでは村住民の具体的な権利義務に直接関係なく，村長において，右議決に基き，課税その他の行政処分を行うに至つてはじめて，これに直接関係を生ずる」という理由から，「予算議決があつたというだけでは，……具体的な権利義務に関する争訟があるとはいえず，従つて裁判所法3条の『法律上の争訟』に当るということはできない」という判断が示されている（最一判昭29・2・11民集8・2・419）。

　このようにある紛争が法律上の争訟ではないと判断された場合，その訴えは，原則として不適法なものとして却下される。ただし，法律上の争訟に当たらない紛争であっても，法律においてとくに定めることにより，裁判所の権限の対象とされている場合がある。すなわち，行政事件訴訟法は，「国又は公共団体の機関の法規に適合しない行為の是正を求める訴訟で，選挙人たる資格その他自己の法律上の利益にかかわらない資格で提起する」訴訟である民衆訴訟について規定しているが（行訴5条），この訴訟は，「法律に定める場合において，法律に定める者に限り，提起することができる」（行訴42条）とされている。これは，民衆訴訟が法律上の利益にかかわらないものであるゆえに法律上の争訟ではなく，「その他法律において特に定める権限」（裁3条）として裁判所に認められたものであることを前提としたものである。

　実際に法律に定められている民衆訴訟の例としては，選挙の効力に関し異議がある有権者が，選挙管理委員会を被告として提起する選挙訴訟（公職選挙法15章）がある。これは，上記の民衆訴訟の定義が示すように，選挙人の「自己の

法律上の利益」にかかわらない資格で提起するものであって，選挙の適正の確
保をその趣旨としている。また，普通地方公共団体（都道府県，市町村等）の
違法な公金の支出や賦課・徴収を怠る事実などについて，住民が是正すること
などを求める住民訴訟（地自242条の2参照）も民衆訴訟の例である。これは，公
金の支出等は，必ずしも住民の権利義務等に直接の影響を及ぼすものではない
ものの，財務上の行為の適正を確保するために法律上認められたものである。

Ⅱ　法令の適用により解決することができる紛争

　ある紛争の対象が具体的なものであったとしても，法令の適用により終局的
に解決することができない場合には，その紛争は，法律上の争訟ということが
できず，裁判所の権限の対象とはならない。これは，裁判所が法を適用して紛
争を解決する機関であることから導かれる本質的な限界であり，法律をもって
しても，その例外を設けることはできないと考えられる。

　こうした紛争の代表的な例としては，宗教上の教義に関する判断が必要とさ
れるものをあげることができる。すなわち，特定宗派の本尊を安置するための
正本堂建立費用に充てることを目的とした寄附をした者が，本尊が偽物である
こと等を理由として寄附金の返還を請求した「板まんだら事件」において最高
裁は，紛争の解決には，信仰の対象についての宗教上の価値，および「戒壇
（戒律を授ける儀式を行うために設けた特定の壇）の完結」，「広宣流布（宗教の教
えを広めること）の達成」等の宗教上の教義に関する判断が必要であり，いず
れもことがらの性質上，法令を適用することによっては解決することのできな
い問題であるとしている。その結果，本件訴訟は，その実質において法令の適
用による終局的な解決の不可能なものであって，法律上の争訟に当たらないと
判示されている（［重要判例17-1］「板まんだら事件」最三判昭56・4・7民集35・
3・443参照）。

重要判例 17-1

板まんだら事件（最三判昭56・4・7民集35・3・443）

事実の概要

　宗教法人Ａの会員であるＸらは，戒壇の本尊である「板まんだら」を安置する正本堂の建立のために寄付をした。その後，Ｘらは「板まんだら」が偽物であることが判明したなどとして，Ａに対し，錯誤による贈与の無効を原因とする不当利得返還請求訴訟を提起した。

判旨

　最高裁は，「法律上の争訟」の意義を示したうえで，次の点を指摘し，本件訴訟が法律上の争訟にあたらないという判断を示している。〔Ｘらが〕主張する錯誤の内容は，①「板まんだら」は，本尊ではないことが本件寄付の後に判明した，②〔Ａは，〕募金時には，正本堂完成時が広宣流布の達成にあたると称していたが，正本堂が完成すると，広宣流布はまだ達成されていないと言明した。要素の錯誤があつたか否かについての判断に際しては，①信仰の対象についての宗教上の価値に関する判断が，また，②「広宣流布の達成」等宗教上の教義に関する判断が，それぞれ必要であり，いずれもことがらの性質上，法令を適用することによっては解決することのできない問題である。「結局本件訴訟は，その実質において法令の適用による終局的な解決の不可能なものであつて，裁判所法３条にいう法律上の争訟にあたらないものといわなければならない」。

2　司法権の独立

　裁判は，利益の対立する当事者間の紛争を裁定する作用であり，その公正を確保するためには，当事者から独立した立場にある裁判官によって行われる必要がある。さらに裁判官は，およそ他者からの指示・命令・干渉を一切受けることなく裁判を行わなければならないとするのが，憲法の要求するところである。また，裁判のなかには国家の利益と大きくかかわりを有するものがあるため，裁判所の組織全体すなわち司法部が他の国家機関からの影響を受けるおそれがある。

　これらの事情から憲法は，裁判官の独立を規定するとともに，それを担保するために裁判官の身分保障を規定するほか，最高裁判所を頂点とする司法部に一定の自律権を認めることにより，中立公正な裁判の実現を図っている。これ

第17講　裁判所

らのしくみは，一般にまとめて「司法権の独立」とよばれるが，以下では，裁判官の職権行使に検討を加え，司法部の自律権については5節で改めて概観する。

I　「良心」に従い独立した職権行使

憲法76条3項は，裁判官が，その良心に従い独立してその職権を行い，憲法および法律にのみ拘束されることを規定している。この規定については，良心に従うこと，および，独立して職権を行うことの意味が問題となる。

良心については，個人的なそれと職業上のそれを区別し，裁判官が従うことを求められているのは後者にいう「良心」の意味であると捉える見解が有力である。この見解は，良心はそれ自体としてはいかなる意味でも法源そのものとはなりえない，という考え方に基づくものである。それでは，職業上の良心に従うとはいかなることを意味するのかという点は，必ずしも明確に示されているわけではない。この点，判例では，裁判官が有形無形の外部の圧迫ないし誘惑に屈しないで自己内心の良識と道徳感に従うという意味であるとしているものがあるが（最大判昭23・11・17刑集2・12・1565等），この説明では，良心に従うとは，結局，独立して職権を行うことと同義であると捉えているとみることもできよう。

職権行使の独立は，上記のように，およそ他者からの指示・命令・干渉を受けないことを意味する。裁判所法は，各裁判所に職員に対する司法行政の監督権を認めている（裁80条）が，この監督権は，裁判官等の任免・配置・監督，庁舎の管理，会計経理等に関するものであり，「裁判官の裁判権に影響を及ぼし，又はこれを制限することはない」（裁81条）ことが明らかにされている。実際に，職権行使の独立とのかかわりから問題とされた有名な事例としては，自衛隊の合憲性が争点の1つとされた「長沼訴訟」において，第1審を担当した札幌地裁の福島重雄裁判長に対して，同地裁の平賀健太所長が統治行為論を求める内容を含む書簡を出した「平賀書簡問題」がある。この問題の重大さに鑑みて，最高裁は平賀所長を注意処分としている。なお，札幌地方裁判所は，「自衛隊は憲法第9条が禁ずる陸海空軍に該当し違憲である」という判決を下しているが

（札幌地判昭48・9・7判時712・24），上級審では，本件訴えを原告適格を欠く不適
法なものであるとして却下すべきとの理由から，自衛隊の合憲性には判断を加
えていない（最一判昭57・9・9民集36・9・1679）。

II　身 分 保 障

　憲法78条は，裁判官が意に反して罷免される場合を，①裁判により，心身の
故障のために職務を執ることができないと決定された場合，②公の弾劾による
場合に限定することにより，裁判官の身分保障を図っている。

　①の罷免について規定した裁判官分限法によれば，裁判官は，「回復の困難
な心身の故障のために職務を執ることができないと裁判された場合及び本人が
免官を願い出た場合」に罷免することができるとされる（裁分限1条）。前者の場
合における罷免の裁判は，地方裁判所，家庭裁判所および簡易裁判所の裁判官
については，その区域を管轄する高等裁判所が行い（裁分限3条1項），最高裁判
所および高等裁判所の裁判官については，最高裁判所が行う（裁分限3条2項）。

　②の公の弾劾は，裁判官弾劾法に基づいて行われる。これを担当する弾劾裁
判所は，国会が設置するものとされており，衆議院および参議院において議員
の中から選出された各7名の裁判員から構成される（国会125条1項，裁弾16条1
項）。弾劾裁判は，訴追委員会（衆参両院において議員の中から選出された各10名
の委員から構成）による訴追を受けて行われる。弾劾による罷免は，①職務上
の義務に著しく違反し，または職務を甚だしく怠ったとき，②その他職務の内
外を問わず，裁判官としての威信を著しく失うべき非行があったときに限定さ
れている（裁弾2条）。罷免の裁判をするには，審理に関与した裁判員の3分の
2以上の多数の意見が必要である（裁弾31条2項）。

Topic 17 – 1

弾劾裁判の事例

　弾劾裁判所では，これまで罷免訴追事件9件を判断している。その事件の1つを
紹介すると，地方裁判所判事補兼簡易裁判所判事であったKは，検事総長の名をか
たり内閣総理大臣に電話をかけ，前内閣総理大臣の関係する汚職事件に関して虚偽の

第17講　裁判所

捜査状況を報告したうえ，前内閣総理大臣らの起訴・逮捕の取扱いについて裁断を仰ぎたいと告げ，種々の問答を行い，これを録音して新聞記者に聞かせた。弾劾裁判所は，Ｋ判事（補）の行為は，政治的策動にかかわったもので，たんに道徳的に非難されるべきものにとどまらず，あまりにも深く政治の問題に関与したというべきで，国民の信頼に背き，はなはだしく裁判官としての威信を失墜させたものであり，弾劾法２条２号に該当すると判断し，Ｋ判事（補）を罷免する宣告を行った。

（「裁判官弾劾裁判所公式サイト」参照：http://www.dangai.go.jp/index.html）

3　裁判所の組織

I　司法権の帰属

　憲法76条１項は，憲法41条・65条の規定とともに権力分立の原則を明らかにしたものであるが，同条２項には，裁判所の組織構成について一定の要求が規定されている。

　第１は，特別裁判所の設置を禁止するものであるが（憲76条２項前段），これは，司法権が最高裁判所および下級裁判所にのみ属することから導かれる。下級裁判所は，１つの事件において最高裁判所が行う裁判の下級審を担当し，また，最高裁判所の制定する裁判所規則に服する裁判所である。特別裁判所の設置の禁止は，明治憲法下の軍事裁判所や軍法会議のように，通常の裁判所の系列から独立した裁判所に司法権が属することを認めないという意味をもつ。

　第２に，行政機関は，終審として裁判を行うことができない（憲76条２項後段）。本規定は，まず，明治憲法下に存在した行政組織を構成する行政裁判所を禁止する意味をもつ。さらに，「終審として裁判を行ふことができない」という文言は，行政機関が争訟の裁断を行うことがまったく禁止されているわけではないと解釈することができる。今日実際に行われている行政不服審査や行政審判における裁判（例：国税不服審判所による審査請求の審理）は終審のものではないため，その結果である「裁決」や「決定」に不服の場合，国民は裁判所に訴えを提起することができる（憲32条参照）。こうした制度は，憲法76条１項の趣旨に反するものではないと考えられている。

281

Ⅱ 裁判所の構成・運営・管轄

　最高裁判所は，その長たる裁判官（最高裁長官）および14名の裁判官（最高裁判事）から構成される（憲79条1項，裁5条）。最高裁長官は内閣の指名に基づいて天皇によって任命され（憲6条2項），最高裁判事は内閣によって任命される。

　最高裁判所は，大法廷または小法廷で審理および裁判をする（裁9条）。大法廷は，裁判官全員による合議体であり，小法廷は，裁判所法9条2項の定める員数（3名以上）と定められているが，最高裁判所の規則により，昭和22（1947）年の発足時から現在まで5名の裁判官で構成されている。大法廷で裁判を行わなければならない場合としては，①当事者の主張に基づいて，法律，命令，規則または処分が合憲か否かを判断するとき（意見が前に大法廷でした，その法律，命令，規則または処分が合憲であるとの裁判と同じであるときを除く），②①の場合を除いて，法律，命令，規則または処分が違憲と認めるとき，③意見が前に最高裁判所のした裁判に反するときがある（裁10条）。なお，最高裁裁判官の任命は，その後初めての総選挙および，その後10年を経過した後初めての総選挙の際，国民審査に付される（憲79条2項）。

　下級裁判所として，裁判所法によって，高等裁判所（高裁），地方裁判所（地裁），家庭裁判所（家裁），簡易裁判所（簡裁）が設けられており，それぞれの裁判所が事件の種類に応じて異なる審級を担当している。

　わが国では原則として，1つの事件につき，裁判の当事者が希望する場合には，控訴，上告をすることにより3回まで審理を受けることができる（三審制）。原則として，第1審が地裁，第2審（控訴審）が高裁，第3審（上告審）が最高裁によって担当される（もっとも，上告の理由はかなり限定されている。刑訴405条，民訴312条参照）。ただし，①家事事件手続法で定める家庭に関する事件，少年法で定める少年の保護事件等においては，第1審が家裁，第2審が高裁，第3審が最高裁，②訴訟の目的の価額が140万円を超えない請求（行政事件訴訟に係る請求を除く）については，第1審が簡裁，第2審が地裁，第3審が高裁，③罰金以下の刑に当たる罪，選択刑として罰金が定められている罪等

第17講　裁　判　所

の比較的軽微な犯罪については，第１審が簡裁，第２審が高裁，第３審が最高裁，④内乱罪については，第１審が高裁，第２審が最高裁の管轄となる。

Ⅲ　裁 判 員 制 度

裁判員制度とは，国民のなかから無作為に選ばれた裁判員が，殺人，傷害致死などの重大事件の刑事裁判の第１審において裁判官とともに裁判をする制度である。平成16（2004）年に制定された（平成21年施行）「裁判員の参加する刑事裁判に関する法律（裁判員法）」は，「国民の中から選任された裁判員が裁判官と共に刑事訴訟手続に関与することが司法に対する国民の理解の増進とその信頼の向上に資する」（裁判員１条）という導入の趣旨を明らかにしている。裁判員制度については，すでに導入以前から，その合憲性をめぐって議論があったが，裁判員裁判の上告審である最高裁判決では，それまでの議論における主要な論点について最高裁が見解を示し，裁判員制度が合憲であるという結論を導いている（［重要判例17‐2］「裁判員制度の合憲性」最大判平23・11・16刑集65・8・1285参照）。

重要判例 17‐2

裁判員制度の合憲性（最大判平23・11・16刑集65・8・1285）

（事実の概要）

　覚せい剤取締法違反，関税法違反を理由に第１審において裁判員裁判で有罪となった者が，裁判員制度について，①裁判官以外の者が構成員となった裁判体は憲法にいう「裁判所」には当たらないから，裁判所において裁判を受ける権利を保障した憲法32条，刑事事件において公平な裁判所による迅速な公開裁判を保障した憲法37条１項，適正な司法手続を保障した憲法31条に違反する，②裁判官は，裁判員の判断に影響，拘束されることになり，裁判官の職権行使の独立を保障した憲法76条３項に違反する，③裁判員が参加する裁判体は，憲法76条２項により設置が禁止されている特別裁判所に該当する，④意に反する苦役に服させることを禁じた憲法18条後段に違反する，という主張をした。

（判旨）

　最高裁は，おおむね次のような指摘をして，裁判員制度を合憲とした。①裁判員制度では，公平な「裁判所」における法と証拠に基づく適正な裁判が行われることは制度的に十分保障されているうえ，裁判官は刑事裁判の基本的な担い手とされているものと認

283

められ，憲法が定める刑事裁判の諸原則を確保するうえでの支障はない。②裁判員制度の下においても，法令の解釈に係る判断や訴訟手続に関する判断を裁判官の権限にするなど，裁判官を裁判の基本的な担い手として，法に基づく公正中立な裁判の実現が図られている。③裁判員制度による裁判体は地方裁判所に属し，その判決に対しては高等裁判所および最高裁判所への上訴が認められているため，特別裁判所に当たらない。④裁判員の職務等は，司法権の行使に対する国民の参加という点で参政権と同様の権限を国民に付与するものであり，これを「苦役」ということは必ずしも適切ではなく，また，裁判員法は，辞退に関し柔軟な制度を設けているのに加えて，旅費，日当等の支給により負担を軽減するための経済的措置が講じられている。

Topic 17 - 2

司法制度改革の概要

　司法制度改革とは，平成13（2001）年6月の「司法制度改革審議会意見」の趣旨にのっとって行われた司法制度の改革と基盤の整備を指す。同意見では，司法部門が政治部門とならんで，「公共性の空間」を支える柱とならなければならないという認識のもと，①「国民の期待に応える司法制度」とするため，司法制度をより利用しやすく，わかりやすく，頼りがいのあるものとする，②「司法制度を支える法曹の在り方」を改革し，質量ともに豊かなプロフェッションとしての法曹を確保する，③「国民的基盤の確立」のために，国民が訴訟手続に参加する制度の導入等により司法に対する国民の信頼を高める，という3つの柱が示されている。

　この趣旨に則り，平成13（2001）年11月に司法制度改革推進法が成立し，①民事司法制度の改革，刑事司法制度の改革，②法曹人口の拡大，法曹養成制度の改革，③国民の司法参加などを実現するための制度改革が行われた。その例としては，①知財高裁の設置，裁判外の紛争解決手段（ADR）の拡充・活性化，②法科大学院の設置，③裁判員制度の導入などがある。

Topic 17 - 3

裁判員制度の現状と問題点

　裁判員は，裁判所を構成する裁判官ではないが，裁判官とともに刑事訴訟において法廷で行われる手続である「公判」に立ち会い，判決まで関与する。公判では，裁判員は，証拠書類を取り調べるほか，証人や被告人に対する質問を行い，証拠調べが終了した後，事実を認定し，被告人が有罪か無罪か，有罪の場合の量刑を裁判官ととも

第17講 裁 判 所

に評議し，評決する。評議において意見が一致しなかったとき，評決は，多数決により行われる（ただし，裁判官，裁判員のそれぞれ１名以上の賛成が必要）。有罪か無罪か，あるいは刑の量定に関する裁判員の意見は裁判官と同じ重みをもつ。評決内容が決まると，法廷で裁判長が判決を宣告し，これにより裁判員としての役割は終了する。

　裁判員制度では，裁判官ではない一般市民が裁判に参加するゆえの問題も発生している。最近の例としては，裁判員として殺害現場のカラー写真を見たことが原因で，急性ストレス障害になったとして，国に損害賠償を求める訴訟が提起されている。原告側は，裁判員を務めることが「意に反する苦役」に当たるほか，職業選択の自由や個人の尊重などの理念にも違反すると主張したが，福島地裁は，平成26年９月30日の判決で，裁判員法を制定した国会議員の立法行為及び上記の最高裁判決を言い渡した最高裁裁判官の行為に国家賠償法１条１項にいう違法があるとはいえないとして，訴えを棄却している（判例集未登載）。

　（「裁判員制度の紹介」参照（http://www.saibanin.courts.go.jp/introduction/）。

4 最高裁判所の権能

I 規 則 制 定 権

　憲法77条１項は，最高裁判所に，①訴訟に関する手続，②弁護士に関する事項，③裁判所の内部規律に関する事項，④司法事務処理に関する事項についての規則制定権を認めている。その例としては，「最高裁判所裁判事務処理規則」や「下級裁判所事務処理規則」などがあるが，これらの成文の規則に限らず，司法部の独立から導かれる裁判所の自律権に基づく，裁判所の運営に関する不文のルールもこれに含まれていると考えられている。

　上記の①〜④の事項のうち，たとえば，①訴訟に関する手続については，民事訴訟法や刑事訴訟法といった法律にも規定が置かれており，法律による規律の範囲，規則との優劣関係という問題が生じている。この問題については，さまざまな理論構成が考えられる。有力な見解は，上記の司法部の独立から導かれる裁判所の自律権という観点から，もっぱら裁判所の組織・運営などの内部事項に関する事項（③および④）については，規則により定めるべきであり，かりに，法律でこれと異なる定めを置いたとしても規則が優越し，また，裁判所の外部にもかかわる事項（①および②）については法律で定めることも可能

285

であり，その定めは規則に優越するという考え方をとっている。

II　人事行政権

憲法80条は，下級裁判所の裁判官は，最高裁の指名した者の名簿から内閣が任命する旨を定めている。このほかにも最高裁は，すでに見たとおり，裁判官その他の職員の人事権や監督権などの司法行政権を有している（裁80条）が，この監督権については，「裁判官の裁判権に影響を及ぼし，又はこれを制限することはない」として，裁判官の職権行使の独立に影響を与えるものではないことが明示されている（裁81条）。

5　違憲審査制

I　違憲審査制の意義と2つの類型

憲法81条は，最高裁判所が「一切の法律，命令，規則又は処分が憲法に適合するかしないかを決定する権限を有する終審裁判所である」と規定している。この権限は，裁判において適用する法令等が憲法に適合するかを判断するものであり，違憲審査権（または，合憲審査権）とよばれている。裁判所に違憲審査権が属することは，立憲主義初期の憲法では明文で認められていたわけではなかったが，アメリカ合衆国連邦最高裁判所によって，法を適用して事件を裁く司法作用に付随して行使される権限として判例上認められたことはよく知られている（1803年マーベリー対マジソン事件判決）。

今日では，多くの国の憲法において違憲審査権が規定されているが，その制度のあり方には様々なものがある。これを分類する重要なポイントの1つに，いかなる裁判所が違憲審査権をもつか，という点がある。これには大きく分けて，通常の裁判を行う裁判所（司法裁判所）自身である場合と，これとは別に設けられた専門の裁判所（憲法裁判所）である場合があり，どちらの裁判所が違憲審査権をもつかによって，制度のあり方には大きな違いが見られる。

アメリカ合衆国に起源をもつ司法裁判所による違憲審査制の特徴は，裁判所

が「個別の事件にルールを適用」する際に限り，違憲審査が行われるという点にある。つまり，それは，司法作用に付随して行使される権限にほかならない。こうした違憲審査制は，わが国では，「付随的（または，個別的あるいは具体的）違憲審査制」とよばれる。

これに対して，たとえばドイツ連邦共和国基本法では，個別具体的な基本権の侵害に対して国民が「憲法異議」を提起できるのに加えて（93条1項4a号），連邦政府，州政府または4分の1の連邦議会議員が，ある法律の合憲性について，たんに「意見の相違または疑義」をもっただけで訴えを提起することができる（93条1項2号）。後者の「抽象的違憲審査」は，違憲審査権の行使にあたって「個別の事件」の存在を前提とする司法裁判所による違憲審査制においては認められないものであり，憲法裁判所による違憲審査の特徴となっている。

II 制度的枠組み

憲法81条の規定からは，最高裁判所が違憲審査権をもつという以外のことは，十分に明らかではなく，違憲審査の運用は，その大部分が裁判所による法解釈に委ねられている。以下では，まず，違憲審査制の制度的枠組みである憲法81条について検討を加えた後，裁判所による運用について概観する。

1 司法裁判所による違憲審査制

違憲審査権の類型という観点から，憲法81条は，上に見た付随的違憲審査制と抽象的違憲審査制のどちらを採用したものか，と問われることがある。最高裁判所および下級裁判所を司法権の主体としている日本国憲法において，司法裁判所による具体的違憲審査制が採用されていること自体は疑いなく，この問題は，正確には，これに加えて憲法裁判所がもつような抽象的違憲審査権を裁判所の権限とすることができるかということになる。

日本国憲法の草案を審議した第90回帝国議会において，憲法81条の規定は，アメリカの司法審査制に倣ったものである旨の政府の説明があることから，その制定の際に抽象的違憲審査権は念頭に置かれていなかったことは確かであろう。最高裁判所も，裁判所が「具体的事件を離れて抽象的に法律命令等の合憲

牲を判断する権限を有するとの見解には，憲法上及び法令上何等の根拠も存しない」という立場を明らかにしている（［重要判例17‐3］「警察予備隊違憲訴訟」最大判昭27・10・8民集6・9・783参照）。

もっとも憲法81条の文言自体からは，抽象的違憲審査制を導入することも許されないわけではないように思われ，実際に，法令によってこれを可能とする有力な学説も唱えられている。しかし，今日の実定法制度は，原則として付随的違憲審査制のみを採用していると考えられ，その運用もそれを前提として行われている。

重要判例 17‐3

警察予備隊違憲訴訟（最大判昭27・10・8民集6・9・783）

（事実の概要）

　昭和25年8月に警察予備隊が設置されたことを契機として，日本社会党を代表して鈴木茂三郎が，昭和26年4月1日以降になした警察予備隊にかかる一切の行為の無効確認を求めて最高裁判所に訴えを提起した。

（判旨）

　最高裁判所は，次のように述べて訴えを却下した。「裁判所が現行の制度上与えられているのは司法権を行う権限であり，そして司法権が発動するためには具体的な争訟事件が提起されることを必要とする。我が裁判所は具体的な争訟事件が提起されないのに将来を予想して憲法及びその他の法律命令等の解釈に対し存在する疑義論争に関し抽象的な判断を下すごとき権限を行い得るものではない。けだし最高裁判所は法律命令等に関し違憲審査権を有するが，この権限は司法権の範囲内において行使されるものであり，この点においては最高裁判所と下級裁判所との間に異るところはない」。

2　違憲審査の主体

　憲法81条は，最高裁判所が違憲審査権を有する終審裁判所であるとしているが，下級裁判所については権限の有無を明示していない。しかし，違憲審査権を司法権に付随する権限であるとするならば，下級裁判所も当然にこれをもつということになろう。そして最高裁判所は，違憲判断がなされる事件の終審としての役割を果たすことになる。実際に，わが国の実定法制度もこの考えに立っており，たとえば刑事訴訟法405条は，高等裁判所の判決に対して，「憲法の

違反があること又は憲法の解釈に誤があること」を理由として最高裁判所に上告の申立てをすることができると規定しており，上記の趣旨を具体化したものとなっている。

3　違憲審査の対象

憲法81条は，違憲審査の対象を「一切の法律，命令，規則又は処分」としている。これは，国家作用のすべての形式をあげたものと一般に解釈されている。すなわち，後に見る「司法権の限界」に該当する事例を除いては，原則としてあらゆる国家作用（これには地方公共団体の行うものも含まれる）が違憲審査の対象となる。

もっとも，そこで意図されているのは国家に特有の作用，つまり法規範の定立（法律，命令，規則）および，その執行（処分）のことであり，私人の行為と同種の「私法行為」はこれに含まれない（たとえば，契約の締結）。最高裁も，「国の行為であっても，私人と対等の立場で行う国の行為」について，憲法98条1項の「国務に関するその他の行為」に該当しないと解し，「私人間の利害関係の公平な調整を目的とする私法の適用を受けるにすぎない」という判断を示している（「百里基地訴訟」最三判平元・6・20民集43・6・385）。

違憲審査の対象については，憲法81条において列挙されていない条約が，これに含まれるか，すなわち裁判所は，条約が憲法に適合するか否かを審査することができるかという問題がある。これについては，審査できないとする考え方（条約優位説）とできるとする考え方（憲法優位説）があるとされるが，条約優位説は，もっぱら高度な政治的意義をもつ条約を念頭に置いた見解であり，それを例外なく主張するものではないようにみえる。条約が国内法の制定を通じて実施されるというわが国での通常のケースを考えると，この国内法は当然に違憲審査権の対象となると考えられるため，両者の相違にはあまり実益がないといえよう。

最高裁は，旧日米安全保障条約に基づくアメリカ合衆国軍隊の駐留に関する憲法判断について，「その判断には，右駐留が本件日米安全保障条約に基くものである関係上，結局右条約の内容が憲法の前記条章に反するかどうかの判断

が前提とならざるを得ない」としており，憲法優位説の立場に立っている（「砂川事件」最大判昭34・12・16刑集13・13・3225）。もっとも，同判決は，「一見極めて明白に違憲無効であると認められない限りは，裁判所の司法審査権の範囲外」であるとして，いわゆる「統治行為論」という別個の観点から，憲法判断の範囲に大きな限定を加えていることにも注意が必要である（Ⅳ1参照）。

Ⅲ　違憲審査制の運用

1　訴えの提起をめぐる問題

(1)　「ムートネス」の法理とその例外　　すでに見たように裁判所法3条は，「一切の法律上の争訟」を裁判することを裁判所の原則的な権限としており，最高裁判所の見解によれば，それは当事者間の具体的な権利義務ないし法律関係の存否に関する紛争であること，つまり「争訟性」を要素としている。もっとも，いったん適法に訴えが提起されたとしても，その事件が，その後の事情で争訟性を失う場合がある。アメリカでは，このような場合は「ムートネス」とよばれるが，これについては判例上，裁判の対象となる争訟は裁判が終了するまで存在していなければならず，存在しなくなったときには，司法権を行使すべきではないとする法理が形成されている。この場合には，司法権に付随する違憲審査も行われなくなるわけであるが，この法理には，一定の例外も認められている。

わが国では，最高裁が，メーデーのための皇居外苑使用不許可処分の取消しを求める訴えは，メーデーの期日の経過により判決を求める法律上の利益を喪失するとしたが，「なお，念のため」として，本件不許可処分が憲法21条および28条違反であるということはできない旨の意見を付加していることが注目される（「皇居前広場事件」最大判昭28・12・23民集7・13・1561）。アメリカにおいても，こうした「繰り返され得るが，司法審査を免れている事件」については，憲法判断がなされている。以上のような憲法判断は，付随的違憲審査制の例外をなすものであるが，実質的な権利保護の必要性から行われているものと考えられる。

(2) 部分社会の法理　　最高裁によれば，「一切の法律上の争訟とはあらゆる法律上の係争という意味ではな」く，「事柄の特質上司法裁判権の対象の外におくを相当とする」法律上の係争もある（「山北村議会請求事件」最大判昭35・10・19民集14・12・2633）という。それは，「一般市民社会の中にあつてこれとは別個に自律的な法規範を有する特殊な部分社会における法律上の係争」であつて，「それが一般市民法秩序と直接の関係を有しない内部的な問題にとどまる限り，その自主的，自律的な解決に委ねるのを適当とし，裁判所の司法審査の対象にはならない」とされる（［重要判例17‐4］「富山大学事件」参照）。これが，一般に「部分社会の法理」とよばれるものである。判例においてこの法理が適用された「部分社会」としては，地方議会，大学，宗教団体，弁護士会，政党などがあげられる。たとえば，最高裁は，大学における単位授与の違法性が争われた「富山大学事件」において，「単位授与（認定）行為は……純然たる大学内部の問題として大学の自主的，自律的な判断に委ねられるべきものであつて，裁判所の司法審査の対象にはならない」としている。

　ただし，これらの「部分社会における法律上の係争」であっても，それが，議員の除名処分（最大判昭35・3・9民集14・3・355）や大学による専攻科修了の認定（［重要判例17‐4］「富山大学事件」最三判昭52・3・15民集31・2・234，31・2・280参照）をめぐるものである場合には，一般市民法秩序と直接の関係があるとして，司法審査の対象となるとされている。

　部分社会の法理は，多種多様な団体の内部にとどまる紛争を一括して司法審査の対象から除外するという特徴をもつ。もっとも，判例は，その後，紛争の種類に応じて，政党の自律や大学の自治といった個別的な憲法上の根拠を示すようになっている（参照，最三判昭63・12・20判時1307・113，最二判平元・9・8民集43・8・889）。こうした展開は，判例法理を立憲主義の枠内に収めようとするものと評価することができるが，団体内部における紛争を司法審査の対象から除外する点には，個人の尊重の原理や裁判を受ける権利との関係で未解決の問題が残されている。

重要判例 17 - 4

富山大学事件（最三判昭52・3・15民集31・2・234, 31・2・280）

事実の概要

国立富山大学（X）経済学部のY教授は，授業の担当を停止する措置を受けていたため，同学部は学生に対して代替の授業を履修するように指示をしていた。同学部の学生Aらはこれに従わず同教授の授業に出席し，同教授の実施した試験で合格の判定を受けたが，単位を認定されなかった。一方，同学部専攻科に入学したBは，同様の事情のもと，Y教授担当の授業に出席し，同教授の実施した試験で合格の判定を受けたが，専攻科修了の認定をされなかった。

判旨

最高裁は，①Aらの単位授与（認定）行為と②Bの専攻科修了の認定に関する問題を区別し，それぞれについて次のように判示している。

①Aらの単位授与（認定）行為：「大学は……その設置目的を達成するために必要な諸事項については，法令に格別の規定がない場合でも，学則等によりこれを規定し，実施することのできる自律的，包括的な権能を有し，一般市民社会とは異なる特殊な部分社会を形成しているのであるから，このような特殊な部分社会である大学における法律上の係争のすべてが当然に裁判所の司法審査の対象になるものではなく，一般市民法秩序と直接の関係を有しない内部的な問題は右司法審査の対象から除かれるべきものである……」。「単位授与（認定）行為は，他にそれが一般市民法秩序と直接の関係を有するものであることを肯認するに足りる特段の事情のない限り，純然たる大学内部の問題として大学の自主的，自律的な判断に委ねられるべきものであつて，裁判所の司法審査の対象にはならないものと解するのが，相当である」。

②Bの専攻科修了の認定：「学生が専攻科修了の要件を充足したにもかかわらず大学が専攻科修了の認定をしないときは，学生は専攻科を修了することができず，専攻科入学の目的を達することができないのであるから，国公立の大学において右のように大学が専攻科修了の認定をしないことは，実質的にみて，一般市民としての学生の国公立大学の利用を拒否することにほかならないものというべく，その意味において，学生が一般市民として有する公の施設を利用する権利を侵害するものであると解するのが，相当である。されば，本件専攻科修了の認定，不認定に関する争いは司法審査の対象になる……」。

2　訴えの審理をめぐる問題

(1)　憲法判断の限定　　裁判所は，司法権の行使に付随して違憲審査権を行使するが，適法な訴えが提起され，その審理のなかで国家活動の違憲性が主張

第17講　裁　判　所

されたとしても，なお裁判所はつねにこれについて判断するわけではなく，事件の解決に必要な場合に限り判断するにすぎない。また，憲法判断をする場合であっても，裁判所は，できる限り国家活動の合憲性を導く方向で審査を行い，それでも合憲性が結論づけられない場合に違憲判断を下している。違憲審査権を抑制的に行使する根拠としては，裁判所が，国会のようにメンバーが国民によって直接選挙される機関ほどの民主的基盤をもたないことや，政治問題との過度のかかわりをもつことを避けるべきことがあげられる。

　「恵庭事件」(札幌地判昭42・3・29下刑集9・3・359) において，被告人が陸上自衛隊の使用する通信線を損壊した行為について，この行為が自衛隊法121条の構成要件に当たらないと主張するとともに，同条が違憲であることを主張した。これについて札幌地裁は，当該通信線が自衛隊法121条にいう「その他の防衛の用に供する物」に該当しないため被告人は無罪であり，そうである以上，「もはや，弁護人ら指摘の憲法問題に関し，なんらの判断をおこなう必要がないのみならず，これをおこなうべきでもないのである」と判示した。

　(2)　憲法適合解釈　　違憲審査を行うにあたり，裁判所は，法律をできる限り合憲となるように解釈しなければならない，という原則が語られることがある。こうした解釈は，ドイツにおいて「憲法適合解釈」とよばれるが，それは違憲審査に特有のものではなく，法秩序の統一という要請から導かれる，すべての法適用に該当すべきものと考えられる。

　わが国で「合憲限定解釈」とよばれるものは，ある法律の規定を合憲の結論を導くように限定解釈するもので，憲法適合解釈の1つであると考えられている。その例として有名なものに「都教組事件」最高裁判決〔重要判例17－5〕最大判昭44・4・2刑集23・5・305参照) がある。この判決のなかで最高裁は，地方公務員の争議行為をあおる等した者を処罰すべき旨を規定している地方公務員法61条4号について，当該規定を文字どおり解釈すれば「違憲の疑を免れない」が，当該規定は「争議行為自体が違法性の強いものであることを前提とし，そのような違法な争議行為等のあおり行為等であつてはじめて，刑事罰をもつてのぞむ違法性を認めようとする趣旨」であると解釈し，合憲判断を下した。

293

重要判例 17-5

都教組事件（最大判昭44・4・2刑集23・5・305）

事実の概要

　東京都教職員組合の幹部であるＡらが，教育委員会の勤務評定に反対し，これを阻止する目的で，組合員らに同盟罷業（ストライキ）を行わせるため，反対集会に参加すべき旨の指令を配布・伝達するなどしてその遂行をあおったとして地方公務員法違反で告訴された事案において，同法（以下，「地公法」）37条の定める争議行為の禁止が憲法28条に違反しているか否かが争点の１つとなった。

判旨

　最高裁は，地公法37条の解釈について次のような判断を示している。「〔地公法37条１項および61条４号〕の規定が，文字どおりに，すべての地方公務員の一切の争議行為を禁止し，これらの争議行為の遂行を共謀し，そそのかし，あおる等の行為……すべて処罰する趣旨と解すべきものとすれば，それは……公務員の労働基本権を保障した憲法の趣旨に反し，必要やむをえない限度をこえて争議行為を禁止し，かつ，必要最小限度にとどめなければならないとの要請を無視し，その限度をこえて刑罰の対象としているものとして，これらの規定は，いずれも，違憲の疑を免れないであろう。

　しかし，法律の規定は，可能なかぎり，憲法の精神にそくし，これと調和しうるよう，合理的に解釈されるべきものであつて，この見地からすれば，これらの規定の表現にのみ拘泥して，直ちに違憲と断定する見解は採ることができない。すなわち，地公法は地方公務員の争議行為を一般的に禁止し，かつ，あおり行為等を一律的に処罰すべきものと定めているのであるが，これらの規定についても，その元来の狙いを洞察し労働基本権を尊重し保障している憲法の趣旨と調和しうるように解釈するときは，これらの規定の表現にかかわらず，禁止されるべき争議行為の種類や態様についても，さらにまた，処罰の対象とされるべきあおり行為等の態様や範囲についても，おのずから合理的な限界の存することが承認されるはずである」。

Ⅳ　司法権の限界

　すでに述べたように，裁判所は，法律上の争訟が存在する場合に司法権を行使し，違憲審査はこれに付随して行われるが，「法律上の争訟」が存在するにもかかわらず，司法権が行使されない場合がある。たとえば，日本国憲法の「両議院は，各々その議員の資格に関する争訟を裁判する」（憲55条），「国会は，罷免の訴追を受けた裁判官を裁判するため，両議院の議員で組織する弾劾裁判

所を設ける」（憲64条１項）という規定における「裁判」は，裁判所が行うことができないものと解釈され，その意味で「司法権の限界」の例であるとされる。しかし，このような明文の規定がない場合にも，司法権の限界が，いわば「憲法上含意的に導かれる」（佐藤幸治）事例を見ることができる。

1　統治行為（政治問題）

最高裁によれば，「直接国家統治の基本に関する高度に政治性のある国家行為のごときはたとえそれが法律上の争訟となり，これに対する有効無効の判断が法律上可能である場合であつても……裁判所の審査権の外にあり，その判断は主権者たる国民に対して政治的責任を負うところの政府，国会等の政治部門の判断に委され，最終的には国民の政治判断に委ねられているものと解すべきである」（［重要判例17-6］「苫米地事件」最大判昭35・6・8民集14・7・1206参照）。これが一般に「統治行為論」とよばれるものである。

最高裁は，同判決において，こうした司法権の制約を「三権分立の原理に由来し，当該国家行為の高度の政治性，裁判所の司法機関としての性格，裁判に必然的に随伴する手続上の制約等にかんがみ，特定の明文による規定はないけれども，司法権の憲法上の本質に内在する制約」と理解している。学説には，こうした理解のほかに，裁判所が審査をすることにより生ずる政治的混乱を回避するため自制すべき場合があるとする見解や，権利保障の必要性や司法手続の能力的限界，判決の実現可能性などを個々の行為ごとに吟味すべきとする見解もある。

重要判例 17-6

苫米地事件（最大判昭35・6・8民集14・7・1206）

（事実の概要）

衆議院議員であった苫米地義三は，昭和27年に憲法7条に基づいてなされた衆議院の解散（いわゆる『抜き打ち解散』）について，内閣が衆議院を解散できるのは憲法69条の要件を具備した場合のみであり，憲法に違反し無効であると主張して，衆議院議員たる資格の確認等を求めて提訴した。

（判旨）

最高裁は，上記の統治行為に関する説明をしたうえで，以下のように判示している。

「衆議院の解散は，衆議院議員をしてその意に反して資格を喪失せしめ，国家最高の機関たる国会の主要な一翼をなす衆議院の機能を一時的とはいえ閉止するものであり，さらにこれにつづく総選挙を通じて，新な衆議院，さらに新な内閣成立の機縁を為すものであつて，その国法上の意義は重大であるのみならず，解散は，多くは内閣がその重要な政策，ひいては自己の存続に関して国民の総意を問わんとする場合に行われるものであつてその政治上の意義もまた極めて重大である。すなわち衆議院の解散は，極めて政治性の高い国家統治の基本に関する行為であつて，かくのごとき行為について，その法律上の有効無効を審査することは司法裁判所の権限の外にありと解すべきことは既に前段説示するところによつてあきらかである」。

なお，統治行為論は，旧日米安全保障条約の合憲性が問題とされた，「砂川事件」（[重要判例17－7]最大判昭34・12・16刑集13・13・3225を参照）においても展開されている。後者において，最高裁は，同条約が「主権国としてのわが国の存立の基礎に極めて重大な関係をもつ高度の政治性を有するもの」であることを指摘し，それに対する憲法判断は，「純司法的機能をその使命とする司法裁判所の審査には，原則としてなじまない性質のもの」と述べているが，「一見極めて明白に違憲無効であると認められない限りは，裁判所の司法審査権の範囲外」にあるとして，条約に対して司法審査が行われる含みを残している。

重要判例 17-7

砂川事件（最大判昭34・12・16刑集13・13・3225）

事実の概要

東京調達局は，アメリカ合衆国空軍の使用する飛行場内民有地の測量を開始したが，この測量に反対する集団の一部の者により滑走路附近の境界柵が破壊された。この集団に参加していたＸらは同境界柵の破壊された箇所から同飛行場内に立入ったため，日米安全保障条約3条に基づく行政協定に伴う刑事特別法2条に該当するとして，起訴された。Ｘらは，日米安全保障条約が違憲無効であり，したがって行政協定に伴う刑事特別法も無効であると主張した。

判旨

最高裁は，日米安全保障条約の合憲性審査について次のような判断を示している。「アメリカ合衆国軍隊の駐留が憲法9条，98条2項および前文の趣旨に反するかどうか……の判断には，右駐留が本件日米安全保障条約に基くものである関係上，結局右条約の内容が憲法の前記条章に反するかどうかの判断が前提とな」る。「本件安全保障条約

は，……主権国としてのわが国の存立の基礎に極めて重大な関係をもつ高度の政治性を有するものというべきであつて，その内容が違憲なりや否やの法的判断は，その条約を締結した内閣およびこれを承認した国会の高度の政治的ないし自由裁量的判断と表裏をなす点がすくなくない。それ故，右違憲なりや否やの法的判断は，純司法的機能をその使命とする司法裁判所の審査には原則としてなじまない性質のものであり，従つて，一見極めて明白に違憲無効であると認められない限りは，裁判所の司法審査権の範囲外のものである」。

2　国家機関の裁量

　憲法は，国家作用の帰属や手続に関する規定をおいているが，具体的に，いかなる行為を行うか，それを行うか否かについては，各国家機関に判断の余地が認められていると考えられる。こうした判断の余地は「裁量」とよばれ，国家機関の行為がその範囲内にある限りは，裁判所はこれに審査を加えることはない。

　(1)　立法裁量　　国家機関の裁量が認められた判決としては，立法について，「小売市場事件」判決（最大判昭47・11・22刑集26・9・586）をあげることができる。本判決においては，立法事実について，その「評価と判断の機能は，まさに立法府の使命とするところであり，立法府こそがその機能を果たす適格を具えた国家機関であるというべきであるからである。したがつて……個人の経済活動に対する法的規制措置については，立法府の政策的技術的な裁量に委ねるほかはなく，裁判所は，立法府の右裁量的判断を尊重するのを建前とし，ただ，立法府がその裁量権を逸脱し，当該法的規制措置が著しく不合理であることの明白である場合に限つて，これを違憲として，その効力を否定することができる」とされている。

　こうした裁量は「立法裁量」とよばれるが，それは，立法を行うか否かという判断についても認められている。在宅投票制度を廃止しその後これを復活しなかったことに対して国家賠償請求がなされた「在宅投票制度廃止事件」（最一判昭60・11・21民集39・7・1512）において，最高裁は「憲法には在宅投票制度の設置を積極的に命ずる明文の規定が存しないばかりでなく，かえつて，その

47条は『選挙区，投票の方法その他両議院の議員の選挙に関する事項は，法律でこれを定める。』と規定しているのであつて，これが投票の方法その他選挙に関する事項の具体的決定を原則として立法府である国会の裁量的権限に任せる趣旨である」と述べている。

(2) 行政裁量　　行政における裁量に関しては，行政事件訴訟法30条が「行政庁の裁量処分については，裁量権の範囲をこえ又はその濫用があつた場合に限り，裁判所は，その処分を取り消すことができる」と規定している。したがって裁量処分であっても「裁量権」の逸脱・濫用があった場合には，裁判審査の対象となるわけであるが，それがいかなる場合であるのかについては，解釈に委ねられている。

わが国では，たとえばドイツに比べると行政の裁量権を広く認める傾向にあるといえるが，基本的人権にかかわる裁量処分については，裁判所は，裁量権の逸脱・濫用を厳密に審査している。その例としては，信仰上の理由により剣道実技の履修を拒否した学生への原級留置処分・退学処分に対し，取消訴訟が提起された事件の最高裁判決（「神戸市立高専剣道実技履修拒否事件」最二判平8・3・8民集50・3・469）がある。本判決は，「原級留置処分又は退学処分を行うかどうかの判断は，校長の合理的な教育的裁量にゆだねられるべきもの」とする一方で，「右学生は，信仰の核心部分と密接に関連する真しな理由から履修を拒否したものであり，他の体育種目の履修は拒否しておらず，他の科目では成績優秀であった上，右各処分は，同人に重大な不利益を及ぼし，これを避けるためにはその信仰上の教義に反する行動を採ることを余儀なくさせるという性質を有するものであり，同人がレポート提出等の代替措置を認めて欲しい旨申し入れていたのに対し，学校側は，代替措置が不可能というわけでもないのに，これにつき何ら検討することもなく，右申入れを一切拒否したなど判示の事情の下においては，右各処分は，社会観念上著しく妥当を欠き，裁量権の範囲を超える違法なものというべきである」と判示した。本判決は，信仰の自由という基本的人権が問題となっていることに鑑みて，裁量権の範囲を厳密に制限し，密度の高い審査を行ったものということができよう。

第17講　裁　判　所

(3)　国家機関の自律権　　国会の両議院や内閣などの国家機関には，憲法に
おいて，その組織および運営に関して自律権が認められていると考えられてお
り，こうした内部事項をめぐる争いの解決は各国家機関の判断に委ねられ，裁
判所の審査の対象とはならない。たとえば「警察法改正事件」（[重要判例17‐
8] 最大判昭37・3・7民集16・3・445を参照）においては，混乱の中で行われた
国会の会期延長の後に行われた議決が有効であるかが問題とされたが，最高裁
は，議院の自律権を尊重し，議決の有効無効を判断すべきでないとしている。

重要判例 17‐8

警察法改正事件（最大判昭37・3・7民集16・3・445）

（事実の概要）
　昭和29年，大阪府議会は，同年6月7日に参議院で可決され成立した警察法に伴う警
察費を計上した予算を可決したが，住民Xは，大阪府知事に対し，警察予算の支出禁止
を求めて住民訴訟を提起した。その理由として，支出の根拠となった警察法が，衆議院
による無効な会期延長の議決後に，参議院において議決されたものであると主張した。
（判旨）
　最高裁は，議決の有効無効の判断について次のような見解を述べている。新警察法は，
「両院において議決を経たものとされ適法な手続によつて公布されている以上，裁判所
は両院の自主性を尊重すべく同法制定の議事手続に関する所論のような事実を審理して
その有効無効を判断すべきでない」。

V　違憲判断の方法と効力

1　違憲判断の方式─法令違憲と適用違憲

　付随的違憲審査制をとるわが国においては，ある国家活動に関する憲法判断
は，判決の結論である主文において示されるのではなく，それを導く理由のな
かで述べられるにすぎない。その意味で，しばしば用いられる違憲「判決」と
いう表現は不正確であり，違憲「判断」とよぶのが適切であると指摘されてい
る（戸松秀典）。

　違憲判断は，その対象が法律の規定である場合には，いくつかの方式がみら

れることが指摘されている。その1つは，いうまでもなく「当該規定は，憲法
○条に違反する」というもので，これは「法令違憲判断」とよばれる。このほ
かに，当該規定そのものではなく，その適用についてのみ違憲判断を行うもの
がある。これが「適用違憲判断」といわれる方式であり，その例としては，国
家公務員の政治的行為を処罰の対象とする国家公務員法110条1項19号の合憲
性が問題となった「猿払事件」の第1審判決（旭川地判昭43・3・25下刑集10・
3・293）における，「本件被告人の所為に，国公法110条1項19号が適用される
限度において，同号が憲法21条および31条に違反するもので，これを被告人に
適用することができない」という，旭川地方裁判所が示した違憲判断がある。

このように当該規定そのものに違憲判断を行わない理由としては，「裁判所
による法令の合憲違憲の判断は，司法権の行使に附随して，されるものであつ
て，裁判における具体的事実に対する当該法令の適用に関して必要とされる範
囲においてすれば足りるとともに，また，その限度にとどめるのが相当であ
る」というものが考えられよう（「徳島市公安条例事件」最大判昭50・9・10刑集
29・8・489における高辻正己判事の意見）。これは，後にみる法令違憲判決の効
果に関する個別的効力説の考え方を，違憲判断の方式として取り入れたものと
いうことができよう。

2　法令違憲判断の効力

ある法律の規定に対して法令違憲判断が下された場合，それは当該規定に対
していかなる効果をもつことになるか，という問題がある。裁判所は，しばし
ば「当該規定は，違憲であり無効である」という表現を用いているが，その意
味するところは必ずしも明らかではない。

この問題については，当該規定は，①一般的に効力を失うとする一般的効力
説，②当該事件においてのみ適用されないとする個別的効力説，という対立す
る説のほかに，その効力について，③一般的効力をもつか，個別的効力をもつ
にとどまるかを法律において決定することができるという法律事項説もある。
日本国憲法においては付随的違憲審査制が採用されているという前提から，②
を妥当する見解が多いが，それによれば違憲と判断された法令が存続し続ける

第17講 裁 判 所

という，やや不自然な状況が生じることを認めなければならない。

　実務上は，最高裁は大法廷において法律を違憲としたときは，内閣および国会に裁判書正本を送付する（最高裁事務処理規則14条）。この行為自体には法的効果はなく，当該法律の規定の見直しを期待するという意味をもつにとどまるが，実際に違憲とされた法律の規定は，その多くがすみやかに削除ないし改正されている（例外として，20年以上削除されなかった刑法200条があるが，本規定は違憲判決以降，適用されなかった）。

　こうした手続および実務は，一般的効力説を前提としていないものの，実質的にそれに近い運用が行われているということができよう。もっとも，法律事項説によれば，たとえばドイツの連邦憲法裁判所法が「法律に対する憲法異議が認容されたときは，法律は無効と宣言される」（95条）と規定するように，違憲判断に法律の廃止と同じ効力をもたせることも可能ということになる。

Topic 17 – 4

法令違憲の例

　最高裁により法令違憲判断が下された法律ないしその規定としては，次のようなものがある。
① 尊属殺人重罰規定　　尊属殺人を通常の殺人罪に比べ極めて重く罰していた刑法200条が，法の下の平等を定める憲法14条1項に違反すると判断された（最大判昭48・4・4刑集27・3・265）。
② 薬事法距離制限規定　　薬局の設置について距離制限による規制を認めていた薬事法6条2項の規定が，職業選択の自由を定める憲法22条1項に違反すると判断された（最大判昭50・4・30民集29・4・572）。
③ 衆議院議員定数配分規定　　公職選挙法の定数配分規定が，1票の格差（①4.99倍，②4.4倍）を理由として，憲法14条1項に反すると判断された（①最大判昭51・4・14民集30・3・223，②最大判昭60・7・17民集39・5・1100）。
④ 森林法共有林分割制限規定　　共有林の分割制限を認めていた森林法186条の規定が，財産権を保障する憲法29条2項に違反すると判断された（最大判昭62・4・22民集41・3・408）。
⑤ 郵便法免責規定　　郵便法68条，73条の規定のうち郵便業務従事者の過失による賠償責任の免除を定めていた部分が，国の賠償責任を定める憲法17条に違反すると判断された（最大判平14・9・11民集56・7・1439）。
⑥ 在外邦人の選挙権制限　　在外邦人に国政選挙における選挙権行使の全部また

は一部を認めていなかった公職選挙法が，公務員の選定罷免権を定める憲法15条１項，３項，全国民を代表する選挙された議員で議院を組織することを定める憲法43条１項，選挙人の資格の差別を禁止する44条ただし書に違反すると判断された（最大判平17・9・14民集59・7・2087）。

⑦ 非嫡出子の国籍取得制限規定　日本人男性と外国人女性との間に生まれ，父親から生後認知を受けた非嫡出子について，父から認知を受けるだけでなく，父母の婚姻により準正が生じなければ，日本国籍を取得することができないとしていた国籍法３条１項の規定が，憲法14条１項に違反するとされた（最大判平20・6・4民集62・6・1367）。

⑧ 非嫡出子の法定相続分規定　非嫡出子の法定相続分を嫡出子の２分の１としていた民法900条４号ただし書前段が，法の下の平等を定めた憲法14条１項に違反すると判断された（最大決平25・9・4民集67・6・1320）。

⑨ 女性の再婚禁止期間規定　女性の再婚を前婚の解消または取消しの日後６ヵ月間禁止していた民法733条１項の規定が，100日を超える部分については，法の下の平等を定めた憲法14条１項，両性の本質的平等を定めた憲法24条２項に違反していると判断された（最大判平27・12・16民集69・8・2427）。

確 認 問 題 ···

(1) 裁判所法３条によれば，裁判所は，a)「一切の法律上の争訟を裁判」する権限，および，b)「その他法律において特に定める権限」をもつが，以下の争訟のうち，b) の権限に含まれるものをすべて選びなさい。

① 宗教上の教義をめぐる争い

② 村議会の予算議決をめぐる争い

③ 自治体の公金の違法な支出をめぐる争い

④ 衆議院議員選挙の無効をめぐる争い

(2) わが国の違憲審査制について，次の説明のうち正しいものを１つ選びなさい。

① 最高裁判所は，法律についてのみ，憲法に適合するか否かを判断することができる。

② 違憲審査は，最高裁判所だけが行うことができると考えられている。

③ 具体的な事件と関係のない違憲審査を行うことは，司法権に含まれないため，これを行うためには，それを認める特別の法律を必要とする。

④ 現在，具体的な事件と関係のない訴訟を認める法律として民事訴訟法が存在する。

第18講 財　政

ポイント

① 財政の基本原則である財政民主主義とは，いかなる内容をもち，憲法上どのように規定されているか。

② 租税法律主義とは，どのような原則から構成されているか。

③ 予算の法的性質については，どのような見解があるか。諸見解の相違はどこにあるか。

④ 決算には法的な効力があるか。決算が国会で不承認となった場合どうなるか。

⑤ 公金支出は，どのような理由にもとづいて制限されているか。

1　財政の基本原則

Ⅰ　財政民主主義

財政とは，国または地方公共団体が，その存立を維持し活動するために必要な財力を取得・管理・処分する作用を指す。憲法83条は，「国の財政を処理する権限は，国会の議決に基いて，これを行使しなければならない」と定める。これは，国の財政は，それが国民の負担を前提としたものであり，また国民の生活に大きな影響を与えるものであることから，国民の代表である国会の決定にもとづいて処理すべきこととしたものである。

財政を処理する権限は，以下にみるように，おもに内閣によって行使されるが，憲法83条は，それに国会の「同意」という条件を付したものとみることができる。こうした財政における同意の原理それ自体は，近代立憲主義よりもはるか以前から存在するものであり，すでに1215年のマグナ・カルタ12条において，国王による課税が一般評議会（common counsel）の決定にもとづくことと

303

されている。ここにみられる同意の原理は，民主主義をその要素とする近代憲法に組み込まれ，1789年のフランス人権宣言14条の規定に見られるような，「国民またはその代表者による同意」の原理へと発展した。こうした原理は，「財政民主主義」とよばれる。

　憲法83条は，財政民主主義の原理を明らかにしたものであると同時に，「財政」の章における総則的規定としての意味をもつ。これを受けて，租税の賦課（憲84条），国費の支出と国の債務負担（憲85条），予算の作成と議決（憲86条），予備費（憲87条），決算（憲90条），国の財政状況の報告（憲91条）などを定めて，個別の財政作用について財政民主主義の原則を具体化している。これに対して，憲法89条は，財政民主主義とは異なる「政教分離」等の観点から，公金の支出について制限を課したものである。

Topic 18 - 1

マグナ・カルタおよびフランス人権宣言の課税規定

　1215年にイングランド王国で成立したマグナ・カルタは，その12条において，「朕の王国においては，いかなる軍役代納金，いかなる御用金も，朕の王国の一般評議会によらなければ課せられることはない」という規定を置いていた。また，1789年のフランス人権宣言14条は，「すべての市民は，自らまたはその代表者によって，公の租税の必要を確認し，それを自由に承認し，その使途を追跡し，かつその負担額，基礎，取立ておよび期間を決定する権利を持つ」ことを明らかにしている。

II　租税法律主義

　憲法84条は，「あらたに租税を課し，又は現行の租税を変更するには，法律又は法律の定める条件によることを必要とする」と規定しており，この原則は「租税法律主義」とよばれている。租税法律主義は，まず，課税の要件が法律または，その委任を受けた法令において定められなければならないこと（課税要件法定主義）を当然に意味するが，これに加えて，この原則を実質化するための次の諸原則を含んでいる。①法律において定められた課税の要件は，その

内容が一義的に明確でなければならない。つまり，納税義務者，課税物件，課税標準，税率などの課税要件の具体的内容は，法律によって明確にされていなければならない（課税要件明確主義）。②課税の要件を定めた法律は，過去に遡って適用されてはならない（遡及法律の禁止）。③課税に関する事項を命令に委任することは許されるが，その委任は，「〜税については，政令でこれを定める」といった概括的なものであってはならず，個別的・具体的であることを要する（概括的委任の禁止）。

　もっとも，これらの諸原則が遵守されたとしても，法律や政令の規定には解釈の余地が残されていることが多く，その運用において不統一が生ずる可能性がある。そのため，たとえば内国税の賦課徴収を担当する国税庁は，税務署等に対して多くの「法令解釈通達」を出すことにより，税務行政の統一的な運用を図っている。もっとも，この通達は，行政組織の内部における基準にとどまり，国民一般に対して効力をもつ法規ではないことには注意が必要である。そのため，ある課税処分が適法か否かは，通達を基準にするのではなく，あくまでも当該処分の根拠となる法律の規定を基準に判断されることになる（[重要判例18－1]「パチンコ球遊器課税訴訟」最二判昭33・3・28民集12・4・624参照）。

重要判例 18－1

パチンコ球遊器課税訴訟（最二判昭33・3・28民集12・4・624）

（事実の概要）

　東京国税局長は，昭和26年3月2日，管轄下の税務署に対しパチンコ球遊器が当時の物品税の課税対象物件である旨の通達をなし，国税庁長官が同年10月1日附で全国の税務所に対しパチンコ球遊器について物品税を賦課すべき旨を通知した。しかし，それ以前は，パチンコ球遊器には物品税法第1条に「玩具及遊戯具」の記載があるにもかかわらず，相当長期間にわたって物品税が課税されていなかった。パチンコ業を営む会社Ｘは，これは通達による課税を行うもので，租税法律主義を規定した憲法84条に違反する等と主張して訴えを提起した。

（判旨）

　最高裁は，次のように判示して，本件課税処分を適法と判断した。「論旨は，通達課税による憲法違反を云為しているが，本件の課税がたまたま所論通達を機縁として行われたものであつても，通達の内容が法の正しい解釈に合致するものである以上，本件課

税処分は法の根拠に基く処分と解するに妨げがな」い。

2 予算と決算

I 予 算

1 予算の意義

国の予算とは，一定の期間（わが国では4月1日から翌年3月31日までの1年間：「会計年度」）における国の支出の目的と額およびその財源についての見積りを示したものである。予算は国政全般にかかわる精密な計算に基づくものであるため，多くの国の憲法は，その実施に当たる政府が原案すなわち予算案を作成することとしている。議会は，予算案を審議し，議決を行うことを通じて，財政に対する監督作用を担う。

なお，日本国憲法では，内閣が作成した原案だけでなく，国会の議決により成立した形式も「予算」とよんでいるが，前者は一般的に「予算案」といわれることが多い。諸外国では，後者は，国会の議決により成立したものであるため「予算法律」とよばれる例が多い（〔Topic18-2〕諸外国の予算制度参照）。

2 予算の性質

わが国では，予算が法律とは異なる形式（名称）をもつことから，その法的性質について以前から議論がある。明治憲法下の学説では，財政処理機能を行政と理解し，国会は予算によって政府の支出に事前の承認を与えるものとしていた。この学説によれば，予算は議会と政府の間でのみ拘束力をもつものにすぎず，法律と同様の一般的な法的拘束力は，財政関係の諸法律によってはじめて生じることになる（予算行政説）。しかし，今日では，学説は一般に予算それ自体に法律と同様の法的拘束力を認めており，法律とは異なった国法の一形式であるとする予算国法形式説と，法律それ自体であるとする予算法律説とが対立している。

予算国法形式説は，予算の法律との相違点として，①提出権が内閣のみにあ

ること，②衆議院に先議権が認められること，③衆議院の再議決が認められないこと，④公布規定がないこと，⑤国民一般を拘束する効力を有しないこと，⑥効力は1年間に限られ永続性をもたないこと，⑦計数のみ扱っていることなどをあげて，予算は法律とは異なる国法の一形式であると理解する。

これに対し予算法律説は，(ⅰ)予算の効力は1年に限られているが，法律にも期間が限定された限時法があること，(ⅱ)予算国法形式説によれば，予算と法律の不一致を生ずる可能性があることなどを指摘して，予算国法形式説を批判する。なお，予算法律説によれば，国会は，当然に増額修正を含む予算の修正を行えることになる。

3　予算の内容

内閣が作成する予算の内容について，憲法は，「すべて皇室の費用は，予算に計上して国会の議決を経なければならない」（憲88条2文）と規定しているのみである。これ以外については財政法が，国の収支の経理を一般会計と特別会計とに大別したうえで，基本となる一般会計予算の内容を示している。

財政法によれば，予算は，①予算総則，②歳入歳出予算，③継続費，④繰越明許費，⑤国庫債務負担行為から構成されており（財16条），それぞれの内容は以下のとおりである。

(1)　予算総則　　予算総則には，「歳入歳出予算，継続費，繰越明許費および国庫債務負担行為に関する総括的規定」が設けられ（財22条），公債の発行や借入金が生じる場合，その限度額などに関する規定が置かれる。

(2)　歳出歳入予算　　国の収入・支出のなかで一会計年度内に行われるものは，それぞれ「歳出」，「歳入」とよばれるが，それぞれに関する予算が歳出歳入予算である（財2条1項・4項）。歳出歳入予算は，質・量ともに予算の中心的な位置を占め，関係組織も多岐にわたるため，財政法は予算に詳細な区分を設けて，それぞれを国会による議決の対象としている。

(3)　継続費　　完成に数年度を必要とする事業の経費であり，その数年度（原則として5年以内）にわたる支出が1回の国会の議決によって認められるものである（財14条の2）。

(4) 繰越明許費　経費の性質上，または予算成立後の事由にもとづいて年度内にその支出を終わらない見込みのあるものにつき，翌年度に繰り越して使用することをあらかじめ認められた経費である（財14条の3）。

(5) 国庫債務負担行為　「法律に基くもの又は歳出予算の金額若しくは継続費の総額の範囲内におけるものの外，国が債務を負担する行為」（財15条）をいう。これには，特定の事項として国会の議決を経てするものと，災害復旧その他緊急の必要がある場合に，国会の議決を経た金額の範囲内で債務を負担する行為とがある。

4　予備費制度

予備費とは，予見しがたい予算の不足に充てられる経費をいう。財政法24条によれば，予備費は，一括して歳入歳出予算に計上される。こうした規定のあり方は，明治憲法下における予備費の制度に倣ったものである。

しかし，日本国憲法における予備費は，マッカーサー草案において，「予算とは別に設けられる恒常的基金」として意図されていた。これによれば，予備費は，たとえば予算が成立しない場合にも使用できることになり，後にふれる「予算の空白」の問題に対する解決策となり得るものであった。そのため，予備費の歳入歳出予算への計上を改める必要を指摘する見解もある（大石眞）。

5　予算の作成手続

予算を作成して国会に提出する権限は，憲法上，内閣のみに与えられている（憲73条5号・憲86条）。予算の基本的な編成方針は閣議において決定され，これにもとづき，衆議院，参議院，裁判所，会計検査院ならびに内閣，内閣府および各省の長は，その所掌にかかる歳入，歳出，継続費，繰越明許費および国庫債務負担行為の見積りに関する書類を作製する。

予算の見積りをもとに，財務大臣は各種予算の概算を行う。この概算をめぐって，予算の見積りを送付した各省各庁との間で交渉が行われる（いわゆる「復活折衝」）。この概算が閣議で決定されると（財18条1項），財務大臣は，これにもとづき「歳入予算明細書」を作製する（財20条1項）。他方，各省大臣および独立機関の長は，閣議決定を経た概算の範囲内で，各種予算を要求する「予

308

定経費要求書等」を作製して財務大臣に送付する（財20条2項）。財務大臣は，歳入予算明細書および予定経費要求書等にもとづいて予算案を作成し，これについて閣議決定が行われる（財21条）。

　以上の過程を経て作成された予算案は，内閣により，1月中に通常国会に提出される（財27条）。予算は，国会の議決を経て成立するが，国会での審議では衆議院に先議権が認められている（憲60条1項）ほか，その議決には参議院のそれに対する一定の優越が認められている（憲60条2項）。

　国会法は，国会が内閣の予算（案）を修正することができる旨を定めている（国会57条の2・57条の3）。しかし，予算（案）は法律案とは異なり，その作成・提出権が内閣に専属していることから，国会の予算修正権——とくに一種の予算提出とも考えられる増額修正——について限界を認めるか否かが問題とされることがある。この点，政府見解は，国会の予算修正に一定の限界があるとしているようだが，学説には，財政民主主義を根拠に限界を認めないものが多い。

6　予算の成立

　予算は，原則として会計年度が始まるまでに成立しなくてはならない。しかし，もし成立しない場合には，暫定措置として会計年度の一定期間に限って予算が編成されることになる。この予算を暫定予算という。暫定予算は，予算（「本予算」ともよばれる）が成立することによってその効力を失う。ただし，これにもとづいてすでに支出を行ったり，債務を負担したりした場合，これらの行為は有効であり，本予算に基づいてなしたものとみなされる（財30条2項）。

　しかし，暫定予算の成立にも国会の議決が必要であることから，これも不成立であった場合，会計年度が開始しても予算が存在していないという事態が起こりうる。これが「予算の空白」とよばれるものであり，過去の会計年度において数日間生じたことがある。現行制度のもとでは，これを防ぐ法制度上の手立てはないが，さきにみたとおり，予備費は，マッカーサー草案では，こうした「予算の空白」に対応しうる制度として構想されたものであった。

7　予算の執行と追加・変更

　予算が国会の議決により成立した後，内閣は各省庁に対し，その執行の責に

任ずべき各種予算（歳入歳出予算，継続費，債務負担行為）を配賦する（財31条1項）。配賦は，内閣が，各省庁の長に対してその執行すべき予算の科目金額を明らかにし，執行の権限を与え，義務を課しその責任の範囲を明確にする意義をもつ。

なお，財政法は，予算作成後に必要な予算の追加を行う場合（財29条1号）や，追加以外の変更を加える場合（同条2号）を認めている。この予算を補正予算という。なお，きわめて緊急の支出のための予備費と異なり，補正予算は新たに国会の審議と議決を要する。

Topic 18 - 2

諸外国の予算制度

諸外国では，わが国と異なり，予算は「法律」という形式により制定されることが多い。この場合，予算は「歳出法律」と「歳入法律」として制定され，その年度の租税の徴収は，歳入法律に基づいて行われることになる。会計年度も，国によってさまざまであり，たとえばイギリスでは，わが国と同様に4月から3月であるのに対して，アメリカでは10月から9月，ドイツやフランス等のヨーロッパ大陸諸国では1月から12月となっていることが多い。

II　決　算

1　決算の意義

決算は，一会計年度における予算の執行の結果，すなわち収入と支出の実績を示す行為である。先にもみたように決算は，予算が計画どおりに執行されたか否かのチェックをその制度目的としている。

2　決算の手続

内閣は，会計検査院の検査を経た歳入歳出決算を，検査報告書などとともに，翌年開会の国会の常会（通常国会）に提出する。会計検査院は，内閣から独立した地位にある国家機関（会検1条）であり，検査官会議（内閣により衆議院・参議院の同意を得たうえで任命される3人の検査官から構成される）および事務局

第18講　財　　政

をもって組織される（会検2条）。「独立した」とは，会計検査院がその活動に
おいて内閣の指示・命令等を受けないということであり，これにより決算の確
認に公正を期そうという趣旨である。会計検査院の長は，3名の検査官のうち
から互選され，内閣が任命する（会検3条）。

　提出された決算の取扱いに関する法律上の規定はなく，従来からの慣行によ
る取扱いがなされている。それによると国会は，まず各院の決算委員会で歳出
歳入決算を審議し，本会議における概要説明をうけた後，承認・不承認の決議
を行う。

3　決算の効果

　決算には，予算のように，各省庁の収入・支出行為を規制する法的効力はな
い。たとえば，会計検査院による決算の確認や国会による決算の不承認の場合
にも，すでに行われた当該会計年度の収入・支出が無効とされる，ということ
はない。したがって，決算が不承認となることの効果は，国会や国民の批判と
いうもっぱら政治的な意味をもつにとどまる。

3　公金支出制限

　憲法89条は，「公金その他の公の財産は，宗教上の組織若しくは団体の使用，
便益若しくは維持のため，又は公の支配に属しない慈善，教育若しくは博愛の
事業に対し，これを支出し，又はその利用に供してはならない」と定める。こ
れは，財政民主主義とは異なる観点から，財政作用について制約を設けたもの
であり，次に見るように，政教分離の原則による制約と，私的事業への財政支
援に対する制約とがある。これらの制約は，基本的人権である信教の自由の保
障（憲20条）や教育を受ける権利（憲26条）とも深い関連をもつ。

I　政教分離の原則による制約

　憲法89条前段は，「宗教上の組織若しくは団体の使用，便益若しくは維持」
を目的とした，「公金その他の公の財産」の支出・利用を禁止している。これ

は憲法20条の定める政教分離の原則にもとづき，その趣旨を財政の側面から規定したものである。したがって公金支出等の行為は，本条のみならず，憲法20条1項2文（「いかなる宗教団体も，国から特権を受け，又は政治上の権力を行使してはならない」），同条3項（「国及びその機関は，宗教教育その他いかなる宗教的活動もしてはならない」）との関係でも問題になる（政教分離の原則については，第8講「精神的自由権」を参照）。

本条にいう「宗教上の組織若しくは団体」について，判例は，政教分離原則に関する相対分離説の立場から，それは宗教的活動を行うことを本来の目的として結成された組織・団体に限られ，「宗教と何らかのかかわり合いのある行為を行っている組織ないし団体のすべて」を意味するものではない，としている（[重要判例18-2]「箕面忠魂碑訴訟」最三判平5・2・16民集47・3・1687参照）。

重要判例 18-2

箕面忠魂碑訴訟（最三判平5・2・16民集47・3・1687）

事実の概要

箕面市において，市立小学校の増改築の際に市遺族会が維持管理する忠魂碑を移転する必要が生じたため，同市が用地を取得して移設するとともに，同用地を遺族会に無償貸与することとした。同市の市民は，市長らを相手に，このことが憲法20条および89条に違反するとして，地方自治法242条の2（改正前のもの）に基づき，市長が用地明渡請求を怠っていることの違法確認，市の被った損害の賠償等を求める住民訴訟を提起した。

判旨

最高裁は，市の行為が憲法20条および89条に違反するかについて，次のように判示している。「憲法20条1項後段にいう『宗教団体』，憲法89条にいう『宗教上の組織若しくは団体』とは，宗教と何らかのかかわり合いのある行為を行っている組織ないし団体のすべてを意味するものではなく，国家が当該組織ないし団体に対し特権を付与したり，また，当該組織ないし団体の使用，便益若しくは維持のため，公金その他の公の財産を支出し又はその利用に供したりすることが，特定の宗教に対する援助，助長，促進又は圧迫，干渉等になり，憲法上の政教分離原則に反すると解されるものをいうのであり，換言すると，特定の宗教の信仰，礼拝又は普及等の宗教的活動を行うことを本来の目的とする組織ないし団体を指すものと解するのが相当である」。

「これらの諸点を考慮すると，財団法人日本遺族会及びその支部である市遺族会，地区遺族会は，いずれも，特定の宗教の信仰，礼拝又は普及等の宗教的活動を行うことを本来の目的とする組織ないし団体には該当しないものというべきであって，憲法20条1

第18講　財　　政

項後段にいう『宗教団体』，憲法89条にいう『宗教上の組織若しくは団体』に該当しないものと解するのが相当である」。

重 要 判 例 18 - 3

空知太神社訴訟（上告審）（最大判平22・1・20民集64・1・1）
（そらちぶと）

事実の概要

　北海道砂川市は，その所有する土地を神社施設の敷地として無償で使用させていたが，このことが，憲法の定める政教分離原則に違反する行為であって，敷地の使用貸借契約を解除し同施設の撤去及び土地明渡しを請求しないことが違法に財産の管理を怠るものであるとして，住民らが市に対し，地方自治法242条の2第1項3号に基づき怠る事実の違法確認を求めた。

判旨

　最高裁は，以下のように，本件利用提供行為が憲法89条の禁止する公の財産の利用提供に当たると判示した。「憲法89条は，公の財産を宗教上の組織又は団体の使用，便益若しくは維持のため，その利用に供してはならない旨を定めている。その趣旨は，国家が宗教的に中立であることを要求するいわゆる政教分離の原則を，公の財産の利用提供等の財政的な側面において徹底させるところにあり，これによって，憲法20条1項後段の規定する宗教団体に対する特権の付与の禁止を財政的側面からも確保し，信教の自由の保障を一層確実なものにしようとしたものである。しかし，国家と宗教とのかかわり合いには種々の形態があり，およそ国又は地方公共団体が宗教との一切の関係を持つことが許されないというものではなく，憲法89条も，公の財産の利用提供等における宗教とのかかわり合いが，我が国の社会的，文化的諸条件に照らし，信教の自由の保障の確保という制度の根本目的との関係で相当とされる限度を超えるものと認められる場合に，これを許さないとするものと解される。」

　「本件利用提供行為は，市が，何らの対価を得ることなく本件各土地上に宗教的施設を設置させ，本件氏子集団においてこれを利用して宗教的活動を行うことを容易にさせているものといわざるを得ず，一般人の目から見て，市が特定の宗教に対して特別の便益を提供し，これを援助していると評価されてもやむを得ないものである。」

　「本件利用提供行為は，市と本件神社ないし神道とのかかわり合いが，我が国の社会的，文化的諸条件に照らし，信教の自由の保障の確保という制度の根本目的との関係で相当とされる限度を超えるものとして，憲法89条の禁止する公の財産の利用提供に当たり，ひいては憲法20条1項後段の禁止する宗教団体に対する特権の付与にも該当すると解するのが相当である。」

　なお，文化財保護法は，政府が重要文化財の管理または修理のために補助金

を交付することができるとしている（文化財保護35条1項）。その交付先には寺社も含まれるが，重要文化財の保護一般を目的として行われているかぎり，それは「宗教上」ではなく「文化上」の組織ないし団体に対する公金の支出と考えることができ，憲法89条に反しないと解されている。この趣旨からすれば，宗教法人を含む「公益法人等」に対する免税措置も合憲と解されることとなろう。

II　私的事業への財政支援に対する制約

憲法89条後段は，「公の支配に属しない慈善，教育若しくは博愛の事業」（私的事業）に対する「公金その他の公の財産」の支出・利用を禁止している。その趣旨は必ずしも明らかではないが，学説では，①いかなる私的事業に対しても公費の濫用をきたさないようにすること，②私的事業の自主性を確保するために公権力の干渉を除くこと，③宗教的信念に基づく場合もある私的事業に対する国家の中立性を確保することなどが，その趣旨として指摘されている。

ところで，私立学校法59条は「国又は地方公共団体は，教育の振興上必要があると認める場合には，別に法律で定めるところにより，学校法人に対し，私立学校教育に関し必要な助成をすることができる」と規定し，実際に，私立学校振興助成法で定めるところにより，私立学校に対して助成がなされている。こうした私学助成の合憲性については議論があるが，ここで鍵となるのが「公の支配に属しない」という文言の解釈である。「公の支配に属しない」という文言が，「国または地方公共団体に属しない」という意味であるとすれば，あらゆる私学助成は違憲となるといわざるを得ないが，一般には，この文言は，「国または地方公共団体が事業に何らかの『支配』を及ぼしてない」ことと解釈されている。

もっとも，「公の支配」の意義については学説が分かれている。これを厳格に解する見解は，「公の支配」を「国（地方公共団体）が，その事業の根本的な方向に重大な影響を及ぼすことのできる権力を有すること」として，私立学校振興助成法の定める監督権限は「公の支配」といえるか疑問であるとする。この見解によれば，私学助成は「公の支配に属しない」教育事業への助成であり，

第18講 財 政

違憲の疑いが濃いものとなる。

　これに対して,「公の支配」を緩やかに解する学説は, ひろく「国家の支配の下に特に法的その他の規律を受けている事業」は, すべて「公の支配」に属する事業であると理解する。この見解によれば, 私学は「公の支配」に属する事業に含まれ, 私学助成は, その要件・手続などについて法律による規制を受けており, その意味で合憲ということになる。

　さらに, 2つの見解の中間的なものとして,「公の支配」の解釈にあたっては, 教育を受ける権利を保障する憲法26条をも考慮して解釈すべきとする見解がある。この見解によれば, 私立学校振興助成法の定める国の監督権限は十分なものとはいえないが, 国民の教育を受ける権利の実現という点をより重視して, 私学助成を合憲と解する。

　以上のように,「公の支配」に関する学説はさまざまであるが, 結論的には, 私学助成を合憲とするものが大多数である。

確 認 問 題 ‥‥‥‥‥‥‥‥‥‥‥‥‥‥‥‥‥‥‥‥‥‥‥‥‥‥‥‥‥‥‥‥

(1)　日本国憲法が定める財政作用について, 次のうち最も基本的な要件とされているものを1つ選びなさい。
　　①　国会の議決
　　②　閣議決定
　　③　裁判所の判決
　　④　天皇の公布
　　⑤　会計検査院の報告
(2)　租税法律主義について, 次の説明のうち誤っているものを1つ選びなさい。
　　①　課税の要件が法律で定められなければならない。
　　②　法律で定められた課税の要件は, その内容が一義的に明確でなければならない。
　　③　課税の要件を定めた法律は, 過去に遡って適用されてはならない。
　　④　課税に関する事項を命令に委任することは許されない。

第19講 地方自治

ポイント

① 「地方自治の本旨」とは何か。どのような原則から構成されているか。
② 地方公共団体の自治権の性質については，どのような見解があるか。
③ 条例は，法律が規定している事項について，どこまで規定できるか。
④ 地方公共団体の統治機構には，大統領制，議院内閣制と比較してどのような特徴があるか。
⑤ 住民投票はどのような場合に行われ，どのような効力をもつか。

1 地方自治の概念

I 地方分権の諸形態

　ある程度の規模をもつ国家では，中央政府が公共的事務のすべてをみずから行うのではなく，地域において一定の統治権をもつ地方団体が存在し，その地域における公共的事務を独自の決定に基づいて処理している。こうした団体には，その性質や権限を大きく異にする2種類のものがある。

　第1は，それ自体が国家としての性質を備えている地方団体であり，一般に「州（state）」とよばれる。州には憲法が存在し，立法・行政・司法にわたる統治権が認められている。こうした州から構成される国家（例：アメリカ合衆国，ドイツ連邦共和国，スイス連邦）を「連邦（国家）」，その国家の憲法を「連邦憲法」というが，そこでは通常，連邦と州の権限分配に関する比較的詳細な定めが置かれている。

　第2は，国家としての性質をもたない地方団体であり，その種類はさまざまであるが，一般に「自治体」とよばれる。自治体には，多くの国家の憲法にお

いて自治が保障されるとされ，法令によって統治権の一部，とくに行政権が与えられている。その統治権の行使については，住民による直接・間接の参加を通じた自律的な意思決定が行われており，これを「地方自治」という。

世界の憲法をみると，地方自治は市町村について保障されている場合が多いが，日本国憲法は，「地方公共団体」という言葉を用いており，その種類をとくに指定していない。そのため，後に見るように，どのような団体に地方自治を保障したものかが問題とされる余地が生じている。

Ⅱ　わが国の地方自治制度

1　地方公共団体の歴史的背景

わが国における今日の地方自治制度は，明治 4 （1871）年の廃藩置県以降，徐々に形づくられたものである。当時，300あまりの藩が廃止され県が置かれたが，数次の廃置分合などを経て45府県となった。その後，北海道，沖縄県が加わり，さらに昭和18（1943）年に東京府が東京市と合併して東京都となり現在の47都道府県となった。

市町村のうち，町は商工業者が住む人口密集地を，村は農民が住む集落を指すものとして古くから存在した。明治11（1878）年の郡区町村編制法は，これに加えて大きな人口密集地に「区」を置くこととした。市は，明治21（1888）年の市制によって，区に代わり置かれることになったものである。ただし，区は東京都23特別区にみられるように，今日でも一部で地方公共団体の名称として用いられている。なお，いわゆる政令指定都市にも区（いわゆる「行政区」）が存在するが，これは地方公共団体には含まれない。

また，やはり古くから存在する郡という名称は，明治初期には地域を表すものにすぎなかったが，明治11年の郡区町村編制法は，府県の下に郡をおき，国は，その官吏として郡長を任命するとした。その後，明治23（1890）年の郡制により，郡は府県と市町村の中間の地方公共団体とされ，公選の議員からなる郡会が置かれた。しかし大正10（1921）年に郡制廃止法が成立し，郡会，郡長・郡役所が相次いで廃止され，郡は再びたんなる地域名称となった。

こうした歴史的背景をもつ地方公共団体は，日本国憲法の制定後も維持された。明治憲法において地方自治に関する規定が置かれていなかったのに対して，日本国憲法は第8章「地方自治」を設け，地方自治を保障している。

2　憲法上の地方公共団体

憲法上の地方公共団体は，ある地域について一定の自治を行うための権能すなわち自治権をもつことが認められており，また，それを行うための自治的組織を置くものとされる。憲法は，93条において，そのための機関として公選の長および議会をおくこととし，94条において，これらの機関により行使される地方公共団体の自治権を認めている。

憲法92条の規定をうけて「地方公共団体の組織及び運営に関する事項」を定める地方自治法によれば，地方公共団体には，普通地方公共団体と特別地方公共団体の2つがある（地自1条の3第1項）。普通地方公共団体としては都道府県および市町村（同2項）が，特別地方公共団体としては，特別区，地方公共団体の組合，財産区がある（同3項）。

このうち，普通地方公共団体である都道府県および市町村が憲法上の地方公共団体に含まれることについて異論はない。これに対して特別地方公共団体は，もともと政策的見地から設けられた団体であり，その目的および事務も限定されたものであるが，そのなかで公選の長および議会をもつ特別区（東京23区）は，憲法上の地方公共団体とみる余地がある。しかし，かつて特別区を地方公共団体ではない，とする最高裁判決（[重要判例19-1]「東京都区長公選制廃止違憲訴訟」最大判昭38・3・27刑集17・2・121を参照）があったことには注意が必要である。

同判決によれば，憲法上の地方公共団体であるためには，「法律で地方公共団体として取り扱われている」ことに加えて，「住民が経済的文化的に密接な共同生活を営み，共同体意識をもっているという社会的基盤」および「相当程度の自主立法権，自主行政権，自主財政権等地方自治の基本的権能」が必要である。しかし，当時の特別区は，とくに財政上の権能が市町村のそれに比べて大きく制限されていたことから，憲法上の地方公共団体ではなく，「東京都と

いう市の性格をも併有した独立地方公共団体の一部を形成している」にすぎないとされた。

重要判例 19-1

東京都区長公選制廃止違憲訴訟（最大判昭38・3・27刑集17・2・121）

（事実の概要）

　東京都は昭和27年に区長公選制を廃止したが，これが地方公共団体の長は，住民が直接選挙すると規定した憲法93条2項に違反するものではないかが争われた。

（判旨）

　最高裁は，上記の憲法上の地方公共団体であるための条件を述べた後，とくに特別区の財政上の権能については重大な制約が加えられていることを指摘したうえで，特別区の区長公選制廃止の合憲性について次のように判示している。「特別区は，その長の公選制が法律によつて認められていたとはいえ，憲法制定当時においてもまた昭和27年8月地方自治法改正当時においても，憲法93条2項の地方公共団体と認めることはできない。従つて，改正地方自治法が右公選制を廃止し，これに代えて，区長は特別区の議会の議員の選挙権を有する者で年齢25年以上のものの中から特別区の議会が都知事の同意を得て選任するという方法を採用したからといつて，それは立法政策の問題にほかならず，憲法93条2項に違反するものということはできない」。

　しかし，今日では特別区は，原則として「市町村が処理するものとされている事務を処理する」（地自281条の2第2項）とされ，区長公選制も昭和49（1974）年に復活して現在に至っている。このような点に着目するなら，上記判決の基準に照らしても，今日では特別区は憲法上の地方公共団体に含まれるようになったと考えることもできよう。もっとも，特別区の自主財政権に関しては，市町村税の一部が都税とされているほか，都は，都と特別区および特別区相互間の財政調整を行っており，市町村と異なる面があることも事実である。

2　地方自治の本旨と自治権

I　地方自治の本旨

先にも見たように憲法は，地方公共団体の組織及び運営に関する事項は，

「地方自治の本旨」に基づいて定めることとしている。この「地方自治の本旨」という概念は、実は憲法制定時からその意義が必ずしも明確ではなかったが、今日では、団体自治と住民自治の2つの原理がその要素であると理解するのが一般的である。

団体自治とは、地方自治が国から独立した団体に委ねられ、団体みずからの意思と責任のもとで行われることである。これに対し、住民自治は、地方自治が住民の意思に基づいて行われることを意味する。憲法では、団体自治は地方公共団体の権能について定めた94条に、住民自治は長と議会の公選を定めた93条に表れている。

Ⅱ　自治権の性質をめぐる見解

地方公共団体に与えられた自治権の性質については、①国家ないし憲法が存在する以前から自治体が有していた権利として捉える固有権説、②憲法によって地方自治という制度を保障されたことのあらわれとみる制度的保障説、③法律によって初めて与えられたとする伝来説などの見解がある。このうち、伝来説は、法律を改正することによって地方自治の制度を廃止することができるとするものであり、憲法が地方自治を保障した趣旨と相容れないとして、今日では支持するものはない。また、制度的保障説と固有権説については、その理論構成には大きな相違が存するものの、必ずしも具体的な問題の解決にあたって決定的な意味をもつものではない。

3　地方公共団体の組織と権限

Ⅰ　地方公共団体の統治機構

地方公共団体の政治組織は、住民によってそれぞれ直接選挙された長と議会で構成されており、二元的代表制とよばれることがある。これは大統領制と共通する特徴であるが、地方自治法は、長による議会の解散、議会による長の不信任という議院内閣制と共通する仕組みを設けている。このように地方公共団

体の政治制度は，大統領制と議院内閣制の要素をあわせもったものとなっている。

なお，憲法93条は「法律の定めるその他の吏員」も公選の対象として規定しており，かつて東京都の中野区において教育委員が準公選制とされていたのはその例とされる（昭和56（1981）年から平成5（1993）年）。もっとも，「法律の定めるその他の吏員」の公選制は，長や議会の議員の場合とは異なり，法律で定めれば新たに導入することができるという趣旨である。

Ⅱ　長およびその他の執行機関

1　地方公共団体の長

地方公共団体の長は，都道府県においては知事，市町村においては市町村長とよばれる（地自139条）。長は，住民により直接選挙され，その任期は4年である（地自140条1項）。再選の回数に制限はないが，いわゆる長の多選による権力集中の弊害等が指摘されていることに鑑み，これを規制しようとする動きがある。しかし，強制力を伴う法的規制は，今日まで実現していない。

地方公共団体の長は，地方公共団体を統轄・代表し（地自147条），事務を管理・執行する（地自148条）。その代表的な担当事務として，地方議会への議案提出，予算の調製・執行，地方税等の賦課・徴収がある（地自149条）。議会との関係では，長の権限は，政策を策定し，議会の決定に付すものと，議会の決定を執行するものに整理できるが，前者に属する事務としては，議会への議案の提出や予算の調製，また，後者に属する事務としては，地方税の賦課・徴収をあげることができよう。また，長は，法令に違反しない限りにおいて，その権限に属する事務に関し，規則を制定できる（地自15条1項）ほか，条例案の提出権（地自149条1号・96条1項1号）などが認められている。

2　その他の執行機関

憲法には規定がないが，地方自治法に基づき，地方公共団体には，執行機関として長の補助機関（副知事，副市町村長），各種の行政委員会，監査委員が置かれている（地自161条・180条の5）。このうち行政委員会には，教育委員会，選

挙管理委員会，人事委員会等がある（地自180条の5）。このほか，調停・審査・諮問または調査を行うための審査会・審議会・調査会などを置くことができる（地自138条の4）。

3　地方公共団体の議会

地方議会は，憲法上，議事機関であると規定されている（憲93条1項）。地方議会の権限として重要なものとしては，①条例の制定・改廃，予算の議決権（地自96条），②執行機関の監視権（地自98条・100条），③組織運営に関して自律権の3つに整理することができる。

地方議会の議員は，住民の直接選挙により選出され，任期は4年である（地自93条1項）。一般に，議会を構成する議員は，「住民代表」としての性格を認められている。議員の失職は，本人の意思による辞職（地自126条），被選挙権の喪失（地自127条1項），議会からの除名（地自135条）といった国会議員と同様の事由によるものに加えて，住民からの議会の解散請求（地自13条1項・76条）や議員の解職請求（地自13条2項・80条）といった地方公共団体に独特の事由によるものがある。

議員定数について，地方自治法は「都道府県の議会の議員の定数は，条例で定める」（地自90条1項）と規定する。従来，議員定数は地方自治法により規定されていたが，平成11（1999）年に上限数のみを規定する方式に変更され，平成23（2011）年には上限数の規定も廃止されている。これは，地方公共団体の団体自治を尊重する傾向のあらわれと捉えることができる。

なお，地方自治法94条は，「町村は，条例で……議会を置かず，選挙権を有する者の総会を設けることができる」として，憲法93条1項の例外を設けている。憲法が地方公共団体に議会を置くこととした趣旨は，住民自治，すなわち地方自治が住民の意思に基づいて行われることを確保するためであると考えられるところ，有権者である住民すべてによって構成される総会（町村総会）をおくことは，その趣旨を徹底することにほかならず，憲法93条1項には反しないと解されている。

第19講　地方自治

4 条例制定権の範囲

I　条例の所管事項——条例で何を定めることができるか

1　国と地方公共団体の役割分担

　条例によって規定することができる事項は，基本的には，地方公共団体の事務の範囲に従って定まる。地方自治法によれば，条例は，原則として「地域における事務」を対象としなければならず（地自2条2項・14条），国の事務について制定することはできない。そして，地方自治法は，国の事務として，①「国際社会における国家としての存立にかかわる事務」，②「全国的に統一して定めることが望ましい国民の諸活動若しくは地方自治に関する基本的な準則に関する事務」，③「全国的な規模で若しくは全国的な視点に立つて行わなければならない施策及び事業の実施」を掲げている（地自1条の2第2項）。したがつて，これに該当する事務については，条例で定めることができない。その例としては，外交や防衛に関する事項，民法，刑法，地方自治法などの法律で定められている事項などをあげることができる。

　地方自治法は，地方公共団体の役割として，「住民の福祉の増進を図ることを基本として，地域における行政を自主的かつ総合的に実施する役割を広く担うものとする」（地自1条の2第1項）としており，一般論として条例は，この役割の範囲内で制定することができるといえる。しかし，同法には具体的な事務が列挙されておらず，国は，「住民に身近な行政はできる限り地方公共団体にゆだねることを基本として，地方公共団体との間で適切に役割を分担するとともに，地方公共団体に関する制度の策定及び施策の実施に当たつて，地方公共団体の自主性及び自立性が十分に発揮されるようにしなければならない」（地自1条の2第2項）という指針が示されているのみであり，地方公共団体の事務の範囲は必ずしも明らかとはいえない。

323

> ### Topic 19 - 1
>
> #### 補完性の原則
>
> 　国と地方の役割分担に関する原則として有名なものに「補完性の原則」がある。ヨーロッパ地方自治憲章の，「公共的事務は，一般的に，市民に最も身近な地方自治体が優先的に履行する」（4条）という規定は，その例である。この原則をわが国にあてはめれば，公共的事務は原則として市町村が行い，国（および都道府県）は，市町村が行うことができない（あるいは行うことが適当ではない）事務のみを行う，つまり市町村を補完する役割のみを果たすことになる。これは，市町村の役割を最大限に認める原則といってよいものであり，わが国の地方自治においても「補完性の原則」を導入すべきであるという議論もある。

2　憲法上の法律の留保事項

　憲法には，ある一定の事項の規律をもっぱら法律に委ねている規定がある。「……は，法律でこれを定める」という規定がその例であり，これは「法律の留保に属する事項」とよばれることもある。こうした事項を条例で規律することは，可能であろうか。

　(1)　財産権の制約　　財産権の内容は法律で定める旨を規定する憲法29条2項の規定によれば，財産権の規制は法律によってのみ可能であるようにも思われる。しかし，条例による財産権の規制が憲法違反とならないかが問題とされた「奈良県ため池条例事件」（[重要判例19‐2]最大判昭38・6・26刑集17・5・521を参照）において最高裁は，ため池が決壊する原因となるような使用行為について，「憲法でも，民法でも適法な財産権の行使として保障されていない……行為を条例をもって禁止，処罰」することを，「憲法および法律に牴触またはこれを逸脱するものとはいえない」として，一定の範囲で条例による財産権の規制の可能性を認めている。

第19講　地方自治

重要判例 19-2

奈良県ため池条例事件 （最大判昭38・6・26刑集17・5・521）

（事実の概要）

　奈良県条例38号「ため池の保全に関する条例」は，ため池の破損決壊等による災害を未然に防止するために，ため池の堤とうに竹木・農作物を植え，建物その他の工作物を設置する行為等を列記して禁止し，違反した者を罰金に処する旨を規定していた。本件条例は，憲法29条2項に違反して，条例では規定し得ない事項を規定したものかが争点となった。

（判旨）

　最高裁は，本件条例の規定の合憲性について次のように判示している。「ため池の提とうを使用する財産上の権利を有する者は……その財産権の行使を殆んど全面的に禁止されることになるが，それは災害を未然に防止するという社会生活上の已むを得ない必要から来ることであつて，ため池の提とうを使用する財産上の権利を有する者は何人も，公共の福祉のため，当然これを受忍しなければならない責務を負うというべきである。すなわち，ため池の破損，決かいの原因となるため池の堤とうの使用行為は，憲法でも，民法でも適法な財産権の行使として保障されていないものであつて，憲法，民法の保障する財産権の行使の埒外にあるものというべく，従つて，これらの行為を条例をもつて禁止，処罰しても憲法および法律に牴触またはこれを逸脱するものとはいえないし，また右条項に規定するような事項を，既に規定していると認むべき法令は存在していないのであるから，これを条例で定めたからといつて，違憲または違法の点は認められない」。

　　(2)　刑罰の設定　　地方自治法14条1項は，普通地方公共団体は，法令に違反しない限りにおいて，地域における事務等（地自2条2項）に関し条例を制定することができると規定し，同条3項によれば，「条例中に，条例に違反した者に対し，2年以下の懲役若しくは禁錮，100万円以下の罰金，拘留，科料……を科する旨の規定を設けることができる」。これが憲法31条の罪刑法定主義に違反しないかが問題とされた「大阪市売春勧誘禁止条例事件」（〔重要判例19-3〕最大判昭37・5・30刑集16・5・577を参照）において，最高裁は，「憲法31条はかならずしも刑罰がすべて法律そのもので定められなければならないとするものでなく，法律の授権によつてそれ以下の法令によつて定めることもできる」と判示した。その理由として，条例は，公選議員から組織される地方議会

325

により制定される自治立法であり，その点で国会の議決を経て制定される法律
に類似するものであることをあげている。

重要判例 19-3

大阪市売春勧誘禁止条例事件（最大判昭37・5・30刑集16・5・577）

（事実の概要）

　大阪市条例第68号「街路等における売春勧誘行為等の取締条例」は，売春の目的で街路その他の公の場所において，他人の身辺につきまとったり，誘ったりする行為に対して罰金または拘留に処すべき旨を規定していた。本件条例違反に問われた被告人が，同条例は罪刑法定主義を規定した憲法31条に違反し，無罪を主張したため，条例による刑罰規定の合憲性が争点となった。

（判旨）

　最高裁は，本件条例の規定の合憲性について次のように判示している。「憲法31条はかならずしも刑罰がすべて法律そのもので定められなければならないとするものでなく，法律の授権によつてそれ以下の法令によつて定めることもできる……。ただ，法律の授権が不特定な一般的の白紙委任的なものであつてはならないことは，いうまでもない」。「条例は，法律以下の法令といつても……公選の議員をもつて組織する地方公共団体の議会の議決を経て制定される自治立法であつて，行政府の制定する命令等とは性質を異にし，むしろ国民の公選した議員をもつて組織する国会の議決を経て制定される法律に類するものであるから，条例によつて刑罰を定める場合には，法律の授権が相当な程度に具体的であり，限定されておればたりると解するのが正当である。そうしてみれば，……相当に具体的な内容の事項につき，……限定された刑罰の範囲内において，条例をもつて罰則を定めることができるとしたのは，憲法31条の意味において法律の定める手続によつて刑罰を科するものということができる」。

---

　(3)　**租税の賦課・変更**　　憲法84条は，「あらたに租税を課し，又は現行の租税を変更するには，法律又は法律の定める条件によることを必要とする」とするが，地方税法3条1項は，「地方団体は，その地方税の税目，課税客体，課税標準，税率その他賦課徴収について定をするには，当該地方団体の条例によらなければならない」として，条例による租税の賦課徴収を認めることを前提とした規定をおいている。

第19講　地方自治

Ⅱ　条例が国の法令に違反するか否かの判断基準

　先にもみたように，地方公共団体に「法律の範囲内」において条例制定権を認める憲法94条の規定は，条例は法律に違反してはならないという内容を含む。一般的には，あることがらに関する条例の規定が法律の規定に矛盾抵触する場合，前者は後者に違反することになるということができるが，この点については，次のような注意が必要である。

　たとえば，法律がある汚染物質について基準値を設けてその排出を規制している場合，さらに条例によって排出を法律の基準値より厳しく規制したり，新たに別の汚染物質を規制したりすることは可能であろうか。この問題については，憲法および地方自治法が制定された当初，国が法律で規律した事項について重ねて条例を制定したり（上乗せ条例），法律の規制と異なる内容の規制を定めたり（横出し条例）することは，すべて違法であるという見解が主張されたこともあった。これを「法律の先占論」というが，こうした見解には地方自治を過剰に制限するものである批判があり，新たな理論が展開されている。

　こうした理論の1つの到達点を示すのが，「徳島市公安条例事件」（[重要判例19-4] 最大判昭50・9・10刑集29・8・489を参照）の最高裁判決が示した基準である。ここでは，条例が国の法令に違反するか否かという問題を判断するにあたり，次のような基準が示されている。

①　ある事項について国の法令中にこれを規律する規定がない場合には，その規定の欠如が当該事項について規制を施すべきではないとする趣旨であると解されるときは，これについて規律を設ける条例の規定は国の法令に違反する（例：服装に関する規律を設ける条例の規定）。

②　ある事項を規律する国の法令と条例とが併存する場合には，(a)条例が国の法令とは別の目的に基づく規律を意図するものであり，その適用によって国の法令の規定の意図する目的と効果を阻害することがないときは，条例は国の法令に違反しない（参照：「徳島市公安条例事件」最高裁判決）。(b)両者が同一の目的をもつものであっても，国の法令が全国的に一律に同一内容

327

の規制を施す趣旨ではなく，それぞれの普通地方公共団体において，別段の規制を施すことを容認する趣旨であると解されるときは，条例は国の法令に違反しない（例：大気汚染防止法4条1項）。

重 要 判 例 19-4

徳島市公安条例事件（最大判昭50・9・10刑集29・8・489）

事実の概要

　被告人は，徳島県反戦青年委員会主催の集団示威行進に参加したが，その間，先頭集団数十名が，蛇行進を行い交通秩序の維持に反する行為をした際，①みずからも蛇行進をしたり，②先頭列外付近に位置して笛を吹いたり，両手を上げて前後に振り集団行進者に蛇行進をさせるよう刺激を与えたりして，集団行進者が交通秩序の維持に反する行為をするように扇動した。被告人は，①の点が道路交通法に違反し，②の点が「集団行進及び集団示威運動に関する条例」（以下，「本件条例」という）に違反するとして，起訴された。本件では，同条例が道路交通法の規定していない行為を罰則をもって禁止しているため，同法に違反するのかが争点となった。

判旨

　最高裁は，条例が国の法令に違反するか否かに関する上記の判断基準を示したうえで，本件条例と道路交通法の関係について，次のように判示している。「両者の規律が併存競合していることは，これを否定することができない。しかしながら，道路交通法77条1項4号……は，その対象となる道路の特別使用行為等につき，各普通地方公共団体が，条例により地方公共の安寧と秩序の維持のための規制を施すにあたり，その一環として，これらの行為に対し，道路交通法による規制とは別個に，交通秩序の維持の見地から一定の規制を施すこと自体を排斥する趣旨まで含むものとは考えられず，各公安委員会は，このような規制を施した条例が存在する場合には，これを勘案して，右の行為に対し道路交通法の前記規定に基づく規制を施すかどうか，また，いかなる内容の規制を施すかを決定することができるものと解するのが，相当である。そうすると，道路における集団行進等に対する道路交通秩序維持のための具体的規制が，道路交通法77条及びこれに基づく公安委員会規則と条例の双方において重複して施されている場合においても，両者の内容に矛盾牴触するところがなく，条例における重複規制がそれ自体としての特別の意義と効果を有し，かつ，その合理性が肯定される場合には，道路交通法による規制は，このような条例による規制を否定，排除する趣旨ではなく，条例の規制の及ばない範囲においてのみ適用される趣旨のものと解するのが相当であり，したがつて，右条例をもつて道路交通法に違反するものとすることはできない」。

328

5 住民投票・直接請求

I 住 民 投 票

憲法は，住民が長および議会の議員を選ぶ選挙に加えて，一定の事項について住民が賛否を表明する住民投票についても規定している。すなわち，憲法95条に基づく住民投票は，「一の地方公共団体のみに適用される特別法（地方自治特別法）」を制定する場合に行われる。これは「地方特別法」とよばれる種類の法律の制定について，それが適用される地方公共団体の住民の意思を尊重する趣旨で設けられたしくみである。その例としては，昭和24年から26年にかけて制定された「○○都市建設法」という名称を有する15件の法律（例：広島平和記念都市建設法）に関して行われた賛否の投票がある。

住民投票は，さらに法律や条例に基づいて行われており，地方公共団体における政治的意思決定の特徴となっている。法律に基づく住民投票としては，地方自治法に基づく住民の直接請求である，①議会の解散請求（地自13条1項・76条），②長および議員等の解職請求（地自13条2項・80条・81条）にともなって行われるものがある。また，条例や要綱に基づく住民投票としては，市町村合併の賛否・枠組など地方公共団体の重要政策の賛否について問うものがある。

こうした地方公共団体の意思決定の方法は，先にみた地方自治法1条の2が規定する国の事務の対象である「地方自治に関する基本的な準則」に含まれる。そのため，住民投票の要件，手続および法的効力も，国が地方自治法等の法律によって規定する必要がある。しばしば，地方公共団体の条例や要綱に基づき，法律に根拠をもたない住民投票が行われることがあるが，それは法的効力のない，諮問的な性格をもつに過ぎないものであることに注意が必要である。

> *~ **Topic 19 - 2** ~~~~~~~~~~~~~~~~~~~~~~~~~~~~~~~~~~
>
> ### 条例や要綱に基づく住民投票の実施例と課題
>
> 　地方公共団体の条例や要綱に基づく住民投票の実施例としては，①市町村合併の是
> 非を問うもの，②市町村合併の枠組みを問うもの，③都道府県の施策（例：産業廃棄
> 物処理施設の設置）に関連するもの，④国の施策（例：日米地位協定の見直しおよび基地
> の整理縮小）に関連するものなどをあげることができる。
> 　このうち，③都道府県の施策について市町村が住民投票を行う，④国の施策につい
> て都道府県が住民投票を行う，といった例があるが，その結果次第では，都道府県と
> 市町村，国と都道府県の間に意思の不一致が生じる可能性がある。これらの住民投票
> は，法的効力が認められなくとも，政治的に大きな意味をもつ場合があるからである。
> こうした問題に鑑みて，条例や要綱に基づく住民投票の是非やその対象についてはさ
> まざまな議論がある。

II　直 接 請 求

　地方自治法によれば，有権者である一定数の住民は，議会や長の選挙を介さ
ずに地方公共団体の組織や活動に関して連署をもって請求を行うことができる。
憲法には，この直接請求に関する規定はないが，地方自治法が規定するものと
しては次の4つがある。

①　条例の制定改廃請求は，有権者の50分の1以上の連署をもって長に請求
　　することができる。この請求があった場合，地方公共団体の議会は，条例
　　案を審議し，その採否を決定しなければならない。その結果は，請求者に
　　通知され，公表される（地自74条）。

②　監査請求は，有権者の50分の1以上の連署をもって監査委員に請求する
　　ことができる。請求の対象は，地方公共団体の事務一般であり，この請求
　　があった場合，監査委員は監査を行わなければならず，その結果は請求者
　　に通知され，公表される（地自75条）。

③　議会の解散請求，長および議員の解職請求は，原則として，有権者の3
　　分の1以上の連署をもって選挙管理委員会に請求することができる。その
　　採否は，住民投票で決定される。解散請求権の行使には，その濫用により

地方公共団体の政治が不安定になることを防止するため，原則として１年間の制限期間が設けられている（地自13条１項・76条・80条・81条・84条）。

④　主要な公務員（副知事もしくは副市町村長，選挙管理委員もしくは監査委員または公安委員会の委員）の解職請求は，原則として，有権者の３分の１以上の連署をもって普通地方公共団体の長に請求することができる。その採否は，議会の特別多数で決定される（地自86条）。

なお，このほかに地方自治法は，地方公共団体による財務会計上の行為について不服をもつ住民は，住民監査請求を経て住民訴訟を提起することができるという規定を置いている（地自242条・242条の２）。住民監査請求は，首長等の執行機関またはその職員について，違法もしくは不当な「財務会計上の行為または怠る事実」があると認めるときに限定して行われる監査等の請求である。ここにいう「監査等」には，監査のほかに是正等の措置，損害の補填に必要な措置が含まれる。住民監査請求は，先の監査請求と異なり，住民１名でも行うことができる。住民監査請求をした住民は，監査委員の監査の結果に不服がある場合等には，財務会計上の行為の差止め等を求めて住民訴訟を提起することができる。

Topic 19 - 3

地方分権の推進

　近年，地方自治の拡充を図るために，いわゆる「地方分権」が進められており，国と地方公共団体との関係は大きく変化しようとしている。地方分権の推進は，「旧来の中央集権型行政システムが，変動する国際社会への対応，東京一極集中の是正，個性豊かな地域社会の形成，高齢社会・少子化社会への対応などの新しい時代の諸課題に迅速・的確に対応する能力を失ってきている」（「地方分権推進委員会最終報告」）という認識をもとにしたものであり，そこに示された諸問題への対応として位置づけられる。すでに実施され，あるいは実施を検討されている施策としては，①「地方分権一括法（第一次分権改革）」（平成11年７月16日公布，平成12年４月１日施行）による機関委任事務の廃止，②合併特例法の特例措置による市町村合併の推進（1995年〜2005年），③「三位一体の改革」による国の地方財政への関与の縮減，④都道府県の廃止と道州制の創設，があげられる。

確 認 問 題 ･･･

(1) 次の①～④のうち，最高裁判決が示した憲法上の地方公共団体であるための必要条件として誤っているものを1つ選びなさい。

　① 法律で地方公共団体として取り扱われている。

　② 地方自治法に基づいて住民投票が行われている。

　③ 事実上住民が経済的文化的に密接な共同生活を営み，共同体意識をもっているという社会的基盤が存在する。

　④ 相当程度の自主立法権，自主行政権，自主財政権等地方自治の基本的権能を付与されている。

(2) 次の地方自治に関する憲法の条文のうち，「団体自治」の原則を表しているものを1つ選びなさい。

　① 地方公共団体には，法律の定めるところにより，その議事機関として議会を設置する。

　② 地方公共団体の長，その議会の議員及び法律の定めるその他の吏員は，その地方公共団体の住民が，直接これを選挙する。

　③ 地方公共団体は，その財産を管理し，事務を処理し，及び行政を執行する権能を有し，法律の範囲内で条例を制定することができる。

　④ 一の地方公共団体のみに適用される特別法は，法律の定めるところにより，その地方公共団体の住民の投票においてその過半数の同意を得なければ，国会は，これを制定することができない。

第20講 憲法保障と憲法改正

ポイント

① 憲法の最高法規性と人権保障はどのような関係があるか。

② 憲法保障とはなにか。また，憲法保障のための制度にはどのようなものがあるか。

③ 憲法改正にはどのような手続が必要とされているか。

④ 憲法改正の発議要件を「各議院の総議員の過半数の賛成」に改正すると，硬性憲法でなくなるといえるか。

⑤ 憲法改正には限界があるといえるか。

1 最高法規性の意味

Ⅰ 憲法の最高法規性とは

憲法の最高法規性とは，憲法が国法秩序の中で最高の位置を占めるということで，憲法より下位の法は憲法に違反する場合，その効力を否定される。それによって，憲法の定める価値が国法秩序の中に貫徹されることになる。日本国憲法98条1項は「この憲法は，国の最高法規であつて，その条規に反する法律，命令，詔勅及び国務に関するその他の行為の全部又は一部は，その効力を有しない」として，憲法の最高法規性の規定をおいている。

しかし，憲法の最高法規性が宣言されたからといって，それだけで憲法の最高法規性が確保されるものではない。そこで，まず，憲法の条規に反する行為を行うおそれのあるものに憲法を尊重し擁護する義務を課すことが考えられる。憲法99条は「天皇又は摂政及び国務大臣，国会議員，裁判官その他の公務員は，この憲法を尊重し擁護する義務を負ふ」として，憲法みずから公務員の憲法尊

重擁護義務を定めている。

　次に，実際に憲法の条規に違反する国家行為が行われたと疑われる場合に，「法律，命令，詔勅及び国務に関するその他の行為の全部又は一部」が憲法の条規に反するか否かを判定し，違憲であればその無効を宣言する機関がなければ，現実に憲法の最高法規性が確保されない。そのため，「最高裁判所は，一切の法律，命令，規則又は処分が憲法に適合するかしないかを決定する権限を有する終審裁判所である」（憲81条）として，憲法は裁判所に違憲審査権を与えている。

　さらに，憲法の改正手続に通常の法律のそれよりも厳格な要件を定める硬性憲法とし，憲法の安定性を強固にすることで憲法の最高法規性を確保している。通常の法律の制定・改廃の場合は，両議院のそれぞれにおいて，総議員の3分の1以上の議員が出席し，憲法に特別の定めがある場合を除き，出席議員の過半数の賛成で成立するが（憲56条），憲法の改正の場合は，国会発議に各議院の総議員の3分の2以上の賛成が必要で，さらに国民投票において過半数の賛成を得られなければ改正は成立しない（憲96条）。

　以上のように，憲法はその最高法規性をみずから宣言するとともに，それを維持するための仕組みを定めている。

II　最高法規性と人権保障

　日本国憲法は，「第10章　最高法規」として，97条・98条・99条の3ヵ条をおいている。そのうちの98条1項（憲法の最高法規性）と99条（憲法尊重擁護義務）は上述のように，憲法の最高法規性を宣言し，それを確保するために公務員に対して憲法尊重擁護義務を課したものである。ところで，基本的人権の本質をうたった97条が最高法規の章に置かれているのはなぜだろうか。

　すなわち，「この憲法が日本国民に保障する基本的人権は，人類の多年にわたる自由獲得の努力の成果であつて，これらの権利は，過去幾多の試錬に堪へ，現在及び将来の国民に対し，侵すことのできない永久の権利として信託されたものである」（憲97条）という規定が，最高法規の章におかれている意味は何な

のだろうか，ということである。

　この点について，憲法が最高法規であるのは，憲法の内容が人間の権利・自由を国家権力による不当な侵害から守るための人権保障規範（自由の基礎法）であることにその実質的根拠があるからと説明される。そして，97条が最高法規性の章の最初におかれているのは，憲法の形式的最高法規性（憲98条）の実質的根拠を明らかにしたものであるからと説かれる。つまり，憲法が最高法規たる所以は，国家権力によって「侵すことのできない永久の権利」である日本国民の基本的人権を保障したことにあると解されている。

　ところで，この点について注意しなければならないのは，①憲法の保障する「侵すことのできない永久の権利」とされる基本的人権といえども決して無制限・無制約のものではないこと，②国民もまた基本的人権を保持するためには不断の努力を求められるということである（憲12条）。憲法で保障された基本的人権といえども法律によって一定の制限が課されることがあり，国民自身が権利・自由を濫用してはならないということでもある。「基本的人権は，人類の多年にわたる自由獲得の努力の成果」（憲97条）であることを思えば，その保障の重みを公権力を行使するものだけでなく，国民もまた自覚する必要がある。その自覚が，憲法をたんに現在の国民の権利・自由保障の手段にとどまらない，過去・現在・未来へと受け継がれる基本的人権の保障規範たる憲法の最高法規性を支えることになるのではないだろうか。

2 　日本国憲法における憲法保障

Ⅰ　憲法保障とは

　憲法保障とは，法律等の下位規範や政府行為等による憲法秩序侵害行為を防止しまたは排除することによって憲法の最高法規性を守り，憲法秩序の維持を確保することをいう。そのための制度には，①憲法に定められた制度と②憲法に定められていない超憲法的な制度がある。

　①憲法に定められた保障制度には，憲法の最高法規性の宣言（憲98条），公務

員の憲法尊重擁護義務（憲99条），硬性憲法性（憲96条），権力分立制の採用（憲41条・65条・76条）および違憲審査制（憲81条）がある。また，②憲法に定められていない超憲法的な保障制度には，抵抗権と国家緊急権がある。

すでに述べたように，基本的人権を保障する憲法の最高法規性が宣言され，その最高法規性を確保していくために，憲法を侵害するおそれの強い公権力を行使する立場にある公務員の憲法尊重擁護義務と，憲法の改正を通常の法律よりも困難にする改正手続を定め，違憲の疑いがある法律や国家行為等の違憲審査制を導入することによって裁判所が合憲性の審査と違憲の行為の無効を宣言する制度を定めている。

また，権力の集中がもたらす権力の濫用による国民の権利・自由の侵害を防止し，国民の権利・自由を確保する仕組みとして，国家権力（統治権）を立法権，行政権および司法権に分かち，それぞれを国会，内閣および裁判所に付与する権力分立（三権分立）を採用することも，憲法保障制度の1つといえる。

これらの憲法みずからが定める憲法保障制度によって憲法の最高法規性が確保されるが，憲法に規定のない超憲法的な憲法保障制度については，それが日本国憲法の下で認められるかどうか議論がある。

Ⅱ　抵　抗　権

抵抗権とは，国家権力の不法な行使に対し，国民自らがその権利・自由を守るために，合法的な手段に拠らず抵抗する権利のことをいう。その例は，18世紀後半の近代立憲主義の確立期にあたる市民革命の時代の憲法的文書の中に，次のようにみられる。

① 　アメリカの「独立宣言」（1776年）　「いかなる形態の政府であれ，政府がこれらの目的（＝生命，自由，及び幸福追求を含む不可侵の権利を確保するために政府が樹立されたこと──引用者注）に反するようになったときには，人民には政府を改造または廃止し，新たな政府を樹立し，人民の安全と幸福をもたらす可能性が最も高いと思われる形の権力を組織する権利を有する」。

② フランスの「人および市民の権利宣言」(1789年)　「あらゆる政治社会形成の目的は，人の自然的で時効消滅することのない権利の保全である。その権利とは，自由，所有権，安全，圧政への抵抗である」(2条)。

この2つの例にみられるように，社会契約説に基づき国民の権利・自由を確保するために国民が組織した政府が，その目的に反するようになったとき，その政府を変更する「圧政への抵抗」の権利として抵抗権がとらえられる。それは国民の実力行使による政府の変更，すなわち非合法な手段による政府の変更を認める思想であった。その後，近代立憲主義の発展とともに，代表民主制を定めた成文憲法のもとで政府の変更は国民が選挙によって行うことが通常のあり方となり，選挙によらない政府の変更方法である抵抗権は実定憲法の外におかれることになったのは，あまりにも当然の成り行きであった。

日本国憲法は国民の抵抗権を認めているかどうかは議論のあるところである。もちろん，日本国憲法の中に抵抗権を定めた規定は存在しないから，その限りでは日本国憲法は抵抗権は認めていないといえる。しかし，憲法に明文の規定がないからといって，その権利が存在しないということもできない。そのことは，「新しい人権」の例を見ても明らかであろう。憲法に規定された権利・自由は網羅的なものではなく，アメリカ合衆国憲法がいうように「この憲法において一定の権利を列挙したことをもって，人民が保有するその他の権利を否定し，または軽視したものと解釈してはならない」(修正第9条)という考え方は，日本国憲法の下でも妥当すると考えられるからである。つまり，実定法上の権利として日本国憲法の下で抵抗権を導き出すことはきわめて困難であっても，まったく不可能というものではない。

とはいえ，抵抗権を憲法上の権利として導き出すことは，代表民主制を採用する憲法の下では矛盾を生み出すことになり妥当とはいえない。せいぜい憲法は自然権を実定化したと解されるから，人権保障規定の根底にあって人権の発展を支えてきた圧政に対する抵抗の権利の理念を読みとる程度で理解するのが相当と思われる。その意味で，抵抗権は今日の憲法において，憲法保障制度と認めるのはむずかしいといえよう。

Ⅲ　国家緊急権

　国家緊急権とは，戦争・内乱・恐慌・大規模な自然災害など，平時の統治機構をもっては対処できない非常事態において，国家の存立を維持するために，国家権力が，立憲的な憲法秩序を一時停止して非常措置をとる権限のことで，非常大権，緊急命令，戒厳といった制度がこれに含まれる。このような権限は，とくに濫用の危険をはらむことから，その発動要件や統制方法を明確に憲法に規定し，立憲主義の枠組みの中に組み込むのが一般的である。その例として，フランス第五共和制憲法の大統領の緊急措置権（16条）や戒厳（36条），ドイツ憲法（ボン基本法）の緊迫事態（80a条）や国内的緊急状態（91条），韓国憲法の緊急処分・命令権（76条）や戒厳（77条）など，それぞれの国の現行憲法にみられる。わが国では，明治憲法に緊急勅令（8条）や戒厳（14条）の規定がおかれていたが，日本国憲法には国家緊急権に関する規定はない。

　もっとも，英米法系の国においては，憲法上明文の規定がなくても，非常事態においては不文の緊急権が認められるという考え方がとられている例もあることから，わが国の現行憲法下においても同様の考え方ができるという説もあるが，多数説は否定的である。法律レベルでは自衛隊法に防衛出動の規定があり，内閣総理大臣は，「我が国に対する外部からの武力攻撃が発生した事態又は我が国に対する外部からの武力攻撃が発生する明白な危険が切迫していると認められるに至つた事態」（76条1項1号）および「我が国と密接な関係にある他国に対する武力攻撃が発生し，これにより我が国の存立が脅かされ，国民の生命，自由及び幸福追求の権利が根底から覆される明白な危険がある事態」（同条同項2号）に際して，「我が国を防衛するため必要があると認める場合には，自衛隊の全部又は一部の出動を命ずることができる」（76条1項）と定められているほか，武力攻撃事態法（平成15年）（現「武力攻撃事態・存立危機事態法」［平成27年改正]），周辺事態法（平成11年）（現「重要影響事態法」［平成27年改正]）などの緊急事態法制の整備が進んでいる。こうした立法について，憲法上の明文の根拠を欠くため違憲の疑義が呈せられることがあり，非常事態における迅速

かつ有効な対処の妨げともなりかねないことが危惧される。憲法改正が政治日程に上る際は，緊急権規定の導入は最重要な検討課題の１つである。

> ～ **Topic 20 - 1** ～～～～～～～～～～～～～～～～～～～～～～
>
> ### 国家緊急権についての「二重の基準」？
>
> 　自民党案を初めとする憲法改正案のいずれもが国家緊急権の規定を導入している。これに対し，改憲反対の大方の憲法学者は，国家緊急権は濫用の危険が大きく，立憲主義を崩壊させかねないと批判する。その中には，フランス憲法やドイツ憲法の研究者もいるが，そうした人々はフランス憲法やドイツ憲法の緊急権規定に対し，同様の評価をしているのであろうか。わが国の憲法に緊急権規定が導入されると，濫用されて人権が侵害され，立憲主義が崩壊し，民主主義が破壊され，独裁政治になると警鐘を鳴らしているかにみえる。安倍首相をはじめとするわが国の保守政治家は危険な国家主義者で，そのような政治家が緊急権を行使できるようになると「危ない」と見ているのだろう。わが国の民主主義は欧米諸国の民主主義よりも未熟で脆弱だから，わが同胞はフランス人やドイツ人ほど信頼できないということでもあるのだろうか。それとも国や国民の安全よりも，「憲法を，立憲主義を守れ！」ということか…。いささか不可解である。

3 　憲 法 改 正

　日本国憲法は，「第９章　改正」として，96条で憲法改正の手続を定めている。それによると，「この憲法の改正は，各議院の総議員の３分の２以上の賛成で，国会が，これを発議し，国民に提案してその承認を経なければならない。この承認には，特別の国民投票又は国会の定める選挙の際行はれる投票において，その過半数の賛成を必要とする」（憲96条１項）として，①国会発議による国民への憲法改正案の提案，次いで②その改正案に対する国民投票，という２段階の手続が要求される。そして，国民投票の結果，改正案が国民の承認を得たときは，③「天皇は，国民の名で，この憲法と一体を成すものとして，直ちにこれを公布する」（同条２項）ことで，憲法改正の手続が完了する。

I 憲法改正の意義

憲法改正とは，憲法の規定を憲法に定める手続によって変更（修正・削除・追加）することをいう。その変更は，憲法の全体に及ぶこともあれば，限られた少数の条項の変更にとどまることもある。憲法改正はあくまで憲法の定める改正手続に従って行われるものであり，憲法の定める手続によらないクーデタや革命による憲法の変更は，ここにいう憲法改正ではなく，憲法の制定として区別される。ところが，憲法改正手続によればいかなる改正も可能とする説（無限界説）もあるが，理論上限界があるという説（限界説）がわが国では通説となっている。

日本国憲法は，大日本帝国憲法（明治憲法）73条の規定に定める手続に従って改正されたことがその上諭に明記されている。その意味では日本国憲法は大日本帝国憲法の改正憲法といえる。しかし，主権者が天皇から国民に変わったことから，憲法改正に限界があるという立場からは，憲法の「改正」とはいえず新たな憲法の「制定」であるととらえられる。主権者の変更は，法的意味での革命である。その革命がポツダム宣言を受諾し敗戦が決まった昭和20（1945）年8月15日にあったとみなす。これを「8月革命」とよび，その革命の結果主権者となった日本国民が日本国憲法を制定したとする。これが「8月革命説」といわれる学説で，通説となっている。

この考え方は大日本帝国憲法から日本国憲法への変更を矛盾なく説明しようとして編み出された1つの理論である。いわば1つの「虚構」である。実際，日本国憲法の制定過程の事実はこの理論で説明できるほど単純ではない。占領下にあったことを考えれば，日本国民が自由な意思に基づいて憲法草案を審議し決定できる状況ではなかった。主権者としての国民は占領下の国民であり，日本国そのものに主権がなかった時代のことであったことを忘れてはならない。

340

第20講　憲法保障と憲法改正

Ⅱ　憲法改正手続

1　憲法の国会発議

　憲法の定める改正手続は，各議院の総議員の3分の2以上の賛成による発議に始まる（憲96条1項）。すなわち，衆議院と参議院でそれぞれ改正草案の審議を行い，衆議院の総議員（465名）の3分の2以上（310名以上）が賛成し，かつ参議院の総議員（248名）の3分の2以上（166名以上）の賛成があって国会発議となり，国民投票にかけられる。国民投票の結果，過半数の賛成が得られれば憲法改正が成立し，天皇が国民の名で改正される憲法と一体を成すものとして，直ちにこれを公布する（憲96条2項）。

　以上が，憲法の定める改正手続であり，その手続の過程で国民投票が予定されているが，この国民投票を実施するための法律が長らく制定されないまま放置されてきた。平成19（2007）年になってようやく「日本国憲法の改正手続に関する法律」（憲法改正国民投票法）が制定され，3年間の周知期間を経て，平成22（2010）年5月18日に施行され，実際に憲法改正が可能な状態が整備された。

　ところで，国会発議の要件について，現実的な不合理があることを指摘しておきたい。それは，衆議院議員の156名以上，または参議院議員の83名以上が反対すれば憲法改正の発議はなされず，国民の意思をきくことなく憲法改正手続はそこで頓挫し終了するという点である。国民の意思表明の機会をブロックすることで，主権者たる国民の意思より一部の国会議員の意思が優越することになっているといえるのではないだろうか。

Topic 20-2

国会議員の「憲法改正阻止権」

　現行改正規定では，国民投票にかけるためには，国会が各議院の総議員の3分の2以上の賛成で改正発議を行い，改正案を国民に提示することになっている。すなわち，仮に国会に憲法改正草案が提出された場合，先に衆議院で審議が行われ，その総議員の3分の2以上の賛成で可決されると，次に参議院で審議が行われることになる。そこで，参議院議員の総議員（248人）の3分の1（82.6人）を超える反対が

あれば，国会発議ができなくなり，国民投票に進むことなく憲法改正手続は終了する。たとえ世論調査で，国民の過半数の賛成があってもその意思が改正手続に反映されることなく，参議院における否決をもって改正案は葬られる。参議院の83人に憲法改正阻止権が与えられているといえる。主権者として憲法制定権力を持つ国民の意思よりも，国民の負託を受けて憲法改正権力の一部を行使する83人の参議院議員の意思が優越していいのだろうか？

2 憲法改正案の提出

憲法改正案の提出権は，法律案と同様，国会議員と内閣にあると解される。国会議員については，憲法改正国民投票法の制定に伴い，国会の憲法改正原案（憲法改正案）の発議について国会法に規定が設けられた。それによると，改正原案の提出には，衆議院においては議員100人以上，参議院においては議員50人以上の賛成を要する（国会68条の2）。

一方，内閣については発案権があるか否かについて争いがあるが，議院内閣制の下で内閣を構成する国務大臣はほとんどの場合全員が国会議員であり，与党の国会議員を通じて改正原案を提出することが可能であることから，内閣の発案権を否定しても実際には内閣は与党の国会議員を経由して改正原案を提出できる。そのため内閣の発案権の有無については，議論の実益に乏しい。

次に，国会において最後の可決があった場合，その可決をもって，憲法96条1項に定める憲法改正の発議をし，国民に提案したものとされ（同法68条の5），この発議後速やかに国民投票の期日が国会の議決で定められる（同法68条の6）。ここにいう最後の可決とは，衆議院または参議院が先に可決した後，他の院でなされた可決のことである。

なお，憲法改正原案等を審査するため，憲法審査会が各議院に設置されることになっている（同法102条の6）。

3 憲法改正の国民投票

憲法96条に定める国民の承認を得るための国民投票に関する手続と憲法改正の発議にかかる手続を整備するために，平成19（2007）年に憲法改正国民投票法が制定された。この国民投票においては，「日本国民で年齢満18年以上の者」

（憲改3条）が投票権を有する。

　投票は，憲法改正案に賛成するときは投票用紙に印刷された賛成の文字を囲んで○を自書し，反対のときは反対の文字を囲んで○を自書し，投票箱に入れる（同法57条1項）。そして，憲法改正案に賛成する票数が，投票総数（賛成票数と反対票数の合計）（同法98条2項）の2分の1を超えた場合，国民の承認があったものとされ，内閣総理大臣は直ちに当該憲法改正の公布のための手続をとらなければならない（同法126条）。

　なお，国民投票に関し異議のある投票人は，国民投票無効の訴訟を提起することができる（同法127条）。

4　憲法改正の限界

　憲法の定める手続に従えば，いかなる内容の改正も可能であるのか，という問題が憲法改正の限界として論じられる。憲法改正は，憲法制定と区別される概念であることから，一般に憲法の同一性を失わせるような憲法の変更は，憲法改正の限界を超えるから許されないとする説が通説である。

I　改正の限界と主権原理・根本規範

1　無限界説と限界説

　憲法の定める手続によれば，どのような内容の改正も可能であるとするのが改正無限界説である。憲法は主権者である国民が制定したものであるから，国民の意思次第ではいかなる内容の改正も可能であるとするものである。この考え方では，個々の憲法条項の中に上下の価値秩序を認めない。少数説であるが，大日本帝国憲法の改正手続によって，主権の所在の変更をはじめとする基本原理を変更して日本国憲法が成立した事情を事実に即してみた場合，無限界説を支持する事例となろう。しかし，日本国憲法のもとでは，憲法の改正には限界があるとする考え方が通説であり，その限界として，主権原理，人権の基本原則，平和主義の原理，および憲法改正手続などがあげられる。

2　限界説と主権原理

　限界説の考え方は，主権原理と根本規範を重視する。主権原理については，憲法改正権力が関係する。「憲法制定権力」（制憲権）とは憲法をつくった権力で，その権力をもつものが主権者といわれる。一方，憲法を改正する権力は憲法改正権力といわれ，これは憲法によって生まれた権力である。そうなると，憲法改正によって主権者を変更することは，憲法をつくったものを憲法によってつくられたものが変更することを意味し，これは論理的に不可能であるとする。よって，憲法改正によって主権者の変更は許されないと考える。

　また，憲法改正手続規定そのものの改正については，国民の制憲権を否定するような改正手続への変更，たとえば改正手続から国民投票を削除するなどの変更は許されないとされる。

3　限界説と根本規範

　憲法の中に「根本規範」というその憲法を憲法たらしめている基本的な規定の存在を認め，それらの規定を変更することは憲法の一体性を失わせることになるとして，根本規範は改正することはできず，改正の限界をなすとする考え方がある。もっとも，何を根本規範と捉えるかについては見解の違いがみられる。一般には主権原理（国民主権），人権の基本原則（基本的人権の尊重），および平和主義の原理といった，いわゆる日本国憲法の基本原理とされるものが，根本規範にあたるといわれる。これらの基本原理が憲法改正の限界とされ，改正手続をもってしては変更することができないとする考え方である。

　ただし，限界説であっても，人権の基本原則や平和主義の原則を変えることはできないというのであって，憲法の人権規定はいっさい改正できないとか，憲法9条は一言一句変更できないとまで主張するものではない。その意味では，具体的に条文の修正・削除・追加の限界をあらかじめ示し，改正の限界を明確に示すものではない。

　なお，いわゆる改正の限界を超えたとされる改正がなされても，そのことを公式に判断し無効とするような法的手段はない。いかなる内容の改正であれ，日本国憲法の定める改正手続に従って改正が成立すれば，その改正は日本国憲

第20講　憲法保障と憲法改正

法と一体をなすものとして公布され，有効となる。

Topic 20-3

発議要件の緩和で硬性憲法でなくなる!?

　憲法改正の発議要件を議員の過半数に引き下げると，憲法が法律並みに改正されやすくなるから立憲主義に反する，という主張がある。法律は，各議院の総議員の３分の１以上が出席し，その過半数の賛成，すなわち，各議院の総議員の６分の１を超える賛成で改正可能（憲56条）。しかし，各議院の総議員の過半数となれば，その３倍。しかも，さらに国民投票で過半数の賛成が必要だから，法律並みに改正されやすくなるなどというのは，真っ赤なウソ。もちろん硬性憲法でなくなるというのもウソ。なぜなら，硬性憲法ではない軟性憲法とは，その改正が法律と同じ手続でできる憲法のことだから。このようなウソが，何が何でも改憲反対のマスメディアで流されることがある。鼻先で笑ってすませばいいようなものだが，学者・文化人の発言とあれば，視聴者や読者はそのまま信じ込み世論となりかねない。それを狙っての改憲阻止のためのデマゴーグなのだろうか？

Ⅱ　憲法の変遷

　憲法改正が行われないのに，憲法規定の本来の意味が国家権力の運用によって次第に変化し，そのような運用の積み重ねの結果，憲法規定の本来の意味が変更されてしまうことを「憲法の変遷」とよぶ。

　憲法は時代の所産であり，時代の変化とともにその運用が変化する。とくに極度の硬性憲法であるため改正が困難であったり，政治的理由により改正ができないため，憲法条項の変更なしに運用によって時代の変化に対処することが必要となる場合がある。たとえば，憲法９条の制定当時の趣旨は，自衛のための戦争をも放棄し，すべての武力の不保持を定めたものであるとされたものが，その後の国際情勢の変化により，自衛隊法をはじめとする防衛法の整備により，高度の装備を備えた自衛隊を有するに至ったことは，憲法の変遷であると捉える説もある。

　憲法の変遷を認めることは，憲法改正手続を経ないで，立法や判例の積み重

345

ねによって憲法改正と同様の結果をもたらすことを承認するもので，安易にこれを承認することはできない。そこで，憲法の変遷を考えるにあたって，憲法に改正手続がおかれていることの意味について考えてみる必要がある。

Ⅲ　改正規定の存在理由

　憲法改正手続規定は何のためにあるのか。もちろん，改正手続規定は憲法を改正するためにあり，このような規定が置かれるのは，時代とともに憲法を改正する必要が生じることを憲法自身が予定しているからである。そして，改正の際には憲法自身の定める手続に従わなければならないということでもある。つまり，憲法自身が認める手続によらない憲法の変更は認められず，その意味で改正規定は，憲法を不法な変更から守り立憲主義を維持するための憲法保障制度の1つであると考えられる。

　また，憲法改正手続は，通常の法律改正手続よりも厳重な要件が付されている（硬性憲法）。このことは，国の最高法規であり基本法である憲法の改正を通常の法改正よりもむずかしくすることで，憲法を頂点とする国法秩序の安定性を図るとともに，憲法に特別な権威を付与することになる。

　一方，憲法がその権威と機能を維持していくためには，時宜に応じた改正が必要であり，憲法を改正しないことが逆に憲法の規範性を低下させ，憲法の空洞化や正規の改正手続によらない憲法の変更—革命やクーデター—を誘発する危険を高めないとも限らない。したがって，憲法を改正しないことが憲法を守ることである，とは一概に言い切れない。

　立憲主義の理念を忘れることなく，時代の変化に適した憲法の改正を考える必要があろう。憲法は国家の存立を前提としてその安定の基礎を固め，その上に立って国家権力をコントロールしながら国民の権利・自由を保障していく規範なのである。

第20講　憲法保障と憲法改正

確認問題 ・・

(1) 憲法の最高法規性・基本的人権について，次の説明のうち誤っているものを1つ選びなさい。

① 憲法の最高法規性を確保するため，憲法は公務員の憲法尊重擁護義務を定めている。

② 憲法の最高法規性を確保するため，憲法は，裁判所に法律，命令，規則または処分に対する違憲審査権を与えている。

③ 憲法の最高法規性を確保するため，憲法は，その改正手続に通常の法律よりも厳格な要件を定めている。

④ 憲法の最高法規性の実質的な根拠は，憲法が「侵すことのできない永久の権利」である基本的人権を保障する規範であることに求められる。

⑤ 憲法の保障する「侵すことのできない永久の権利」である基本的人権は国民の権利であるから，国民はそれを保持するために義務を負うことはない。

(2) 憲法保障について，次の説明のうちもっとも不適当なものを1つ選びなさい。

① 憲法の最高法規性の宣言は，憲法保障の制度の1つである。

② 権力分立制は，憲法保障の制度の1つである。

③ 国家緊急権は立憲主義を破壊するおそれがあるから，憲法保障の制度ではない。

④ 抵抗権は，圧政への抵抗の権利であるが，今日では憲法保障の制度とみることは難しい。

⑤ 違憲審査制は，憲法保障の制度の1つである。

(3) 憲法改正について，次の説明のうち誤っているものを1つ選びなさい。

① 明治憲法は不磨の大典とされ，憲法改正手続に関する規定は置かれていなかった。

② 憲法改正には，憲法の定める改正手続によっても改正できない理論上の限界があるとするのが改正限界説である。

③ 憲法の定める改正手続によれば，いかなる内容の改正も可能であるとするのが改正無限界説である。

④ 日本国憲法の定める改正手続によれば，国会だけで憲法を改正することはできず，必ず国民投票を行わなければならない。

⑤ 憲法改正が国民投票で承認されたときは，天皇が国民の名で，この憲法と一体をなすものとして直ちに公布する。

347

主要参考文献

芦部信喜（高橋和之補訂）『憲法［第7版］』岩波書店，平成31（2019）年

阿部照哉『憲法［改訂版］』青林書院，平成3（1991）年

網中政機編著『憲法要論』嵯峨野書院，平成25（2013）年

伊藤正己『憲法［第3版］』弘文堂，平成7（1995）年

榎原猛『憲法　体系と争点』法律文化社，昭和61（1986）年

大石眞『日本憲法史［第2版］』有斐閣，平成17（2005）年

大石眞『憲法講義Ⅰ［第3版］・Ⅱ［第2版］』有斐閣，平成26（2014）年，平成24（2012）年

大石眞・石川健治編『憲法の争点』有斐閣，平成20（2008）年

尾吹善人『憲法教科書』木鐸社，平成5（1993）年

尾吹善人『日本憲法—学説と判例』木鐸社，平成2（1990）年

清宮四郎『憲法Ⅰ［第3版］』有斐閣，昭和54（1979）年

小嶋和司『憲法の争点［新版］』有斐閣，昭和60（1985）年

小嶋和司『憲法概説』良書普及会，昭和62（1987）年／復刻版：信山社，平成16（2004）年

小嶋和司・大石眞『憲法概観［第7版］』有斐閣，平成23（2011）年

小林昭三『戦後の憲法史』成文堂，昭和46（1971）年

小林昭三『日本国憲法の条件』成文堂，昭和61（1986）年

小林昭三『新憲法論・序説』成文堂，平成9（1997）年

小林昭三・土居靖美編著『日本国憲法論』嵯峨野書院，平成12（2000）年

憲法政治学研究会編『人権の条件』嵯峨野書院，平成19（2007）年

憲法政治学研究会編『日本国憲法講義』成文堂，平成21（2009）年

佐伯宣親・高乗正臣『現代憲法学の論点［第2版］』成文堂，平成12（2000）年

阪本昌成『憲法理論Ⅰ［補訂第3版］・Ⅱ・Ⅲ』成文堂，平成12（2000）年，平成5（1993）年，
　平成7（1995）年

佐々木惣一『改訂日本国憲法論』有斐閣，昭和27（1952）年

佐藤幸治『憲法［第3版］』青林書院，平成7（1995）年

佐藤幸治『日本国憲法論』成文堂，平成23（2011）年

佐藤達夫『日本国憲法成立史（1〜4巻）』有斐閣，昭和37〜平成6（1962〜1994）年

渋谷秀樹『憲法［第3版］』有斐閣，平成29（2017）年

渋谷秀樹『日本国憲法の論じ方［第2版］』有斐閣，平成22（2010）年

渋谷秀樹・赤坂正浩『憲法Ⅰ人権』『憲法Ⅱ統治』［第7版］有斐閣，平成31（2019）年

初宿正典『憲法2　基本権［第3版］』成文堂，平成22（2010）年

高橋和之『立憲主義と日本国憲法［第4版］』有斐閣，平成29（2017）年

高見勝利・岡田信弘・常本照樹編『日本国憲法解釈の再検討』有斐閣，平成16（2004）年

田上穣治『日本国憲法原論［新版］』青林書院，昭和60（1985）年

辻村みよ子『憲法［第 6 版］』日本評論社，平成30（2018）年

戸松秀典『憲法』弘文堂，平成27（2015）年

長尾一紘『日本国憲法［全訂第 4 版］』世界思想社，平成23（2011）年

西　修編著『エレメンタリ憲法［新訂版］』成文堂，平成20（2008）年

野中俊彦・中村睦男・高橋和之・高見勝利『憲法Ⅰ・Ⅱ［第 5 版］』有斐閣，平成24（2012）年

野畑健太郎・池田実編著『テキストブック日本国憲法［第 2 版］』嵯峨野書院，平成19（2007）年

長谷部恭男『憲法［第 7 版］』新世社，平成30（2018）年

樋口陽一・佐藤幸治・中村睦男・浦部法穂『注釈日本国憲法（上・下）』青林書院新社，昭和59（1984）年，昭和63（1988）年

松井茂記『日本国憲法［第 3 版］』有斐閣，平成19（2007）年

宮澤俊義『憲法Ⅱ—基本的人権［新版改訂］』有斐閣，昭和49（1974）年

宮澤俊義（芦部信喜補訂）『全訂日本国憲法』日本評論社，昭和53（1978）年

判例集・判例解説

長谷部恭男・石川健治・宍戸常寿編『憲法判例百選Ⅰ・Ⅱ［第 7 版］』有斐閣，令和元（2019）年

阿部照哉・池田政章・初宿正典・戸松秀典編『憲法判例［第 3 版増補］』有斐閣，平成 9（1997）年

大石眞・大沢秀介編『判例憲法［第 3 版］』有斐閣，平成28（2016）年

粕谷友介編著『憲法主要判例　Post2000』上智大学出版，平成18（2006）年

初宿正典編著『基本判例　憲法25講［第 4 版］』成文堂，平成27（2015）年

初宿正典・大石眞・松井茂記・市川正人・高井裕之・藤井樹也・土井真一・毛利透・松本哲治・中山茂樹・上田健介『憲法 Cases and Materials 人権《基礎編》・《展開編》』有斐閣，平成17（2005）年

杉原泰雄・野中俊彦編著『新判例マニュアル　憲法Ⅰ・Ⅱ』三省堂，平成12（2000）年

高橋和之編『新・判例ハンドブック憲法［第 2 版］』日本評論社，平成30（2018）年

戸松秀典・初宿正典編著『憲法判例［第 8 版］』有斐閣，平成30（2018）年

野中俊彦・江橋崇編著『憲法判例集［第11版］』有斐閣，平成28（2016）年

確認問題解答

第 1 講　憲法とはどのような法か
(1) ④　(2) ③　(3) ③

第11講　参　政　権
(1) ③　(2) ②・⑤

第 2 講　日本国憲法の成立と基本原理
(1) ①　(2) ②　(3) ②

第12講　国務請求権
(1) ④　(2) ①

第 3 講　天　　　皇
(1) ④　(2) ③　(3) ①

第13講　社　会　権
(1) ③　(2) ①　(3) ④

第 4 講　戦争の放棄
(1) ③・④　(2) ①　(3) ④　(4) ⑤

第14講　国民の義務
(1) ④　(2) ①　(3) ③

第 5 講　基本的人権の歴史と意義
(1) ④　(2) ③　(3) ②

第15講　国　　　会
(1) ③　(2) ②・④

第 6 講　個人の尊重と幸福追求権
(1) ②　(2) ④

第16講　内　　　閣
(1) ④　(2) ②

第 7 講　平等原則
(1) ②　(2) ①　(3) ④

第17講　裁　判　所
(1) ③・④　(2) ③

第 8 講　精神的自由権
(1) ②　(2) ③

第18講　財　　　政
(1) ①　(2) ④

第 9 講　経済的自由権
(1) ③　(2) ②

第19講　地方自治
(1) ②　(2) ③

第10講　人身の自由
(1) ④　(2) ③　(3) ③

第20講　憲法保障と憲法改正
(1) ⑤　(2) ③　(3) ①

日 本 国 憲 法

[1946（昭和21）・11・3公布]
[1947（昭和22）・5・3施行]

朕は，日本国民の総意に基いて，新日本建設の礎が，定まるに至つたことを，深くよろこび，枢密顧問の諮詢及び帝国憲法第73条による帝国議会の議決を経た帝国憲法の改正を裁可し，ここにこれを公布せしめる。

御 名 御 璽

昭和21年11月3日

内閣総理大臣兼
外 務 大 臣 　　　　吉 田 　 茂
国 務 大 臣 男爵 幣 原 喜重郎
司 法 大 臣 　　 木 村 篤太郎
内 務 大 臣 　　 大 村 清 一
文 部 大 臣 　　 田 中 耕太郎
農 林 大 臣 　　 和 田 博 雄
国 務 大 臣 　　 斎 藤 隆 夫
逓 信 大 臣 　　 一 松 定 吉
商 工 大 臣 　　 星 島 二 郎
厚 生 大 臣 　　 河 合 良 成
国 務 大 臣 　　 植 原 悦二郎
運 輸 大 臣 　　 平 塚 常次郎
大 蔵 大 臣 　　 石 橋 湛 山
国 務 大 臣 　　 金 森 徳次郎
国 務 大 臣 　　 膳 　 桂之助

日本国憲法

日本国民は，正当に選挙された国会における代表者を通じて行動し，われらとわれらの子孫のために，諸国民との協和による成果と，わが国全土にわたつて自由のもたらす恵沢を確保し，政府の行為によつて再び戦争の惨禍が起ることのないやうにすることを決意し，ここに主権が国民に存することを宣言し，この憲法を確定する。そもそも国政は，国民の厳粛な信託によるものであつて，その権威は国民に由来し，その権力は国民の代表者がこれを行使し，その福利は国民がこれを享受する。これは人類普遍の原理であり，この憲法は，かかる原理に基くものである。われらは，これに反する一切の憲法，法令及び詔勅を排除する。

日本国民は，恒久の平和を念願し，人間相互の関係を支配する崇高な理想を深く自覚するのであつて，平和を愛する諸国民の公正と信義に信頼して，われらの安全と生存を保持しようと決意した。われらは，平和を維持し，専制と隷従，圧迫と偏狭を地上から永遠に除去しようと努めてゐる国際社会において，名誉ある地位を占めたいと思ふ。われらは，全世界の国民が，ひとしく恐怖と欠乏から免かれ，平和のうちに生存する権利を有することを確認する。

われらは，いづれの国家も，自国のことのみに専念して他国を無視してはならないのであつて，政治道徳の法則は，普遍的なものであり，この法則に従ふことは，自国の主権を維持し，他国と対等関係に立たうとする各国の責務であると信ずる。

日本国民は，国家の名誉にかけ，全力をあげてこの崇高な理想と目的を達成することを誓ふ。

第1章　天　　　皇

第1条　天皇は，日本国の象徴であり日本国民統合の象徴であつて，この地位は，主権の存する日本国民の総意に基く。

第2条　皇位は，世襲のものであつて，国会の議決した皇室典範の定めるところにより，これを継承する。

第3条　天皇の国事に関するすべての行為には，内閣の助言と承認を必要とし，内閣が，その責任を負ふ。

第4条　①　天皇は，この憲法の定める国事に関する行為のみを行ひ，国政に関する権能を有しない。

②　天皇は，法律の定めるところにより，その国事に関する行為を委任することができる。

第5条　皇室典範の定めるところにより摂政を置くときは，摂政は，天皇の名でその国事に関する行為を行ふ。この場合には，前条第1項の規定を準用する。

第6条　①　天皇は，国会の指名に基いて，内閣総理大臣を任命する。

②　天皇は，内閣の指名に基いて，最高裁判所の長たる裁判官を任命する。

第7条　天皇は，内閣の助言と承認により，国民のために，左の国事に関する行為を行ふ。

　　一　憲法改正，法律，政令及び条約を公布すること。

　　二　国会を召集すること。

　　三　衆議院を解散すること。

　　四　国会議員の総選挙の施行を公示すること。

　　五　国務大臣及び法律の定めるその他の官吏の任免並びに全権委任状及び大使及び公使の信任状を認証すること。

　　六　大赦，特赦，減刑，刑の執行の免除及び復権を認証すること。

　　七　栄典を授与すること。

　　八　批准書及び法律の定めるその他の外交文書を認証すること。

　　九　外国の大使及び公使を接受すること。

　　十　儀式を行ふこと。

第8条　皇室に財産を譲り渡し，又は皇室が，財産を譲り受け，若しくは賜与することは，国会の議決に基かなければならない。

第2章　戦争の放棄

第9条　①　日本国民は，正義と秩序を基調とする国際平和を誠実に希求し，国権の発動たる戦争と，武力による威嚇又は武力の行使は，国際紛争を解決する手段としては，永久にこれを放棄する。

②　前項の目的を達するため，陸海空軍その他の戦力は，これを保持しない。国の交戦権は，これを認めない。

第3章　国民の権利及び義務

第10条　日本国民たる要件は，法律でこれを定める。

第11条　国民は，すべての基本的人権の享有を妨げられない。この憲法が国民に保障する基本的人権は，侵すことのできない永久の権利として，現在及び将来の国民に与へられる。

第12条　この憲法が国民に保障する自由及び権利は，国民の不断の努力によつて，これを保持しなければならない。又，国民は，これを濫用してはならないのであつて，常に公共の福祉のためにこれを利用する責任を負ふ。

第13条　すべて国民は，個人として尊重される。生命，自由及び幸福追求に対する国民の権利については，公共の福祉に反しない限り，立法その他の国政の上で，最大の尊重を必要とする。

第14条　①　すべて国民は，法の下に平等であつて，人種，信条，性別，社会的身分又は門地により，政治的，経済的又は社会的関係において，差別されない。

② 華族その他の貴族の制度は，これを認めない。

③ 栄誉，勲章その他の栄典の授与は，いかなる特権も伴はない。栄典の授与は，現にこれを有し，又は将来これを受ける者の一代に限り，その効力を有する。

第15条 ① 公務員を選定し，及びこれを罷免することは，国民固有の権利である。

② すべて公務員は，全体の奉仕者であつて，一部の奉仕者ではない。

③ 公務員の選挙については，成年者による普通選挙を保障する。

④ すべて選挙における投票の秘密は，これを侵してはならない。選挙人は，その選択に関し公的にも私的にも責任を問はれない。

第16条 何人も，損害の救済，公務員の罷免，法律，命令又は規則の制定，廃止又は改正その他の事項に関し，平穏に請願する権利を有し，何人も，かかる請願をしたためにいかなる差別待遇も受けない。

第17条 何人も，公務員の不法行為により，損害を受けたときは，法律の定めるところにより，国又は公共団体に，その賠償を求めることができる。

第18条 何人も，いかなる奴隷的拘束も受けない。又，犯罪に因る処罰の場合を除いては，その意に反する苦役に服させられない。

第19条 思想及び良心の自由は，これを侵してはならない。

第20条 ① 信教の自由は，何人に対してもこれを保障する。いかなる宗教団体も，国から特権を受け，又は政治上の権力を行使してはならない。

② 何人も，宗教上の行為，祝典，儀式又は行事に参加することを強制されない。

③ 国及びその機関は，宗教教育その他いかなる宗教的活動もしてはならない。

第21条 ① 集会，結社及び言論，出版その他一切の表現の自由は，これを保障する。

② 検閲は，これをしてはならない。通信の秘密は，これを侵してはならない。

第22条 ① 何人も，公共の福祉に反しない限り，居住，移転及び職業選択の自由を有する。

② 何人も，外国に移住し，又は国籍を離脱する自由を侵されない。

第23条 学問の自由は，これを保障する。

第24条 ① 婚姻は，両性の合意のみに基いて成立し，夫婦が同等の権利を有することを基本として，相互の協力により，維持されなければならない。

② 配偶者の選択，財産権，相続，住居の選定，離婚並びに婚姻及び家族に関するその他の事項に関しては，法律は，個人の尊厳と両性の本質的平等に立脚して，制定されなければならない。

第25条 ① すべて国民は，健康で文化的な最低限度の生活を営む権利を有する。

② 国は，すべての生活部面について，社会福祉，社会保障及び公衆衛生の向上及び増進に努めなければならない。

第26条 ① すべて国民は，法律の定めるところにより，その能力に応じて，ひとしく教育を受ける権利を有する。

② すべて国民は，法律の定めるところにより，その保護する子女に普通教育を受けさせる義務を負ふ。義務教育は，これを無償とする。

第27条 ① すべて国民は，勤労の権利を有し，義務を負ふ。

② 賃金，就業時間，休息その他の勤労条件に関する基準は，法律でこれを定める。

③ 児童は，これを酷使してはならない。

第28条 勤労者の団結する権利及び団体交渉その他の団体行動をする権利は，これを保障する。

第29条　①　財産権は，これを侵してはならない。

②　財産権の内容は，公共の福祉に適合するやうに，法律でこれを定める。

③　私有財産は，正当な補償の下に，これを公共のために用ひることができる。

第30条　国民は，法律の定めるところにより，納税の義務を負ふ。

第31条　何人も，法律の定める手続によらなければ，その生命若しくは自由を奪はれ，又はその他の刑罰を科せられない。

第32条　何人も，裁判所において裁判を受ける権利を奪はれない。

第33条　何人も，現行犯として逮捕される場合を除いては，権限を有する司法官憲が発し，且つ理由となつてゐる犯罪を明示する令状によらなければ，逮捕されない。

第34条　何人も，理由を直ちに告げられ，且つ，直ちに弁護人に依頼する権利を与へられなければ，抑留又は拘禁されない。又，何人も，正当な理由がなければ，拘禁されず，要求があれば，その理由は，直ちに本人及びその弁護人の出席する公開の法廷で示されなければならない。

第35条　①　何人も，その住居，書類及び所持品について，侵入，捜索及び押収を受けることのない権利は，第33条の場合を除いては，正当な理由に基いて発せられ，且つ捜索する場所及び押収する物を明示する令状がなければ，侵されない。

②　捜索又は押収は，権限を有する司法官憲が発する各別の令状により，これを行ふ。

第36条　公務員による拷問及び残虐な刑罰は，絶対にこれを禁ずる。

第37条　①　すべて刑事事件においては，被告人は，公平な裁判所の迅速な公開裁判を受ける権利を有する。

②　刑事被告人は，すべての証人に対して審問する機会を充分に与へられ，又，公費で自己のために強制的手続により証人を求める権利を有する。

③　刑事被告人は，いかなる場合にも，資格を有する弁護人を依頼することができる。被告人が自らこれを依頼することができないときは，国でこれを附する。

第38条　①　何人も，自己に不利益な供述を強要されない。

②　強制，拷問若しくは脅迫による自白又は不当に長く抑留若しくは拘禁された後の自白は，これを証拠とすることができない。

③　何人も，自己に不利益な唯一の証拠が本人の自白である場合には，有罪とされ，又は刑罰を科せられない。

第39条　何人も，実行の時に適法であつた行為又は既に無罪とされた行為については，刑事上の責任を問はれない。又，同一の犯罪について，重ねて刑事上の責任を問はれない。

第40条　何人も，抑留又は拘禁された後，無罪の裁判を受けたときは，法律の定めるところにより，国にその補償を求めることができる。

第4章　国　　会

第41条　国会は，国権の最高機関であつて，国の唯一の立法機関である。

第42条　国会は，衆議院及び参議院の両議院でこれを構成する。

第43条　①　両議院は，全国民を代表する選挙された議員でこれを組織する。

②　両議院の議員の定数は，法律でこれを定める。

第44条　両議院の議員及びその選挙人の資格は，法律でこれを定める。但し，人種，信条，性別，社会的身分，門地，教育，財産又は収入によつて差別してはならない。

第45条　衆議院議員の任期は，４年とする。但し，衆議院解散の場合には，その期間満了前に終了する。

第46条　参議院議員の任期は，６年とし，３年ごとに議員の半数を改選する。

第47条　選挙区，投票の方法その他両議院の議員の選挙に関する事項は，法律でこれを定める。

第48条　何人も，同時に両議院の議員たることはできない。

第49条　両議院の議員は，法律の定めるところにより，国庫から相当額の歳費を受ける。

第50条　両議院の議員は，法律の定める場合を除いては，国会の会期中逮捕されず，会期前に逮捕された議員は，その議院の要求があれば，会期中これを釈放しなければならない。

第51条　両議院の議員は，議院で行つた演説，討論又は表決について，院外で責任を問はれない。

第52条　国会の常会は，毎年１回これを召集する。

第53条　内閣は，国会の臨時会の召集を決定することができる。いづれかの議院の総議員の４分の１以上の要求があれば，内閣は，その召集を決定しなければならない。

第54条　①　衆議院が解散されたときは，解散の日から40日以内に，衆議院議員の総選挙を行ひ，その選挙の日から30日以内に，国会を召集しなければならない。

②　衆議院が解散されたときは，参議院は，同時に閉会となる。但し，内閣は，国に緊急の必要があるときは，参議院の緊急集会を求めることができる。

③　前項但書の緊急集会において採られた措置は，臨時のものであつて，次の国会開会の後10日以内に，衆議院の同意がない場合には，その効力を失ふ。

第55条　両議院は，各ゝその議員の資格に関する争訟を裁判する。但し，議員の議席を失はせるには，出席議員の３分の２以上の多数による議決を必要とする。

第56条　①　両議院は，各ゝその総議員の３分の１以上の出席がなければ，議事を開き議決することができない。

②　両議院の議事は，この憲法に特別の定のある場合を除いては，出席議員の過半数でこれを決し，可否同数のときは，議長の決するところによる。

第57条　①　両議院の会議は，公開とする。但し，出席議員の３分の２以上の多数で議決したときは，秘密会を開くことができる。

②　両議院は，各ゝその会議の記録を保存し，秘密会の記録の中で特に秘密を要すると認められるもの以外は，これを公表し，且つ一般に頒布しなければならない。

③　出席議員の５分の１以上の要求があれば，各議員の表決は，これを会議録に記載しなければならない。

第58条　①　両議院は，各ゝその議長その他の役員を選任する。

②　両議院は，各ゝその会議その他の手続及び内部の規律に関する規則を定め，又，院内の秩序をみだした議員を懲罰することができる。但し，議員を除名するには，出席議員の３分の２以上の多数による議決を必要とする。

第59条　①　法律案は，この憲法に特別の定のある場合を除いては，両議院で可決したとき法律となる。

②　衆議院で可決し，参議院でこれと異なつた議決をした法律案は，衆議院で出席議員の３分の２以上の多数で再び可決したときは，法律となる。

③　前項の規定は，法律の定めるところにより，衆議院が，両議院の協議会を開くこと

を求めることを妨げない。

④　参議院が，衆議院の可決した法律案を受け取つた後，国会休会中の期間を除いて60日以内に，議決しないときは，衆議院は，参議院がその法律案を否決したものとみなすことができる。

第60条　①　予算は，さきに衆議院に提出しなければならない。

②　予算について，参議院で衆議院と異なつた議決をした場合に，法律の定めるところにより，両議院の協議会を開いても意見が一致しないとき，又は参議院が，衆議院の可決した予算を受け取つた後，国会休会中の期間を除いて30日以内に，議決しないときは，衆議院の議決を国会の議決とする。

第61条　条約の締結に必要な国会の承認については，前条第2項の規定を準用する。

第62条　両議院は，各々国政に関する調査を行ひ，これに関して，証人の出頭及び証言並びに記録の提出を要求することができる。

第63条　内閣総理大臣その他の国務大臣は，両議院の一に議席を有すると有しないとにかかはらず，何時でも議案について発言するため議院に出席することができる。又，答弁又は説明のため出席を求められたときは，出席しなければならない。

第64条　①　国会は，罷免の訴追を受けた裁判官を裁判するため，両議院の議員で組織する弾劾裁判所を設ける。

②　弾劾に関する事項は，法律でこれを定める。

第5章　内　　閣

第65条　行政権は，内閣に属する。

第66条　①　内閣は，法律の定めるところにより，その首長たる内閣総理大臣及びその他の国務大臣でこれを組織する。

②　内閣総理大臣その他の国務大臣は，文民

でなければならない。

③　内閣は，行政権の行使について，国会に対し連帯して責任を負ふ。

第67条　①　内閣総理大臣は，国会議員の中から国会の議決で，これを指名する。この指名は，他のすべての案件に先だつて，これを行ふ。

②　衆議院と参議院とが異なつた指名の議決をした場合に，法律の定めるところにより，両議院の協議会を開いても意見が一致しないとき，又は衆議院が指名の議決をした後，国会休会中の期間を除いて10日以内に，参議院が，指名の議決をしないときは，衆議院の議決を国会の議決とする。

第68条　①　内閣総理大臣は，国務大臣を任命する。但し，その過半数は，国会議員の中から選ばれなければならない。

②　内閣総理大臣は，任意に国務大臣を罷免することができる。

第69条　内閣は，衆議院で不信任の決議案を可決し，又は信任の決議案を否決したときは，10日以内に衆議院が解散されない限り，総辞職をしなければならない。

第70条　内閣総理大臣が欠けたとき，又は衆議院議員総選挙の後に初めて国会の召集があつたときは，内閣は，総辞職をしなければならない。

第71条　前二条の場合には，内閣は，あらたに内閣総理大臣が任命されるまで引き続きその職務を行ふ。

第72条　内閣総理大臣は，内閣を代表して議案を国会に提出し，一般国務及び外交関係について国会に報告し，並びに行政各部を指揮監督する。

第73条　内閣は，他の一般行政事務の外，左の事務を行ふ。

一　法律を誠実に執行し，国務を総理すること。

日本国憲法

二　外交関係を処理すること。

三　条約を締結すること。但し，事前に，時宜によつては事後に，国会の承認を経ることを必要とする。

四　法律の定める基準に従ひ，官吏に関する事務を掌理すること。

五　予算を作成して国会に提出すること。

六　この憲法及び法律の規定を実施するために，政令を制定すること。但し，政令には，特にその法律の委任がある場合を除いては，罰則を設けることができない。

七　大赦，特赦，減刑，刑の執行の免除及び復権を決定すること。

第74条　法律及び政令には，すべて主任の国務大臣が署名し，内閣総理大臣が連署することを必要とする。

第75条　国務大臣は，その在任中，内閣総理大臣の同意がなければ，訴追されない。但し，これがため，訴追の権利は，害されない。

　　　第6章　司　　法

第76条　①　すべて司法権は，最高裁判所及び法律の定めるところにより設置する下級裁判所に属する。

②　特別裁判所は，これを設置することができない。行政機関は，終審として裁判を行ふことができない。

③　すべて裁判官は，その良心に従ひ独立してその職権を行ひ，この憲法及び法律にのみ拘束される。

第77条　①　最高裁判所は，訴訟に関する手続，弁護士，裁判所の内部規律及び司法事務処理に関する事項について，規則を定める権限を有する。

②　検察官は，最高裁判所の定める規則に従はなければならない。

③　最高裁判所は，下級裁判所に関する規則を定める権限を，下級裁判所に委任することができる。

第78条　裁判官は，裁判により，心身の故障のために職務を執ることができないと決定された場合を除いては，公の弾劾によらなければ罷免されない。裁判官の懲戒処分は，行政機関がこれを行ふことはできない。

第79条　①　最高裁判所は，その長たる裁判官及び法律の定める員数のその他の裁判官でこれを構成し，その長たる裁判官以外の裁判官は，内閣でこれを任命する。

②　最高裁判所の裁判官の任命は，その任命後初めて行はれる衆議院議員総選挙の際国民の審査に付し，その後10年を経過した後初めて行はれる衆議院議員総選挙の際更に審査に付し，その後も同様とする。

③　前項の場合において，投票者の多数が裁判官の罷免を可とするときは，その裁判官は，罷免される。

④　審査に関する事項は，法律でこれを定める。

⑤　最高裁判所の裁判官は，法律の定める年齢に達した時に退官する。

⑥　最高裁判所の裁判官は，すべて定期に相当額の報酬を受ける。この報酬は，在任中，これを減額することができない。

第80条　①　下級裁判所の裁判官は，最高裁判所の指名した者の名簿によつて，内閣でこれを任命する。その裁判官は，任期を10年とし，再任されることができる。但し，法律の定める年齢に達した時には退官する。

②　下級裁判所の裁判官は，すべて定期に相当額の報酬を受ける。この報酬は，在任中，これを減額することができない。

第81条　最高裁判所は，一切の法律，命令，規則又は処分が憲法に適合するかしないかを決定する権限を有する終審裁判所である。

第82条　①　裁判の対審及び判決は，公開法

357

廷でこれを行ふ。

② 裁判所が，裁判官の全員一致で，公の秩序又は善良の風俗を害する虞があると決した場合には，対審は，公開しないでこれを行ふことができる。但し，政治犯罪，出版に関する犯罪又はこの憲法第3章で保障する国民の権利が問題となつてゐる事件の対審は，常にこれを公開しなければならない。

第7章 財　　政

第83条 国の財政を処理する権限は，国会の議決に基いて，これを行使しなければならない。

第84条 あらたに租税を課し，又は現行の租税を変更するには，法律又は法律の定める条件によることを必要とする。

第85条 国費を支出し，又は国が債務を負担するには，国会の議決に基くことを必要とする。

第86条 内閣は，毎会計年度の予算を作成し，国会に提出して，その審議を受け議決を経なければならない。

第87条 ① 予見し難い予算の不足に充てるため，国会の議決に基いて予備費を設け，内閣の責任でこれを支出することができる。

② すべて予備費の支出については，内閣は，事後に国会の承諾を得なければならない。

第88条 すべて皇室財産は，国に属する。すべて皇室の費用は，予算に計上して国会の議決を経なければならない。

第89条 公金その他の公の財産は，宗教上の組織若しくは団体の使用，便益若しくは維持のため，又は公の支配に属しない慈善，教育若しくは博愛の事業に対し，これを支出し，又はその利用に供してはならない。

第90条 ① 国の収入支出の決算は，すべて毎年会計検査院がこれを検査し，内閣は，次の年度に，その検査報告とともに，これ

を国会に提出しなければならない。

② 会計検査院の組織及び権限は，法律でこれを定める。

第91条 内閣は，国会及び国民に対し，定期に，少くとも毎年1回，国の財政状況について報告しなければならない。

第8章 地 方 自 治

第92条 地方公共団体の組織及び運営に関する事項は，地方自治の本旨に基いて，法律でこれを定める。

第93条 ① 地方公共団体には，法律の定めるところにより，その議事機関として議会を設置する。

② 地方公共団体の長，その議会の議員及び法律の定めるその他の吏員は，その地方公共団体の住民が，直接これを選挙する。

第94条 地方公共団体は，その財産を管理し，事務を処理し，及び行政を執行する権能を有し，法律の範囲内で条例を制定することができる。

第95条 一の地方公共団体のみに適用される特別法は，法律の定めるところにより，その地方公共団体の住民の投票においてその過半数の同意を得なければ，国会は，これを制定することができない。

第9章 改　　正

第96条 ① この憲法の改正は，各議院の総議員の3分の2以上の賛成で，国会が，これを発議し，国民に提案してその承認を経なければならない。この承認には，特別の国民投票又は国会の定める選挙の際行はれる投票において，その過半数の賛成を必要とする。

② 憲法改正について前項の承認を経たときは，天皇は，国民の名で，この憲法と一体を成すものとして，直ちにこれを公布する。

大日本帝国憲法（明治憲法）

第10章　最高法規

第97条　この憲法が日本国民に保障する基本的人権は，人類の多年にわたる自由獲得の努力の成果であつて，これらの権利は，過去幾多の試錬に堪へ，現在及び将来の国民に対し，侵すことのできない永久の権利として信託されたものである。

第98条　① この憲法は，国の最高法規であつて，その条規に反する法律，命令，詔勅及び国務に関するその他の行為の全部又は一部は，その効力を有しない。

② 日本国が締結した条約及び確立された国際法規は，これを誠実に遵守することを必要とする。

第99条　天皇又は摂政及び国務大臣，国会議員，裁判官その他の公務員は，この憲法を尊重し擁護する義務を負ふ。

第11章　補　　則

第100条　① この憲法は，公布の日から起算して6箇月を経過した日から，これを施行する。

② この憲法を施行するために必要な法律の制定，参議院議員の選挙及び国会召集の手続並びにこの憲法を施行するために必要な準備手続は，前項の期日よりも前に，これを行ふことができる。

第101条　この憲法施行の際，参議院がまだ成立してゐないときは，その成立するまでの間，衆議院は，国会としての権限を行ふ。

第102条　この憲法による第一期の参議院議員のうち，その半数の者の任期は，これを3年とする。その議員は，法律の定めるところにより，これを定める。

第103条　この憲法施行の際現に在職する国務大臣，衆議院議員及び裁判官並びにその他の公務員で，その地位に相応する地位がこの憲法で認められてゐる者は，法律で特別の定をした場合を除いては，この憲法施行のため，当然にはその地位を失ふことはない。但し，この憲法によつて，後任者が選挙又は任命されたときは，当然その地位を失ふ。

大日本帝国憲法（明治憲法）

告　　文

皇朕レ謹ミ畏ミ

皇祖

皇宗ノ神霊ニ誥ケ白サク皇朕レ天壌無窮ノ宏謨ニ循ヒ惟神ノ宝祚ヲ承継シ旧図ヲ保持シテ敢テ失墜スルコト無シ顧ミルニ世局ノ進運ニ膺リ人文ノ発達ニ随ヒ宜ク

皇祖

皇宗ノ遺訓ヲ明徴ニシ典憲ヲ成立シ条章ヲ昭示シ内ハ以テ子孫ノ率由スル所ト為シ外ハ以テ臣民翼賛ノ道ヲ広メ永遠ニ遵行セシメ益々国家ノ丕基ヲ鞏固ニシ八洲民生ノ慶福ヲ増進

スヘシ茲ニ皇室典範及憲法ヲ制定ス惟フニ此レ皆

皇祖

皇宗ノ後裔ニ貽シタマヘル統治ノ洪範ヲ紹述スルニ外ナラス而シテ朕カ躬ニ逮テ時ト倶ニ挙行スルコトヲ得ルハ洵ニ

皇祖

皇宗及我カ

皇考ノ威霊ニ倚藉スルニ由ラサルハ無シ皇朕レ仰テ

皇祖

皇宗及

皇考ノ神祐ヲ禱リ併セテ朕カ現在及将来ニ臣
民ニ率先シ此ノ憲章ヲ履行シテ愆ラサラムコ
トヲ誓フ庶幾クハ
神霊此レヲ鑒ミタマヘ

憲法発布勅語

朕国家ノ隆昌ト臣民ノ慶福トヲ以テ中心ノ欣
栄トシ朕カ祖宗ニ承クルノ大権ニ依リ現在及
将来ノ臣民ニ対シ此ノ不磨ノ大典ヲ宣布ス
惟フニ我カ祖我カ宗ハ我カ臣民祖先シ協力輔
翼ニ倚リ我カ帝国ヲ肇造シ以テ無窮ニ垂レタ
リ此レ我カ神聖ナル祖宗ノ威徳ト並ニ臣民ノ
忠実勇武ニシテ国ヲ愛シ公ニ殉ヒ以テ此ノ光
輝アル国史ノ成跡ヲ貽シタルナリ朕我カ臣民
ハ即チ祖宗ノ忠良ナル臣民ノ子孫ナルヲ回想
シ其ノ朕カ意ヲ奉体シ朕カ事ヲ奨順シ相与ニ
和衷協同シ益〻我カ帝国ノ光栄ヲ中外ニ宣揚
シ祖宗ノ遺業ヲ永久ニ鞏固ナラシムルノ希望
ヲ同クシ此ノ負担ヲ分ツニ堪フルコトヲ疑ハ
サルナリ

———————

朕祖宗ノ遺烈ヲ承ケ万世一系ノ帝位ヲ践ミ朕
カ親愛スル所ノ臣民ハ即チ朕カ祖宗ノ恵撫慈
養シタマヒシ所ノ臣民ナルヲ念ヒ其ノ康福ヲ
増進シ其ノ懿徳良能ヲ発達セシメムコトヲ願
ヒ又其ノ翼賛ニ依リ与ニ倶ニ国家ノ進運ヲ扶
持セムコトヲ望ミ乃チ明治十四年十月十二日
ノ詔命ヲ履践シ茲ニ大憲ヲ制定シ朕カ率由ス
ル所ヲ示シ朕カ後嗣及臣民及臣民ノ子孫タル
者ヲシテ永遠ニ循行スル所ヲ知ラシム
国家統治ノ大権ハ朕カ之ヲ祖宗ニ承ケテ之ヲ
子孫ニ伝フル所ナリ朕及朕カ子孫ハ将来此ノ
憲法ノ条章ニ循ヒ之ヲ行フコトヲ愆ラサルヘ
シ
朕ハ我カ臣民ノ権利及財産ノ安全ヲ貴重シ及
之ヲ保護シ此ノ憲法及法律ノ範囲内ニ於テ其
ノ享有ヲ完全ナラシムヘキコトヲ宣言ス
帝国議会ハ明治二十三年ヲ以テ之ヲ召集シ議
会開会ノ時ヲ以テ此ノ憲法ヲシテ有効ナラシ

ムルノ期トスヘシ
将来若此ノ憲法ノ或ル条章ヲ改定スルノ必要
ナル時宜ヲ見ルニ至ラハ朕及朕カ継統ノ子孫
ハ発議ノ権ヲ執リ之ヲ議会ニ付シ議会ハ此ノ
憲法ニ定メタル要件ニ依リ之ヲ議決スルノ外
朕カ子孫及臣民ハ敢テ之カ紛更ヲ試ミルコト
ヲ得サルヘシ
朕カ在廷ノ大臣ハ朕カ為ニ此ノ憲法ヲ施行ス
ルノ責ニ任スヘク朕カ現在及将来ノ臣民ハ此
ノ憲法ニ対シ永遠ニ従順ノ義務ヲ負フヘシ
　御　名　御　璽
　　明治二十二年二月十一日

内閣総理大臣	伯爵	黒　田　清　隆
枢密院議長	伯爵	伊　藤　博　文
外　務　大　臣	伯爵	大　隈　重　信
海　軍　大　臣	伯爵	西　郷　従　道
農商務大臣	伯爵	井　上　　馨
司　法　大　臣	伯爵	山　田　顕　義
大　蔵　大　臣 兼内務大臣	伯爵	松　方　正　義
陸　軍　大　臣	伯爵	大　山　　巌
文　部　大　臣	子爵	森　　有　礼
逓　信　大　臣	子爵	榎　本　武　揚

大日本帝国憲法

第一章　天　　　皇

第一条　大日本帝国ハ万世一系ノ天皇之ヲ統
　治ス
第二条　皇位ハ皇室典範ノ定ムル所ニ依リ皇
　男子孫之ヲ継承ス
第三条　天皇ハ神聖ニシテ侵スヘカラス
第四条　天皇ハ国ノ元首ニシテ統治権ヲ総攬
　シ此ノ憲法ノ条規ニ依リ之ヲ行フ
第五条　天皇ハ帝国議会ノ協賛ヲ以テ立法権
　ヲ行フ
第六条　天皇ハ法律ヲ裁可シ其ノ公布及執行
　ヲ命ス

大日本帝国憲法（明治憲法）

第七条　天皇ハ帝国議会ヲ召集シ其ノ開会閉
　会停会及衆議院ノ解散ヲ命ス
第八条　①　天皇ハ公共ノ安全ヲ保持シ又ハ
　其ノ災厄ヲ避クル為緊急ノ必要ニ由リ帝国
　議会閉会ノ場合ニ於テ法律ニ代ルヘキ勅令
　ヲ発ス
②　此ノ勅令ハ次ノ会期ニ於テ帝国議会ニ提
　出スヘシ若議会ニ於テ承諾セサルトキハ政
　府ハ将来ニ向テ其ノ効力ヲ失フコトヲ公布
　スヘシ
第九条　天皇ハ法律ヲ執行スル為ニ又ハ公共
　ノ安寧秩序ヲ保持シ及臣民ノ幸福ヲ増進ス
　ル為ニ必要ナル命令ヲ発シ又ハ発セシム但
　シ命令ヲ以テ法律ヲ変更スルコトヲ得ス
第一〇条　天皇ハ行政各部ノ官制及文武官ノ
　俸給ヲ定メ及文武官ヲ任免ス但シ此ノ憲法
　又ハ他ノ法律ニ特例ヲ掲ケタルモノハ各々
　其ノ条項ニ依ル
第一一条　天皇ハ陸海軍ヲ統帥ス
第一二条　天皇ハ陸海軍ノ編制及常備兵額ヲ
　定ム
第一三条　天皇ハ戦ヲ宣シ和ヲ講シ及諸般ノ
　条約ヲ締結ス
第一四条　①　天皇ハ戒厳ヲ宣告ス
②　戒厳ノ要件及効力ハ法律ヲ以テ之ヲ定ム
第一五条　天皇ハ爵位勲章及其ノ他ノ栄典ヲ
　授与ス
第一六条　天皇ハ大赦特赦減刑及復権ヲ命ス
第一七条　①　摂政ヲ置クハ皇室典範ノ定ム
　ル所ニ依ル
②　摂政ハ天皇ノ名ニ於テ大権ヲ行フ

　　　第二章　臣民権利義務

第一八条　日本臣民タルノ要件ハ法律ノ定ム
　ル所ニ依ル
第一九条　日本臣民ハ法律命令ノ定ムル所ノ
　資格ニ応シ均ク文武官ニ任セラレ及其ノ他
　ノ公務ニ就クコトヲ得

第二〇条　日本臣民ハ法律ノ定ムル所ニ従ヒ
　兵役ノ義務ヲ有ス
第二一条　日本臣民ハ法律ノ定ムル所ニ従ヒ
　納税ノ義務ヲ有ス
第二二条　日本臣民ハ法律ノ範囲内ニ於テ居
　住及移転ノ自由ヲ有ス
第二三条　日本臣民ハ法律ニ依ルニ非スシテ
　逮捕監禁審問処罰ヲ受クルコトナシ
第二四条　日本臣民ハ法律ニ定メタル裁判官
　ノ裁判ヲ受クルノ権ヲ奪ハル、コトナシ
第二五条　日本臣民ハ法律ニ定メタル場合ヲ
　除ク外其ノ許諾ナクシテ住所ニ侵入セラレ
　及捜索セラル、コトナシ
第二六条　日本臣民ハ法律ニ定メタル場合ヲ
　除ク外信書ノ秘密ヲ侵サル、コトナシ
第二七条　①　日本臣民ハ其ノ所有権ヲ侵サ
　ル、コトナシ
②　公益ノ為必要ナル処分ハ法律ノ定ムル所
　ニ依ル
第二八条　日本臣民ハ安寧秩序ヲ妨ケス及臣
　民タルノ義務ニ背カサル限ニ於テ信教ノ自
　由ヲ有ス
第二九条　日本臣民ハ法律ノ範囲内ニ於テ言
　論著作印行集会及結社ノ自由ヲ有ス
第三〇条　日本臣民ハ相当ノ敬礼ヲ守リ別ニ
　定ムル所ノ規程ニ従ヒ請願ヲ為スコトヲ得
第三一条　本章ニ掲ケタル条規ハ戦時又ハ国
　家事変ノ場合ニ於テ天皇大権ノ施行ヲ妨ク
　ルコトナシ
第三二条　本章ニ掲ケタル条規ハ陸海軍ノ法
　令又ハ紀律ニ牴触セサルモノニ限リ軍人ニ
　準行ス

　　　第三章　帝　国　議　会

第三三条　帝国議会ハ貴族院衆議院ノ両院ヲ
　以テ成立ス
第三四条　貴族院ハ貴族院令ノ定ムル所ニ依
　リ皇族華族及勅任セラレタル議員ヲ以テ組

361

織ス

第三五条　衆議院ハ選挙法ノ定ムル所ニ依リ公選セラレタル議員ヲ以テ組織ス

第三六条　何人モ同時ニ両議院ノ議員タルコトヲ得ス

第三七条　凡テ法律ハ帝国議会ノ協賛ヲ経ルヲ要ス

第三八条　両議院ハ政府ノ提出スル法律案ヲ議決シ及各〻法律案ヲ提出スルコトヲ得

第三九条　両議院ノ一ニ於テ否決シタル法律案ハ同会期中ニ於テ再ヒ提出スルコトヲ得ス

第四〇条　両議院ハ法律又ハ其ノ他ノ事件ニ付各〻其ノ意見ヲ政府ニ建議スルコトヲ得但シ其ノ採納ヲ得サルモノハ同会期中ニ於テ再ヒ建議スルコトヲ得ス

第四一条　帝国議会ハ毎年之ヲ召集ス

第四二条　帝国議会ハ三箇月ヲ以テ会期トス必要アル場合ニ於テハ勅命ヲ以テ之ヲ延長スルコトアルヘシ

第四三条　① 臨時緊急ノ必要アル場合ニ於テ常会ノ外臨時会ヲ召集スヘシ

② 臨時会ノ会期ヲ定ムルハ勅命ニ依ル

第四四条　① 帝国議会ノ開会閉会会期ノ延長及停会ハ両院同時ニ之ヲ行フヘシ

② 衆議院解散ヲ命セラレタルトキハ貴族院ハ同時ニ停会セラルヘシ

第四五条　衆議院解散ヲ命セラレタルトキハ勅命ヲ以テ新ニ議員ヲ選挙セシメ解散ノ日ヨリ五箇月以内ニ之ヲ召集スヘシ

第四六条　両議院ハ各〻其ノ総議員三分ノ一以上出席スルニ非サレハ議事ヲ開キ議決ヲ為スコトヲ得ス

第四七条　両議院ノ議事ハ過半数ヲ以テ決ス可否同数ナルトキハ議長ノ決スル所ニ依ル

第四八条　両議院ノ会議ハ公開ス但シ政府ノ要求又ハ其ノ院ノ決議ニ依リ秘密会ト為スコトヲ得

第四九条　両議院ハ各〻天皇ニ上奏スルコトヲ得

第五〇条　両議院ハ臣民ヨリ呈出スル請願書ヲ受クルコトヲ得

第五一条　両議院ハ此ノ憲法及議院法ニ掲クルモノ、外内部ノ整理ニ必要ナル諸規則ヲ定ムルコトヲ得

第五二条　両議院ノ議員ハ議院ニ於テ発言シタル意見及表決ニ付院外ニ於テ責ヲ負フコトナシ但シ議員自ラ其ノ言論ヲ演説刊行筆記又ハ其ノ他ノ方法ヲ以テ公布シタルトキハ一般ノ法律ニ依リ処分セラルヘシ

第五三条　両議院ノ議員ハ現行犯罪又ハ内乱外患ニ関ル罪ヲ除ク外会期中其ノ院ノ許諾ナクシテ逮捕セラル、コトナシ

第五四条　国務大臣及政府委員ハ何時タリトモ各議院ニ出席シ及発言スルコトヲ得

第四章　国務大臣及枢密顧問

第五五条　① 国務各大臣ハ天皇ヲ輔弼シ其ノ責ニ任ス

② 凡テ法律勅令其ノ他国務ニ関ル詔勅ハ国務大臣ノ副署ヲ要ス

第五六条　枢密顧問ハ枢密院官制ノ定ムル所ニ依リ天皇ノ諮詢ニ応ヘ重要ノ国務ヲ審議ス

第五章　司　　法

第五七条　① 司法権ハ天皇ノ名ニ於テ法律ニ依リ裁判所之ヲ行フ

② 裁判所ノ構成ハ法律ヲ以テ之ヲ定ム

第五八条　① 裁判官ハ法律ニ定メタル資格ヲ具フル者ヲ以テ之ニ任ス

② 裁判官ハ刑法ノ宣告又ハ懲戒ノ処分ニ由ルノ外其ノ職ヲ免セラル、コトナシ

③ 懲戒ノ条規ハ法律ヲ以テ之ヲ定ム

第五九条　裁判ノ対審判決ハ之ヲ公開ス但シ安寧秩序又ハ風俗ヲ害スルノ虞アルトキハ

法律ニ依リ又ハ裁判所ノ決議ヲ以テ対審ノ
公開ヲ停ムルコトヲ得

第六〇条　特別裁判所ノ管轄ニ属スヘキモノ
ハ別ニ法律ヲ以テ之ヲ定ム

第六一条　行政官庁ノ違法処分ニ由リ権利ヲ
傷害セラレタリトスルノ訴訟ニシテ別ニ法
律ヲ以テ定メタル行政裁判所ノ裁判ニ属ス
ヘキモノハ司法裁判所ニ於テ受理スルノ限
ニ在ラス

第六章　会　　計

第六二条　①　新ニ租税ヲ課シ及税率ヲ変更
スルハ法律ヲ以テ之ヲ定ムヘシ

②　但シ報償ニ属スル行政上ノ手数料及其ノ
他ノ収納金ハ前項ノ限ニ在ラス

③　国債ヲ起シ及予算ニ定メタルモノヲ除ク
外国庫ノ負担トナルヘキ契約ヲ為スハ帝国
議会ノ協賛ヲ経ヘシ

第六三条　現行ノ租税ハ更ニ法律ヲ以テ之ヲ
改メサル限ハ旧ニ依リ之ヲ徴収ス

第六四条　①　国家ノ歳出歳入ハ毎年予算ヲ
以テ帝国議会ノ協賛ヲ経ヘシ

②　予算ノ款項ニ超過シ又ハ予算ノ外ニ生シ
タル支出アルトキハ後日帝国議会ノ承諾ヲ
求ムルヲ要ス

第六五条　予算ハ前ニ衆議院ニ提出スヘシ

第六六条　皇室経費ハ現在ノ定額ニ依リ毎年
国庫ヨリ之ヲ支出シ将来増額ヲ要スル場合
ヲ除ク外帝国議会ノ協賛ヲ要セス

第六七条　憲法上ノ大権ニ基ツケル既定ノ歳
出及法律ノ結果ニ由リ又ハ法律上政府ノ義
務ニ属スル歳出ハ政府ノ同意ナクシテ帝国
議会之ヲ廃除シ又ハ削減スルコトヲ得ス

第六八条　特別ノ須要ニ因リ政府ハ予メ年限
ヲ定メ継続費トシテ帝国議会ノ協賛ヲ求ム
ルコトヲ得

第六九条　避クヘカラサル予算ノ不足ヲ補フ
為ニ又ハ予算ノ外ニ生シタル必要ノ費用ニ
充ツル為ニ予備費ヲ設クヘシ

第七〇条　①　公共ノ安全ヲ保持スル為緊急
ノ需用アル場合ニ於テ内外ノ情形ニ因リ政
府ハ帝国議会ヲ召集スルコト能ハサルトキ
ハ勅令ニ依リ財政上必要ノ処分ヲ為スコト
ヲ得

②　前項ノ場合ニ於テハ次ノ会期ニ於テ帝国
議会ニ提出シ其ノ承諾ヲ求ムルヲ要ス

第七一条　帝国議会ニ於テ予算ヲ議定セス又
ハ予算成立ニ至ラサルトキハ政府ハ前年度
ノ予算ヲ施行スヘシ

第七二条　①　国家ノ歳出歳入ノ決算ハ会計
検査院之ヲ検査確定シ政府ハ其ノ検査報告
ト倶ニ之ヲ帝国議会ニ提出スヘシ

②　会計検査院ノ組織及職権ハ法律ヲ以テ之
ヲ定ム

第七章　補　　則

第七三条　①　将来此ノ憲法ノ条項ヲ改正ス
ルノ必要アルトキハ勅令ヲ以テ議案ヲ帝国
議会ノ議ニ付スヘシ

②　此ノ場合ニ於テ両議院ハ各々其ノ総員三
分ノ二以上出席スルニ非サレハ議事ヲ開ク
コトヲ得ス出席議員三分ノ二以上ノ多数ヲ
得ルニ非サレハ改正ノ議決ヲ為スコトヲ得
ス

第七四条　①　皇室典範ノ改正ハ帝国議会ノ
議ヲ経ルヲ要セス

②　皇室典範ヲ以テ此ノ憲法ノ条規ヲ変更ス
ルコトヲ得ス

第七五条　憲法及皇室典範ハ摂政ヲ置クノ間
之ヲ変更スルコトヲ得ス

第七六条　①　法律規則命令又ハ何等ノ名称
ヲ用キタルニ拘ラス此ノ憲法ニ矛盾セサル
現行ノ法令ハ総テ遵由ノ効力ヲ有ス

②　歳出上政府ノ義務ニ係ル現在ノ契約又ハ
命令ハ総テ第六十七条ノ例ニ依ル

ポツダム宣言
（PROCLAMATION DEFINING TERMS FOR JAPANESE SURRENDER）

千九百四十五年七月二十六日
米，英，支三国宣言
（千九百四十五年七月二十六日
「ポツダム」ニ於テ）

一，吾等合衆国大統領，中華民国政府主席及
「グレート・ブリテン」国総理大臣ハ吾等
ノ数億ノ国民ヲ代表シ協議ノ上日本国ニ対
シ今次戦争ヲ終結スルノ機会ヲ与フルコ
トニ意見一致セリ

二，合衆国，英帝国及中華民国ノ巨大ナル陸，
海，空軍ハ西方ヨリ自国ノ陸軍及空軍ニ依
ル数倍ノ増強ヲ受ケ日本国ニ対シ最後的打
撃ヲ加フルノ態勢ヲ整ヘタリ右軍事力ハ日
本国カ抵抗ヲ終止スルニ至ル迄同国ニ対シ
戦争ヲ遂行スルノ一切ノ連合国ノ決意ニ依
リ支持セラレ且鼓舞セラレ居ルモノナリ

三，蹶起セル世界ノ自由ナル人民ノ力ニ対ス
ル「ドイツ」国ノ無益且ツ無意義ナル抵抗ノ
結果ハ日本国国民ニ対スル先例ヲ極メテ明
白ニ示スモノナリ現在日本国ニ対シ集結シ
ツツアル力ハ抵抗スル「ナチス」ニ対シ適
用セラレタル場合ニ於テ全「ドイツ」国人
民ノ土地，産業及生活様式ヲ必然的ニ荒廃
ニ帰セシメタル力ニ比シ測リ知レサル程更
ニ強大ナルモノナリ吾等ノ決意ニ支持セラ
ルル吾等ノ軍事力ノ最高度ノ使用ハ日本国
軍隊ノ不可避且完全ナル壊滅ヲ意味スヘク
又同様必然的ニ日本国本土ノ完全ナル破壊
ヲ意味スヘシ

四，無分別ナル打算ニ依リ日本帝国ヲ滅亡ノ
淵ニ陥レタル我儘ナル軍国主義ノ助言者ニ
依リ日本国カ引続キ統御セラレヘキカ又ハ
理性ノ経路ヲ日本国カ履ムヘキカ又ハ日本国
カ決意スヘキ時期ハ到来セリ

五，吾等ノ条件ハ左ノ如シ

吾等ハ右条件ヨリ離脱スルコトナカルヘシ
右ニ代ル条件存在セス吾等ハ遅延ヲ認ムル
ヲ得ス

六，吾等ハ無責任ナル軍国主義カ世界ヨリ駆
逐セラルルニ至ル迄ハ平和，安全及正義ノ
新秩序カ生シ得サルコトヲ主張スルモノナ
ルヲ以テ日本国国民ヲ欺瞞シ之ヲシテ世界
征服ノ挙ニ出ツルノ過誤ヲ犯サシメタル者
ノ権力及勢力ハ永久ニ除去セラレサルヘカ
ラス

七，右ノ如キ新秩序カ建設セラレ且日本国ノ
戦争遂行能力カ破砕セラレタルコトノ確証
アルニ至ルマテハ聯合国ノ指定スヘキ日本
国領域内ノ諸地点ハ吾等ノ茲ニ指示スル基
本的目的ノ達成ヲ確保スルタメ占領セラル
ヘシ

八，「カイロ」宣言ノ条項ハ履行セラルヘク
又日本国ノ主権ハ本州，北海道，九州及四
国並ニ吾等ノ決定スル諸小島ニ局限セラル
ヘシ

九，日本国軍隊ハ完全ニ武装ヲ解除セラレタ
ル後各自ノ家庭ニ復帰シ平和的且生産的ノ
生活ヲ営ムノ機会ヲ得シメラルヘシ

十，吾等ハ日本人ヲ民族トシテ奴隷化セント
シ又ハ国民トシテ滅亡セシメントスルノ意
図ヲ有スルモノニ非サルモ吾等ノ俘虜ヲ虐
待セル者ヲ含ム一切ノ戦争犯罪人ニ対シテ
ハ厳重ナル処罰ヲ加ヘラルヘシ日本国政府
ハ日本国国民ノ間ニ於ケル民主主義的傾向
ノ復活強化ニ対スル一切ノ障礙ヲ除去スヘ
シ言論，宗教及思想ノ自由並ニ基本的人権
ノ尊重ハ確立セラルヘシ

十一，日本国ハ其ノ経済ヲ支持シ且公正ナル
実物賠償ノ取立ヲ可能ナラシムルカ如キ産
業ヲ維持スルコトヲ許サルヘシ但シ日本国

ポツダム宣言

ヲシテ戦争ノ為再軍備ヲ為スコトヲ得シムルカ如キ産業ハ此ノ限ニ在ラス右目的ノ為原料ノ入手（其ノ支配トハ之ヲ区別ス）ヲ許可サルヘシ日本国ハ将来世界貿易関係ヘノ参加ヲ許サルヘシ

十二，前記諸目的カ達成セラレ且日本国国民ノ自由ニ表明セル意思ニ従ヒ平和的傾向ヲ有シ且責任アル政府カ樹立セラルルニ於テハ聯合国ノ占領軍ハ直ニ日本国ヨリ撤収セラルヘシ

十三，吾等ハ日本国政府カ直ニ全日本国軍隊ノ無条件降伏ヲ宣言シ且右行動ニ於ケル同政府ノ誠意ニ付適当且充分ナル保障ヲ提供センコトヲ同政府ニ対シ要求ス右以外ノ日本国ノ選択ハ迅速且完全ナル壊滅アルノミトス

（外務省訳）

判 例 索 引

● 最高裁判所 ●

最大判昭23・3・12刑集2・3・191 ･･････････････････････････････ *178*

最大判昭23・5・5刑集2・5・447 ････････････････････････････････ *172*

最大判昭23・5・26刑集2・6・529〔不敬罪事件〕････････････････ *36*

最大判昭23・6・23刑集2・7・777 ･･････････････････････････････ *178*

最大判昭23・7・29刑集2・9・1012 ･･････････････････････････････ *176*

最大判昭23・7・29刑集2・9・1045 ･･････････････････････････････ *174*

最大判昭23・9・29刑集2・10・1235 ･････････････････････････････ *215*

最二判昭23・10・30刑集2・11・1427 ･･･････････････････････････ *176*

最大判昭23・11・17刑集2・12・1565 ･･･････････････････････････ *279*

最大判昭23・12・27刑集2・14・1934 ･･･････････････････････････ *174*

最大判昭24・5・18刑集3・6・789 ･･･････････････････････････････ *173*

最大判昭24・11・2刑集3・11・1737 ･･･････････････････････････ *174*

最大判昭24・11・30刑集3・11・1857 ･･･････････････････････････ *174*

最大判昭25・10・25刑集4・10・2126 ･･･････････････････････････ *111*

最大判昭25・11・15刑集4・11・2257〔山田鋼業事件〕･････････ *227*

最大判昭27・10・8民集6・9・783，行集3・10・2061〔警察予備隊違憲訴訟〕･･･ *54, 55, 288*

最大判昭28・4・1刑集7・4・713 ･･･････････････････････････････ *174*

最大判昭28・4・8刑集7・4・775〔政令201号事件〕･･･････････ *228*

最大判昭28・12・23民集7・13・1561〔皇居前広場事件〕･････････ *290*

最一判昭29・2・11民集8・2・419 ･･････････････････････････････ *276*

最二判昭29・7・16刑集8・7・1151 ･･････････････････････････････ *175*

最大判昭29・11・24刑集8・11・1866〔新潟県公安条例事件〕･･･ *139*

最大判昭30・1・26刑集9・1・89〔公衆浴場距離制限事件〕･････ *151, 153*

最大判昭30・2・9刑集9・2・217 ･･･････････････････････････････ *182*

最大判昭30・4・6刑集9・4・663〔帝銀事件〕･････････････････ *167*

最大判昭30・4・27刑集9・5・924 ･･････････････････････････････ *170*

最大判昭30・12・14刑集9・13・2760 ･･･････････････････････････ *168*

最大判昭31・7・4民集10・7・785〔謝罪広告事件〕･････････････ *123*

最大判昭31・12・24刑集10・12・1692 ･･･････････････････････････ *209*

最大判昭32・2・20刑集11・2・802 ･･････････････････････････････ *175*

最大判昭32・3・13刑集11・3・997〔『チャタレー夫人の恋人』事件〕･･･ *136*

最大判昭32・6・19刑集11・6・1663〔外国人不法入国事件〕･････ *146*

最二判昭33・3・28民集12・4・624〔パチンコ球遊器課税訴訟〕･･･ *305*

最大判昭33・5・28刑集12・8・1718 ･･･････････････････････････ *176*

最大判昭33・9・10民集12・13・1969〔帆足計事件〕･････････････ *146*

最大判昭34・12・16刑集13・13・3225〔砂川事件〕･････････ *60, 61, 63, 290, 296*

最大判昭35・3・9民集14・3・355 ･･････････････････････････････ *291*

最大判昭35・6・8民集14・7・1206〔苫米地事件〕････････････ *43, 267, 295*

最大判昭35・7・6民集14・9・1657〔調停に代わる裁判に対する抗告についてなした棄却決定に対

判例索引

する再抗告〕 …………………………………………………………………… *204*

最大判昭35・7・20刑集14・9・1243〔東京都公安条例事件〕 ……………… *139*

最大判昭35・10・19刑集14・12・2633〔山北村議会請求事件〕 …………… *291*

最大判昭36・6・7刑集15・6・915〔大阪麻薬事件〕 ……………………… *170*

最大判昭37・3・7民集16・3・445〔警察法改正事件〕 …………………… *299*

最大判昭37・5・2刑集16・5・495 ……………………………………………… *175*

最大判昭37・5・30刑集16・5・577〔大阪市売春勧誘禁止条例事件〕 …*325, 326*

最大判昭37・11・28刑集16・11・1593〔第三者所有物没収事件〕 ………… *162*

最大判昭38・3・27刑集17・2・121〔東京都区長公選制廃止違憲訴訟〕 …*318, 319*

最大判昭38・5・15刑集17・4・302〔加持祈祷事件〕 …………………… *125*

最大判昭38・5・22刑集17・4・370〔東大ポポロ事件〕 ………………… *142*

最大判昭38・6・26刑集17・5・521〔奈良県ため池条例事件〕 …………*156, 324, 325*

最大判昭39・2・26民集18・2・343 ……………………………………*221, 235, 236*

最大判昭39・5・27民集18・4・676 ………………………………………… *108*

最大判昭41・10・26民集20・8・901〔全逓東京中郵事件〕 …………*135, 229, 230*

最大判昭42・5・2民集21・5・1043〔朝日訴訟〕 ………………………*215, 216, 218*

最大判昭43・11・27民集22・12・1402〔河川付近地制限令事件〕 ………… *158*

最大判昭43・12・4民集22・3・1452〔三井美唄炭鉱事件〕 ……………… *183*

最大判昭43・12・18民集22・13・1549〔大阪市屋外広告物条例事件〕 …… *137*

最大判昭44・4・2民集23・5・305〔東京都教組事件〕 ……………*229, 293, 294*

最大判昭44・6・25民集23・7・975〔夕刊和歌山時事事件〕 …………… *136*

最大決昭44・11・26刑集23・11・1490〔博多駅テレビフィルム提出命令事件〕…*132, 133*

最大判昭44・12・24刑集23・12・1625〔京都府学連事件〕 ……………*101, 102*

最大判昭45・6・24民集24・6・625〔八幡製鉄政治献金事件〕 ………*96, 258, 259*

最大判昭47・11・22刑集26・9・554〔川崎民商事件〕 …………………*171, 176*

最大判昭47・11・22刑集26・9・586〔小売市場距離制限事件〕 ………*148-151, 297*

最大判昭47・12・20刑集26・10・631〔高田事件〕 ……………………… *173*

最大判昭48・4・4刑集27・3・265〔尊属殺重罰規定違憲判決〕 ………*111, 112, 301*

最大判昭48・4・25刑集27・4・547〔全農林警職法事件〕 ……………*227, 229, 230*

最一判昭48・10・18民集27・9・1210 ………………………………………… *157*

最大判昭48・12・12民集27・11・1536〔三菱樹脂事件〕 ………………… *110*

最大判昭49・11・6刑集28・9・393〔猿払事件〕 ………………………… *163*

最大判昭50・4・30民集29・4・572〔薬局距離制限事件〕 …………*149, 151, 152, 301*

最大判昭50・9・10刑集29・8・489〔徳島市公安条例事件〕 …*135, 163, 300, 327, 328*

最大判昭51・4・14民集30・3・223〔衆議院議員定数配分規定違憲判決〕…*115, 117, 185, 301*

最大判昭51・5・21刑集30・5・615〔旭川学力テスト事件〕 …………*141, 222, 223*

最大判昭51・5・21刑集30・5・1178〔岩手教組学テ事件〕 …………… *229*

最三判昭52・3・15民集31・2・234, 31・2・280〔富山大学事件〕 …………*291, 292*

最大判昭52・5・4刑集31・3・182〔全逓名古屋中郵事件〕 …………… *229*

最大判昭52・7・13民集31・4・533〔津地鎮祭事件〕 …………………*128, 129*

最二決昭52・8・9刑集31・5・821〔狭山事件〕 ………………………… *167*

最三判昭53・6・20刑集32・4・670〔米子事件〕 ……………………… *171*

最二判昭53・9・7刑集32・6・1672 …………………………………… *170*

367

最大判昭53・10・4民集32・7・1223〔マクリーン事件〕 …………………… 92, 94

最二判昭53・11・15刑集32・8・1855〔山陽電気鉄道事件〕 ……………………… 227

最三判昭56・3・24民集35・2・300〔日産自動車男女差別定年制事件〕 …………109, 120

最三判昭56・4・7民集35・3・443〔板まんだら事件〕 ………………………275, 277, 278

最三判昭56・4・14民集35・3・620〔前科照会事件〕 ………………………………… 102

最三判昭56・7・21刑集35・5・568 ……………………………………………………… 190

最二判昭57・3・12民集36・3・329 ……………………………………………………… 207

最大判昭57・7・7民集36・7・1235〔堀木訴訟〕 ……………………………………216, 217

最一判昭57・9・9民集36・9・1679〔長沼訴訟〕 ……………………………………… 280

最三判昭58・7・8刑集37・6・609〔永山事件〕 ………………………………………… 178

最大判昭59・12・12民集38・12・1308〔税関検査事件〕 ……………………………… 134

最大判昭60・3・27民集39・2・247〔大島訴訟判決〕 ………………………………… 239

最大判昭60・7・17民集39・5・1100 …………………………………………………… 301

最大判昭60・10・23刑集39・6・413〔福岡県青少年保護育成条例事件〕 …………… 164

最一判昭60・11・21民集39・7・1512〔在宅投票制度廃止事件〕 …………………… 297

最大判昭61・6・11民集40・4・872〔北方ジャーナル事件〕 …………………………100, 134

最大判昭62・4・22民集41・3・408〔森林法共有林事件〕 ……………………153, 155, 301

最大判昭63・6・1民集42・5・277〔山口県護國神社自衛官合祀事件〕 …………… 130

最三判昭63・12・20判時1307・113 …………………………………………………… 291

最二判平元・1・20刑集43・1・1 ……………………………………………………… 153

最三判平元・3・7集民156・299 ……………………………………………………… 153

最三判平元・6・20民集43・6・385〔百里基地訴訟〕 ………………………………… 289

最二判平元・9・8民集43・8・889 …………………………………………………… 291

最二判平元・11・20民集43・10・1160〔記帳所事件〕 ……………………………… 36, 37

最一判平2・1・18民集44・1・1〔伝習館高校事件〕 ……………………………… 223

最大判平4・7・1民集46・5・437〔成田空港新法事件〕 ………………………… 165

最一判平4・11・16集民166・575〔森川キャサリーン事件〕 …………………… 147

最三判平4・12・15民集46・9・2829 ………………………………………………… 153

最三判平5・2・16民集47・3・1687〔箕面忠魂碑訴訟〕 ………………………130, 312

最三判平5・3・16民集47・5・3483〔第1次家永教科書検定訴訟〕 …………… 223

最大判平7・2・22刑集49・2・1〔ロッキード事件（丸紅ルート）〕 …………… 272

最三判平7・2・28民集49・2・639〔定住外国人地方参政権事件〕 …………………94

最大決平7・7・5民集49・7・1789 ………………………………………………… 113

最一決平8・1・30民集50・1・199〔オウム真理教解散命令事件〕 ……………… 127

最二判平8・3・8民集50・3・469〔神戸市立高専剣道実技履修拒否事件〕 ………126, 298

最二判平8・3・15民集50・3・549〔上尾市福祉会館事件〕 ……………………… 138

最三判平8・3・19民集50・3・615〔南九州税理士会政治献金事件〕 ………………96

最大判平9・4・2民集51・4・1673〔愛媛県玉串料訴訟〕 ………………………… 130

最三判平9・9・9民集51・8・3850〔国会議員の発言と国家賠償責任〕 ………… 257

最大判平11・3・24民集53・3・514 ………………………………………………… 169

最三判平12・2・29民集54・2・582〔エホバの証人輸血拒否事件〕 …………102, 103

最大判平14・9・11民集56・7・1439 ……………………………………………… 301

最三判平16・3・16民集58・3・647〔学資保険訴訟〕 …………………………… 219

判 例 索 引

最三判平16・4・13刑集58・4・247 ……………………………………………………… *175*
最大判平17・1・26民集59・1・128〔東京都管理職試験事件〕 ………………………… *95*
最一判平17・4・14刑集59・3・259 ……………………………………………………… *173*
最大判平17・9・14民集59・7・2087 ……………………………………………… *207, 302*
最二判平18・6・23集民220・573〔小泉首相靖國神社参拝事件〕 ……………… *130, 131*
最三判平19・2・27民集61・1・291〔君が代ピアノ伴奏拒否事件〕 ………………… *124*
最大判平20・6・4民集62・6・1367 …………………………………………………… *302*
最大判平22・1・20民集64・1・1〔空知太神社訴訟（上告審）〕 …………… *130, 313*
最大判平22・1・20民集64・1・128〔富平神社訴訟〕 ……………………………… *130*
最一判平22・7・22集民234・337〔白山比咩神社訴訟〕 …………………………… *130*
最大判平23・11・16刑集65・8・1285〔裁判員制度の合憲性〕 …………………… *283*
最三判平24・2・28民集66・3・1240〔老齢加算減額訴訟〕 ……………………… *219*
最大決平25・9・4民集67・6・1320 ………………………………………… *112, 302*
最大判平25・11・20民集67・8・1503〔選挙無効請求事件〕 …………………… *119, 185*
最大判平26・11・26民集68・9・1363 ……………………………………………… *189*
最大判平27・11・25民集69・7・2035 ……………………………………………… *119*
最大判平27・12・16民集69・8・2427 ……………………………… *109, 143, 302*

● 高等裁判所 ●

東京高判昭22・6・28刑集2・6・607〔不敬罪事件〕 ………………………………… *36*
大阪高判昭50・11・27判時797・36〔大阪空港公害訴訟〕 ………………………… *103*
札幌高判昭51・8・5行集27・8・1175〔長沼訴訟〕 …………………………………… *26*
大阪高判平17・9・30訟月52・9・2979 ……………………………………………… *131*

● 地方裁判所 ●

東京地判昭21・11・2刑集2・6・603〔不敬罪事件〕 ………………………………… *36*
福井地判昭27・9・6行集3・9・1823 ………………………………………………… *263*
東京地判昭39・9・28下民集15・9・2317〔『宴のあと』事件〕 …………………… *101*
東京地判昭42・3・27判時493・72 …………………………………………………… *135*
札幌地判昭42・3・29下刑集9・3・359〔恵庭事件〕 ……………………………… *293*
旭川地判昭43・3・25下刑集10・3・293〔猿払事件第一審判決〕 …………… *135, 300*
札幌地判昭48・9・7判時712・24〔長沼訴訟〕 …………………………………… *26, 280*
福島地判平26・9・30判例集未登載 …………………………………………………… *285*

● 簡易裁判所 ●

神戸簡判昭50・2・20判時768・3〔キリスト教会牧会活動事件〕 ………………… *126*

369

事 項 索 引

あ 行

旭川学力テスト事件　*222, 223*
朝日訴訟　*215, 216, 218*
『あたらしい憲法のはなし』　*49, 53*
新しい人権　*25, 82, 85, 337*
圧政への抵抗　*337*
アメリカ型大統領制　*12*
アメリカ合衆国憲法（1788年）　*4-7, 75, 80, 160, 165, 175, 177, 231, 237*
アメリカ独立宣言　*75, 79, 80, 336*
粗い公共の福祉論　*151*
アリストテレス　*11*
アンシャン・レジーム（旧体制）　*154*
安保法制懇　*68*

家制度　*142*
イギリス型議院内閣制　*12*
生ける憲法（living constitution）　*7*
違憲審査権　*12*
違憲審査制　*12, 13, 15, 336*
委縮効果　*135*
イタリア憲法（1947年）　*14, 28*
一事不再議の原則　*247*
一事不再理　*176, 177*
一般的効力説　*300*
一般的倫理義務規定　*234*
伊藤博文　*2*
委任立法　*15, 262*
岩手教組学テ事件　*229*
インフォームド・コンセント　*102*

ウェストミンスター憲章（1931年）　*37*
動く集会　*137*

栄典の授与　*42*
MSA 協定　*57*

王位継承法（1701年）　*4*

王権神授説　*12, 29*
大阪麻薬事件　*170*
公の支配　*314*
尾高朝雄　*24*
恩赦　*42, 269*

か 行

会期不継続の原則　*247*
会計検査院　*252*
戒厳　*338*
外交関係の処理　*42, 269*
解散　*246*
解散権　*264-267*
下級裁判所の裁判官の任命　*270*
閣議　*43, 268, 270*
　　──の主宰権　*271*
学資保険訴訟　*219*
学習権　*221, 222*
革命　*340, 346*
川崎民商事件　*171, 176*
環境権　*85*
韓国憲法　*338*
間接統治　*49, 51*
官吏に関する事務の掌理　*269*
官吏の任免　*42*

議員定数不均衡訴訟　*114*
議院内閣制　*39, 244, 264-267, 270, 321*
議院の権能　*253*
議院の自律権　*253*
議会主権　*12, 13*
機会の平等　*105, 108*
儀式の挙行　*42*
規制目的二分論　*152, 153*
記帳所事件　*36, 37*
基本的人権　*10, 11*
　　──の尊重　*25, 27, 28, 35*
　　──の保障　*28*
義務教育　*221*

370

事 項 索 引

旧安保条約　56
宮廷費　45
教育権　222
教育の義務　234, 235
教育の自由　222, 223
教育を受ける権利　15, 213, 220, 221
行政委員会（独立行政委員会）　263
行政各部の指揮監督権　271
行政各部を指揮監督　261
行政権　33, 261-264, 270
行政国家　15, 262, 273
行政裁量　298
行政手続　164, 170, 175
強制投票制　186
京大瀧川事件　141
協約憲法　6
共和制　38
許可制　151
極東委員会　19, 20
距離制限　151
緊急命令　338
均衡本質説　264
近代憲法（近代立憲主義憲法）　73
近代市民革命　90
近代的意味の憲法　3, 5, 9
近代立憲主義　27, 28, 90, 211
欽定憲法　6
勤労の義務　234-236
勤労の権利（勤労権）　14, 15, 213, 223, 224

クーデタ　340, 346
苦役　160, 161
具体的権利説　214
区長公選制　319
繰越明許費　308
君主　38, 262
君主制　38

経済的，社会的及び文化的権利に関する国際規
　約（社会権規約・A 規約）　87
警察予備隊　52, 54-56
形式的意味の憲法　3, 4
形式的意味の法律　156

形式的平等　105
形式的法治国家　13
刑事補償請求権　196, 207, 208
刑事補償法　208
継続費　307
結果の平等　106, 108
決算　310
血統主義　91
厳格な合理性の基準　153
元首　33, 38, 39
憲政の常道　264
現代憲法　85
憲法改正　42, 192, 339
　——の限界　343
　——の発議権　250
憲法改正案　342
憲法改正権力　344
憲法改正国民投票法　181, 341, 342
憲法裁判所　13, 15
憲法習律　4, 13
憲法審査会　342
憲法制定権力（制憲権）　344
憲法尊重擁護義務　238, 333, 334, 336
憲法問題調査委員会　19
憲法適合解釈　293
憲法の最高法規性　333-335
憲法の変遷　345
憲法保障（制度）　335, 337, 346
権利章典　4, 73, 75-77, 80
権利請願　75, 77
権利説　181
権利宣言　73, 76
権利（の）保障　74, 84
権力分立（制）　5, 10-12, 28, 73, 74, 84, 243,
　264, 266, 336
言論・出版の自由　10, 78
言論による選挙運動　189

皇位継承　40
公共の福祉　78, 98, 144, 145, 149-151, 154,
　228, 234
合憲限定解釈　293
皇室会議　40, 44

371

皇室財産　44, 45
皇室自律主義　44
公衆衛生　218, 219
公職選挙法　181, 189, 194, 245
控除説　261, 262
硬性憲法（性）　6, 334, 336, 345, 346
公正取引委員会　263
交戦権　53, 63, 64, 72
皇族　40, 44, 45
皇族費　45
公的行為（象徴行為）　39, 43
公的扶助　218
幸福追求権　78, 79
公務員　227
　　——の労働基本権　227-229
公務説　181
公用収用　78
コーク　12
五箇条の御誓文　22
国際協調主義　25, 27, 35, 68
国際人権規約　87
国際紛争　58, 61, 63, 72
国際連合憲章（国連憲章）　56, 61, 62, 67, 86
国際連合憲章51条　55, 66
国事行為（国事に関する行為）　34, 39, 41-44,
　266, 270
　　——の委任（臨時代行）　42, 44
国政調査権　253, 270
国政に関する権能　34, 41, 42, 266
国籍の抵触　91
国体の護持　18, 23
告知と聴聞　162, 165
国費支出議決主義　252
国民　3, 29, 30
　　——の意味　29
国民教育権説　222
国民主権　6, 10, 20, 23-29, 31, 33, 34, 243
　　——の権力性の契機　31
　　——の正当性の契機　31
国民審査　192
国民投票　193, 194, 339, 344
国務請求権　196
国務大臣　261, 265, 267, 268, 271, 272

　　——の任免　42
　　——の任免権　271, 273
国務の総理　269, 273
国約（条約）憲法　6
国連安全保障理事会　66
国連協力　65, 66
55年体制　58
個人主義　27
個人情報保護法制　101
個人の尊厳　10, 27
個人の尊重　11
国会単独立法の原則　243
国会中心立法の原則　243
国会の召集　42, 269
国会法　342
国家からの自由　85, 212, 213
国家教育権説　222
国家緊急権　336, 338
国家による自由　213
国家賠償請求権　205
国家賠償法　206, 207
国家有機体説　39
国教樹立の禁止　128
国権の最高機関　241, 242, 248
国庫債務負担行為　308
個別的効力説　300
個別的自衛権　55, 59, 61, 66, 67, 72
戸別訪問の禁止　189, 190
コモン・ロー　12
固有の意味の憲法　4
根本規範　344

さ　行

罪刑法定主義　84, 163, 164, 177
最高裁判所裁判官国民審査法　181
最高裁判所裁判官の国民審査　192
最高裁判所長官の指名　270
最高裁判所長官の任命　42
最高責任地位説　242
最高法規性　6, 9
財政監督権　251
財産権の保障　10, 14, 81

372

事 項 索 引

歳出　　307
歳出歳入予算　　307
財政状況の報告　　270
財政民主主義　　252, 269, 303
歳入　　307
裁判員制度　　283
裁判規範　　59
裁判規範性　　26
裁判を受ける権利　　82, 172, 201-203
歳費受給特権　　255
狭山事件　　167
猿払事件　　163
参議院議員　　188
参議院の緊急集会　　267, 270
三権分立　　242
参政権　　10, 180, 182, 192, 196
サンフランシスコ平和条約　　3, 55
山陽電気鉄道事件　　227

GHQ　　33, 49, 51
自衛権　　53, 58-63, 66, 68, 70-72
自衛戦争　　53, 61-64, 71, 72
自衛隊　　57, 58, 63, 66, 70
自衛隊法　　65, 338, 345
資格制　　151
自己情報コントロール権　　101
事情判決　　118
　　──の法理　　115, 116
私人間効力　　160
事前運動の禁止　　189
自然権　　94, 337
自然権思想　　10
自然法思想　　95
思想・信条の自由　　14
思想・良心の自由　　10
実質的意味の憲法　　3, 4
実質的意味の立法　　243
実質的最高法規性　　9
実質的平等　　106
実質的法治国家　　13
幣原喜重郎　　18
児童の権利条約　　87
司法権　　33, 262

　　──の独立　　278
司法国家　　15
市民　　82
市民階級　　83
市民革命　　73
市民的及び政治的権利に関する国際規約（自由
　　権規約・B 規約）　　87
社会契約　　79
社会契約説　　11, 79
社会権　　10, 14, 15, 20, 106, 211-213, 234
社会国家　　10, 14, 15, 106, 149, 213, 223, 234,
　　262
社会的身分による差別　　110
社会福祉　　218
社会保険　　218, 219
社会保障（制度）　　218
宗教的人格権　　130, 131, 143
衆議院の解散　　42, 266
衆議院の優越　　268, 269
自由権　　14, 180, 211
自由国家　　14, 212, 262
十七条憲法　　1, 2
自由選挙　　184, 186
集団安全保障体制　　66
集団的自衛権　　55, 59, 66-70, 72
18世紀的人権　　211
周辺事態法　　338
自由放任国家　　144
自由放任主義（レッセフェール）　　14, 212
住民自治　　320
住民投票　　193, 329
熟議民主主義　　15
主権　　28, 29, 47, 51, 55, 57
授権規範　　9
取材活動の自由　　132
首相公選論　　265
出生地主義　　91
常会　　247
消極国家　　212
消極的象徴説　　35
条件の平等　　108, 109
小選挙区比例代表並立制　　187
象徴　　21, 22, 33-36, 44

373

象徴元首論　*39*

象徴天皇制　*20, 21, 33*

証人喚問権　*173, 174*

証人審問権　*173*

条約　*269, 289*

　──の公布　*42*

　──の承認　*269*

　──の締結　*269*

条約承認権　*252*

上諭　*57*

昭和天皇　*22, 23*

食糧管理法違反事件　*215*

女系天皇　*41*

助言と承認　*270*

女子差別撤廃条約　*87*

女性天皇（女帝）　*41*

女性の再婚禁止期間　*143*

所有権　*85*

　──の不可侵　*84*

所有の神聖不可侵　*154*

知る権利　*133*

自律権　*299*

人格的自律権　*102*

信教の自由　*10*

人権宣言　*83*

人権のインフレ化　*97*

人権保障　*73*

人事院　*263*

人事行政権　*286*

神社神道　*128*

人種差別撤廃条約　*87*

人身の自由　*14, 159-161*

人身保護法（1679年）　*4*

身体の自由　*10*

神道指令　*128*

新日本建設の詔書（天皇の人間宣言）　*21-23*

侵略戦争　*60-62*

スウェーデン憲法（1974年）　*6, 7, 28, 34*

砂川事件　*60*

スペイン憲法（1978年）　*6, 28, 34*

生活扶助　*236*

請願権　*196-198*

請願法　*198*

清教徒革命　*75*

政教分離　*311*

制憲議会　*52*

制限規範　*9*

制限選挙制度　*184*

制裁戦争　*62*

政治的美称説　*242*

生存権　*10, 15, 213, 217, 236*

政体書　*77*

政党　*257, 258*

正当な補償　*84*

正当防衛　*66*

制度的保障　*129*

成文憲法（成典憲法・憲法典）　*5, 6, 73, 74, 337*

生来の権利　*77, 83*

政令　*42, 270*

政令201号事件　*227, 228*

政令の制定　*269*

世界人権宣言　*86*

責任本質説　*264*

積極国家　*213*

積極説　*261, 262*

積極的格差（差別）是正措置（affirmative action）　*106, 108*

積極的平和主義　*68*

摂政　*44*

選挙権　*180, 197*

戦争の放棄　*20, 21*

戦争抛棄ニ関スル条約　*61*

全体主義　*90*

全逓東京中郵事件　*229, 230*

全逓名古屋中郵事件　*227, 229*

全農林警職法事件　*227, 229, 230*

前文　*25*

　──の裁判規範性　*25*

占領　*47, 48, 51, 53, 54*

戦力　*56, 58, 60, 62-64, 71*

争議権　*226-228*

総辞職　*264, 266, 270*

事 項 索 引

総司令部案　20-22
遡及処罰の禁止　84, 164, 176, 177
租税　237, 326
租税法律主義　77, 78, 237, 252, 304
尊属殺重罰規定違憲判決　110, 112

た　行

第1次家永教科書検定訴訟　223
第90回帝国議会　52, 71
第三階級　83
第三者所有物没収事件　162
ダイシー　13
大使および公使の接受　42
大統領制　321
大日本帝国憲法→明治憲法
代表者　26
代表民主主義　25
代表民主制　26, 337
高田事件　173
他者危害原理　99
他者非加害原理　83
弾劾　280
弾劾裁判所の設置権　251
団結権　226-228
団体交渉権　226-228
団体行動権　226, 227
団体自治　320

地下鉄サリン事件　140
地方議会　322
地方自治の本旨　319
地方自治法　181, 199
抽象的違憲審査制　287
抽象的権利説　214
朝鮮戦争　52, 54, 56
町村総会　322
超然内閣主義　264
直接請求　330
直接選挙　184, 186
直接民主制　192
朕は国家なり　29
沈黙の自由　123

通常選挙　246
津田左右吉　38

帝銀事件　167
抵抗権　78, 80, 336, 337
定住外国人　93
　──への地方参政権付与　93
適正手続　12, 160, 161
適用違憲判断　300
伝習館高校事件　223
天皇機関説事件　141
天皇の刑事責任　36
天皇の民事責任　36
天賦人権思想　79
天賦の権利　83

ドイツの連邦大統領　39
ドイツ連邦共和国基本法（ボン基本法）（1949
　年）　4, 7, 13, 28, 31, 338
統括機関説　242
東京都教組事件　229
統治機構　73
統治権　3, 28, 262
　──の総攬者　19, 23, 33, 261
統治行為　295
統治行為論　267
投票価値の平等　114, 115
都教組事件　229
徳島市公安条例事件　163
特別会　247, 248
特許制　151
届出制　151
苫米地事件　267
トリーペル　257, 258
奴隷的拘束　160, 161

な　行

内外人平等主義　93
内閣官制　261, 271
内閣総辞職　269
内閣総理大臣　264, 265, 267, 268, 271, 272
　──の指名　254

375

——の指名権　250
——の任命　42
内閣提出法案　15, 262
内閣の首長　271, 273
内閣の助言と承認　42-44, 266, 270
内閣の連帯責任制　271
内閣不信任決議案　264, 266, 269, 271
内閣不信任決議権　265
内廷費　45
長沼訴訟　26, 279
永山事件　178
成田空港新法事件　164, 165
軟性憲法　7

二院制　244
二元説　182
二重処罰の禁止　81
二重の危険　176, 177
二重の基準論　133
20世紀的人権　211
日米安全保障条約　67
日米相互防衛援助協定　57
日産自動車（男女差別定年制）事件　109,
　120
新渡戸稲造　37
日本国憲法の改正手続に関する法律→憲法改正
　国民投票法
日本国との平和条約　55, 67
日本社会党　54, 58
任意投票制　186
人間宣言→新日本建設の詔書
人間の尊厳　8, 10
認証　42

納税の義務　234, 235, 237
ノモスの主権論　24

は　行

バージニア権利章典（宣言）　77, 105
バージニア州憲法　75, 77
W. バジョット　34, 37
8月革命説　23, 24, 340

パブリック・フォーラム　137

PKO法　65
被疑者の権利　166
被告人の権利　172
非訟事件　203
非常大権　338
被選挙権　180, 182, 183
非嫡出子相続規定違憲決定　110, 112
人　82
人および市民の権利宣言→フランス人権宣言
秘密選挙　184, 186
表現の自由　14
——の優越的地位　132
平等権　105
平等原則　105
平等選挙　184, 185, 188

ボナー・フェラーズ　38
福岡県青少年保護育成条例事件　163, 164
福祉国家　10, 14, 15, 106, 144, 213, 262
父系血統主義　91
不敬罪　36
不敬罪事件　36
付随的違憲審査制　287
不戦条約　61
不逮捕特権　255, 256
普通教育　220, 235
普通選挙　184
不文憲法（不成典憲法）　5
部分社会の法理　291
父母両系血統主義　92
プライバシー権　85, 86
プライバシー3要件　101
フランス憲法
——1791年憲法　5, 34
——1793年憲法　5
——1814年憲法（シャルト（憲章））　6
——1830年憲法（シャルト（憲章））　6
——1875年第3共和制憲法　6
——1946年第4共和制憲法　14
——1958年第5共和制憲法　6, 28, 84, 338
フランス革命　74

事 項 索 引

フランス型半大統領制　*12*
フランス人権宣言　*5, 11, 74, 75, 80, 82, 83, 85,*
　105, 337
不利益供述の禁止　*81*
武力攻撃事態法　*338*
プログラム規定説　*214, 215*
文書図画による規制　*190*
文民　*268*

兵役の義務　*161, 234, 235*
平和維持活動　*66*
平和主義　*25, 27, 35, 47, 59, 60, 64*
平和条約　*56*
平和的生存権　*25-27*
ベルギー憲法（1831年）　*6, 7, 28, 34*
弁護人依頼権　*82, 169, 174*

保安隊　*56*
法治主義　*13, 15*
法定外文書・図画の頒布禁止　*189*
報道の自由　*132*
法の支配　*10, 12, 13, 15, 28, 202*
法の適正手続　*81*
法の下の平等　*106, 107, 110, 114*
法の下の平等原則　*10*
法律案の議決　*254*
法律上の争訟　*275, 276*
法律による行政　*78*
法律の委任　*270*
法律の議決権　*248*
法律の誠実な執行　*269*
法律の先占論　*327*
法律の留保　*83*
法令違憲　*151*
法令違憲判断　*300*
傍論　*94*
ジャン・ボダン　*29*
ポツダム政令　*54, 55*
ポツダム宣言　*3, 17, 23, 36, 47-49, 57, 71, 340*
堀木訴訟　*215-217*

ま 行

マーシャル　*12*
マーベリー対マディソン事件　*12*
マグナ・カルタ（1215年）　*4, 165*
マッカーサー　*18, 22, 38*
マッカーサー草案　*20*
マッカーサー・ノート　*19*
松本烝治　*19*

三井美唄炭鉱事件　*183*
三菱樹脂事件　*110*
美濃部達吉　*19*
宮澤俊義　*18, 19, 23*
民主主義　*26, 35*
民政局　*19*
民定憲法　*6, 23, 26*

ムートネス　*290*
無任所大臣　*273*

明治憲法　*2, 6, 7, 18, 19, 33, 74, 160, 235, 261,*
　271, 338, 340
明白性の原則　*153*
名誉革命　*75, 76*
免責特権　*255, 256*

目的効果基準　*128*
黙秘権　*175*
持回り閣議　*268*
モンテスキュー　*11*

や 行

夜警国家　*14, 212, 262*
山田鋼業事件　*227*

唯一の立法機関　*241-243*

良い統治　*15*
抑制と均衡　*11*
予算　*269, 306*

377

——の議決　*254*
——の空白　*309*
——の作成と国会への提出　*269*
予算総則　*307*
吉田茂　*20, 21, 52, 53, 71*
米子事件　*171*
予備費　*270, 308*

ら　行

利益衡量論　*99*
立憲的意味の憲法　*3, 5*
立法権　*33, 262*
立法国家　*15, 262*
立法裁量　*297*
立法事実　*113, 297*
立法者拘束説　*107*
立法者非拘束説　*106*
リプロダクション　*102*
両院協議会　*250, 255, 268, 269*
良識の府　*246*
リンカーン　*26*
臨時会　*247*

——の召集　*270*

ルソー　*10*

令状主義　*81, 166, 167, 170*
冷戦　*52, 54*
レーベンシュタイン　*7*
連合国軍総司令部　*33, 48, 51, 54*
連帯責任　*264*
連帯責任制　*265, 268*
連邦　*316*

労働基本権　*10, 15, 213, 225-229*
労働者の団結権　*14*
老齢加算減額訴訟　*219*
ロッキード事件　*272*
J. ロック　*10, 11*

わ　行

わいせつ3要件　*136*
ワイマール憲法（1919年）　*6, 7, 13, 14, 85, 212*

新・テキストブック日本国憲法　　　　　　　　　　　　　　　〈検印省略〉

2015年11月30日　　第1版第1刷発行
2020年 3 月31日　　第1版第4刷発行

編著者　　下　條　芳　明
　　　　　東　　　　　裕

発行者　　前　田　　　茂

発 行 所　　嵯峨野書院

〒615-8045 京都市西京区牛ヶ瀬南ノ口町39　電話(075)391-7686　振替01020-8-40694

©Shimojo, Higashi, 2015　　　　　　　　　　　　共同印刷工業・吉田三誠堂製本所

ISBN978-4-7823-0558-4

JCOPY 〈出版者著作権管理機構 委託出版物〉
本書の無断複製は著作権法上での例外を除き禁じら
れています。複製される場合は，そのつど事前に，
出版者著作権管理機構（電話03-5244-5088，FAX03
-5244-5089，e-mail: info@jcopy.or.jp）の許諾を得
てください。

◎本書のコピー，スキャン，デジタル化等の無断
複製は著作権法上での例外を除き禁じられていま
す。本書を代行業者等の第三者に依頼してスキャ
ンやデジタル化することは，たとえ個人や家庭内
の利用でも著作権法違反です。

嵯峨野書院

日本国憲法論

小林昭三・土居靖美　編著

日本国憲法とは何であったか，また何であるかという問題関心に基づき，日本国憲法の現状を10名の研究者が再検証・再検討。混迷を深めるわが国の憲法問題状況に一石を投じようとするものである。

Ａ５・上製・352頁・定価(本体2700円＋税)

人権の条件

小林昭三　監修
憲法政治学研究会　編

人権を支える条件とは何か？　近代的人権の理念・理想の絶対にとらわれることなく，人権を支える社会的・歴史的条件，また，人権が適正に作用する場はどこなのかを鋭く問う。既成の人権論や人権運用の現状に対して疑問の提起を試みた１冊。

Ａ５・並製・380頁・定価(本体3000円＋税)

憲法要論

網中政機　編著

前著『憲法』から７年。新しい判例への対応，新たな憲法問題への課題の提起の充実にコラム欄も加え，全面的に加筆・修正した新たな一冊。第Ⅰ部　憲法総論／第Ⅱ部　基本的人権の保障／第Ⅲ部　国家の統治組織と作用，の三部構成。

Ａ５・並製・542頁・定価(本体3500円＋税)